독자의 1초를 아껴주는 정성을 만나보세요!

세상이 아무리 바쁘게 돌아가더라도 책까지 아무렇게나 빨리 만들 수는 없습니다.

인스턴트 식품 같은 책보다 오래 익힌 술이나 장맛이 밴 책을 만들고 싶습니다.

땀 흘리며 일하는 당신을 위해 한 권 한 권 마음을 다해 만들겠습니다.

마지막 페이지에서 만날 새로운 당신을 위해 더 나은 길을 준비하겠습니다.

생성형 AI 완전 정복
Mastering Generative AI

초판 발행 · 2026년 2월 20일

지은이 · 정재민, 송민호, 이지성, 윤슬(이행현), 허수영, 김혜원, 권순률, 박은지
발행인 · 이종원
발행처 · (주)도서출판 길벗
출판사 등록일 · 1990년 12월 24일
주소 · 서울시 마포구 월드컵로 10길 56(서교동)
대표 전화 · 02)332-0931 | **팩스** · 02)323-0586
홈페이지 · www.gilbut.co.kr | **이메일** · gilbut@gilbut.co.kr

기획 및 책임편집 · 정지은(je7304@gilbut.co.kr) | **디자인** · 장기춘 | **제작** · 이준호, 손일순, 이진혁
마케팅 · 임태호, 전선하, 박민영, 서현정, 박성용 | **유통혁신** · 한준희 | **영업관리** · 김명자 | **독자지원** · 윤정아

교정교열 · 이미연 | **전산편집** · 박진희 | **출력 및 인쇄** · 예림인쇄 | **제본** · 예림인쇄

ISBN 979-11-407-1782-8 93000 (길벗 도서번호 080455)

정가 33,000원

페이스북 https://www.facebook.com/gbitbook
예제 소스 https://github.com/gilbutitbook/080455

생성형 AI 완전 정복

정재민, 송민호, 이지성, 윤슬, 허수영,
김혜원, 권순률, 박은지 지음

길벗

우리는 오랫동안 글을 쓰고 그림을 그리며 새로운 프로그램을 만드는 일처럼 창의적인 작업은 인간만이 할 수 있는 특별한 능력이라고 생각해 왔습니다. 그러나 AI의 빠른 발전은 이러한 인식을 근본적으로 바꾸어 놓고 있습니다. 특히 최근 등장한 '생성형 AI' 기술은 컴퓨터가 스스로 그림을 그리고 글을 쓰며, 새로운 아이디어를 만들어 내는 세계를 열었습니다. 사람만이 가능하다고 믿어 온 분야에 이제는 AI가 자연스럽게 참여하고 있습니다.

역사를 되돌아보면, 인류는 여러 차례 거대한 전환점을 경험해 왔습니다. 철의 사용으로 문명이 비약적으로 확장된 철기 시대, 기계의 도입으로 생산 방식 자체가 변화한 산업혁명 등은 세상을 근본적으로 바꿔 놓은 대표적인 순간입니다. 오늘날 우리가 마주한 AI의 발전 역시 새롭게 등장한 또 하나의 대전환입니다. 특히 '챗GPT'와 같은 기술은 인간과 기술의 경계를 허물며, 우리의 소통 방식과 창작 방식, 그리고 일상적 사고방식까지 혁신적으로 재구성하고 있습니다.

AI는 앞으로도 멈추지 않은 채 더욱 빠르게 발전할 것입니다. 이러한 변화의 중심에서 우리가 가장 먼저 해야 할 일은 기술을 두려워하거나 외면하는 것이 아니라, 올바르게 이해하고 지혜롭게 활용하는 것입니다. AI를 무지나 오해로 대한다면 개인의 기회를 좁게 만들 뿐 아니라 사회적 격차를 심화시킬 수도 있습니다. 반대로, AI를 능동적으로 이해하고 적극적으로 활용한다면 변화의 흐름 속에서 새로운 가능성과 성장의 기회를 발견할 것입니다.

이 책은 독자 여러분이 AI를 '두려움의 대상'이 아닌 '가능성의 도구'로 바라보도록 돕기 위해 기획했습니다. AI의 기술적 원리를 쉽고 명확하게 설명하는 한편, 실생활과 업무에서 바로 활용할 수 있는 다양한 AI 도구를 소개합니다. 또한 직접 실습해 볼 수 있는 내용을 함께 구성하여, 단순히 지식을 습득하는 수준을 넘어 실제로 활용할 수 있는 능력을 갖추도록 설계했습니다.

이 책이 독자 여러분에게 AI 시대를 살아가는 데 필요한 새로운 시각을 제공하고, 더 나아가 미래의 변화를 주도하는 주체로 성장하는 데 작은 길잡이가 되기를 바랍니다. 변화의 중심에 선 지금, 우리가 선택해야 할 것은 두려움이 아니라 이해이며, 거리 두기가 아니라 활용입니다. 이 책과 함께 미래를 준비하는 길에 한 걸음 더 가까이 다가가길 바랍니다.

✔ 예제 파일 내려받기

책에서 사용하는 예제 파일은 길벗출판사 웹 사이트에서 도서 이름으로 검색하여 내려받거나 깃허브에서 내려받을 수 있습니다.

- 길벗출판사 웹 사이트: https://www.gilbut.co.kr/
- 길벗출판사 깃허브: https://github.com/gilbutITbook/080455

✔ 주의

이 책에서 제공하는 샘플 프로그램은 학습 목적으로 제작되었으므로 실제 사용을 보장하지 않습니다. 학습 목적 이외의 용도로 사용할 수 없으므로 주의하기 바랍니다. 또 본문에서는 웹 사이트에서 패키지, 라이브러리, AI 모델 등을 내려받아 활용하는 경우가 있는데, 이 또한 반드시 이용 허가 및 관련 라이선스 정보를 먼저 확인한 뒤 사용하기 바랍니다.

책에 게재된 실행 결과를 기록한 화면 이미지 등은 각 생성형 AI가 그 당시 생성한 결과입니다. 책에 소개한 내용에 따른 결과물에 대해 저자 및 출판사 모두 일절 책임을 지지 않으므로 양해 바랍니다. 책에 기재된 웹 사이트 등은 예고 없이 변경될 수 있습니다.

생성형 AI라는 거대한 파도 앞에서 많은 이가 이를 비즈니스 가치로 연결하는 데 어려움을 겪고 있습니다. 이러한 시기에 출간된 이 책은 현업의 갈증을 해소할 가장 완벽한 지침서입니다.

이 책의 가장 큰 힘은 필진에 있습니다. 현장의 최전선에서 활동하는 기술사들이 모여 실무적 해결책과 학문적 깊이를 동시에 담아냈습니다. 여러 전문가의 공동 집필인데도 일관된 품질과 친절한 설명, 풍부한 시각자료 덕분에 비전문가라도 막힘없이 읽으며 개념을 '쏙쏙' 머릿속에 담을 수 있습니다.

특히 실무 중심의 광범위한 실습 구성이 훌륭합니다. 개발 환경 설정부터 IDE 연동, RAG, 챗봇 개발, AI 에이전트까지 최신 기술을 아우르고 있습니다. 단순히 따라 하는 수준을 넘어 실무의 감각이 묻어나는 이론적 배경을 함께 제공하기에, 독자들은 "나도 현업에 바로 적용할 수 있다"라는 강력한 자신감을 얻게 될 것입니다. 또한 저작권, 환경 윤리, 국내외 법 제도 등 AI의 윤리적 · 제도적 책임까지 다루어, AI를 활용하는 이라면 갖춰야 할 올바른 가이드라인을 제시합니다. 프롬프트 엔지니어링의 원리를 이해하고 AI와의 대화에서 최선의 결과를 끌어내고자 한다면, 이 책은 더할 나위 없이 좋은 선택입니다.

이 책은 한 번 읽고 서가에 꽂아 두는 책이 아니라, 책상 위에 두고 필요할 때마다 펼쳐 봐야 할 든든한 실무 사전입니다. AI라는 변화의 물결 속에서 길을 찾고자 하는 모든 분께 이 책을 기쁜 마음으로 강력히 추천합니다.

탁근선 | **(주)지트 이사**

이 책은 생성형 AI의 기초 개념부터 머신러닝, 딥러닝, LLM, Generative AI까지 기술의 발전 흐름과 현재 모델들을 아우르는 종합 가이드입니다. 머신러닝과 딥러닝의 본질적 차이부터 시작해서 CNN, LSTM, 트랜스포머, GPT, BERT 등의 아키텍처까지 복잡한 개념들을 쉽게 풀어 설명합니다.

특히 GPT 계열의 구조적 특징과 어텐션 메커니즘을 상세하게 분석하되, 신경망의 기초부터 차근차근 설명되어 수학적 배경 없이도 쉽게 읽을 수 있습니다. 여기에 프롬프트 엔지니어링까지 포함되어, 학습에서 실무 활용까지 연결되는 현업 필독서와 같은 구성입니다.

생성형 AI에 입문하는 일반 독자부터 IT 전문가까지, 자신의 기술 수준에 맞춰 선택적으로 읽을 수 있으며 기초부터 최신 트렌드까지 포괄적으로 학습할 수 있습니다. 생성형 AI의 폭발적 성장 속에서 기술적 배경이 부족한 학습자에게 특히 최적화된, 현실성 있는 책입니다.

조재윤 | **Doosan Bobcat Compliance 팀 수석**

생성형 AI는 더 이상 일부 연구자나 기술 애호가만의 영역이 아닙니다. 기획자, 개발자, 마케터, 리더에 이르기까지 거의 모든 실무자가 반드시 이해하고 활용해야 할 핵심 기술이 되었습니다. 그러나 현실에서는 여전히 많은 분이 "어디서부터, 어떻게 시작해야 하는가" 앞에서 막막함을 느끼고 있습니다.

『생성형 AI 완전 정복』은 바로 그 지점에서 출발합니다.

이 책의 가장 큰 강점은 생성형 AI를 단편적인 기능 소개나 유행 기술로 다루지 않는다는 점입니다. 생성형 AI의 역사와 LLM의 핵심 원리를 차분하게 정리하며, 트랜스포머, 어텐션 메커니즘, 사전 학습과 파인튜닝 등 자칫 어렵게 느껴질 수 있는 내용도 실무자의 관점에서 명확하게 설명합니다. AI를 '블랙박스'가 아닌 이해 가능한 도구로 인식하게 만드는 것이 이 책의 출발점입니다.

그 위에 실습이 쌓입니다. 프롬프트 엔지니어링, 개발 환경 구성, LLM을 활용한 소프트웨어 개발, RAG 기반 챗봇 구축, 이미지 · 동영상 생성 프로젝트까지, API 연동, 코드 생성과 리팩터링, 테스트 코드 작성, 사내 문서 기반 챗봇 구현 등 실무에서 반드시 마주하게 되는 시나리오들이 구체적으로 다뤄집니다. 특히 RAG와 AI 에이전트는 이 책이 '현재'에만 머물지 않고 '앞으로의 방향'을 함께 제시하고 있음을 보여줍니다. 생성형 AI를 단순한 질의응답 도구가 아니라 업무 흐름과 시스템 전반을 바꾸는 기술로 바라보는 시각, 그리고 법과 윤리까지 함께 다루는 균형은 이 책을 한 단계 더 높은 수준으로 끌어올립니다.

이 책은 입문서이면서 동시에 실무서이고, 기술서이면서도 방향서입니다. 생성형 AI를 제대로 이해하고 내 것으로 만들고 싶은 분께 이 책을 자신 있게 추천합니다.

김성민 | **CJ올리브네트웍스 AX솔루션Tech팀 팀장**

변동성(Volatility), 불확실성(Uncertainty), 복잡성(Complexity), 모호성(Ambiguity)이 동시에 존재하는 VUCA 시대, 빠르게 변화하는 환경 속에서 AI는 더 이상 선택이 아닌 필수 역량이 되었습니다.

이 책은 AI에 대한 기초 개념부터 실무 적용, 전략적 활용까지 단계적으로 안내합니다. AI를 단순히 이해하는 데 그치지 않고 실제로 적용할 수 있도록 돕는 실용적인 학습서입니다. 프롬프트 엔지니어링, 챗봇 구축, 파인튜닝, AI 에이전트까지 다양한 실습을 통해 독자들이 생성형 AI를 자신의 업무와 학습에 직접 활용할 수 있는 역량을 키울 수 있습니다.

한은식 | **(주)트레이드스쿨 대표이사**

AI 시대를 살아가는 데 가장 중요한 역량은 단순한 기술 습득이 아니라 AI 문해력입니다. 인공지능을 이해하고 비판적으로 활용하며, 창의적 · 윤리적 책임을 인식하는 능력이야말로 미래 사회의 새로운 교양이라 할 수 있습니다.

이 책은 독자들에게 AI 문해력을 체계적으로 길러 주며, AI를 두려움이 아닌 필수 도구로 받아들이도록 안내합니다. AI 변화의 중심에서 미래를 준비하는 모든 이에게 든든한 길잡이가 될 것입니다.

김혁 | **VNTG 솔루션사업센터장**

이 책은 전공자와 비전공자 상관없이 LLM뿐만 아니라 이미지, 동영상, AI Agent까지 포함해 생성형 AI 전체에 대한 균형 잡힌 시각을 갖추도록 돕고 있습니다. 장마다 친절한 개요 설명과 단계적인 실습을 균형 있게 구성하며, 개요는 재미있는 AI 역사책을 읽는 느낌이 되도록, 실습도 무작정 따라 하기가 아닌 기술에 대한 설명을 곁들이고 있습니다.

책의 흐름은 LLM과 프롬프트 엔지니어링, 챗봇, 파인튜닝, 이미지 · 동영상 생성 모델, AI 에이전트를 거쳐 마지막에 윤리적 AI와 미래 전망을 다룹니다. AI 기본법 시행에 맞추어 시의적절한 구성입니다. 후반부로 갈수록 복잡한 내용이지만 독립적인 구성이어서 관심 있는 장부터 읽을 수 있습니다.

파인튜닝 부분도 직접 실습할 수 있도록 구성되어 있습니다. 근래에 7B 모델을 파인튜닝한 결과가 70B 모델보다도 월등히 좋은 성능을 보여 파인튜닝의 강력함을 실감했습니다. 머지않은 미래엔 기술 장벽이 더 낮아져 모두가 자신만의 LLM을 갖출 수 있기를 기대합니다.

피지컬 AI가 화두가 되는 시대에 생성형 AI를 다루는 것이 진부하다고 느낄 수 있습니다. 그러나 피지컬 AI 전문가는 이구동성으로 VLA, VLM을 잘 이해하려면 LLM에 대한 탄탄한 이해가 필수라고 합니다. 이 책은 강화 학습과 디퓨전에 대해서도 수식보다 개념적 이해에 초점을 두고 있어, 책을 읽은 후 피지컬 AI에 대해서도 거부감 없이 접근할 수 있는 준비가 됩니다. 또한 AI 에이전트 실습에 AutoGen과 랭그래프를 포함시키고, 파이썬만이 아닌 자바로도 일부 코드를 구성해 국내 자바 개발자도 감안한 점이 눈길을 끕니다.

이 책이 가교가 되어 전 국민이 생성형 AI를 전기처럼, 인터넷처럼 활용해 업무와 삶을 더욱 생산적이고 풍요롭게 만들 수 있기를 바랍니다.

최상호 | **SK텔레콤 AI 엔지니어**

1장

생성형 AI의 정의와 역사

1.1 SECTION 생성형 AI의 정의

최근 몇 년 동안 AI는 우리 일상 속으로 깊이 스며들었습니다. 텍스트를 생성하는 챗GPT(ChatGPT), 이미지를 만들어 내는 달리(DALL-E), 음성 인식을 활용한 가상 비서 서비스 등 다양한 생성형 AI 기술이 실생활 여러 영역에 활용되고 있습니다. 사용자의 요구에 맞춰 콘텐츠를 생성하는 기술인 생성형 AI는 인공지능과 같은 개념일까요? 생성형 AI는 인공지능의 한 분야로, 머신러닝, 딥러닝과 계층 구조를 이루고 있습니다. 이를 그림으로 표현하면 다음과 같습니다.

▼ **그림 1-1** AI 기술 계층 구조

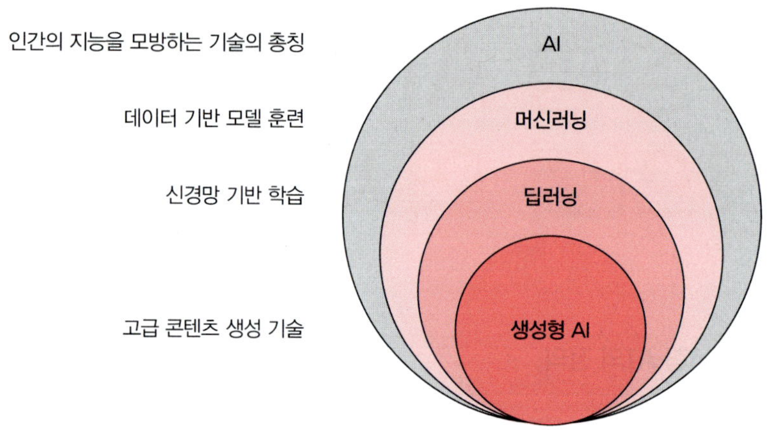

- **인공지능**(AI, Artificial Intelligence): AI는 컴퓨터가 인간처럼 사고하고 학습하며 문제를 해결할 수 있도록 설계된 기술을 총칭합니다. 인간의 지능을 모방해 학습하고 추론하며 문제를 해결할 수 있는 시스템을 개발하는 데 초점을 맞춥니다.
- **머신러닝**(ML, Machine Learning, 기계 학습): 머신러닝은 AI의 하위 분야로, 데이터에서 패턴을 학습해 명시적 프로그래밍 없이 예측이나 결정을 내리는 기술입니다. 머신러닝은 데이터를 바탕으로 모델을 훈련시키며, 이를 통해 시간이 지날수록 특정 작업의 성능을 자동으로 향상시킵니다.
- **딥러닝**(deep learning, 심층 학습): 딥러닝은 머신러닝의 하위 분야로, 인공 신경망(ANN, Artificial Neural Network)을 사용해 복잡한 데이터의 패턴을 학습하는 기술입니다. 여러 층으로 이루어진 신경망 구조를 통해 이미지, 음성, 텍스트와 같은 고차원 데이터를 효과적으로 처리할 수 있습니다. 딥러닝은 대량의 데이터와 강력한 컴퓨팅 자원을 결합할 때 뛰어난 성능을 발휘합니다.
- **생성형 AI**(generative AI): 생성형 AI는 기존 데이터를 학습한 뒤 이를 바탕으로 새로운 콘텐츠를 생성하는 AI 기술입니다. 텍스트 생성, 이미지 생성, 음악 창작 등 다양한 형태의 콘텐츠를 제작할 수 있으며, 주로 딥러닝 기술을 활용합니다. 생성형 AI는 학습한 스타일과 패턴을 기반으로 독창적이고 창의적인 결과물을 만들어 내는 데 강점이 있습니다.

AI는 인간처럼 사고하고 학습하며 문제를 해결할 수 있는 기술로, 데이터 분석, 패턴 인식, 추론 등을 통해 인간의 지능을 모방하는 것을 목표로 합니다. 그중에서도 생성형 AI는 기존 데이터를 학습해 새로운 콘텐츠를 만들어 내는 기술로, 단순히 데이터를 재구성하는 데 그치지 않고 학습된 패턴과 지식을 기반으로 창의적이고 독창적인 결과물을 생성합니다. 이러한 기술은 현대 사회와 산업 전반에 큰 영향을 미치며, 그 활용 가능성도 점점 확대되고 있습니다.

그러나 오늘날 우리가 사용하는 AI의 혁신은 하루아침에 이루어진 것이 아닙니다. AI는 20세기 중반부터 꾸준히 발전해 오며, 여러 기술적 진보를 거쳐 현재와 같은 혁신적인 응용 분야로 확장되었습니다. 이제 생성형 AI가 어떻게 발전해 오늘날의 모습을 갖추게 되었는지 그 역사를 살펴보겠습니다.

1장은 생성형 AI의 배경과 발전 과정을 더 깊게 공부하고 싶은 독자를 위한 것이니 각자의 필요에 따라 읽어도 되고 다음 장으로 넘어가도 무방합니다.

1.2 SECTION 생성형 AI의 역사적 배경과 발전

AI의 눈부신 발전과 함께 생성형 AI는 새로운 콘텐츠를 창조하는 혁신적인 기술로 부상했습니다. 단순한 정보 처리를 넘어, 이미지, 텍스트, 음악 등 다양한 형태의 콘텐츠 생성을 가능하게 한 생성형 AI는 어떻게 발전해 왔을까요? 초기 개념부터 생성적 적대 신경망(GAN)과 최근의 대규모 언어 모델(LLM) 등장까지, 역사적 배경과 주요 발전 단계를 살펴보겠습니다.

1.2.1 초기 연구와 개념적 기초

AI의 태동

1950년, 영국의 수학자이자 컴퓨터 과학자인 앨런 튜링은 "컴퓨팅 기계와 지능(Computing Machinery and Intelligence)"이라는 논문을 발표했습니다. 이 논문에서 "기계가 생각할 수 있는가?"라는 근본적인 질문을 제기한 것이죠. 그는 기계가 인간처럼 행동할 수 있다면 이를 지능적이라고 볼 수 있다고 생각했고, 이를 객관적으로 평가할 방법인 '튜링 테스트'를 제안했습니다.

튜링 테스트는 다음과 같은 형식으로 이루어집니다. 세 개의 방이 있고, 각 방에는 사람 A, 기계 B, 그리고 심판자 C가 있습니다. 심판자 C는 그 대상이 사람인지 기계인지 모른 채 텍스트로만 대화를 나눌 수 있습니다. 이 텍스트 대화를 통해 심판자 C는 상대가 사람인지 기계인지를 판단합니다. 만약 심판자 C가 일정 시간 동안 기계를 사람으로 착각하거나 구별하지 못한다면, 그 기계는 '튜링 테스트를 통과'했다고 간주하며 지능적이라고 볼 수 있다는 것입니다.

▼ **그림 1-2** 튜링 테스트

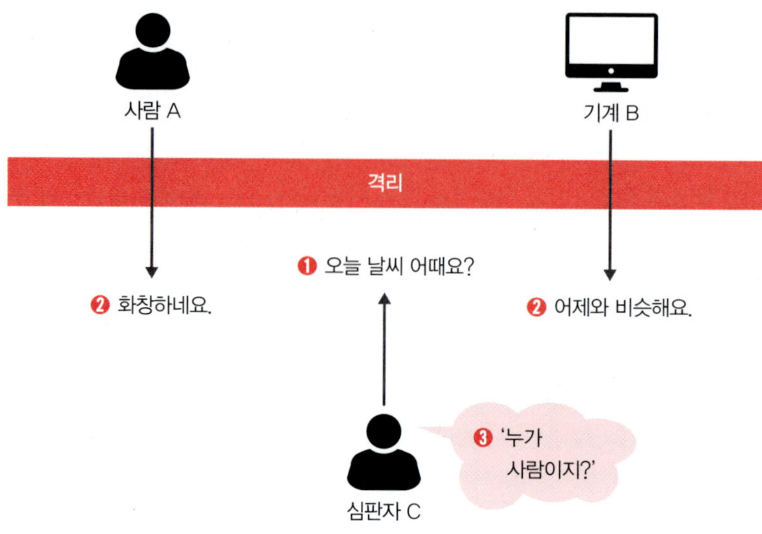

일정 시간 대화 후 심판자가 기계를 사람으로 착각한다면,
해당 기계는 지능적이라고 할 수 있다.

이 아이디어는 당시 많은 사람에게 신선한 충격을 주었습니다. 기계가 인간처럼 대화하고 생각할 수 있다는 가능성은 과학과 철학 분야에서 수많은 논의와 연구의 주제가 되었습니다.

다트머스 회의와 AI 용어의 탄생

1956년, 뉴햄프셔에 있는 다트머스 대학에서 존 매카시(John McCarthy), 마빈 민스키(Marvin Minsky), 너새니얼 로체스터(Nathaniel Rochester), 클로드 섀넌(Claude Shannon) 이 네 명의 학자들이 중심이 되어 기계가 인간의 지능을 모방할 수 있는지를 연구하기 위한 첫 회의가 열렸습니다.

존 매카시는 이 회의를 제안하며, 제안서에서 이렇게 적었습니다.

> 우리는 인공지능(Artificial Intelligence)을 연구하는 프로젝트를 제안합니다. (중략) 이 연구는 기계가 언어를 사용하고, 추상화 및 개념을 형성하며, 현재 인간만이 수행할 수 있는 문제를 해결하고, 자신을 개선하는 방법을 찾는 데 중점을 둘 것입니다.

이 회의에서 'AI'이라는 용어가 처음 공식적으로 사용되었으며, 참가자들은 추론, 문제 해결, 언어 처리, 개념 형성, 추상화 등 다양한 주제를 다루며 AI의 가능성과 방향성을 탐구했습니다.

▼ **그림 1-3** 다트머스 회의 주요 참가자

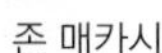
존 매카시

마빈 민스키

너새리얼 로체스터

클로드 섀넌

다트머스 회의는 즉각적인 연구 성과를 내지는 못했습니다. 하지만 AI를 독립적인 학문 분야로 정립하는 초석이 되었으며, 연구자들이 협력하여 다양한 접근 방식을 실험하고 탐구할 수 있는 기반을 마련했습니다.

초기 AI 시스템 및 기술: 심볼릭 AI와 규칙 기반 시스템

다트머스 회의 이후 초기의 AI 연구는 주로 심볼릭(symbolic) AI, 즉 기호주의 접근법에 기반을 두었습니다. 연구자들은 인간의 지식을 명시적 규칙과 논리로 표현해, 기계가 이를 따라 문제를 해결하도록 시도했습니다. 이를 쉽게 이야기하자면 "기계가 어떻게 하면 똑똑하게 생각할 수 있을까?"라는 질문에 "명확한 규칙을 만들어 주면 되지 않을까?"라는 답을 찾으려던 시도였습니다.

심볼릭 AI는 인간의 사고를 기호와 규칙으로 표현하고, 이를 통해 문제를 해결하거나 결론을 도출하는 방법입니다. 여기서 기호(symbol)는 단어, 개념, 객체, 관계 등을 논리적으로 표현한 것입니다.

예를 들어 **"고양이는 포유류다"**를 기호로 표현하면 다음과 같습니다.

$$Cat \subset Mammal$$

"모든 포유류는 동물이다"를 기호로 표현하면 다음과 같습니다.

$$Mammal \subset Animal$$

이렇게 정의된 기호와 관계를 바탕으로, 새로운 사실을 추론할 수 있습니다.

"고양이는 포유류다" + "모든 포유류는 동물이다" → "고양이는 동물이다"

결국 다음과 같이 나타낼 수 있습니다.

$$Cat \subset Animal$$

이와 같이 인간의 지식을 기호와 관계로 표현해 기계에 전달함으로써, 기계가 인간처럼 논리적으로 사고하는 방식을 흉내 내도록 했습니다.

심볼릭 AI를 사용한 대표적인 구현 방식이 규칙 기반 시스템(rule-based system)입니다. 이 시스템은 "만약 이러이러한 조건이 맞다면 이렇게 행동하라"라는 명시적 규칙들로 구성됩니다.

이를 이용해 의사처럼 진단하는 시스템을 만들어 보면 다음과 같습니다.

규칙 1: 만약 환자의 체온이 38도 이상이면, 열이 있다고 판단

규칙 2: 만약 열이 있고 기침을 하면, 독감을 의심

규칙 3: 만약 독감을 의심하면, 치료법 A를 추천

위와 같이 전문가의 지식을 규칙으로 만들어 컴퓨터가 환자를 진단하거나 문제를 해결하도록 설계할 수 있습니다. 이처럼 명확한 기호와 규칙을 이용해 현실 세계의 지식과 문제를 컴퓨터가 이해하고 처리하도록 만들게 되면서 수학적 정리를 증명하거나 논리 퍼즐을 푸는 프로그램(예 체스 게임)이 개발되었습니다. 하지만 이러한 접근 방식은 복잡한 현실 세계의 문제를 처리하는 데 한계를 보였으며, 지식의 불완전성, 모호성, 예외 처리 등이 어려운 문제로 남았습니다.

1.2.2 인공 신경망의 등장과 발전

뉴런과 인공 신경망의 시초

인간의 두뇌에서 일어나는 복잡한 신경 활동을 이해하고 이를 수학적으로 설명하려고 계속 노력해 왔습니다. 1920~30년대 신경과학자들은 뉴런(신경 세포)이 뇌에서 정보를 처리하는 기본 단위임을 발견했습니다.

뉴런은 시냅스를 통해 다른 뉴런과 연결되며, 특정 시냅스가 강하면 해당 입력 신호가 더 강하게 전달됩니다. 또한, 신호를 전달할지 결정하는 임계값을 가지고 있으며, 뉴런에 주어지는 자극의 합이 이 값을 넘으면 활성화되어 정보를 전달합니다. 이 과정을 '활성화'와 '비활성화'라는 단순한 메커니즘으로 표현할 수 있습니다.

▼ **그림 1-4** 뉴런의 활성화 상태와 비활성화 상태

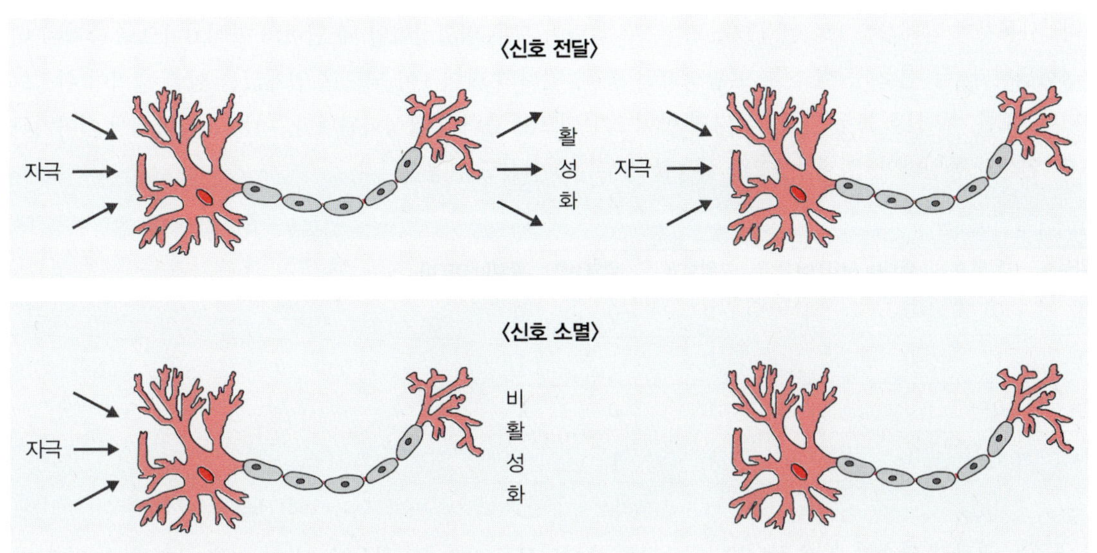

▼ **그림 1-5** 뉴런의 임계값에 대한 쉬운 예시(참고)

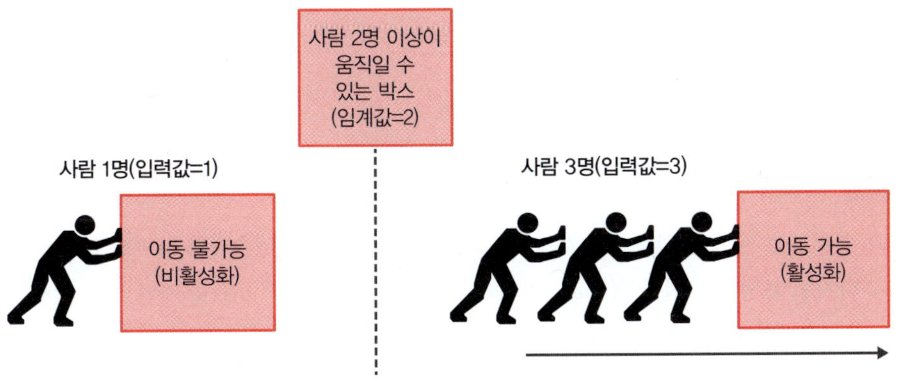

1943년 워런 매컬러(Warren McCulloch)와 월터 피츠(Walter Pitts)는 뉴런의 신호 전달 방식을 수학적으로 모델링한 매컬러-피츠 뉴런(MCP 뉴런)을 제안했습니다. 이는 간단한 논리 연산을 수행할 수 있는 뉴런 모델로, 다음과 같은 구조로 작동합니다.

▼ **그림 1-6** MCP 뉴런

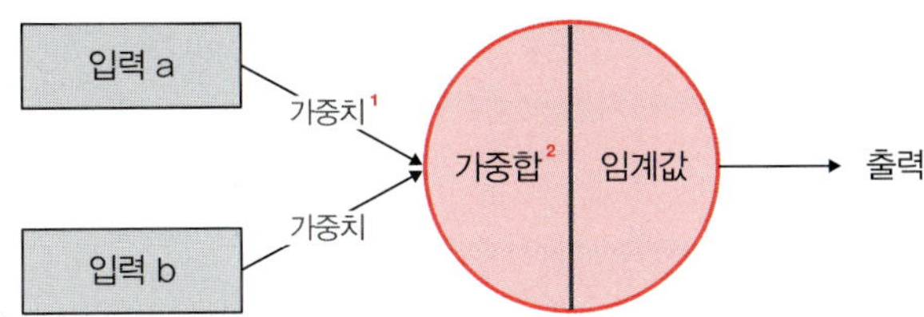

1 입력값의 중요도를 조절하는 값입니다.

2 입력값에 가중치를 곱한 후 모두 더한 값입니다.

두 입력 신호(a, b)가 있는 뉴런입니다. 이 뉴런은 입력값의 합에 따라 출력이 활성화(1) 또는 비활성화(0)됩니다. 사용자가 임계값을 1로 설정했을 경우, 두 입력이 모두 비활성화일 때 입력의 합이 0이므로 출력이 비활성화됩니다. 두 신호 중 한 신호가 활성화된 경우, 입력의 합이 1이 되므로 임계값을 넘어 출력이 활성화됩니다. 또한, 두 신호 모두 활성화된다면 합이 2가 되므로 출력이 활성화됩니다. 이는 논리학에서 이야기하는 OR 연산과 동일하며, 임계값을 2로 설정할 경우 AND 연산도 가능합니다.

▼ **표 1-1** 논리 게이트

입력 a	입력 b	출력(a AND b)
0	0	0
0	1	0
1	0	0
1	1	1

입력 a	입력 b	출력(a OR b)
0	0	0
0	1	1
1	0	1
1	1	1

이 구조는 결과가 단순한 이진 상태(0 또는 1)로 출력되므로 AND, OR 같은 논리 연산[3]을 구현할 수 있으며, MCP 뉴런을 단순한 논리 연산을 수행하는 기본 단위로 간주할 수 있습니다. 또한 인간의 뉴런이 학습과 경험치로 시냅스의 강도를 조절하듯이, 입력값의 중요도를 가중치로 조정해 출력값을 조절할 수도 있습니다. 이러한 MCP 뉴런을 연결해 복잡한 연산도 가능하다는 것을 알았고, 이는 인공 신경망 연구의 기초가 되었습니다.

퍼셉트론과 AI 1차 겨울

MCP 뉴런은 가중치와 임계값을 사람이 설정해야 했고, 이 값들은 고정되어 있었습니다. 1958년, 미국의 심리학자이자 컴퓨터 과학자인 프랭크 로젠블랫(Frank Rosenblatt)은 이러한 MCP 뉴런을 기반으로, 학습이 가능한 단층 구조의 인공 신경망인 퍼셉트론(perceptron)을 개발했습니다.

퍼셉트론은 출력값이 실제 값과 다를 경우, 입력값과 오차를 기반으로 가중치를 수정해 학습하는 방식으로 동작합니다. 또한, 활성화 함수를 활용해 입력 신호의 가중합이 임계값을 초과하는지에 따라 출력을 결정합니다. 활성화 함수는 뉴런의 출력값을 결정하는 수학적 도구입니다. 퍼셉트론의 작동 방식을 자세히 살펴보면 다음과 같습니다.

3 참(1, true), 거짓(0, false) 두 가지 원소만 존재하는 연산을 말하며, 가장 기본적인 논리 연산으로는 AND 연산(논리곱), OR 연산(논리합)이 있습니다. AND 연산은 두 값이 모두 참(1)일 때만 결과가 참(1)이 나오는 연산이며, OR 연산은 두 값 중 하나라도 참(1)이면 결과가 참(1)이 나오는 연산입니다.

▼ **그림 1-7** 퍼셉트론 개념도

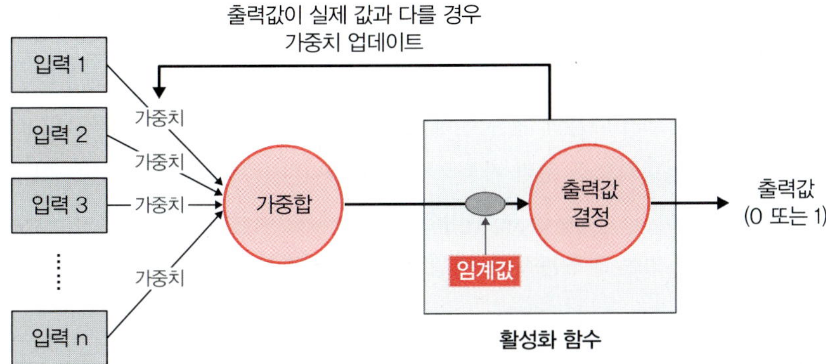

1. 입력: 여러 입력값을 받습니다. 각 입력 신호는 중요도를 나타내는 가중치를 가집니다.
2. 가중합 계산: 입력 신호와 가중치를 곱한 값을 모두 더합니다.
3. 활성화 함수 적용: 활성화 함수가 가중합을 판단하는데, 합산 결과가 임계값을 초과하면 출력값이 활성화(1)되고, 임계값보다 작으면 비활성화(0)된 값이 출력됩니다.
4. 가중치 업데이트: 출력값이 실제 값과 다를 경우, 그 차이를 기반으로 가중치를 수정합니다.

이번에는 가중치 업데이트를 간단한 예로 살펴보겠습니다. 사과와 오렌지를 분류하는 퍼셉트론이 있다고 가정해 봅시다. 이 퍼셉트론은 모양과 색깔, 두 가지를 입력받아 판단하며, 각각의 가중치를 임의로 70%와 30%로 설정했습니다. 동그라미와 빨강을 입력받았는데 모양(동그라미)의 가중치가 높게 설정되어, 퍼셉트론이 이를 오렌지로 잘못 분류할 수도 있습니다. 이런 경우, 색깔(빨강)의 가중치를 높여 퍼셉트론이 올바르게 사과로 인식하도록 조정하는 것이 가중치 업데이트입니다.

▼ **그림 1-8** 가중치 업데이트에 대한 쉬운 예시

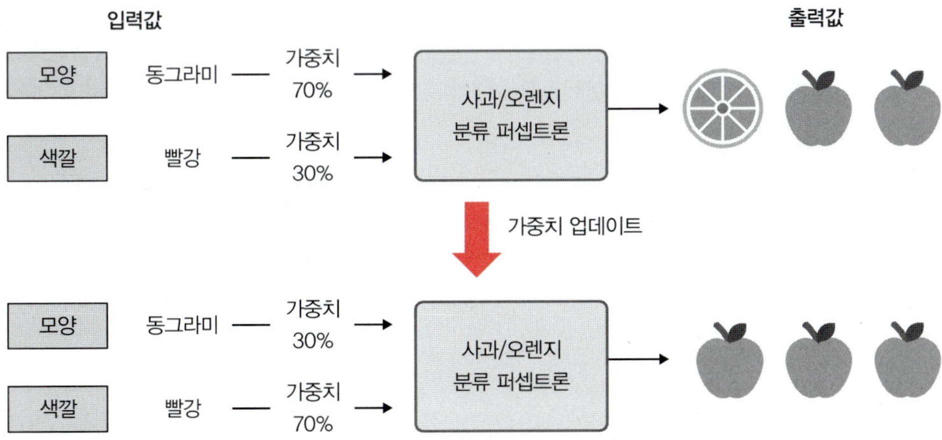

퍼셉트론은 입력값에 대한 가중치를 계속 조절하면서, 데이터가 완벽하게 분류될 때까지 학습을 반복합니다. 이를 통해 단순히 고정된 규칙을 따르는 것이 아니라, 데이터를 학습하며 점점 더 정확하게 예측할 수 있습니다.

퍼셉트론은 출력이 0 또는 1, 두 가지 값만 나오기 때문에 분류 문제에 적용할 수 있습니다. 이때, 하나의 직선만으로 데이터를 분리할 수 있는 경우를 '선형적으로 분리 가능하다'라고 합니다. 그러나 퍼셉트론은 이러한 방식으로는 나눌 수 없는, 즉 선형적으로 분리되지 않는 문제(비선형적 문제)를 해결할 수 없습니다. 예를 들어 XOR[4] 문제처럼 하나의 선으로 분리할 수 없는 경우는 단층 퍼셉트론으로 해결할 수 없습니다.

▼ **그림 1-9** 퍼셉트론의 XOR 문제

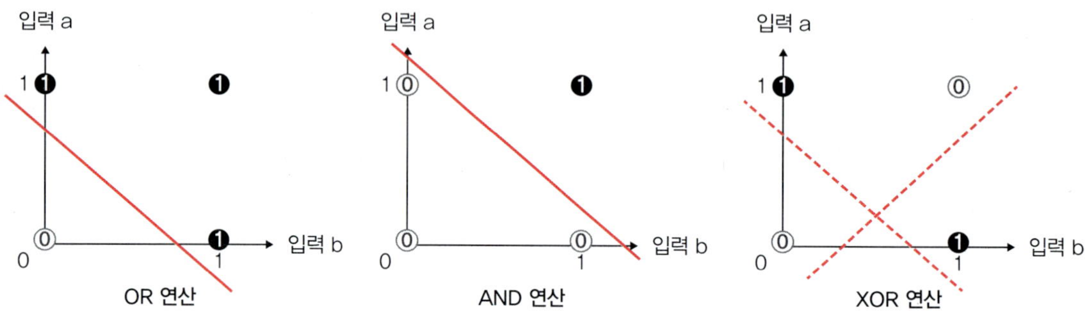

1969년, 마빈 민스키와 시모어 페퍼트(Seymour Papert)는 이 점을 지적하는 저서 '퍼셉트론'을 출판했습니다. 그들은 퍼셉트론의 한계를 상세히 분석하였고, 이에 따라 인공 신경망 연구는 큰 타격을 입었습니다. 이러한 비판은 AI 분야에 대한 회의론을 불러일으켜, 연구 자금과 관심이 급격히 감소하여 'AI 겨울'로 이어졌습니다.

전문가 시스템 발전

AI 1차 겨울 이후, AI 연구자들은 신경망과 같은 머신러닝 모델에서 벗어나 지식 기반 시스템(knowledge-based system)으로 초점을 전환했습니다. 이 과정에서 전문가 시스템(expert system)이 등장하며 AI 연구의 새로운 활로를 열었습니다.

전문가 시스템이란 특정 도메인(예 의학, 법률, 엔지니어링 등)의 전문가가 가진 지식을 컴퓨터 시스템에 프로그래밍해 문제를 해결하거나 의사 결정을 지원하는 시스템입니다. 전문가 시스템은 다음과 같은 구성 요소로 이루어집니다.

4 두 값이 서로 다를 때만 참(1)이 나오는 연산으로, 수학적으로 배타적 논리합을 의미합니다.

▼ **그림 1-10** 전문가 시스템

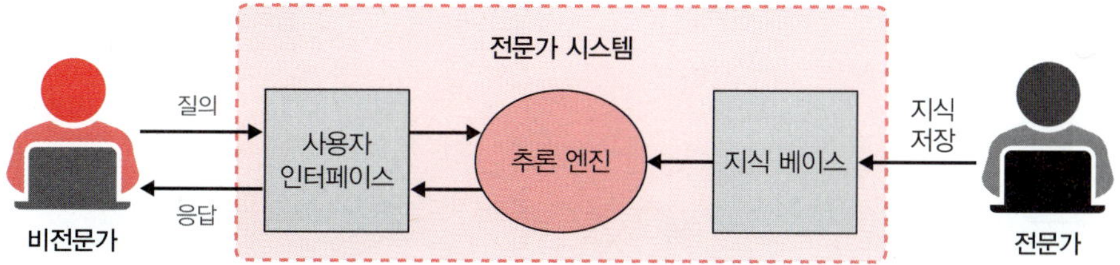

비전문가인 사용자가 궁금한 사항을 전문가 시스템의 사용자 인터페이스를 이용해 질의합니다. 전문가 시스템 내부의 지식 베이스에는 전문가의 지식을 사전에 저장해 놓습니다. 추론 엔진은 저장된 지식 베이스를 바탕으로 문제를 분석하여 논리적 결론을 내어 사용자에게 응답합니다.

- **지식 베이스**(knowledge base): 특정 도메인에 대한 사실과 규칙(전문가의 지식)을 저장합니다.
- **추론 엔진**(inference engine): 지식 베이스를 바탕으로 문제를 분석하여 논리적 결론을 도출합니다.
- **사용자 인터페이스**(UI, User Interface): 사용자와 시스템 간 상호작용을 지원합니다.

전문가 시스템은 특정 분야의 명확한 문제를 해결하는 데 효과적이었으며, 실용성이 높아 일부 산업 분야에서 적극적으로 활용되었습니다. 대표적인 사례가 1970년대에 개발된 의학 시스템 MYCIN입니다. MYCIN은 사용자가 환자의 증상이나 검사 결과를 입력하면 이를 분석해 가능한 치료법을 제시하고, 적합한 항생제를 추천하는 방식으로 작동합니다.

이는 AI 연구가 다시 산업계에서 관심받게 되는 계기(2차 AI 붐)가 되었습니다. 하지만 전문가의 지식을 시스템에 입력하는 데 시간이 많이 소요되고, 불확실성이나 모호성을 처리하는 데 한계가 있었습니다.

다층 퍼셉트론과 역전파 알고리즘

1970년대 후반, 연구자들은 XOR 문제와 같은 비선형 문제를 해결하기 위해 퍼셉트론을 여러 겹으로 쌓은 구조인 다층 퍼셉트론(MLP, Multi-Layer Perceptrons)을 제안했습니다.

다층 퍼셉트론은 입력층, 하나 이상의 은닉층(hidden layer), 출력층으로 구성된 신경망입니다. 은닉층은 입력층과 출력층 사이에 위치하며, 입력 데이터를 변환해 출력층이 비선형적 문제를 처리할 수 있도록 돕는 역할을 수행합니다.

▼ **그림 1-11** 단층 퍼셉트론과 다층 퍼셉트론

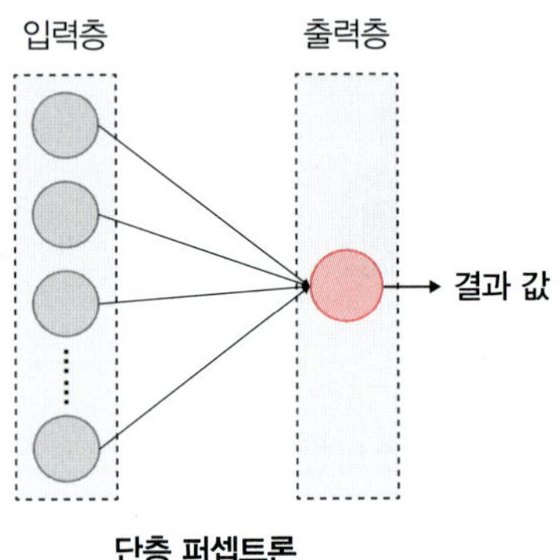

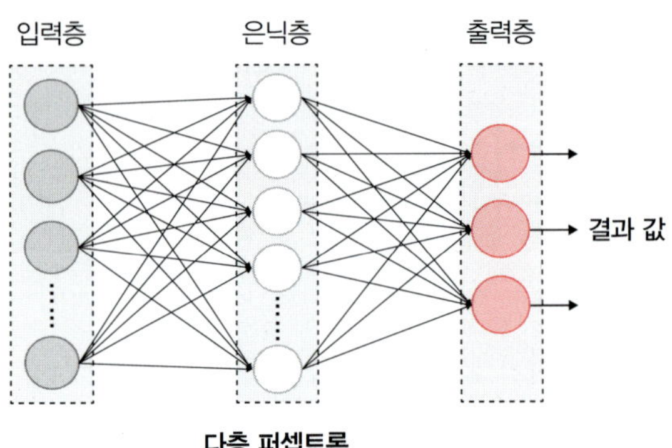

은닉층에서 사용하는 활성화 함수는 신경망에 비선형성을 더하는 핵심 요소입니다. 주로 시그모이드(sigmoid)[5], 렐루(ReLU)[6] 같은 비선형 함수가 사용되며, 이 함수들은 입력 신호를 단순한 선형 조합이 아니라 복잡한 비선형 함수로 변환합니다. 이를 통해 신경망은 비선형적 문제를 학습하게 되며, 뉴런의 출력을 제한함으로써 계산의 안정성과 학습 성능을 개선할 수 있습니다.

▼ **그림 1-12** 대표적인 활성화 함수

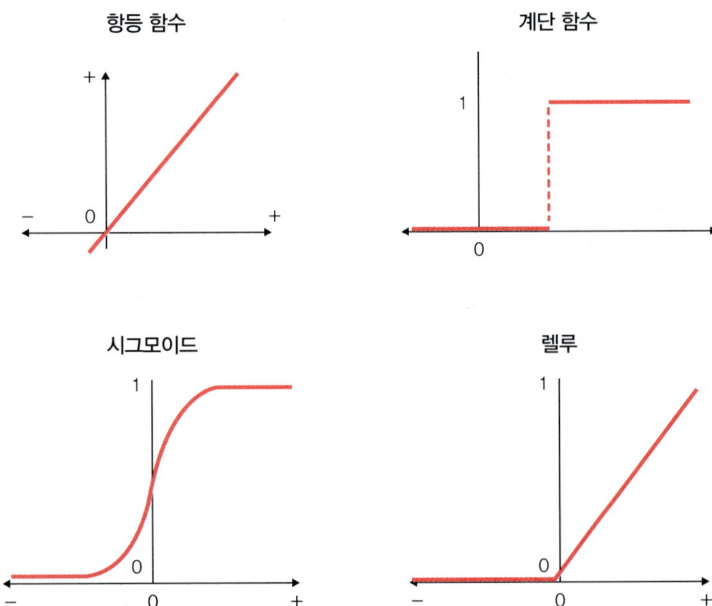

하지만 다층 퍼셉트론은 당시의 학습 알고리즘으로는 은닉층의 가중치를 학습할 수 없었기 때문에 실제로 활용하기는 어려웠습니다. 기존의 퍼셉트론 학습 방식은 단층 신경망에만 적용되었기에, 은닉층의 가중치를 효과적으로 조정할 수 있는 새로운 방법이 필요했습니다.

---

5 함수는 항상 0과 1 사이의 값으로 변환해 출력합니다.

6 입력값이 0보다 작으면 0을 출력하고, 0보다 크면 입력값을 그대로 출력합니다.

역전파(backpropagation) 알고리즘은 1974년 폴 웨어보스(Paul Werbos)가 연쇄 법칙(chain rule)을 사용해 출력층에서 계산된 오차를 은닉층으로 전파하는 아이디어에서 시작되었습니다.

이후 1986년, 제프리 힌턴(Geoffrey Hinton)과 그의 동료들이 다층 퍼셉트론과 역전파 알고리즘을 적용해 학습할 수 있다는 것을 입증했습니다. 기존의 단층 퍼셉트론으로는 XOR 문제를 해결할 수 없었지만, 다층 퍼셉트론은 은닉층과 역전파 알고리즘을 사용해 이 문제를 해결할 수 있었습니다.

역전파 알고리즘은 순방향(forward) 전파로 출력값을 계산한 후, 발생한 오차를 역방향(backward)으로 전파해 가중치를 최적화하는 방식으로 작동합니다. 이를 통해 다층 신경망이 비선형적 문제를 학습하게 되었고, 신경망의 학습 효율성도 크게 개선되었습니다.

▼ **그림 1-13** 역전파 알고리즘 개념도

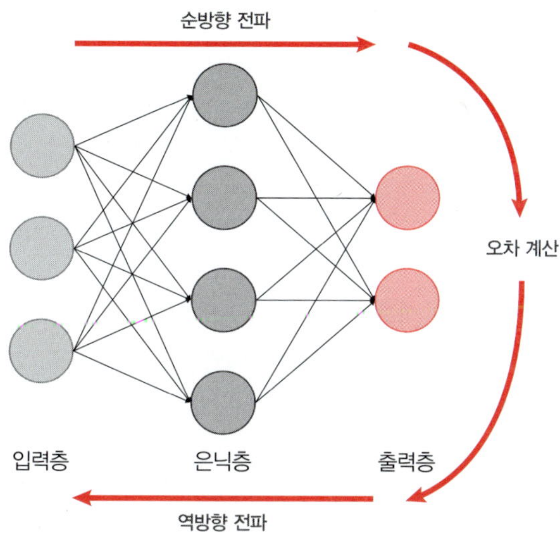

출처: https://velog.io/@peterpictor/딥러닝-오류-역전파

역전파 알고리즘은 다음 세 단계로 작동합니다.

1. 순방향 전파: 입력 데이터를 신경망에 통과시켜 출력값(예측값)을 생성합니다.
2. 오차 계산: 출력값과 실제 값의 차이를 계산해 손실 함수(loss function)로 오차를 수치화합니다.
3. 역방향 전파: 연쇄 법칙을 사용해 오차를 출력층에서 은닉층, 입력층 순으로 전달하며, 각 가중치가 손실에 얼마나 기여했는지를 계산합니다. 이후 경사 하강법(gradient descent)을 이용해 각 가중치를 업데이트합니다.

이 과정을 여러 번 반복하면서 신경망은 점점 더 정확하게 예측할 수 있게 됩니다.

팁

손실 함수

손실 함수는 신경망에서 모델이 예측한 값과 실제 값 간 오차를 수치화하는 함수입니다. 손실 함수의 값은 모델의 예측이 실제 값과 얼마나 차이가 나는지를 보여주며, 이 값을 최소화하는 방향으로 신경망의 가중치와 편향이 조정됩니다. 손실 함수는 신경망 학습의 핵심 요소로, 모델의 성능을 평가하고 개선하는 데 중요한 역할을 합니다.

손실 함수는 문제 유형(회귀, 분류 등)에 따라 다양하게 선택됩니다. 회귀 문제에는 주로 예측한 값과 실제 값 간 오차를 제곱한 후 평균을 계산하는 평균 제곱 오차(MSE, Mean Squared Error)와 오차의 절댓값 평균을 계산하는 평균 절대 오차(MAE, Mean Absolute Error)를 사용합니다. 분류 문제에는 크로스 엔트로피 손실(cross-entropy loss)을 사용합니다. 이 함수는 모델이 예측한 확률과 실제 레이블(정답) 간 차이를 수치화하여, 예측이 정답에 가까울수록 값이 작아지도록 합니다.

팁

경사 하강법

경사 하강법은 손실 함수의 값을 최소화하기 위해 가중치와 편향의 기울기(편미분 값)를 기반으로 최적화하는 알고리즘입니다. 손실 함수의 기울기를 계산해 가중치를 반복적으로 수정하며, 최적의 값에 점진적으로 접근합니다.

AI의 2차 겨울 도래

다층 퍼셉트론과 역전파 알고리즘 도입에도 AI의 2차 겨울이 도래했고, 그 주요 원인은 기울기 소실(vanishing gradient)과 과적합(overfit)이었습니다. 신경망으로 복잡한 문제를 해결하려면 은닉층의 수를 늘려야 하지만, 은닉층의 수가 많아질수록 기울기 소실 문제가 나타났습니다.

기울기 소실은 딥러닝 학습 과정에서 역전파로 전달되는 기울기(gradient)가 입력층에 가까운 초기 층으로 갈수록 점차 작아지는 현상입니다. 이에 따라 초기 층의 가중치가 거의 업데이트되지 않아 학습이 제대로 진행되지 않았습니다.

▼ **그림 1-14** 기울기 소실

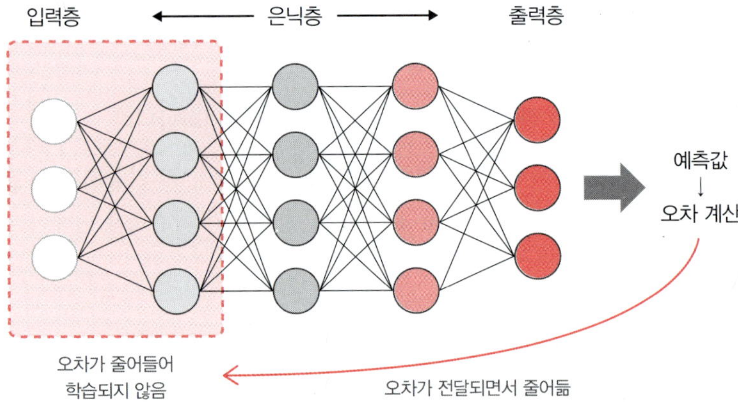

또한, 신경망이 깊어질수록 너무 정교한 패턴을 감지할 수 있어 훈련 데이터 외 새로운 데이터에 대해서는 정확성이 떨어지는 과적합 문제가 나타났습니다. 결국 다층 신경망의 한계와, 복잡한 연산을 처리하기 어려웠던 당시 컴퓨터 성능의 제약 등으로 AI의 2차 겨울이 찾아오게 되었습니다.

▼ **그림 1-15** 과소적합, 적합, 과적합

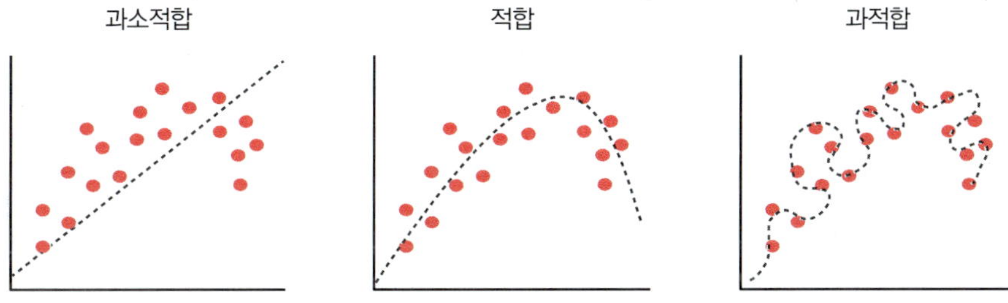

머신러닝의 발전

1990년대 초반, AI의 2차 겨울 이후 연구자들은 '데이터를 기반으로 패턴과 관계를 자동으로 학습'하는 새로운 접근 방식에 주목하기 시작했습니다. 사람이 직접 지식을 코딩하는 대신, 기계가 경험적 데이터에서 패턴을 학습하는 머신러닝이 대두된 것입니다.

이 시기에는 수학, 통계, 정보 이론의 개념과 기술이 AI에 본격적으로 접목되기 시작했습니다. 머신러닝 모델들은 데이터에 내재된 확률적 관계와 패턴을 학습하며 빠르게 발전했습니다. 머신러닝 방식은 크게 지도 학습(supervised learning), 비지도 학습(unsupervised learning), 강화 학습(reinforcement learning) 세 가지로 구분됩니다.

지도 학습

지도 학습은 입력 데이터와 그에 대응하는 정답(레이블)을 제공하고, 이를 바탕으로 모델이 학습하는 방식입니다. 모델은 입력과 정답 간 관계를 학습하여 새로운 데이터에 대해 분류(classification) 또는 회귀(regression)와 같은 작업을 수행할 수 있습니다. 분류는 데이터를 사전 정의된 클래스로 구분하는 것을 뜻하며, 회귀는 연속적인 값을 예측하는 것을 의미합니다.

▼ **그림 1-16** 지도 학습 예시

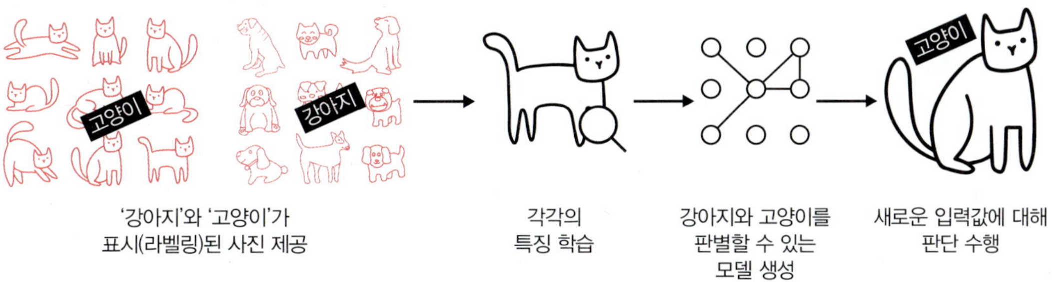

그림의 예시처럼 입력 데이터(사진)와 정답(강아지, 고양이)을 주고, 모델이 이 두 가지를 바탕으로 학습해 새로운 문제에 대한 정답을 예측합니다. 입력 데이터의 양이 증가할수록 모델의 판단은 명확해집니다.

비지도 학습

비지도 학습은 입력 데이터에 대한 정답(레이블) 없이 데이터의 패턴이나 구조를 찾아내는 학습 방법입니다. 모델은 입력 데이터 자체에서 숨겨진 구조나 패턴을 발견하거나, 데이터 간 유사성을 기반으로 그룹화(클러스터링)하는 데 집중하며, 차원 축소에도 활용됩니다. 클러스터링(clustering)은 데이터를 비슷한 특성을 가진 그룹으로 나누는 방식을 뜻하며, 차원 축소(dimensionality reduction)는 고차원 데이터를 더 낮은 차원으로 변환해 정보 손실을 최소화하면서 분석하기 쉽게 만드는 방식을 의미합니다.

▼ **그림 1-17** 비지도 학습 예시

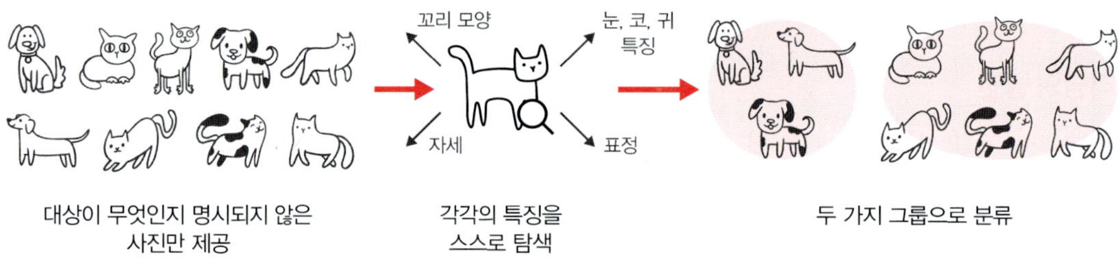

비지도 학습은 입력 데이터(예 사진)만 제공하며, 모델은 라벨 없이 데이터의 특징을 스스로 분석해 그룹화합니다. 모델은 주어진 데이터가 강아지인지 고양이인지 알지 못하지만, 비슷한 특징을 가진 데이터끼리 같은 그룹으로 묶어냅니다. 따라서 라벨링되지 않은 대용량 데이터를 학습하는 데 유용하며, 데이터 내 숨겨진 패턴이나 구조를 발견하는 데 효과적으로 활용할 수 있습니다.

강화 학습

강화 학습은 학습 주체(에이전트)가 환경과 상호작용을 하며 보상을 극대화하는 행동을 학습하는 방식입니다. 주어진 상태(state)에서 최적의 행동을 선택해 목표를 달성하고, 이를 통해 경험을 쌓아 나갑니다.

예를 들어 주인이 막대기를 던지면 강아지(agent)는 처음에는 무엇을 해야 할지 몰라 무작위로 행동합니다. 하지만 막대기를 물어오는 행동(action)을 하면 주인이 보상으로 간식(reward)을 줍니다. 이러한 보상을 경험한 강아지는 간식을 얻기 위해 막대기를 물어오는 행동을 반복합니다.

▼ **그림 1-18** 강화 학습

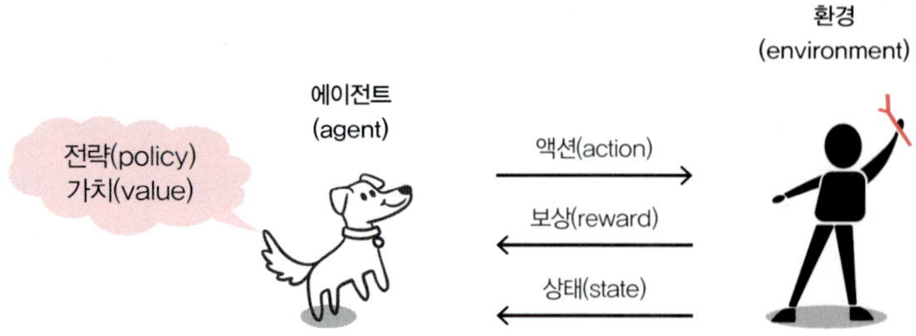

이와 같이 강화 학습에서 에이전트는 행동을 선택하고 환경과 상호작용을 하는 학습 주체로, 상태를 인식한 뒤 행동을 선택합니다. 그 결과로, 에이전트가 상호작용을 하는 대상인 환경이 변하면 새로운 상태(환경이 에이전트에게 제공하는 정보)와 보상을 받게 됩니다. 보상은 에이전트가 특정 행동을 취한 후 얻는 값을 의미하며, 조건에 따라 주어지지 않을 수도 있습니다. 에이전트는 환경의 피드백을 바탕으로 행동의 결과를 학습합니다. 이 과정을 반복하면서 에이전트는 최적화 전략(policy)[7]을 학습하고, 누적 보상을 최대화하기 위한 행동 패턴을 찾아냅니다. 이렇게 에이전트는 환경과의 상호작용을 통해 상태, 행동, 보상 경험을 수집하며, 이를 바탕으로 목표 달성을 위한 강화 학습 모델을 형성합니다.

1990년대 후반부터 컴퓨터 하드웨어 성능이 향상되고, 2000년대에 들어 GPU(Graphics Processing Unit)와 같은 강력한 연산 자원이 발전하고 인터넷이 대중화하면서, 대용량 데이터에 접근할 수 있는 환경이 마련되었습니다. 이는 머신러닝 알고리즘이 방대한 데이터를 처리하며 복잡한 패턴을 학습할 수 있는 기반이 되었습니다.

딥러닝의 부상

2000년대 후반에는 신경망이 다시 주목받기 시작했습니다. 데이터양이 폭발적으로 증가하고 GPU 기술이 발전하며 보다 깊은 신경망 구조를 구현할 수 있게 되었기 때문입니다.

딥러닝은 여러 층으로 구성된 인공 신경망, 즉 심층 신경망(DNN, Deep Neural Network)을 활용해 데이터를 학습하고 예측하는 기술입니다. 신경망의 깊이가 깊어질수록 더 복잡한 패턴을 인식하고 고차원적인 추상화를 수행할 수 있습니다. 기존의 머신러닝 알고리즘이 한계에 부딪히던 복잡한 문제들을 딥러닝이 효과적으로 해결하면서, 연구자들은 더 깊고 정교한 신경망 모델을 개발하기 시작했습니다.

▼ 그림 1-19 딥러닝 구조

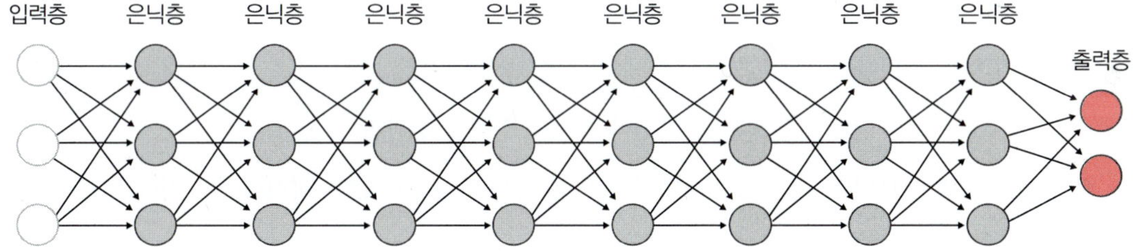

딥러닝은 데이터에서 패턴을 학습해 예측이나 분류 등의 작업을 수행합니다. 이를 위해 ① 데이터 준비, ② 모델 설계, ③ 모델 학습, ④ 평가 및 튜닝, ⑤ 테스트 및 배포의 단계를 거칩니다.

▼ 그림 1-20 딥러닝 학습 단계

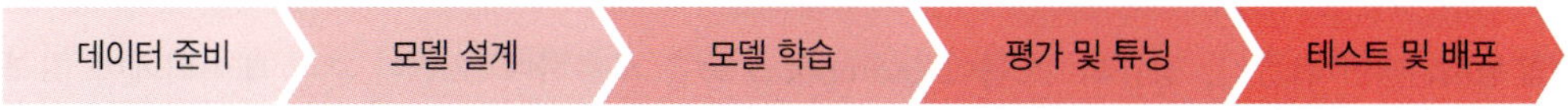

데이터 준비 | 모델 설계 | 모델 학습 | 평가 및 튜닝 | 테스트 및 배포

7 에이전트가 각 상태에서 어떤 행동을 선택할지 결정하는 전략입니다.

1. 데이터 준비: 딥러닝 모델의 성능은 데이터 품질에 크게 의존합니다. 따라서 먼저 학습에 필요한 데이터를 수집하고, 이를 정제하는 과정이 필요합니다.
   - **데이터 수집**: 웹 크롤링, 센서 데이터, 데이터베이스 등에서 학습 데이터를 확보합니다.
   - **데이터 정제**: 이상치 제거, 중복 데이터 삭제, 결측값 처리 등 데이터를 깨끗하게 만듭니다.
   - **정규화**: 입력 데이터의 크기를 일정한 범위로 조정합니다.
   - **데이터 분할**: 모델의 학습과 평가를 위해 데이터를 훈련(training), 검증(validation), 테스트(test) 세트로 나눕니다.
2. 모델 설계: 적절한 신경망 구조를 선택하는 단계입니다. 해결하려는 문제의 성격에 따라 신경망의 아키텍처가 달라집니다.
   - **신경망 구조 설계**: CNN(이미지), RNN(시계열 데이터), Transformer(자연어) 등 적절한 모델을 선택합니다.
   - **층(layer) 구성**: 입력층, 은닉층, 출력층을 설계합니다.
   - **활성화 함수 선택**: 시그모이드, 렐루, 소프트맥스(Softmax) 등 문제에 적합한 활성화 함수를 적용합니다.
   - **손실 함수 결정**: 출력값과 실제 값 간 차이를 계산하며, 모델 성능을 평가하는 척도로 사용합니다. 일반적으로 크로스 엔트로피 손실 또는 평균 제곱 오차(MSE)와 같은 함수를 활용합니다.
   - **최적화 알고리즘 선택**: 경사 하강법, Adam, RMSprop 등 학습을 최적화할 방법을 결정합니다.
3. 모델 학습: 모델이 주어진 데이터를 학습하는 과정입니다.
   - **순전파**: 입력 데이터를 신경망으로 연산해 예측값을 출력합니다.
   - **손실 계산**: 예측값과 실제 값의 차이를 계산해 모델의 성능을 평가합니다.
   - **역전파 및 가중치 업데이트**: 손실을 최소화하기 위해 경사 하강법과 같은 최적화 알고리즘을 사용하여 가중치를 반복적으로 조정합니다.
   - **반복**: 데이터셋을 여러 번 학습해 최적의 성능을 찾습니다.
4. 평가 및 튜닝: 학습된 모델이 실제로 얼마나 잘 작동하는지 평가하고 개선하는 단계입니다.
   - **검증 데이터 평가**: 훈련에 사용하지 않은 검증 데이터로 성능을 측정합니다.
   - **과적합 방지**: 데이터 증강, 정규화, 드롭아웃(dropout) 등을 사용하여 모델이 훈련 데이터에만 최적화되는 문제를 방지합니다.
   - **하이퍼파라미터 튜닝**: 학습률, 레이어 수, 학습 횟수 등 모델 성능을 조정하는 요소를 최적화합니다.

5. 테스트 및 배포: 최종 성능을 평가하고 배포하는 단계입니다.

- **테스트 데이터 평가**: 학습에 사용하지 않은 완전히 새로운 데이터로 최종 성능을 평가합니다.
- **모델 저장 및 배포**: 학습된 모델을 저장하고, 실제 사용할 수 있는 환경에 배포합니다.
- **성능 모니터링 및 업데이트**: 배포한 후에도 모델이 올바르게 작동하는지 지속적으로 모니터링하고, 필요하면 재학습합니다.

데이터를 충분히 확보해 전통적 통계 모델의 한계를 넘어, 비선형적이고 복잡한 모델을 더욱 정교하게 발전시킬 수 있게 되었습니다. 이에 따라 음성 인식, 이미지 분류, 자연어 처리와 같은 기술이 딥러닝을 통해 비약적으로 발전할 수 있었습니다.

이제 각 분야가 발전해 온 과정과 딥러닝의 접목이 AI 발전에 어떤 영향을 미쳤는지 이미지 처리, 생성 모델, 자연어 처리 세 가지 영역으로 나누어 살펴보겠습니다.

▼ **그림 1-21** AI의 역사

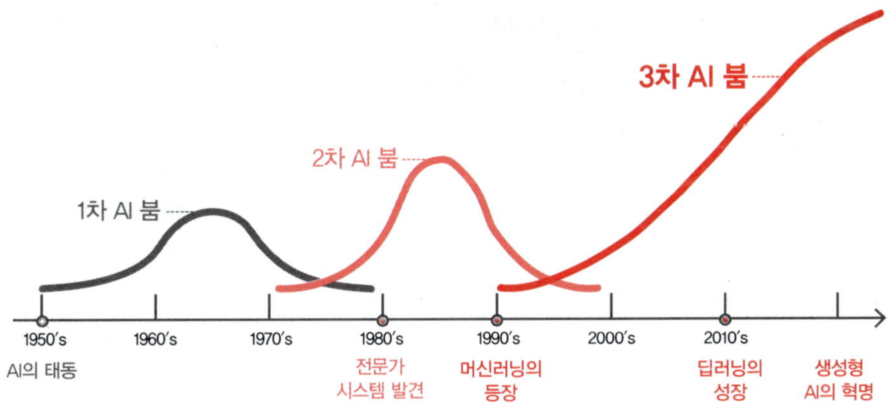

출처: https://news.skhynix.co.kr/post/all-around-ai-1

1.2.3 이미지 인식 기술의 발전

우리 생활에 실질적인 편리함을 제공한 기술 중 하나가 바로 이미지 인식 기술이 아닐까요? 스마트폰이 얼굴을 인식하는 순간 잠금이 풀리고, 자율주행 자동차는 도로 위 사물을 빠르게 파악하며 안전한 주행을 돕고, 의료 영상에서는 사람이 놓칠 수 있는 작은 질병의 흔적까지 정밀하게 찾아냅니다. 이 모든 기술이 가능해진 것은 컴퓨터가 현실 세계의 사물을 사람처럼 이해할 수 있을 정도로 발전했기 때문입니다. 그렇다면 이미지 인식 기술은 언제 시작되었으며, 어떻게 발전해 왔을까요? 그 과정과 핵심 기술을 알아보겠습니다.

초기 컴퓨터 비전 연구와 기초 알고리즘 도입

1960년대는 디지털 이미지 처리(digital image processing)라는 개념이 막 싹트고 AI의 기초적인 아이디어가 형성되기 시작한 시기였습니다. 당시 컴퓨터 하드웨어는 지금과 비교해 성능이 매우 낮았고, 비용은 비쌌으며 저장 매체와 연산 자원도 극도로 제한적이었습니다. 이러한 환경에서 이미지를 디지털 형태로 변환하고 처리하는 기술 자체가 획기적인 혁신으로 여겨졌으며, 실제 적용 범위도 매우 제한적이었습니다.

이 시기의 주요 연구 주제는 "영상에서 의미 있는 정보를 어떻게 추출할 것인가"였습니다. 대표적인 예로 이미지에서 물체의 윤곽을 파악하는 경계 검출(edge detection)[8], 기하학적 모양이나 문자, 숫자 등 단순한 형태를 인식하려는 패턴 인식(pattern recognition)이 주된 연구 대상이었습니다.

▼ **그림 1-22** 경계 검출

출처: https://medium.com/@salvi.elisa/edge-detection-from-sobel-to-canny-efd6c04fbe9c

또한, 이 시기에는 템플릿 매칭(template matching) 기법도 널리 사용했습니다. 템플릿 매칭은 이미지 내에서 특정 패턴이나 물체를 탐지하기 위해 사전에 정의된 템플릿과 입력 이미지 간 일치도를 비교하는 방식입니다. 템플릿을 이미지 위에서 슬라이딩하며 유사도를 계산한 뒤 가장 유사한 위치를 탐지합니다.

▼ **그림 1-23** 템플릿 매칭

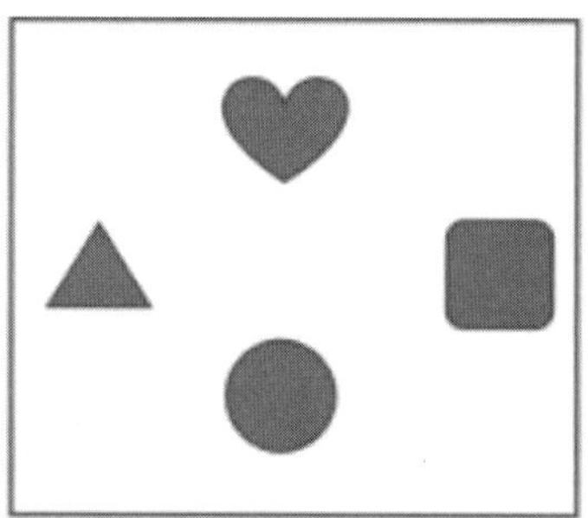

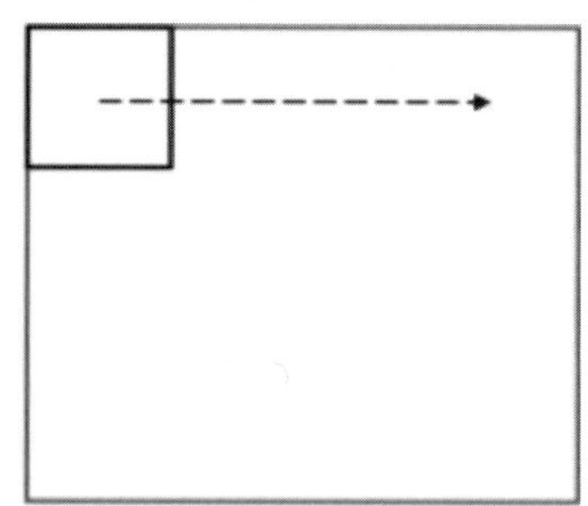

출처: https://www.sciencedirect.com/topics/engineering/template-matching

8 밝기가 급격하게 변하는 부분을 경계(edge)라 하며, 이를 이용해 경계를 검출하는 방식입니다.

이 시기의 기술은 매우 한정된 조건에서만 작동했습니다. 조정이나 회전, 변형이 있으면 잘 작동하지 못했고, 객체의 크기나 위치 변화를 인식하기 어려웠습니다.

또한, 당시의 이런 방식들은 필터링, 임계값 처리(thresholding), 푸리에 변환[9]과 같은 기본적인 수학적 기법에 의존했기에 연산 비용이 매우 높아 실시간 처리도 불가능했습니다. 또한 AI 개념을 이제 막 정의하고 탐구하던 초기 단계였기에, AI적 사고방식을 영상 처리 알고리즘에 적용하려는 시도는 제한적이었습니다.

알고리즘의 발전과 초기 CNN(초기 합성곱 신경망)

1990년대 후반부터 머신러닝과 패턴 인식 기술을 이미지 인식 문제에 적용하기 시작했습니다. 이미지에서 추출한 특징을 기반으로 머신러닝 알고리즘을 사용해 인식하는 방식이었습니다.

캐나다의 컴퓨터 과학자 데이비드 로(David Lowe)는 이미지에서 스케일 불변적인 특징 점(keypoint)을 추출하여, 이미지 크기나 회전 변화에 강한 특징을 제공하는 알고리즘인 SIFT(Scale-Invariant Feature Transform)를 개발했습니다.

SIFT는 이미지 내에서 변화에 강한 특징(코너, 에지, 텍스처 등)인 특징 점을 추출하고 매칭하는 알고리즘입니다. 즉, 이미지가 크거나 작아지거나, 회전하더라도 동일한 물체를 인식할 수 있도록 설계된 기법입니다.

▼ **그림 1-24** SIFT 특징 점 매칭

출처: http://cs231n.stanford.edu/slides/2017/cs231n_2017_lecture1.pdf

또한, 나브닛 달랄(Navneet Dalal)과 빌 트릭스(Bill Triggs)가 소개한 HOG(Histogram of Oriented Gradients) 알고리즘은 객체의 윤곽과 형태의 특징을 효과적으로 분석했습니다. 이미지의 밝기 변화 방향을 분석해 객체의 윤곽과 형태를 표현함으로써, 사람 인식에 뛰어난 성능을 발휘했습니다.

9 시간이나 공간에 대한 함수를 시간 또는 공간 주파수 성분으로 분해하는 변환입니다.

▼ **그림 1-25** HOG를 이용한 사람 인식

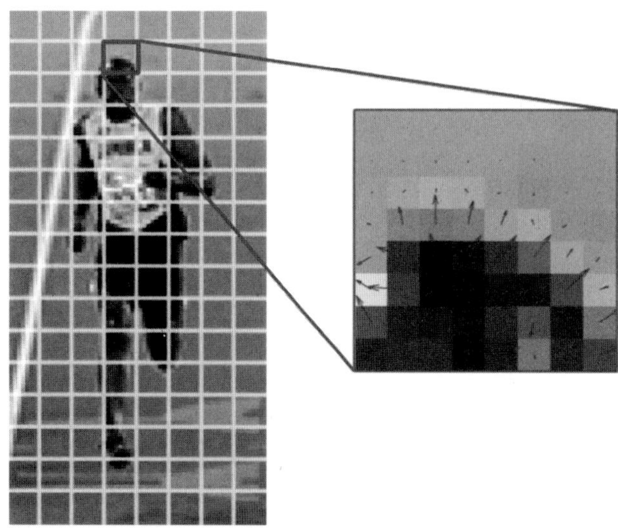

출처: https://learnopencv.com/histogram-of-oriented-gradients/

1990년대에는 인공 신경망 개념을 활용한 초기 합성곱 신경망(CNN, Convolutional Neural Network)이 일부 성공 사례를 보이며 주목받기 시작했습니다. CNN은 이미지와 같은 공간적 구조를 가진 데이터를 처리하고 학습하기 위해 설계된 신경망입니다.

여러 층의 구조를 활용해 이미지의 특징을 추출하는 아이디어 자체는 이미 1980년대 후쿠시마 쿠니히코(Kunihiko Fukushima)가 네오코그니트론(Neocognitron)을 통해 제안한 바 있었습니다. 네오코그니트론은 이미지의 저수준 특징(예 선, 모서리)에서 시작해 고수준 특징(예 복잡한 패턴)을 점진적으로 학습하는 계층적 구조를 도입한 모델입니다.

▼ **그림 1-26** 네오코그니트론 학습 구조

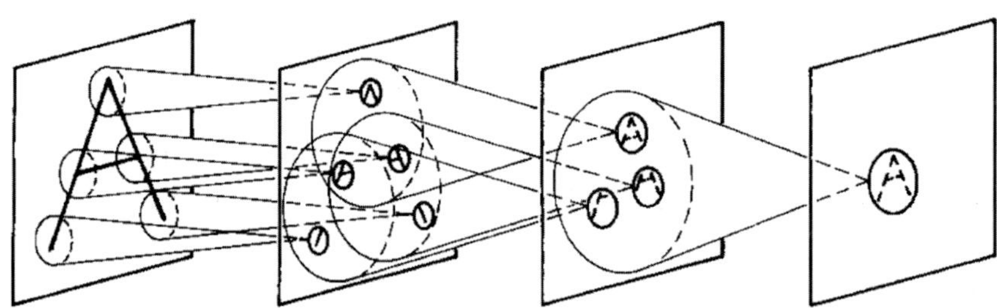

출처: https://dickson-wu.medium.com/paper-summary-neocognitron-a-self-organizing-neural-network-model-for-a-mechanism-of-pattern-16fac734e64

이후 얀 르쿤(Yann LeCun)은 뉴욕대학교에서 손글씨 숫자 인식을 목표로 연구를 진행하며 특징 추출과 분류를 통합적으로 수행하는 모델을 설계했습니다. 그는 네오코그니트론의 아이디어에서 영감을 받아 데이터를 기반으로 학습이 가능한 합성곱(convolution) 레이어를 도입해 CNN을 발전시켰습니다. 그 결과, 1998년 현대 CNN의 토대로 평가받는 모델인 LeNet-5를 완성했습니다.

▼ 그림 1-27 LeNet-5 아키텍처

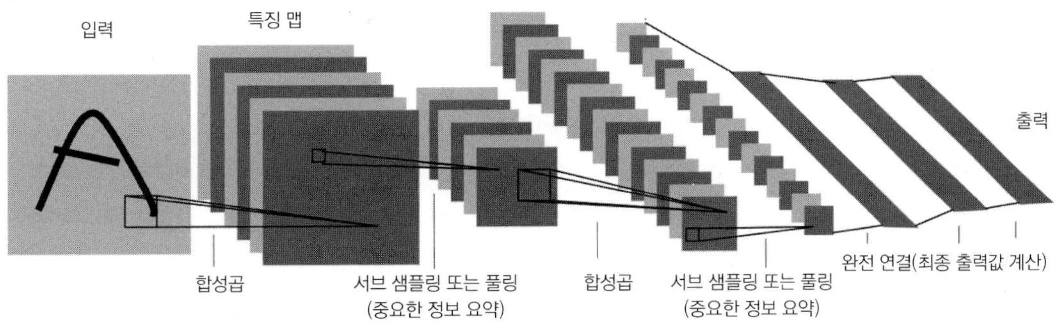

출처: yann.lecun.com/exdb/publis/pdf/lecun-01a.pdf

합성곱 레이어는 이미지 데이터를 처리하며 선, 모서리, 패턴 등 중요한 특징을 자동으로 추출합니다. 이 과정에서 작은 필터(커널)가 이미지의 국소 영역을 하나씩 스캔하며 각 영역의 패턴을 감지합니다. 예를 들어 어떤 필터는 선을 감지하고, 다른 필터는 곡선을 감지하는 방식으로 작동합니다. 이렇게 필터와 이미지의 대응 요소를 곱한 뒤 그 합을 계산하는 합성곱 연산(convolution operation)을 통해 특징 맵(feature map)이라는 결과를 생성합니다.

또한 같은 필터를 이미지 전체에서 반복해서 적용하므로 학습해야 할 파라미터의 수가 줄어들어 연산 효율이 높아지고, 이미지의 위치가 조금 변하더라도 동일한 특징을 안정적으로 감지할 수 있었습니다. 이런 개념이 발전해 오늘날의 CNN이 되었습니다.

CNN은 크게 합성곱 계층, 풀링 계층, 완전 연결 계층으로 구성됩니다.

▼ 그림 1-28 CNN 구성

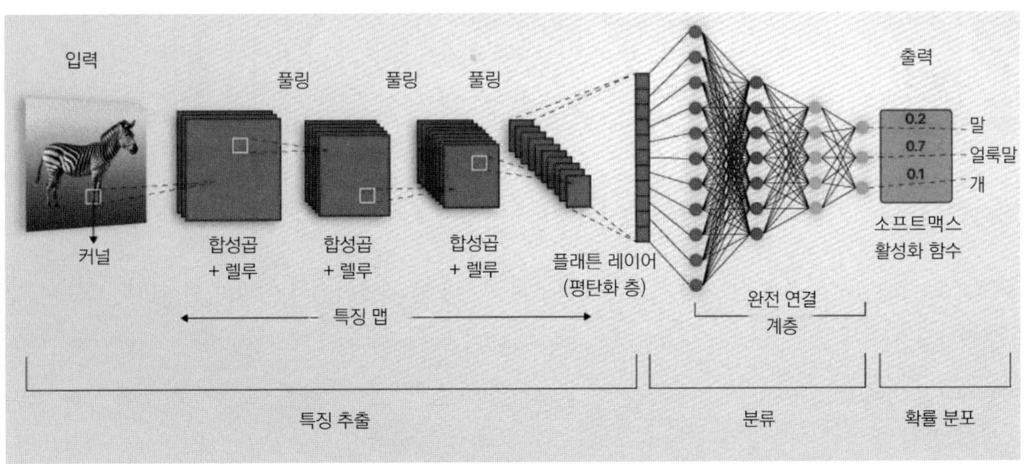

출처: https://ravjot03.medium.com/decoding-cnns-a-beginners-guide-to-convolutional-neural-networks-and-their-applications-1a8806cbf536

- **합성곱**(convolution): 입력 데이터에서 지역적 특징(local feature)을 추출하는 역할을 합니다. 필터(커널)를 사용해 이미지의 엣지, 패턴, 텍스처 등 중요한 정보를 학습합니다. 합성곱 계층의 출력은 특징 맵이며, 이는 입력 데이터의 지역적 패턴 정보를 포함합니다.

- **풀링**(pooling): 입력 데이터의 크기를 줄이고, 중요한 정보를 요약하여 계산 효율성을 높이고 과적합을 방지합니다. 공간적 구조는 유지하면서 불필요한 세부 정보를 제거합니다.
- **완전 연결 계층**(fully connected layer): 합성곱 계층과 풀링 계층에서 추출된 특징을 기반으로 최종 출력값을 계산합니다. 출력 크기는 분류나 회귀 문제에 따라 달라집니다.

그러나 여전히 대규모 이미지 인식 문제를 해결하기에 데이터와 연산 자원이 충분하지 않았습니다. 당시 CNN은 주로 손글씨 인식과 같은 특정 분야에 한정되었으며, 수년에 걸쳐 추가로 연구하고 기술이 발전해 더 넓은 분야로 확장할 수 있었습니다.

딥러닝의 부흥과 CNN의 발전

2000년대에 들어서면서 데이터의 폭발적 증가와 GPU의 발전은 CNN이 대규모 데이터셋을 학습할 수 있는 환경을 제공했습니다. 2012년, CNN을 기반으로 한 알렉스넷(AlexNet)이 이미지넷(ImageNet) 대회에서 우승하면서 심층 신경망의 성능이 주목받기 시작했습니다. 알렉스넷은 5개의 합성곱층과 3개의 완전 연결 층으로 구성된 구조로, 데이터의 공간적 패턴을 잘 학습하는 특성을 보여주었습니다. 이 대회에서 알렉스넷이 거둔 성공은 많은 연구자와 기업이 딥러닝 연구에 적극적으로 참여하는 계기가 되었습니다.

▼ **그림 1-29** 알렉스넷의 개념도

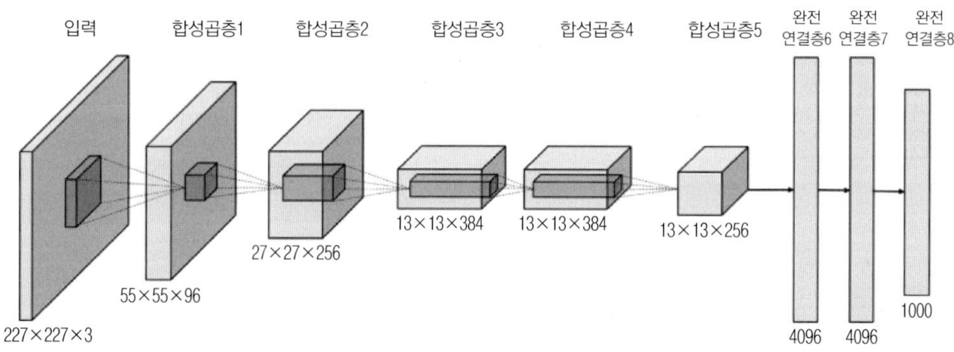

출처: https://www.mdpi.com/2072-4292/9/8/848

그 이후 VGGNet, ResNet과 같은 더욱 깊고 효율적인 CNN 구조가 개발되면서 이미지 인식의 정확도와 확장성이 비약적으로 향상되었습니다.

VGGNet(Visual Geometry Group Network)은 3×3 크기의 작은 필터를 여러 층에 반복 사용해 깊은 네트워크 구조를 설계한 합성곱 신경망입니다. 이 모델은 11층에서 19층까지 다양한 버전으로 구성되었으며, 작은 필터를 쌓아 올리는 방식으로 계산 효율성을 유지하면서도 복잡한 패턴을 효과적으로 학습할 수 있습니다.

ResNet(Residual Network)은 잔차 학습과 스킵 연결을 도입해 심층 신경망에서 발생하는 기울기 소실 문제를 해결한 모델입니다. ResNet은 50, 101, 152층 모델로 잘 알려져 있을 만큼 깊은 네트워크에서도 효과적으로 학습할 수 있음을 증명했습니다.

- **잔차 학습**(residual learning): 잔차 학습은 네트워크의 각 층이 입력의 잔여(residual) 정보를 학습하도록 설계된 방식입니다. 이 방식을 통해 네트워크가 학습해야 할 매핑을 줄여 학습을 용이하게 하고, 각 층 간 직접 연결이 가능해집니다.
- **스킵 연결**(skip connection): 스킵 연결은 여러 층을 건너뛰어 이전 층의 출력을 후속 층에 직접 더하는 방식입니다. 이 방식은 네트워크가 더 깊어질수록 발생할 수 있는 기울기 소실 문제를 완화합니다.

이러한 모델들은 서로 다른 크기의 필터, 깊은 네트워크, 스킵 연결과 같은 혁신적인 아이디어를 통해 복잡한 이미지 데이터도 효과적으로 처리할 수 있음을 입증했습니다. 또한 이러한 네트워크 구조들을 기반으로 DenseNet, Xception, EfficientNet, YOLO 등 다양한 변형 모델이 등장하면서 연산 효율성, 파라미터 수, 모델 크기 간 균형을 맞춘 최적화 방안이 꾸준히 제안되었습니다.

YOLO(You Only Look Once)는 실시간 객체 검출을 위한 딥러닝 모델로, 이미지를 한 번의 네트워크 통과로 처리해 객체의 위치(bounding box)와 클래스(label)를 동시에 예측합니다. 또한, 이미지를 여러 격자(grid)로 나누고 각 격자에서 객체가 있을 확률과 위치를 한 번에 예측합니다. 이러한 방식은 객체를 반복해서 탐색하지 않고 한 번의 처리로 모든 객체를 예측하도록 설계되었습니다. 덕분에 객체 검출을 빠르게 실시간으로 수행할 수 있었습니다.

▼ 그림 1-30 YOLO 객체 검출

출처: https://encord.com/blog/yolo-object-detection-guide/

트랜스포머의 등장과 이미지 기술의 변화

트랜스포머는 자연어 처리에서 혁신을 일으킨 기술이며, 이미지 인식 분야에도 큰 영향을 미쳤습니다. 특히 2020년 이후, 트랜스포머 기반의 새로운 접근 방식들이 기존 CNN을 뛰어넘는 성과를 보여주며 이미지 인식 기술의 패러다임을 변화시켰습니다.

2020년, 구글(Google)에서 비전 트랜스포머(ViT, Vision Transformer)를 발표하며 이미지 데이터를 트랜스포머로 처리할 수 있음을 입증했습니다. ViT는 이미지를 작은 패치로 나눈 후 트랜스포머의 셀프 어텐션(self-attention) 메커니즘[10]을 적용해 이미지를 분류하는 모델입니다.

10 트랜스포머와 어텐션 메커니즘은 자연어 처리 부분에서 설명하겠습니다.

▼ **그림 1-31** 비전 트랜스포머(ViT)

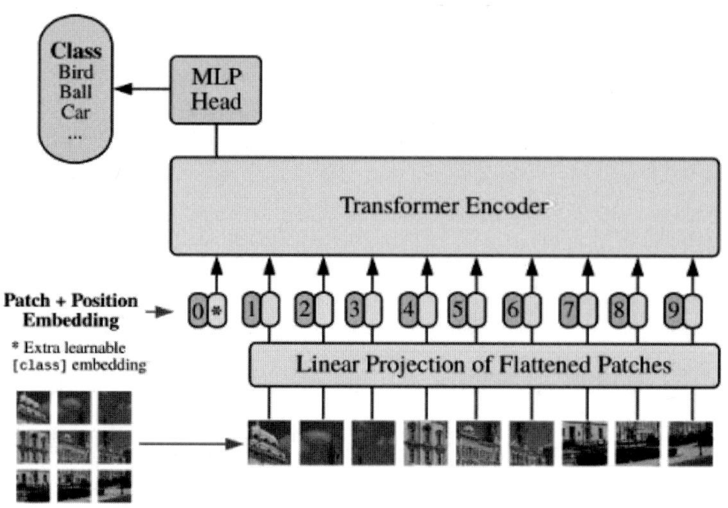

출처: https://encord.com/blog/vision-transformers/

2021년, Microsoft Research Asia에서 스윈 트랜스포머(Swin Transformer)를 발표했습니다. ViT는 패치 수가 증가함에 따라 연산량이 급격히 늘어나는 문제가 있었고, 이를 해결하기 위해 스윈 트랜스포머는 윈도우라는 개념을 도입했습니다. 이미지를 고정된 크기의 윈도우로 나눈 뒤, 각 윈도우 내에서만 셀프 어텐션을 수행해 연산량을 줄였습니다. 또한, 계층적(hierarchical) 구조를 채택해 이미지의 패치를 점진적으로 통합하며 학습합니다. 초기에는 작은 윈도우 크기에서 시작하고 점차 더 큰 윈도우를 사용해 정보를 통합합니다. 이를 통해 멀티스케일 특성을 학습할 수 있으며, 로컬 정보와 전역 정보를 모두 효과적으로 처리할 수 있습니다.

▼ **그림 1-32** 스윈 트랜스포머와 비전 트랜스포머

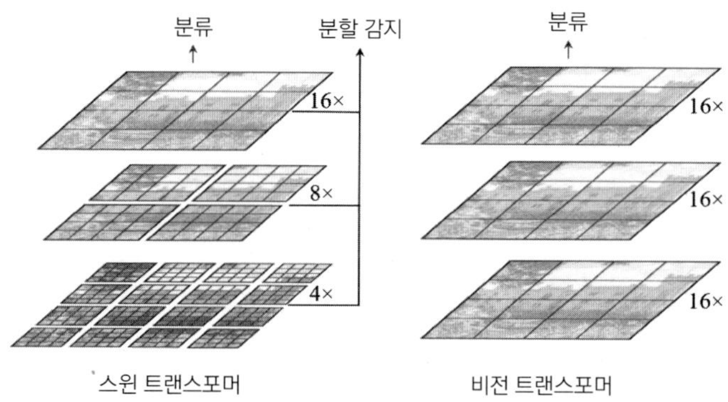

출처: https://huggingface.co/docs/transformers/v4.39.1/model_doc/swin

오늘날 CNN은 이미지 인식뿐 아니라 객체 탐지, 세그멘테이션, 스타일 변환 등 다양한 작업에서 핵심 기술로 자리 잡았으며, 트랜스포머 기반 모델과의 융합을 통해 진화를 이어가고 있습니다.

1.2.4 생성형 AI 기술의 발전

지금까지 이미지 인식 기술이 어떻게 발전해 왔는지 살펴보았습니다. 이미지 인식이 기존 데이터를 해석하고 이해하는 데 초점을 맞췄다면, 생성 모델은 이를 바탕으로 새로운 결과물을 창조하는 기술입니다. 예술 작품을 생성하거나, 현실과 구별하기 어려운 가상 이미지를 만들어 내는 생성 모델은 어떤 과정을 거쳐 발전해 왔으며, 어떤 핵심 기술이 이를 가능하게 했을까요? 지금부터 그 변화와 발전 과정을 알아보겠습니다.

마르코프 성질과 HMM(은닉 마르코프 모델)

마르코프 성질(Markov property)은 20세기 초 안드레이 마르코프(Andrey Markov)가 제시한 확률론적 개념입니다. 이 성질은 현재 상태만으로 미래 상태를 예측할 수 있는 특성을 의미합니다. 즉, 과거 상태와는 무관하게 현재 상태가 미래를 결정한다는 것입니다.

이 성질을 기반으로 한 마르코프 모델(Markov model)은 확률적 과정을 설명하는 모델입니다. 마르코프 모델의 핵심은 현재 상태가 오직 직전 상태에만 의존한다는 점입니다.

쉽게 설명하자면, 날씨를 예측하는 것과 비슷합니다. 사람들은 보통 지난주나 지난달 날씨보다 오늘 날씨를 보고 내일 날씨를 예측합니다. 예를 들어 "오늘은 날이 흐리니 내일 비가 올 가능성이 크겠군!" 하며 우산을 준비합니다. 즉, 직전 상태(오늘 날씨)만을 근거로 미래(내일 날씨)를 예측하는 것입니다. 물론, 날씨가 계속 흐리거나 맑아지는 예외 상황도 생길 수 있습니다. 하지만 이러한 확률적 규칙이 반복되면 특정한 패턴을 발견하게 됩니다.

마르코프 모델은 확률적 과정을 설명하는 중요한 개념입니다. 하지만 시스템의 상태를 직접 관찰할 수 없는 경우, 이를 처리하는 데 한계가 있습니다. 실제로 많은 시스템에서 내부 상태는 보이지 않고, 시스템이 만든 출력만 관찰할 수 있습니다. 예를 들어 음성 인식 시스템을 생각해 봅시다. 여기서 음성 신호는 관찰할 수 있는 출력입니다. 하지만 그 음성 신호를 생성하는 과정이나 그 안에 숨겨진 상태(예 음소, 단어 등)는 직접 관찰할 수 없습니다. 이 보이지 않는, 직접 관찰할 수 없는 상태를 은닉 상태라고 부릅니다.

이러한 은닉 상태를 모델링하기 위해 은닉 마르코프 모델(HMM, Hidden Markov Model)이 등장했습니다. HMM은 1960년대부터 1970년대까지 통계학과 확률론 연구를 통해 발전한 모델로, 관측할 수 없는 은닉 상태와 관측할 수 있는 출력값 사이의 관계를 확률적으로 모델링해 시간에 따른 상태 변화를 추정합니다. 즉, 보이지 않는 상태의 변화를 추적하고, 이를 바탕으로 관측할 수 있는 출력을 예측하는 것입니다.

HMM은 관측 불가능한 상태를 확률적으로 추정하는 강력한 도구로 자리 잡았습니다. 처음에는 음성 인식 같은 기술적 문제를 해결하기 위해 개발되었지만, 현재는 자연어 처리, 생물학적 데이터 분석, 경제학적 모델링 등 다양한 분야로 그 활용 범위가 확장되었습니다.

볼츠만 머신과 RBM(제한된 볼츠만 머신)

HMM은 시간에 따른 은닉 상태의 변화를 확률적으로 모델링하는 도구이기에 음성이나 텍스트 같은 시퀀스 데이터에서만 작동합니다. 또한, 각 시간의 상태는 이전 상태에만 의존한다는 마르코프 성질을 따르기 때문에 복잡한 상호작용을 모델링하기 어렵습니다.

볼츠만 머신(BM, Boltzmann Machine)은 HMM의 한계를 극복하기 위해 1985년 제프리 힌턴과 테런스 세즈노스키(Terrence Sejnowski)가 제안한 모델입니다. 볼츠만 머신은 에너지 최소화 원리를 이용해 패턴을 학습하는 확률적 신경망 모델입니다.

에너지 최소화 원리를 쉽게 설명하자면, '점심'이라는 단어가 입력되면 볼츠만 머신은 김밥, 비빔밥, 라면처럼 연관성이 높은 단어에 더 낮은 에너지 상태를 할당합니다. 이러한 과정의 반복을 통해 단어 간 의미 관계와 문장 속 패턴을 학습하며, 이는 언어 모델링의 초기 연구에 중요한 기반이 되었습니다.

볼츠만 머신은 모든 노드가 연결된 완전 연결(fully connected) 구조로, 모든 노드(유닛)가 서로 연결되어 있습니다. 이러한 특성은 파라미터 수가 매우 많아지고, 계산량이 커지는 단점이 있었습니다.

제한된 볼츠만 머신(RBM, Restricted Boltzmann Machine)은 이러한 단점을 해결하기 위해 노드 간 연결 구조를 제한한 모델입니다. 노드를 입력층과 은닉층으로 나누고, 두 층 사이의 노드들만 연결하며 같은 층 내 노드끼리는 연결하지 않았습니다. 이 구조 덕분에 파라미터 수가 줄어들고, 계산량이 감소해 훨씬 효율적으로 학습합니다.

RBM은 에너지 최소화 원리를 그대로 유지하면서도 학습을 간소화했기 때문에 비지도 학습에서 널리 사용합니다. 특히, 입력 데이터의 확률 분포를 학습해 숨겨진 특성을 찾아내는 데 강력한 성능을 발휘하며, 단어 임베딩, 이미지 복원, 주제 모델링 등 다양한 분야에 응용됩니다.

▼ **그림 1-33** 볼츠만 머신과 제한된 볼츠만 머신

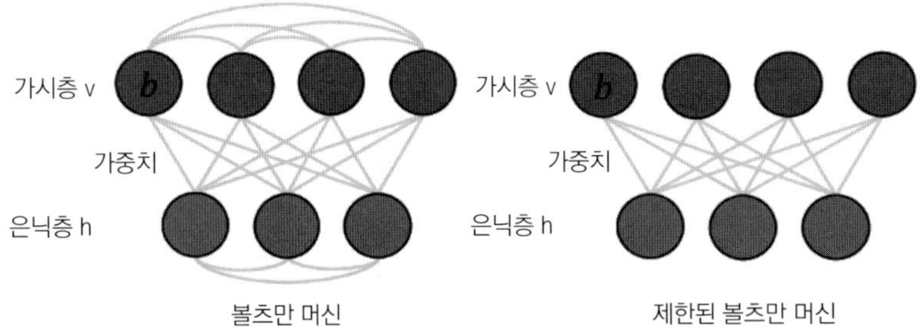

출처: https://www.researchgate.net/publication/361161390_Recent_Advances_for_Quantum_Neural_Networks_in_Generative_Learning

오토인코더와 VAE(변형 오토인코더)

RBM은 에너지 최소화와 확률 분포를 기반으로 작동하기 때문에 모델의 학습 결과를 직관적으로 해석하기 어렵습니다. 특히, 은닉층이 어떤 특징을 학습했는지 명확히 파악하기 힘들다는 한계가 있습니다.

오토인코더(AE, AutoEncoder)는 입력 데이터를 효율적으로 압축하고 재구성하기 위해 설계된 신경망 기반 비지도 학습 모델입니다. 입력 데이터를 압축(인코딩)하고 다시 복원(디코딩)하는 과정을 통해 데이터의 중요한 특징을 학습합니다. 이 과정에서 잠재 공간(latent space)을 활용해 핵심 특징을 추출하고, 데이터를 더 효율적으로 표현하는 방법을 학습하는 것이 주요 목표입니다.

오토인코더는 기본적으로 다음 세 가지 주요 구성 요소로 나뉩니다.

- **인코더**(encoder): 입력 데이터를 더 낮은 차원의 잠재 공간으로 압축하는 역할을 합니다. 인코더는 입력 데이터에서 핵심 특징을 추출하고, 이를 저차원으로 변환합니다. 이 과정에서 차원 축소가 이루어집니다.
- **잠재 공간**(latent space): 인코더를 통해 압축된 데이터가 표현되는 공간입니다. 원본 데이터의 핵심 특징이나 패턴이 요약되어 표현됩니다.
- **디코더**(decoder): 잠재 공간에서 표현된 데이터를 다시 원본 데이터로 복원(재구성)하는 역할을 합니다. 인코더의 역과정으로 작동하며, 원래 입력과 최대한 비슷하게 출력을 생성합니다.

▼ **그림 1-34** 오토인코더

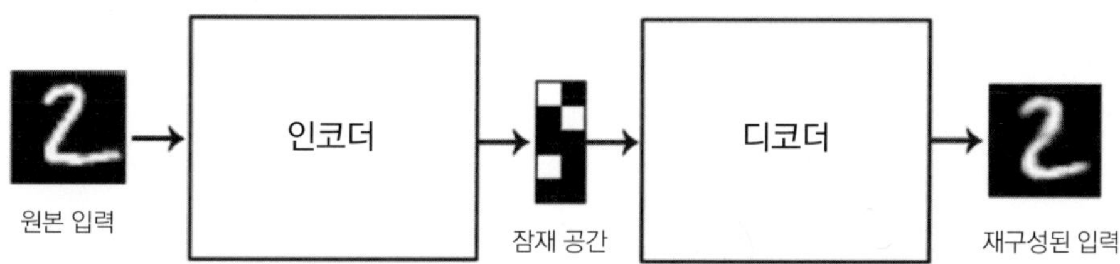

출처: https://blog.keras.io/building-autoencoders-in-keras.html

오토인코더는 대칭 구조로 되어 있어 단순한 문제를 해결하는 데는 효과적이지만, 복잡한 문제를 처리하는 데는 유연성이 부족합니다.

이러한 부분을 개선하기 위해 변형 오토인코더(VAE, Variational AutoEncoder)가 등장합니다. VAE는 오토인코더에 확률적 접근 방식을 도입해 더 다양한 데이터를 생성할 수 있도록 설계되었습니다. 특히 이미지 생성, 데이터 복원, 노이즈 제거와 같은 작업에서 유용합니다. VAE에서 추가된 개념은 다음과 같습니다.

- **확률적 인코딩**(stochastic encoding): VAE의 인코더는 입력 데이터에 대한 잠재 표현의 평균(mean)과 분산(variance)을 출력합니다. 이를 통해 잠재 공간에 확률 분포를 정의하고, 잠재 변수를 샘플링해 다양한 데이터를 생성할 수 있습니다.
- **잠재 변수**(latent variable): 잠재 공간을 나타내는 변수로, VAE에서는 이 변수가 확률적으로 샘플링됩니다. 이를 통해 더 유연하고 다양한 데이터 표현이 가능해집니다.
- **쿨백-라이블러 발산**(KLD, Kullback–Leibler Divergence): 학습 과정에서 사용되는 손실 함수의 일부로, 잠재 변수의 분포가 사전 분포(prior distribution, 일반적으로 정규 분포)와 얼마나 다른지를 측정합니다. 이 값을 최소화함으로써 잠재 공간이 의미 있는 표현을 학습하도록 유도합니다.

VAE는 데이터의 분포를 이해하고, 그에 맞는 새로운 샘플을 생성하는 데 유용합니다. 생성적 적대 신경망과 함께 현대 데이터 생성 모델 중 하나로 자리 잡고 있으며, 다양한 연구와 응용에서 활발히 사용하고 있습니다.

GAN(생성적 적대 신경망)의 탄생

2014년, 이안 굿펠로(Ian Goodfellow)와 그의 동료들은 생성적 적대 신경망(GAN, Generative Adversarial Network)을 제안했습니다. GAN은 두 개의 신경망, 즉 생성자(generator)와 판별자(discriminator)로 구성되어 있습니다. 생성자는 새로운 데이터를 생성하고, 판별자는 생성된 데이터가 실제 데이터인지 판별합니다. 이 두 모델은 서로 경쟁하는 방식으로 학습하며, 결국 생성자는 매우 실제 같은 데이터를 생성하게 됩니다.

- **생성자**: 실제 데이터를 생성하기 위한 모델입니다. 랜덤 노이즈(무작위 벡터)를 입력으로 받아 유사한 데이터 샘플(예 이미지)을 생성합니다. 생성자의 목표는 판별자를 속이는 것입니다.
- **판별자**: 입력 데이터가 실제 데이터인지 생성자가 만든 가짜 데이터인지 구별하는 모델입니다. 목표는 가능한 한 정확하게 실제 데이터와 생성된 데이터를 구분하는 것입니다.

알기 쉽게 설명하면, 위조지폐범과 경찰의 대결로 비유할 수 있습니다.

먼저, 위조지폐범(생성 모델)은 진짜 지폐처럼 보이는 가짜 지폐를 만듭니다. 처음엔 가짜 지폐를 만드는 기술이 서툴러서 경찰(판별 모델)에게 금방 탄로 납니다. 하지만 위조지폐범은 포기하지 않고, 경찰의 판별 기준을 파악하면서 진짜와 점점 더 구별하기 어려운 가짜 지폐를 만듭니다. 그러자 경찰도 가만히 있지 않고, 위조지폐범의 점점 정교해지는 위조 기술을 따라잡기 위해 자신의 판별 능력을 키웁니다.

이렇게 위조지폐범과 경찰은 서로 경쟁하면서 점점 더 똑똑해지고 기술도 발전합니다. 결국, 위조지폐범이 만든 가짜 지폐가 너무 진짜처럼 보여서 경찰도 이게 진짜인지 가짜인지 구별할 수 없는 상태에 도달하게 됩니다.

▼ **그림 1-35** 위조지폐범과 경찰 예시

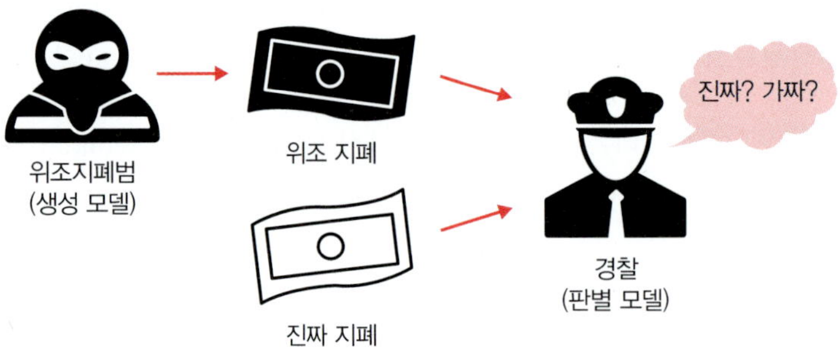

GAN의 목표는 판별자가 진짜와 가짜를 구별하지 못하는 균형 상태에 도달하는 것입니다. 이 과정을 수학적으로 표현하면 생성자는 판별자를 속이는 방향으로 최적화하고, 판별자는 정확히 판별하려는 방향으로 최적화하는 게임 이론적 최적화 문제로 표현됩니다.

▼ **그림 1-36** GAN 메커니즘

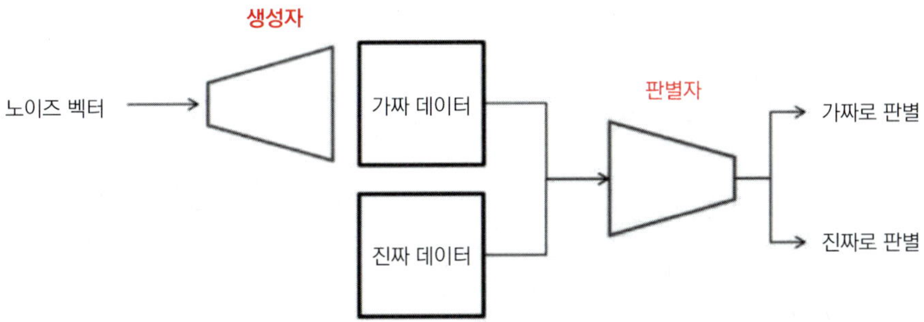

출처: https://ratsgo.github.io/generative%20model/2017/12/20/gan/

GAN의 작동 방식을 자세히 살펴보면 노이즈 생성, 데이터 생성, 판별, 손실 계산, 모델 업데이트, 최적화 단계로 이루어집니다.

1. 노이즈 생성: 생성자는 랜덤 노이즈 벡터 z를 샘플링합니다. 이 벡터는 보통 정규 분포에서 생성됩니다.
2. 데이터 생성: 생성자는 샘플링한 노이즈 z를 입력받아 가짜 데이터 G(z)를 생성합니다.
3. 판별: 판별자는 진짜 데이터 x와 생성자가 만든 가짜 데이터 G(z)를 입력받아 두 데이터를 평가해 진짜인지 가짜인지 확률로 나타냅니다.
4. 손실 계산: 생성자와 판별자 각각의 손실 함수를 계산합니다.
    - 판별자의 손실 함수: 진짜 데이터를 진짜로, 가짜 데이터를 가짜로 올바르게 분류하는 것이 목표입니다.
    - 생성자의 손실 함수: 판별자가 가짜 데이터를 진짜로 잘못 판단하도록 만드는 것이 목표입니다.
5. 모델 업데이트: 판별자와 생성자 모델은 각각의 손실을 최소화하도록 반복해서 업데이트합니다.
    - 판별자: 진짜 데이터와 가짜 데이터를 구분하는 능력을 향상시키기 위해 학습합니다. 이 과정은 일반적으로 경량화된 손실 함수로 이루어집니다.
    - 생성자: 판별자가 가짜 데이터를 진짜로 판단하도록 학습합니다.
6. 최적화: GAN의 목표는 두 모델이 균형을 이루는 것입니다. 생성자가 더 나은 데이터를 생성하면 판별자는 더 나은 결과로 판단해야 하고, 반대로 판별자가 더 정확해지면 생성자는 더 진짜같이 생성해야 합니다.

이 과정에서 두 모델은 서로 경쟁하며, 이 경쟁으로 생성자는 점점 더 현실적인 데이터를 만들어 냅니다.

GAN은 특히 이미지 생성 분야에서 큰 성공을 거두었습니다. 예를 들어 DCGAN(Deep Convolutional GAN)은 고해상도 이미지를 생성하는 데 효과적입니다. DCGAN은 GAN의 구조를 이미지 생성에 최적화하기 위해 합성곱 신경망 구조를 적용한 모델입니다. 이를 통해 고해상도 이미지를 효과적으로 생성하고 판별할 수 있습니다.

▼ **그림 1-37** DCGAN 구조

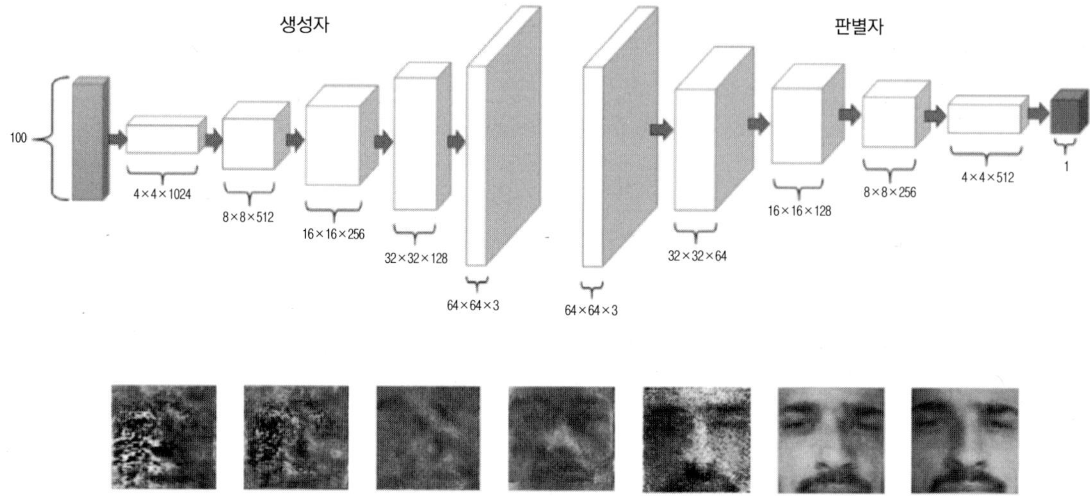

출처: https://link.springer.com/article/10.1007/s44163-024-00138-z

GAN은 예술 작품, 인물 사진, 풍경 등 다양한 유형의 이미지를 생성할 수 있으며, 데이터가 부족할 때 데이터 증강 도구로도 사용할 수 있습니다. 예를 들어 의료 이미지 데이터셋에서 GAN을 활용하여 다양한 변형의 이미지를 생성함으로써 훈련 데이터셋을 확장할 수 있습니다.

GAN의 주요 문제 중 하나는 모드 붕괴(mode collapse)입니다. 이는 생성자가 특정 유형의 데이터만 생성하면서 다양성이 줄어드는 현상입니다. 이를 해결하기 위한 다양한 방법이 연구되고 있으며, WGAN(Wasserstein GAN)과 같은 변형 모델이 제안되었습니다. 또 다른 문제는 GAN의 훈련이 종종 불안정하다는 것입니다. 따라서 생성자와 판별자의 균형을 유지하는 것이 도전 과제가 될 수 있습니다.

트랜스포머의 등장과 멀티모달 생성

2017년 트랜스포머가 등장하며 LLM인 GPT나 BERT와 같은 모델에 큰 영향을 미쳤으며, 이후 멀티모달 모델에서도 그 가능성을 확장했습니다.

달리는 오픈AI(OpenAI)에서 2020년에 발표한 멀티모달 모델로, 텍스트를 입력받아 이미지를 만들어 내는 생성 모델입니다. 트랜스포머를 활용해, 텍스트와 이미지 간 관계를 학습하는 방식으로 동작합니다. 이 모델은 이미지 생성을 위한 혁신적인 접근 방식으로, 언어와 시각적 개념을 결합할 수 있는 능력을 갖추고 있습니다.

▼ **그림 1-38** 달리로 생성한 그림 예시

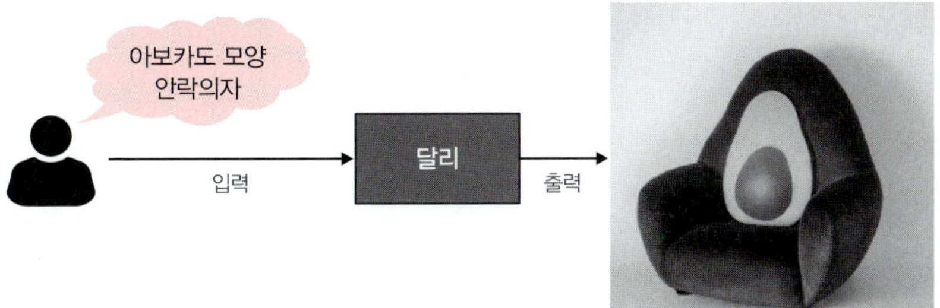

출처: https://openai.com/ko-KR/index/dall-e/

2021년, 오픈AI에서는 자연어 처리와 컴퓨터 비전을 결합한 모델인 CLIP(Contrastive Language-Image Pretraining)을 발표했습니다. 이 모델은 텍스트와 이미지 간 관계를 학습해 텍스트로 설명을 입력하면 해당 설명에 맞는 이미지를 검색하거나 생성할 수 있습니다. 자기 지도 학습 방식을 사용해 텍스트와 이미지를 동시에 학습하며, 두 모달리티(예 텍스트, 이미지) 간 대조적 관계를 이해합니다. 특히, 제로샷(zero-shot) 학습을 지원해 추가 훈련 없이도 새로운 태스크에서 높은 성능을 발휘합니다.

제로샷 학습은 학습하지 않은 새로운 데이터나 작업을 처리하는 능력을 의미합니다. 즉, 모델이 훈련 과정에서 한 번도 보지 못한 카테고리나 개념을 입력받았을 때 기존 지식을 활용해 이를 이해하고 예측하는 것입니다. 예를 들어 '사자'와 '호랑이'라는 동물만 학습한 모델이 있습니다. 이때 '표범'이라는 새로운 동물을 입력받으면, 모델은 '표범은 고양잇과에 속하는 동물'이라는 기존 지식을 바탕으로 이를 이해하고 분류합니다. 즉, 제로샷 학습은 훈련 데이터에 없던 개념도 기존에 학습한 특징, 관계, 지식을 활용해 처리하는 능력을 의미합니다.

디퓨전 모델의 개념과 발전

디퓨전 모델(Diffusion Model)은 데이터에 노이즈(잡음)를 점진적으로 추가했다가, 이를 다시 제거하는 과정으로 원본 데이터를 복원하거나 새로운 데이터를 생성하는 딥러닝 모델입니다. 이 과정은 두 가지 주요 단계로 구성됩니다.

▼ **그림 1-39** 디퓨전 모델 예시

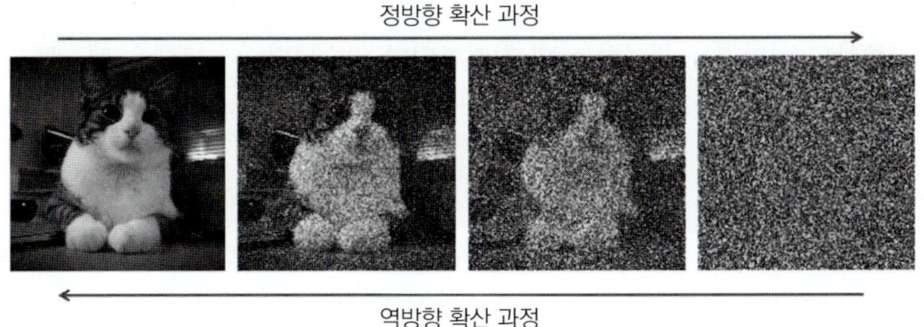

출처: https://developer.nvidia.com/blog/improving-diffusion-models-as-an-alternative-to-gans-part-1/

- **정방향(전방) 확산 과정**(forward diffusion process): 실제 데이터에 점진적으로 노이즈를 추가하여 최종적으로 노이즈만 있는 상태로 변환합니다. 이 과정은 데이터의 분포를 점차 흐리게 만드는 역할을 합니다.
- **역방향 확산 과정**(reverse diffusion process): 노이즈가 있는 데이터를 원래의 데이터로 복원하기 위해 노이즈를 제거하는 과정입니다. 이 과정에서 모델은 노이즈 제거를 학습하며, 이를 통해 새로운 데이터를 생성할 수 있습니다.

최종적으로, 역방향 확산 과정을 통해 생성된 데이터는 원래의 데이터 분포와 유사하지만 새로운 샘플로 나타납니다. 이 방식은 이미지, 텍스트, 오디오 등 다양한 데이터 유형에 적용할 수 있으며, 복잡한 데이터 분포를 잘 모델링해 고품질의 데이터도 생성할 수 있습니다. 또한 GAN과는 완전히 다른 접근 방식으로, 안정적으로 학습할 수 있으며 모드 붕괴 문제를 방지할 수 있습니다.

디퓨전 모델은 2015년에 처음 제안된 이후, 데이터 생성과 복원 분야에서 지속적으로 개선되며 딥러닝의 주요 생성형 모델로 자리 잡았습니다. 초기 모델들은 이론적 기초를 다졌으며, 이후 발전된 모델들은 계산 효율성 향상과 고품질 생성 능력을 바탕으로 상업적 및 실질적 응용 사례를 확장해 나갔습니다.

다음은 시기별 주요 디퓨전 모델을 살펴보며, 디퓨전 모델의 발전 과정을 알아보겠습니다.

- **Diffusion Probabilistic Model**: 2015년에 처음 제안된 확률적 생성 모델 방법론으로, 이후 확산 기반 생성 모델의 시초로 평가받고 있습니다. 이 모델은 데이터를 점차 노이즈화하는 정방향 확산 과정과, 그 노이즈 상태에서 원래 데이터 분포로 되돌아가는 역방향 확산 과정을 모델링하여 데이터 샘플을 생성하는 방식을 제시했습니다.
- **Denoising Diffusion Probabilistic Model(DDPM)**: 2020년에 제안된 DDPM은 Diffusion Probabilistic Model을 개선하여 더 높은 품질의 데이터를 생성하도록 설계되었습니다. 이 모델은 역방향 확산 과정에서 발생하는 노이즈 제거 방식을 최적화하여, 데이터를 고품질로 복원할 수 있게 했습니다.
- **Latent Diffusion Model(LDM)**: 2021년에 제안된 LDM은 고차원 데이터 공간 대신 잠재 공간에서 확산 과정을 수행하여 계산 효율성을 크게 향상한 모델입니다. 이는 더 효율적이고 빠른 데이터 생성을 가능하게 했습니다.
- **Stable Diffusion**: 2022년에 발표된 스테이블 디퓨전(Stable Diffusion)은 LDM 기반으로 설계된 텍스트-이미지 변환 모델로, 고해상도 이미지를 생성하는 데 최적화되어 있습니다. 이 모델은 텍스트 설명을 입력받아 해당 설명에 맞는 이미지를 생성할 수 있습니다. 이는 사용자 맞춤형 이미지 생성에 혁신적인 변화를 가져왔습니다.

많은 디퓨전 모델이 오픈소스로 공개되면서, 이를 활용한 다양한 형태의 데이터를 생성할 수 있게 되었습니다. 그 결과, 연구자들과 개발자들은 기존보다 더 정교하고 창의적인 생성 모델을 설계할 수 있게 되었으며, 이미지 생성, 음악 작곡, 3D 모델링 등 다양한 분야에서 활용 범위가 확장되고 있습니다. 특히, 스테이블 디퓨전과 같은 모델은 누구나 쉽게 사용할 수 있도록 공개되어, 일반 사용자도 텍스트 입력만으로 고품질 이미지를 생성할 수 있게 되었습니다.

또한, 기업들은 디퓨전 모델을 기반으로 맞춤형 콘텐츠 제작, 시뮬레이션, 의료 영상 복원 등 실용적 해결법을 개발하며 산업 전반에 걸쳐 혁신을 이끌고 있습니다. 앞으로 디퓨전 모델은 더욱 정교한 생성 능력을 갖추며, AI 기반 창작과 문제 해결의 핵심 기술로 자리 잡을 것으로 기대됩니다.

디퓨전 모델이 텍스트를 생성할 수는 있지만, 자연어 처리 기술은 GPT와 같은 LLM이 더 우수한 성능을 보입니다. 자연어 처리 기술이 어떻게 혁신적으로 발전하여 우리 곁에 다가왔는지, 그 발전 과정을 살펴보겠습니다.

1.2.5 자연어 처리 기술의 발전

딥러닝 기술은 컴퓨터 비전 분야에서 학계와 산업계의 이목을 먼저 끌었지만, 이는 딥러닝이 다루는 문제의 일부분에 불과했습니다. 2010년대 중반 이후, 딥러닝은 음성 인식과 자연어 처리(NLP, Natural Language Processing) 영역에서도 획기적인 발전을 이끌며, 인간과 기계 간 상호작용을 한 단계 진보시키는 기반을 마련했습니다.

초기 자연어 처리 기술

자연어 처리의 시작은 기계 번역(machine translation) 연구로 볼 수 있습니다. 제2차 세계대전 이후, 미국과 소련 간 치열한 정보 경쟁 속에서 외국어 문헌을 자동으로 번역하려는 필요성이 대두되었고, 이를 계기로 기계 번역 연구가 본격적으로 시작되었습니다.

1954년, IBM과 조지타운(Georgetown) 대학이 공동으로 진행한 Georgetown–IBM experiment에서 러시아어 문장을 영어로 자동 번역하는 시스템을 시연해 큰 주목을 받았습니다. 이후 기계 번역은 자연어 처리의 핵심 연구 분야로 빠르게 자리 잡았습니다.

초기 기계 번역 연구는 주로 규칙 기반 접근법(rule–based approach)에 의존했습니다. 이는 언어학적 규칙과 사전을 활용해 문장을 분석하고 번역하는 방식이었습니다. 문장을 단어와 문장 단위로 구분하는 작업 역시 규칙에 기반해 이루어졌습니다. 비록 오늘날 사용하는 '토큰화'나 '형태소 분석'이라는 용어들이 명확히 정의되지는 않았지만, 이와 같은 텍스트 분할 작업은 초기 자연어 처리 시스템에서 중요한 역할을 했습니다.

다음은 자연어 처리에서 수행되는 주요 작업에 대해 간단히 설명하겠습니다.

토큰화(tokenization)는 문자열(문장, 문서)에서 처리할 수 있는 최소 단위인 토큰(token)을 분리하는 과정입니다. 여기서 토큰은 보통 단어(word), 서브워드(subword), 글자(character) 등으로 나뉩니다.

▼ **표 1-2** 토큰화 예시

토큰화 유형	입력 문장	출력 토큰
단어 단위 토큰화	나는 오늘 학교에 갔다.	['나는', '오늘', '학교에', '갔다.']
문자 단위 토큰화	학교	['학', '교']
서브워드 토큰화	playing	['play', 'ing']
문장 단위 토큰화	안녕하세요? 오늘 날씨가 좋네요.	['안녕하세요?', '오늘 날씨가 좋네요.']
공백 기반 토큰화	나는 오늘 학교에 갔다.	['나는', '오늘', '학교에', '갔다.']
특수 기호 처리	안녕! 잘 지내니?	['안녕', '!', '잘', '지내니', '?']

형태소 분석(morphological analysis)은 단어를 더 작은 의미 단위인 형태소(morpheme)로 나누는 과정입니다. 형태소는 언어에서 의미를 갖는 최소 단위로, 어근(root)과 접사(접두사, 접미사), 굴절(inflection), 어미 등을 포함합니다. 형태소 분석이 완료되면, 나누어진 형태소에 해당하는 품사를 부여하는 품사 태깅(part-of-speech tagging) 작업을 수행합니다. 예를 들어 입력 문장이 "나는 학교에 갔다"일 경우 형태소 분석 결과는 다음과 같습니다.

▼ **표 1-3** 형태소 분석 결과

형태소	품사 태그	설명
나	대명사	일인칭 대명사
는	보조사	화제를 나타내는 조사
학교	명사	일반 명사(장소)
에	부사격 조사	장소를 나타내는 조사
가	동사 어간	동사 '가다'의 어간
았	선어말 어미	과거 시제를 나타내는 선어말 어미
다	어말 어미	평서형 종결 어미

이 과정은 문장의 문법적 구조를 분석하고, 이후의 의미 해석이나 구문 분석과 같은 고차원 작업의 기초 단계로 활용됩니다.

구문 분석(syntactic parsing)은 문장에서 단어 간 문법 관계와 구조를 분석하는 과정입니다. 이를 통해 주어, 서술어, 목적어 등 문장의 구조를 체계적으로 분석해 문법적 관계를 명확히 파악할 수 있습니다. 예를 들어 입력한 문장이 "나는 맛있는 음식을 먹었다"일 경우 구문 분석을 하면 다음과 같습니다.

▼ **그림 1-40** 구문 분석 트리

```
S(문장)
├─ NP(주어)
|    └─나 + 는(대명사 + 보조사)
├─ NP(목적어)
|    ├─맛있는(형용사)
|    └─음식 + 을(명사 + 조사)
└─ VP(서술어)
     ├─먹(동사 어간)
     ├─었(과거 시제 선어말 어미)
     └─다(종결 어미)
```

의미 분석(semantic analysis)은 텍스트의 의미를 이해하는 과정입니다. 같은 문법 구조를 가진 문장이라도 단어의 의미나 맥락에 따라 해석이 달라집니다. 예를 들어 "나는 커피를 마신다"와 "나는 차를 마신다"라는 문장은 그 구조가 같지만, 의미는 다릅니다. 또한 의미 분석은 동음이의어나 다의어와 같은 복잡한 의미를 처리하는 데도 활용합니다.

▼ **표 1-4** 의미 분석 예시

유형	입력 문장	의미 분석 결과
단어 의미 분석 (동음이의어)	1) 은행에 갔다. 2) 은행을 주워 먹었다	1) 금융 기관 2) 나무 열매
문장 수준 의미 분석 (다의어)	1) 그는 열쇠를 찾았다. 2) 이 연구는 성공의 열쇠다.	1) 물리적 도구 2) 중요한 방법
의미적 유사성 분석	1) 나는 커피를 마신다. 2) 나는 차를 마신다.	두 문장은 구조는 같고 '커피'와 '차' 모두 마시는 것(음료)이라는 의미적 유사성을 지니지만 '커피'와 '차'의 의미 차이로 문맥이 달라짐
문맥적 의미 분석	1) 비가 온다. 2) 눈이 온다.	'비'와 '눈'은 자연 현상을 나타내며, '온다'는 각 현상의 동작을 의미하므로 두 문장의 문맥적 의미가 유사함

감성 분석(sentiment analysis)은 주어진 텍스트가 긍정, 부정, 중립적인지 또는 어떤 감성 톤인지 분석하는 작업입니다. 예를 들어 "이 영화는 정말 좋았다"라는 긍정적 감정을 나타내고, "이 영화는 지루했다"라는 부정적 감정을 나타냅니다.

그러나 규칙 기반 시스템은 복잡한 문맥을 처리하거나 다의적 표현을 이해하는 데 한계가 있었습니다. 이러한 한계를 극복하기 위해 머신러닝을 활용한 데이터 기반 학습이 자연어 처리 분야에 도입되었습니다. 이 접근법은 언어의 패턴과 구조를 자동으로 학습할 수 있어, 일반화와 확장성이 뛰어났습니다. 특히 특징 추출과 분류 알고리즘을 활용하면 데이터에서 직접 언어의 의미를 학습하고 예측할 수 있어 자연어 처리 작업의 정확도와 효율성을 향상시킬 수 있습니다.

특징 추출(feature extraction)은 언어 데이터를 머신러닝 모델이 학습할 수 있도록, 중요한 특성을 수치화하는 과정입니다. 예를 들어 단어의 빈도나 TF-IDF(Term Frequency-Inverse Document Frequency)와 같은 통계적 특징을 추출해 모델의 입력으로 사용합니다.

▼ **표 1-5** 특징 추출 예시

특징 추출 유형	설명	입력 문장	추출된 특징
단어 빈도	단어가 등장하는 빈도를 기반으로 특징 추출	자연어 처리는 재미있다. 자연어는 유용하다	{'자연어': 2, '처리': 1, '재미있다': 1, '유용하다': 1}
TF-IDF	단어의 빈도와 문서 간 역빈도를 결합해 중요 단어 추출	자연어 처리는 재미있다. 자연어는 유용하다	자연어(2)와 같은 자주 등장하는 단어는 낮은 가중치, 재미있다(1)와 같은 특이 단어는 높은 가중치
N-그램 (N-gram)	연속된 n개의 단어를 묶어 특징 추출	나는 자연어 처리를 공부한다	바이그램: ['나는 자연어', '자연어 처리를', '처리를 공부한다']
단어 임베딩	단어를 의미적으로 수치화하여 특징 학습	나는 자연어 처리를 좋아한다	'자연어' → [0.21, 0.52, ...], '처리' → [0.35, 0.47, ...]

분류 알고리즘(classification algorithm)은 자연어 처리에서 단어나 문장을 특정 범주로 분류하는 과정입니다. 예를 들어 감성 분석에서는 텍스트를 긍정, 부정, 중립으로 분류하고, 주제 분류에서는 뉴스 기사를 정치, 경제, 스포츠 등과 같은 주제로 나눕니다. 머신러닝은 다양한 분류 알고리즘을 활용해 텍스트 데이터를 효과적으로 처리합니다. 대표적인 분류 알고리즘은 다음과 같습니다.

▼ **표 1-6** 분류 알고리즘

분류 알고리즘	설명	특징	활용
나이브 베이즈 (naive bayes)	베이즈 정리를 기반으로 단어의 조건부 확률을 계산하여 분류하는 확률적 모델	계산이 빠르고 구현이 간단하지만, 독립적 가정 필요	스팸 메일 분류, 감성 분석
로지스틱 회귀 (logistic regression)	이진 분류에 사용되며, 입력 데이터를 바탕으로 특정 클래스에 속할 확률을 예측	확률적 예측이 가능하며, 선형 결정 경계를 학습함	긍정/부정 감성 분석, 리뷰 분류
서포트 벡터 머신 (SVM)	클래스 간 최적의 결정 경계(초평면)를 찾음	고차원 데이터 처리에 강하지만 계산량 큼	주제 분류, 텍스트 카테고리 분류
랜덤 포레스트 (random forest)	여러 개의 결정 트리를 결합해 예측 성능을 높이는 앙상블 학습	과적합을 방지하고 높은 정확도 제공, 다소 느림	뉴스 기사 분류, 텍스트 카테고리 분류
신경망 분류기 (neural network)	다층 퍼셉트론(MLP)과 같은 딥러닝 모델을 활용해 비선형 관계 학습	복잡한 데이터 학습 가능, 학습 비용 큼	감성 분석, 문장 분류, 자연어 이해

순환 구조를 이용한 자연어 처리 모델의 발전: RNN, LSTM, GRU

초기의 인공 신경망은 주로 입력과 출력의 길이가 고정된 정적 패턴 인식 문제에 초점을 맞추었습니다. 그러나 실제 세계의 많은 데이터는 시간적 순서나 순차적 의존성을 가지고 있습니다. 예를 들어 언어(문장 내 단어 순서), 음성(시간에 따른 신호 변화), 음악, 주가, 센서 데이터 등은 모두 시간적 또는 순차적 구조이며, 이를 제대로 모델링하기는 어렵습니다.

전통적인 인공 신경망은 입력을 독립적으로 처리하므로 이전에 입력했던 정보나 과거 맥락을 장기적으로 기억하는 데 한계가 있습니다. 특히 언어 모델링에서는 문장의 앞부분을 바탕으로 뒷부분의 단어를 예측하려면 과거에 처리된 단어들을 기억하고 문맥을 이해하는 능력이 필요합니다. 이러한 요구를 해결하기 위해, 시간에 따라 변하는 정보를 서로 연결할 수 있는 순환 구조가 필요해졌습니다.

1982년, 존 홉필드(John Hopfield)가 제안한 홉필드 신경망(Hopfield network)은 대칭적이고 순환적인 연결 구조를 통해 안정된 패턴(메모리)을 인출하는 기능을 보여주었습니다. 비록 홉필트 신경망은 시퀀스 데이터 처리보다 연상 메모리 구현에 초점을 두었지만, 재귀적 연결 구조가 메모리 기능을 수행할 수 있음을 증명함으로써 이후 시퀀스 처리를 위한 순환 신경망(RNN, Recurrent Neural Network) 개발에 사상적 기반이 되었습니다.

RNN은 순환 연결 구조로 이전 시점의 정보를 기억하며 순차적 데이터나 시간적 의존성이 있는 데이터를 처리하는 신경망입니다. 이전 입력에 대한 정보를 내부 상태(hidden state, 은닉 상태)에 저장하고 이를 현재 입력과 결합해 시간적 의존성을 학습하도록 설계되었습니다. 다른 신경망과 달리 순환 연결 구조이므로 입력 데이터가 순차적으로 입력될 때 이전 시점의 정보를 기억하고 활용할 수 있습니다. 이러한 구조 덕분에 자연어와 음성같이 시간적 순서 정보를 담고 있는 데이터를 효과적으로 처리할 수 있습니다.

▼ **그림 1-41** 순환 신경망(RNN)

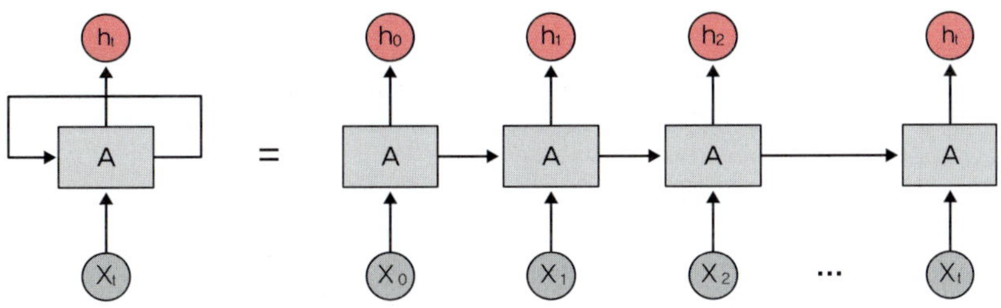

RNN은 초기에는 매우 혁신적인 접근법으로 주목받았지만, 학습 과정에서 기울기 소실과 기울기 폭주(gradient exploding) 문제에 직면하게 됩니다. 특히 긴 시계열 데이터를 처리할 때 과거 정보가 점점 희미해져 모델이 먼 과거의 정보를 제대로 학습하지 못하거나, 반대로 기울기의 값이 지나치게 커져 학습이 불안정해지는 문제가 발생했습니다. 이를 해결하기 위해 장단기 메모리(LSTM, Long Short-Term Memory)나 GRU 같은 개선된 구조가 개발되었습니다.

LSTM은 셀 상태(cell state)와 게이트 메커니즘(입력 게이트, 망각 게이트, 출력 게이트)을 통해 정보를 추가하거나 삭제하며, 장기 의존성을 효과적으로 학습할 수 있는 순환 신경망입니다. 셀 상태와 은닉 상태가 함께 작동해 장기 또는 단기 정보를 효율적으로 유지하는 것이 LSTM의 핵심입니다.

▼ **그림 1-42** LSTM 구조

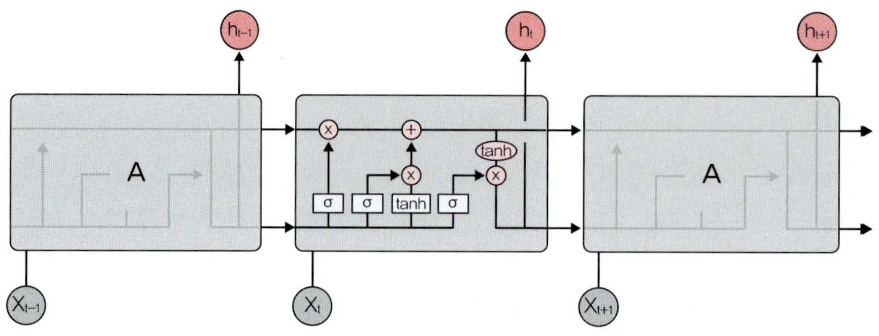

LSTM 유닛은 셀 상태와 세 가지 게이트로 구성됩니다.

- **셀 상태**: LSTM의 핵심적인 정보 저장 공간으로, 장기 정보를 유지합니다. 셀 상태는 각 시간 단계에 따라 흐르며, 정보를 선택적으로 추가하거나 제거합니다.
- **망각 게이트**(forget gate): 이전 셀 상태와 입력 데이터를 기반으로 어떤 정보를 남기고 버릴지 결정해 불필요한 정보의 축적을 방지합니다.
- **입력 게이트**(input gate): 현재 시간 단계에서 입력된 데이터 중 어떤 정보를 셀 상태에 추가할지 결정합니다.
- **출력 게이트**(output gate): 셀 상태를 기반으로 어떤 정보를 은닉 상태로 출력할지 결정하며, 이 은닉 상태는 다음 시간 단계로 전달됩니다.

이러한 구조로 LSTM은 정보의 추가와 삭제를 조절하고, 긴 시퀀스에도 비교적 안정적으로 정보를 전달합니다. 결과적으로 장기 기억을 유지할 수 있는 통로가 생기면서 오랜 과거 정보도 모델의 예측에 반영할 수 있게 되었습니다.

LSTM은 RNN에 비해 긴 문맥 의존성 문제를 훨씬 잘 처리해, 기계 번역, 음성 인식, 언어 모델링 등 다양한 시퀀스 처리 작업에서 성능 향상을 이끌었습니다. 다만, LSTM은 RNN에 비해 파라미터 수가 많고 계산량이 증가하며 구현 복잡성이 높다는 단점이 있었습니다. 이에 2014년 조경현과 그의 동료들은 LSTM과 유사한 성능을 보이면서 구조를 단순화한 모델을 제안했는데, 이것이 GRU입니다.

GRU(Gated Recurrent Unit)는 LSTM의 단순화 버전으로, 셀 상태와 은닉 상태를 통합한 단일 상태를 유지하며, 갱신 게이트와 리셋 게이트를 활용해 장기 및 단기 의존성을 효율적으로 학습하는 순환 신경망입니다. 또한, LSTM의 세 가지 게이트(입력, 출력, 망각 게이트)를 두 가지 게이트(갱신, 리셋 게이트)로 단순화해 그 구조가 더 간결합니다.

- **갱신 게이트**(update gate): 이전 상태를 얼마나 유지할지와 새로운 입력 정보를 얼마나 반영할지를 동시에 제어합니다. 이는 LSTM의 망각 게이트와 입력 게이트의 역할을 결합한 것입니다.
- **리셋 게이트**(reset gate): 이전 은닉 상태의 정보를 얼마나 '조절(reset)'할지 결정해 새로운 입력 정보에 더 집중할 수 있도록 돕습니다.

▼ **그림 1-43** GRU 구조

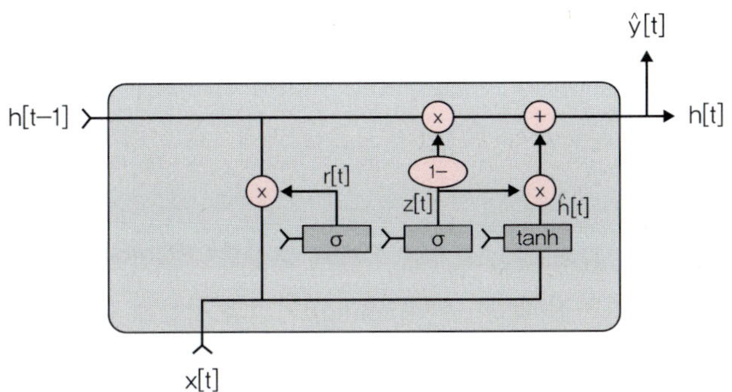

GRU는 LSTM에 비해 파라미터 수가 적고 계산 효율성이 높아, 학습 속도가 빠르고 구현이 간단합니다. 성능 면에서도 많은 경우 LSTM에 필적하거나 더 나은 결과를 보여 다양한 시퀀스 처리 문제에서 널리 사용하고 있습니다.

RNN에서 시작해 LSTM, GRU로 이어지는 순환 신경망의 발전 과정은 딥러닝이 긴 시퀀스 의존성 문제를 어떻게 구조적 개선과 실험적 검증을 통해 해결했는지를 잘 보여줍니다. 이러한 발전을 통해 자연어 처리, 음성 인식, 시계열 분석 등 시퀀스 데이터가 중요한 다양한 분야에서 딥러닝 모델의 성능과 안정성이 크게 향상되었습니다. 특히 LSTM과 GRU는 어텐션과 트랜스포머가 등장하기 전까지 시퀀스 처리 분야의 주력 모델로 활용되었습니다.

▼ **그림 1-44** RNN, LSTM, GRU 구조

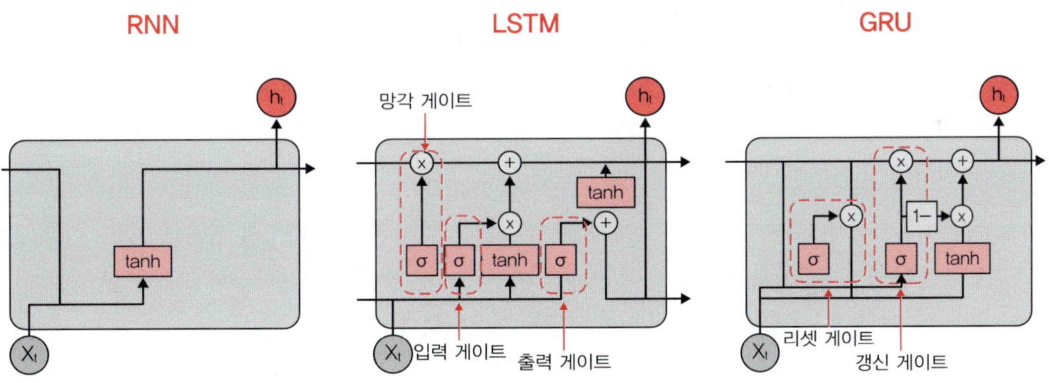

트랜스포머의 등장과 발전

2017년, 구글의 연구팀은 "Attention is All You Need"라는 논문에서 트랜스포머(transformer)를 제안했습니다. 이 모델은 RNN을 대체할 수 있는 구조로, 어텐션 메커니즘만으로 시퀀스 데이터를 효과적으로 처리할 수 있었습니다.

어텐션(attention) 메커니즘은 입력 문장의 각 단어가 다른 단어와의 관계를 고려해 가중치를 계산하고, 중요한 단어에 집중하는 방식입니다. 참고로 트랜스포머에서는 셀프 어텐션을 사용해 문장의 각 단어가 서로 어떻게 연결되어 있는지를 파악함으로써 문맥을 효과적으로 이해할 수 있습니다. 여기서 셀프 어텐션은 문장 내 각 단어가 다른 모든 단어와의 관계를 '스스로 계산'해 문맥에서 중요한 정보를 효과적으로 반영하는 메커니즘입니다.

트랜스포머 구조를 바탕으로 많은 언어 모델이 발전했고, 각 모델은 고유한 목적과 특징으로 자연어 처리 문제를 해결했습니다. 트랜스포머의 가장 큰 공헌은 대규모 사전 학습(pre-training) 기법과 결합해 새로운 언어 모델들을 탄생시켰다는 점입니다. 다음은 트랜스포머 구조를 바탕으로 생성된 모델입니다.

- **GPT**(Generative Pre-trained Transformer): 트랜스포머의 디코더 구조를 활용한 첫 번째 모델로, 오픈AI에서 발표했습니다. 대규모 텍스트 데이터를 사용해 사전 학습을 먼저 수행하고, 이후 작업에 맞게 파인튜닝(fine-tuning, 미세 조정)하도록 설계되었습니다. 이 모델은 자연어 생성, 대화형 AI 등에서 우수한 성능을 보입니다.
- **BERT**(Bidirectional Encoder Representations from Transformer): 2018년 구글에서 발표한 BERT는 트랜스포머의 인코더 구조를 기반으로 한 모델입니다. BERT의 핵심은 양방향 학습으로, 문맥의 앞뒤 정보를 모두 사용해 텍스트를 이해합니다. 이에 따라 텍스트 분류, 질의응답, 감성 분석 등에서 탁월한 성능을 발휘했습니다.
- **GPT-2**: 2019년 오픈AI는 GPT의 후속 모델인 GPT-2를 발표했습니다. GPT-2는 모델 크기와 학습 데이터의 규모를 대폭 확장해 15억 개 파라미터를 사용했으며, 지도 학습 없이도 다양한 작업(예 번역, 요약)을 수행할 수 있는 능력을 보여주었습니다.
- **RoBERTa**(Robustly optimized BERT Pretraining approach): Facebook AI는 2019년 BERT의 학습 방식을 최적화한 RoBERTa를 발표했습니다. 학습 데이터와 시간을 더 많이 사용하고, BERT의 일부 제한을 제거하여 더 강력한 성능을 달성했습니다.
- **T5**(Text-To-Text Transfer Transformer): 2020년 구글은 자연어 처리 작업을 텍스트 입력 → 텍스트 출력으로 통합한 T5를 발표했습니다. 이 모델은 번역, 요약, 질의응답 등 다양한 작업을 단일 프레임워크에서 처리하도록 설계되어 다목적 언어 모델로 활용됩니다.
- **GPT-3**: 2020년 오픈AI는 1,750억 개 파라미터를 가진 초대규모 언어 모델 GPT-3를 발표했습니다. GPT-3는 별도의 파인튜닝 없이도 퓨샷(few-shot) 학습과 제로샷 학습을 통해 새로운 작업을 수행하는 능력을 선보이며, 인간 수준의 텍스트 생성 능력을 보여주었습니다.
- **챗GPT**: 오픈AI는 2022년에 GPT-3.5를 기반으로 한 대화형 모델인 챗GPT를 발표했습니다. 이 모델은 인스트럭션튜닝(instruction-tuning, AI 모델이 사용자의 명령이나 질문을 잘 따르도록 추가 학습시키는 과정)과 RLHF(Reinforcement Learning from Human Feedback, 사람이 직접 피드백을 주는 방식)를 통해 자연스러운 대화와 사용자 명령에 대한 응답 능력이 크게 향상되었습니다.

- **GPT-4**: GPT-4는 멀티모달 처리 능력이 추가되었습니다. 이를 통해 텍스트뿐 아니라 이미지 입력도 이해하고 생성할 수 있으며, GPT-3보다 더 높은 문맥 이해와 생성 능력을 보유하고 있습니다. 또한, 최근 몇 년간 새로운 GPT 모델들이 계속해서 출시되고 있습니다. GPT-4o, o3, GPT-4.5, 그리고 2025년 8월에 등장한 GPT-5 등 발전된 모델이 추가되면서 더 뛰어난 맥락 이해 및 추론 능력을 제공하고 있습니다.

정리하면, 트랜스포머 모델의 등장은 자연어 처리뿐 아니라 시퀀스 데이터 처리 전반에 혁신을 가져왔으며, 다양한 작업에서 성능을 획기적으로 향상시켰습니다. 셀프 어텐션 메커니즘과 병렬 처리의 이점을 활용해 트랜스포머 모델은 더 긴 문맥 의존성을 효과적으로 학습하고 대량의 데이터를 빠르게 처리할 수 있습니다.

이러한 혁신 덕분에 BERT(인코더 기반), GPT(디코더 기반)와 같은 강력한 LLM들이 개발되었습니다. 또한, 이 모델들은 텍스트 처리에 국한되지 않고, GPT-4와 같은 멀티모달 모델을 통해 이미지와 같은 다양한 형태의 데이터로도 확장되고 있습니다.

다음 장에서는 트랜스포머에 대해 더 깊이 알아보고 LLM의 작동 원리와 함께, 이러한 모델들이 우리의 삶과 산업 전반에 어떤 변화를 가져오고 있는지 심층적으로 살펴보겠습니다.

2장

LLM

LLM의 개념과 기초

2.1.1 LLM이란

대규모 언어 모델(LLM, Large Language Model)은 대규모 텍스트 데이터를 학습해 자연어 처리 작업을 수행하는 AI 모델입니다. 이 모델은 인간의 언어 패턴을 모방해 텍스트를 이해하고 생성하는 능력을 갖추고 있으며, 방대한 양의 언어 데이터를 바탕으로 복잡한 언어 구조와 문맥을 파악하는 능력이 있습니다. 또한, 언어 모델의 한 종류로, 입력된 텍스트에 대한 확률적 패턴을 분석하여 문장의 의미를 예측하거나 새로운 텍스트를 생성합니다.

▼ **그림 2-1** 전통적 모델과 대규모 언어 모델(LLM) 비교

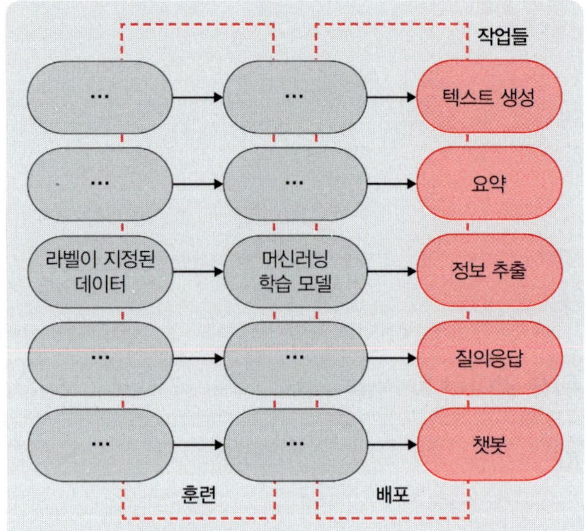

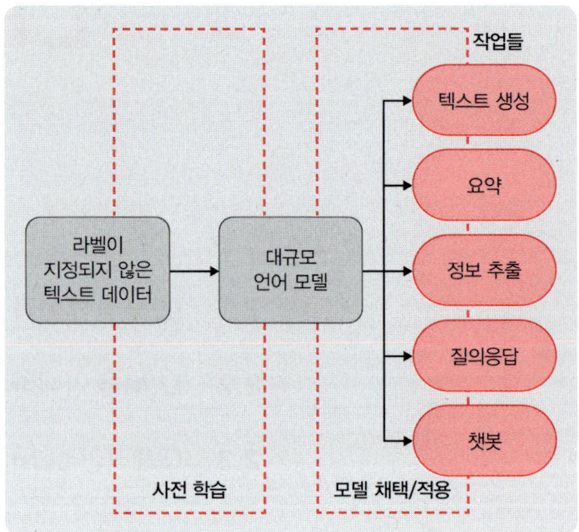

LLM의 핵심 특징

- **대규모 학습 데이터**: LLM은 수십억에서 수조 개 파라미터를 가진 대형 모델로, 수백 테라바이트 이상의 텍스트 데이터를 학습합니다. 이 과정에서 LLM은 인간이 사용하는 다양한 언어 패턴과 규칙을 익히며, 이를 바탕으로 문맥을 이해하고 새로운 문장을 생성하는 데 뛰어난 성능을 발휘합니다. 이로써 LLM은 단순한 규칙 기반 언어 처리를 넘어, 언어의 뉘앙스와 문맥적 의미까지 포착합니다.

- **자연어 이해와 생성**: LLM은 언어의 구조와 의미를 이해하는 능력을 바탕으로 자연어를 생성합니다. 예를 들어 사용자가 질문하면 그 의도를 파악하여 적절한 답변을 생성하며, 긴 텍스트를 요약하거나 복잡한 정보를 간결하게 표현하는 것도 가능합니다. 덕분에 챗봇, 문서 생성기, 번역기 등 다양한 분야에서 LLM을 사용하고 있습니다. 중요한 점은 LLM이 단순히 단어를 나열하는 것이 아니라 문장의 논리적 일관성과 자연스러움을 유지하며 결과물을 생성한다는 것입니다.

- **확률 기반의 언어 처리**: LLM은 텍스트 데이터를 처리할 때 통계적, 확률적 접근 방식을 사용합니다. 입력된 문장의 각 단어가 등장할 확률을 계산해 다음에 올 단어나 문장을 예측합니다. 이를 통해 자연스럽고 유려한 텍스트를 생성하며, 문맥적 의미를 반영해 좀 더 연관성 높은 문장 구조를 선택할 수 있습니다. 예를 들어 질문의 맥락에 따라 답변의 형태가 달라지고, 문맥에 맞는 문장 구조를 구성합니다.

▼ **그림 2-2** LLM의 주요 기능

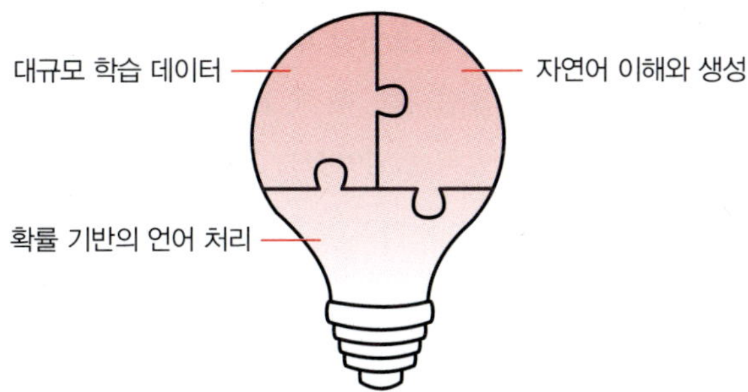

2.1.2 생성형 AI에서 LLM의 위치

생성형 AI는 텍스트, 이미지, 오디오 등 새로운 데이터를 생성하는 데 중점을 둔 AI 기술입니다. 이 기술은 사람이 만든 데이터를 학습하여 유사하면서도 새로운 콘텐츠를 만들어 내는 능력을 갖추고 있습니다. 생성형 AI의 다양한 응용 사례 중 대표적인 것이 텍스트 생성이며, 여기서 LLM이 핵심 역할을 수행합니다.

LLM의 역할과 중요성

LLM은 주어진 텍스트 입력에 따라 새로운 문장을 생성하거나 기존 텍스트를 변형해 새로운 콘텐츠를 만들어 냅니다. 예를 들어 LLM은 사용자가 입력한 문장에 이어질 문장을 예측하고 생성하며, 복잡한 질문에도 논리적이고 일관된 답변을 제공합니다. 이는 단순한 반복 텍스트 생성이 아닌 문맥을 이해하고 상황에 맞는 자연스러운 텍스트를 생성하는 데 중요한 역할을 합니다.

LLM의 주요 응용 분야는 다음과 같습니다.

- **대화형 AI와 챗봇**: 대화형 AI와 챗봇은 사용자와 실시간으로 상호작용하며 질문에 대한 답변을 제공하거나 정보를 안내합니다. LLM은 이러한 대화형 AI가 사용자와 자연스럽게 대화를 이어가도록 지원하며, 사용자가 입력한 문장의 의도를 파악해 적절한 응답을 생성합니다. 이 기능은 고객 지원, 개인 비서, 상담 서비스 등 다양한 분야에서 활용합니다.
- **자동 문서 생성**: LLM은 텍스트 데이터의 패턴을 학습해 새로운 문서를 자동으로 생성할 수 있습니다. 예를 들어 주제에 맞는 정보를 바탕으로 뉴스 기사, 연구 보고서, 제품 설명서 등을 논리적으로 일관성 있게 작성할 수 있습니다. 이를 통해 개인이나 기업은 콘텐츠 제작에 드는 시간과 비용을 절감하고, 대량의 문서를 신속히 생성할 수 있습니다.

- **창작 활동 지원**: 생성형 AI에서 LLM은 창작 활동을 지원하는 도구로도 활용됩니다. 소설이나 시를 작성할 때 LLM은 작가가 작성한 일부 문장을 바탕으로 다음 문장을 제안하거나 특정 스타일에 맞춰 글을 완성하는 데 도움을 줍니다. 이 기능은 작가와 콘텐츠 제작자가 창의적인 작업을 더 쉽게 수행하도록 돕고, 새로운 아이디어를 제안하는 데 기여할 수 있습니다. 또한, 광고 카피 작성과 마케팅 콘텐츠 생성 등 다양한 창작 분야에서도 활용하기에 용이합니다.
- **번역 및 요약**: LLM은 텍스트 번역 및 요약 작업에서도 중요한 역할을 합니다. LLM은 한 언어로 작성된 텍스트를 다른 언어로 자연스럽게 번역하거나, 긴 문서를 간결하게 요약할 수 있습니다. 이는 다국어 지원 시스템에서 매우 유용하며, 국제적 의사소통의 효율성을 높입니다. 특히, LLM은 문맥을 고려한 자연스러운 번역과 요약을 제공함으로써 단순한 단어 대 단어 번역을 넘어서는 고급 기능을 수행합니다.

▼ **그림 2-3** LLM의 응용

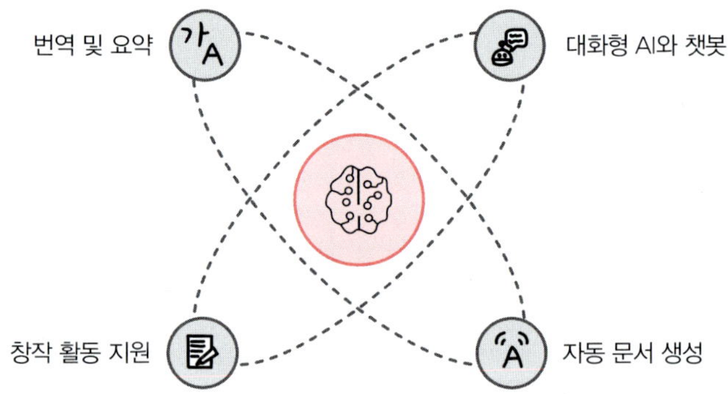

생성형 AI에서 LLM이 중요한 이유는 언어를 이해하고 생성하는 능력이 기존 기술을 뛰어넘기 때문입니다. LLM은 단순히 데이터를 모방하는 것을 넘어, 학습한 데이터를 기반으로 새로운 패턴을 창조하여 기존 데이터에 의존하지 않고도 혁신적인 결과물을 만들어 냅니다.

2.1.3 기존 언어 모델과의 차이점

기존 언어 모델과 비교했을 때 LLM은 여러 차별점이 있습니다. 이러한 특징 덕분에 LLM은 자연어 처리 분야에서 혁신적인 도구로 자리 잡았습니다. 이제 LLM이 기존 언어 모델들과 무엇이 다른지, 왜 중요한 위치를 차지하게 되었는지 살펴보겠습니다.

- **모델 크기와 학습 데이터 규모**: LLM은 수십억에서 수조 개에 이르는 방대한 파라미터를 학습하며, 대규모 텍스트 데이터셋을 통해 다양한 언어 패턴과 복잡한 구조를 포괄적으로 이해할 수 있습니다.

- **트랜스포머 아키텍처 도입**: 기존 언어 모델은 주로 RNN이나 LSTM처럼 순차적 아키텍처를 기반으로 했습니다. 이 방식은 텍스트를 단어 순서대로 처리해 바로 이전 단어 정보를 다음 단어로 전달하며 문장을 생성하는 방식입니다. 이러한 구조는 문맥을 이해하는 데 일정한 성능을 제공하나, 긴 문장을 처리할 때 정보가 손실될 가능성이 높고 문맥을 충분히 이해하지 못하는 경우가 발생하기도 합니다.

  LLM은 기존과 달리 트랜스포머 아키텍처를 기반으로 만들어졌습니다. 셀프 어텐션 메커니즘을 사용해 문장 간 관계를 파악하고 긴 문장이나 복잡한 문장 구조도 일관된 의미를 유지하면서 언어를 이해하고 생성합니다. 트랜스포머의 병렬 처리 능력 덕분에 더 많은 데이터를 더 효율적으로 학습할 수 있어 LLM은 기존 모델들보다 근본적으로 다른 접근 방식을 취하고 있습니다.

- **범용적 언어 이해와 활용**: 기존 언어 모델들은 특정 작업이나 영역에 맞춰 설계되고 훈련되었기에 한정된 범위에서만 높은 성능을 보이고, 다른 작업에서는 성능이 크게 저하되는 한계가 있었습니다. 예를 들어 특정 언어 작업에 특화된 모델은 해당 영역에서는 뛰어난 결과를 내지만, 문맥을 이해하거나 논리적 일관성을 유지해야 하는 다른 영역에서는 효과적이지 못했습니다.

  LLM은 다양한 유형의 대규모 데이터를 학습함으로써, 특정 영역에 한정되지 않고 범용적인 언어 이해 능력을 갖추게 되었습니다. 기본적으로 LLM은 광범위한 작업을 수행할 수 있으며, 미세 조정을 통해 특정 작업에 맞게 조정함으로써 다양한 응용 분야에 적용될 수 있습니다.

- **전이 학습과 확장 가능성**: 전이 학습(transfer learning)은 특정 작업이나 영역에서 학습한 지식을 다른 작업에 적용하는 기술입니다. 기존 언어 모델들은 새로운 작업이나 영역에 적용하기 위해 대규모의 데이터와 학습 시간이 필요했으며, 이는 모델의 확장성을 제한하는 요소로 작용했습니다.

  LLM은 대규모 사전 학습을 통해 획득한 일반화된 언어 지식을 바탕으로 적은 양의 데이터로도 새로운 작업이나 영역에 쉽게 적용할 수 있습니다. 이 같은 전이 학습 능력은 LLM이 다양한 응용 분야로 확장되는 데 매우 유리한 요소로 작용하며, 새로운 작업에 빠르게 적응하고 성능을 발휘할 수 있게 합니다. 예를 들어 특정 산업의 용어와 문맥을 빠르게 파악해 맞춤형 언어 처리를 제공할 수 있는 능력도 이러한 전이 학습 덕분입니다.

- **성능과 응용 범위**: LLM은 기존 모델이 가진 성능의 한계를 넘어 광범위한 자연어 처리 작업에서 탁월한 성과를 보여주고 있습니다. 최신 LLM은 실시간 대화, 문서 작성, 번역, 요약 등 다양한 응용 분야에서 뛰어난 성능을 발휘하며, 기존의 언어 모델이 따라올 수 없었던 수준의 자연스러운 문장 생성과 맥락 이해 능력을 보여줍니다. 이러한 성능 향상은 대규모 학습 데이터, 개선된 트랜스포머 아키텍처, 전이 학습 등 여러 기술적 혁신이 결합된 결과로, LLM은 앞으로도 다양한 분야에서 중요한 역할을 하며 진화를 거듭할 것으로 기대됩니다.

2.2 SECTION LLM을 이해하기 위해 알아야 할 기술

2.2.1 트랜스포머

트랜스포머는 구글이 2017년 자연어 처리를 위해 발표한 모델로, 현재 AI 분야의 혁신을 이끌고 있는 언어 모델입니다. 순차적 처리 방식을 벗어나 어텐션 메커니즘만으로 구현된 딥러닝 모델로, 입력 데이터를 병렬적으로 처리해 훈련 시간을 단축하면서도 긴 문장에서 문맥을 깊이 있게 이해하도록 설계되었습니다.

어텐션 메커니즘은 문장에서 중요한 단어에 집중하면서도 모든 단어 간 관계를 동시에 고려하는 방식입니다. 예를 들어 "철수가 사과를 먹었다"라는 문장에서 어텐션 메커니즘은 '먹었다'라는 동작이 '철수'와 연결되어야 함을 파악해 문장의 의미를 정확히 이해하게 돕습니다. 이러한 메커니즘 덕분에 트랜스포머는 각 단어가 다른 단어와 어떤 관계를 맺고 있는지를 명확히 분석해 문장 전체의 의미를 놓치지 않고 정확하게 해석합니다.

이러한 뛰어난 성능 덕분에 트랜스포머는 챗GPT와 같은 언어 모델의 기반 기술이 되었습니다. 구글, 메타(구 페이스북) 등이 개발하는 다양한 언어 모델들도 모두 트랜스포머 아키텍처를 바탕으로 합니다. 자연어 처리뿐만 아니라 컴퓨터 비전, 음성 인식 등 여러 분야에서도 트랜스포머가 적용되고 있으며, 최고 수준의 성능을 달성할 잠재력을 보여주고 있습니다. 이처럼 트랜스포머는 모델 품질과 훈련 효율성을 크게 개선한 혁신적인 구조로 자리 잡았고, AI 기술 발전의 중심에서 중요한 역할을 수행하고 있습니다.

트랜스포머는 인코더와 디코더, 두 주요 모듈로 구성된 모델입니다. 이 두 모듈은 각각 여러 층의 어텐션 메커니즘과 피드포워드 신경망으로 이루어져 있습니다.

인코더는 입력 데이터를 받아 이를 의미 있는 표현으로 변환하는 역할을 합니다. 셀프 어텐션과 피드포워드 신경망의 여러 층으로 구성되어 있으며, 입력 시퀀스의 각 단어가 서로 어떻게 연결되는지를 모델링해 문맥을 이해할 수 있도록 돕습니다.

디코더는 인코더에서 생성된 표현을 받아 이를 바탕으로 최종 출력을 생성합니다. 디코더 역시 셀프 어텐션과 피드포워드 신경망으로 구성되어 있으며, 인코더의 출력과 결합하여 문맥에 맞는 자연스러운 문장을 생성하도록 설계되어 있습니다.

피드포워드 신경망은 입력값을 받아 여러 계층을 거치며 정보를 전달하는 단방향 신경망으로, 트랜스포머 내에서 각 단어의 표현을 더 정교하고 유의미하게 변환하는 역할을 합니다. 피드포워드 계층은 각 단어에 대한 독립적인 변환을 수행해, 어텐션 메커니즘으로 관계를 파악한 단어들이 더 깊이 있는 표현으로 강화될 수 있도록 돕습니다.

트랜스포머의 구조는 다음과 같습니다. 복잡하니 참고만 해 주세요.

▼ **그림 2-4** 트랜스포머 구조

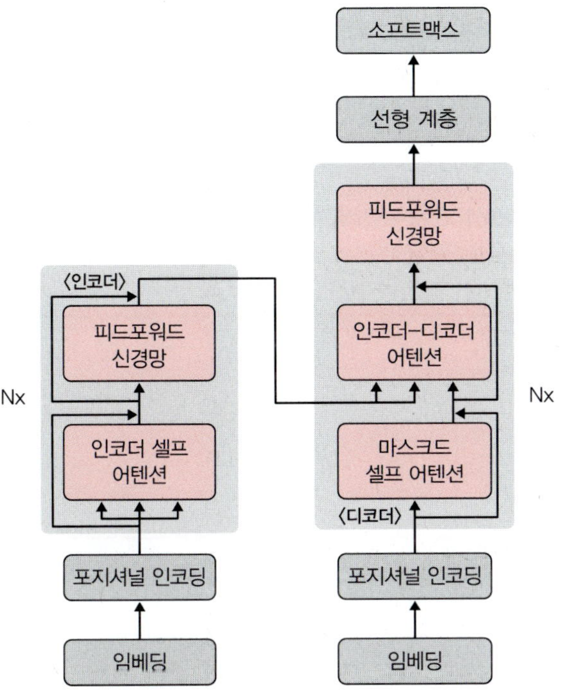

▼ **표 2-1** 트랜스포머 주요 구성 요소

구분	구성 요소	설명
입력	포지셔널 인코딩 (positional encoding)	- 입력 단어의 위치 값 추가 - 사인, 코사인 함수 이용 - RNN 미 적용으로 인한 단어 위치 문제 해결
인코더	인코더 셀프 어텐션 (encoder self-attention)	- 멀티 헤드 셀프 어텐션: 입력 토큰 병렬 처리 - Query=Key=Value - 6개의 인코더가 이전 인코더의 어텐션 참조
	피드포워드 신경망 (feed forward NN)	- Position-Wise 완전 연결망: 각 단어가 문맥에서 잘 이해될 수 있도록 벡터를 새로 만듦 - 잔차 연결 이용 및 정규화 수행: 잔차는 정보 손실과 기울기 소실 문제를 막아 학습을 안정화하고, 정규화는 데이터의 분포를 일정하게 유지
디코더	마스크드 셀프 어텐션 (masked self-attention)	- 멀티 헤드 셀프 어텐션: 입력 토큰 병렬처리 - 현재 이후 단어 마스킹 처리 - Query=Key=Value
	인코더-디코더 어텐션	- 셀프 어텐션 아님 - 인코더 어텐션과 디코더 어텐션 결합 사용 - 인코더 셀프 어텐션=Key=Value - 디코더 셀프 어텐션=Query
	피드포워드 신경망	- 인코더 구조와 동일

계속

구분	구성 요소	설명
출력	선형 계층 (Fully Connected Layer)	- 디코더 출력을 벡터화하여 신경망 연결
	소프트맥스(softmax)	- 출력 단어 예측

트랜스포머의 작동 원리를 쉽게 설명하기 위해 호그와트에서 한국의 마법학교로 편지가 온 상황을 가정하고, 트랜스포머가 이 편지를 어떻게 번역할지 살펴보겠습니다.

받은 편지:

From : 호그와트

To : 한국의 마법학교

"Dear Korean wizards, I love flying on my broomstick!"

다음은 트랜스포머의 번역 과정입니다.

1. 단어의 기본 의미 분석하기

트랜스포머는 먼저 문장을 구성하는 각 단어의 기본 의미를 분석합니다. 이 단계에서 단어가 가진 의미를 바탕으로 다음 번역의 기초를 다집니다.

- Dear = 친애하는
- Korean = 한국의
- wizards = 마법사들
- I = 나는
- love = 좋아해요
- flying = 날아다니는 것
- on = ~위에서
- my = 나의
- broomstick = 빗자루

이 단어들을 하나하나 해석한 정보가 트랜스포머의 번역을 위한 첫 단계가 됩니다.

▼ **그림 2-5** 트랜스포머 단어 분석 과정

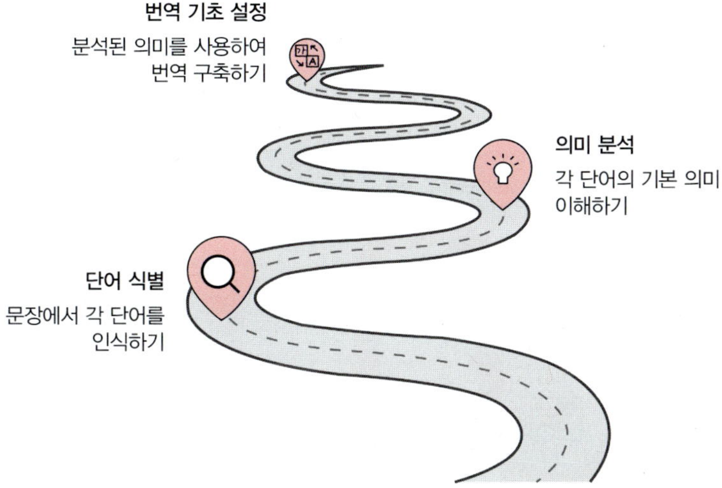

2. 문맥을 통해 전체 의미 파악하기

트랜스포머는 이제 문장의 전체 의미를 파악하기 위해 문맥을 분석합니다. 단어 하나하나의 의미를 아는 것에 그치지 않고, 문장이 가진 전체 메시지를 파악하기 위해 질문을 던집니다.

Q. 누구에게 쓴 편지인가?

A. Korean wizards (한국 마법사들)

Q. 누가 쓴 것인가?

A. I (편지를 쓴 이는 호그와트 마법사)

Q. 주요 내용은 무엇인가?

A. love flying on my broomstick (빗자루 타고 나는 걸 좋아함)

문맥을 통해 단어의 위치와 전체 흐름을 파악하면 트랜스포머는 각 단어의 뉘앙스를 적절히 조절해 번역할 준비를 마칩니다.

트랜스포머의 **어텐션 메커니즘**은 같은 단어라도 문맥에 따라 다양한 의미로 해석할 수 있습니다.

- "flying"의 다양한 번역 예시
  - "The bird is flying" → "새가 날아가요"
  - "Time is flying" → "시간이 빨리 가요"
- "love"의 다양한 번역 예시
  - "I love pizza" → "피자가 좋아요"
  - "I love you" → "당신을 사랑해요"
  - "I love studying" → "공부하는 걸 좋아해요"

이렇게 문장의 흐름과 문맥을 고려해 각 단어의 적절한 의미를 선택하고, 일관성 있는 번역과 자연스러운 표현이 가능해집니다.

▼ **그림 2-6** 트랜스포머의 문맥적 이해

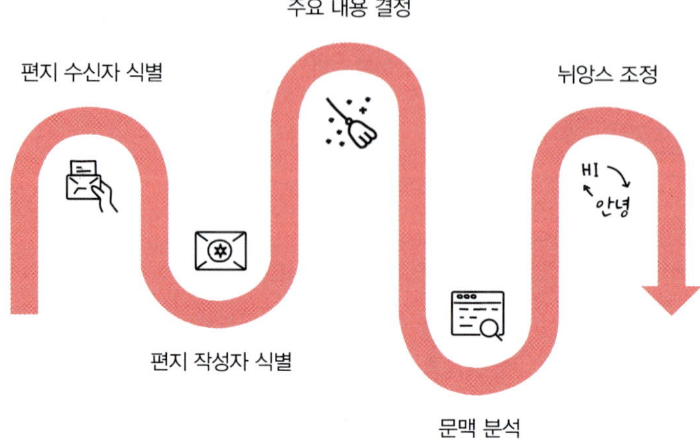

3. 최종 번역 완성

모든 정보를 바탕으로 트랜스포머는 문맥에 맞는 번역을 완성합니다.

> 최종 번역:
> "한국의 마법사들에게,
> 저는 빗자루 타고 하늘을 나는 게 정말 좋아요!"

트랜스포머는 앞서 본 호그와트 편지 예제처럼 다양한 프로세스를 거쳐 자연스럽고 정확한 번역을 완성합니다. 단어의 기본 의미를 분석하고 문맥을 파악한 후, 어텐션 메커니즘을 통해 단어 간 관계를 세밀하게 이해하는 과정을 통해 번역이 이루어집니다. 이처럼 트랜스포머는 단계별로 문장의 전체 흐름과 뉘앙스를 고려해 최종 번역을 만들어 내기 때문에 그 결과가 마치 마법처럼 자연스럽고 유려하게 느껴지는 것입니다.

단어의 순서 정보: 포지셔널 인코딩

언어 모델에서 단어 순서는 의미를 정확히 전달하는 데 매우 중요한 요소입니다. 예를 들어 "콩이 두부가 되었다"라는 문장에서 '콩'과 '두부'의 순서가 바뀌면, 의미가 완전히 달라져 "두부가 콩이 되었다"처럼 비논리적이고 잘못된 문장이 됩니다. 이렇게 단어 순서에 따라 문장의 의미가 달라질 수 있으므로 언어 모델은 순서를 올바르게 인식하여 문맥에 맞는 의미를 전달하는 것이 중요합니다.

▼ **그림 2-7** 문장에서 의미 오류 이해하기

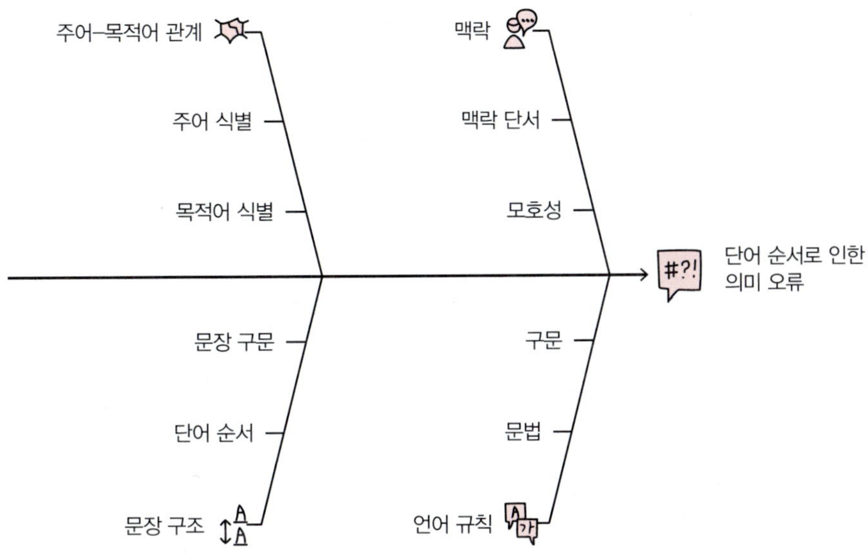

순차적 구조의 언어 모델(RNN, LSTM 등)에서는 단어를 순서대로 처리하므로 단어 간 순서가 자연스럽게 유지됩니다. 예를 들어 "콩이 두부가 되었다"와 같은 문장의 흐름이 모델에 그대로 반영되어 단어 순서로 인한 의미 오류를 방지할 수 있습니다.

하지만 트랜스포머는 병렬 처리를 통해 빠르고 효율적으로 학습하므로 순차적 구조를 사용하지 않아 단어의 순서를 직접적으로 인식하지 못하는 한계가 있습니다. 이를 보완하기 위해 트랜스포머는 포지셔널 인코딩을 사용해 각 단어에 위치 정보를 부여합니다. 포지셔널 인코딩은 단어에 위치 값을 추가하여 트랜스포머가 단어 순서를 이해할 수 있도록 합니다.

덕분에 트랜스포머는 단어가 등장하는 순서를 바르게 인식해 "콩이 두부가 되었다"와 "두부가 콩이 되었다"의 차이를 명확히 구분하고, 문장의 의미와 논리를 정확히 유지할 수 있습니다.

임베딩 벡터(embedding vector)는 단어를 고유한 숫자 벡터로 표현한 것입니다. 언어 모델에서 텍스트 데이터는 숫자로 변환해야 처리할 수 있으므로 각 단어를 고정된 차원의 벡터로 나타내 모델이 단어의 의미와 관계를 이해할 수 있도록 합니다.

트랜스포머는 각 단어의 임베딩 벡터에 포지셔널 인코딩 값을 더하여 단어의 위치 정보도 포함합니다. 이 과정을 통해 같은 단어라도 문장에서 위치에 따라 다른 임베딩 벡터 값이 입력되므로 트랜스포머는 단어의 의미뿐 아니라 그 위치까지 고려한 정교한 언어 처리가 가능합니다.

▼ **그림 2-8** 포지셔널 인코딩 시각화*

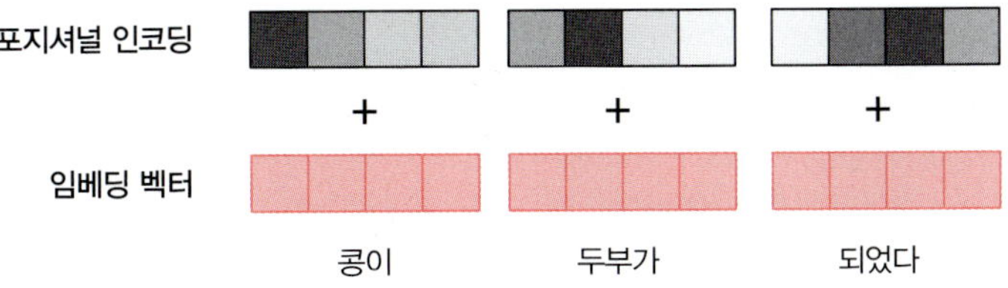

* 포지셔널 인코딩을 쉽게 이해하도록 간단히 표현하였습니다.

2.2.2 어텐션 메커니즘

어텐션 메커니즘을 이해하기 전에, 먼저 단어 Attention이 어떤 의미를 가지는지 살펴보겠습니다. Attention의 사전적 정의는 주의, 집중입니다. 즉, Attention은 특정 대상에 집중하고 그에 주의를 기울이는 것을 의미합니다.

▼ 그림 2-9 Attention의 사전적 정의

출처: 네이버 어학사전

일상에서 Attention은 우리가 여러 일 중 중요한 일에 더 많이 신경 쓰거나 집중할 때 사용합니다. 예를 들어 누군가 Pay attention to the road라고 하면, 도로에 집중하고 주의를 기울이라는 의미가 됩니다. 이처럼 Attention은 여러 대상 중에서 특정 대상에 더 신경을 쓰고, 중요하게 생각하는 것을 뜻합니다.

어텐션 메커니즘은 디코더가 출력 단어를 예측할 때 인코더의 전체 입력 문장을 다시 한번 참고해 예측하는 단어와 연관성이 높은 단어에 더 집중하는 방식입니다. 이 메커니즘은 특정 단어가 문맥에서 어떤 다른 단어와 밀접하게 관련되어 있는지를 판단해 모델이 중요한 정보에 집중하게 합니다.

시퀀스 투 시퀀스(Seq2Seq) 모델처럼 인코더-디코더 구조를 사용하는 모델에서는 입력 시퀀스(예 원문 문장)를 인코더가 처리해 고정된 크기의 벡터(컨텍스트 벡터)에 담아 디코더로 전달합니다. 그러나 문장이 길거나 내용이 복잡할 때 하나의 벡터에 모든 정보를 압축하는 방식은 정보 손실과 기울기 소실 문제가 발생할 수 있습니다.

정보 손실 문제는 입력 시퀀스의 모든 정보를 하나의 고정된 크기 벡터로 압축하면서, 문장이 길어질수록 중요한 정보가 컨텍스트 벡터에 충분히 담기지 못해 발생합니다.

기울기 소실은 역전파 과정에서 기울기가 점차 줄어드는 문제로, 시퀀스가 길어질수록 초기 입력에 대한 정보가 잘 전달되지 않습니다. 이에 따라 모델이 입력 문장의 앞부분에 있던 정보를 잃어버리고, 결국 출력 결과가 문맥에 맞지 않거나 중요한 정보가 빠지는 현상이 발생하게 됩니다.

▼ **그림 2-10** Seq2Seq 인코더-디코더 구조

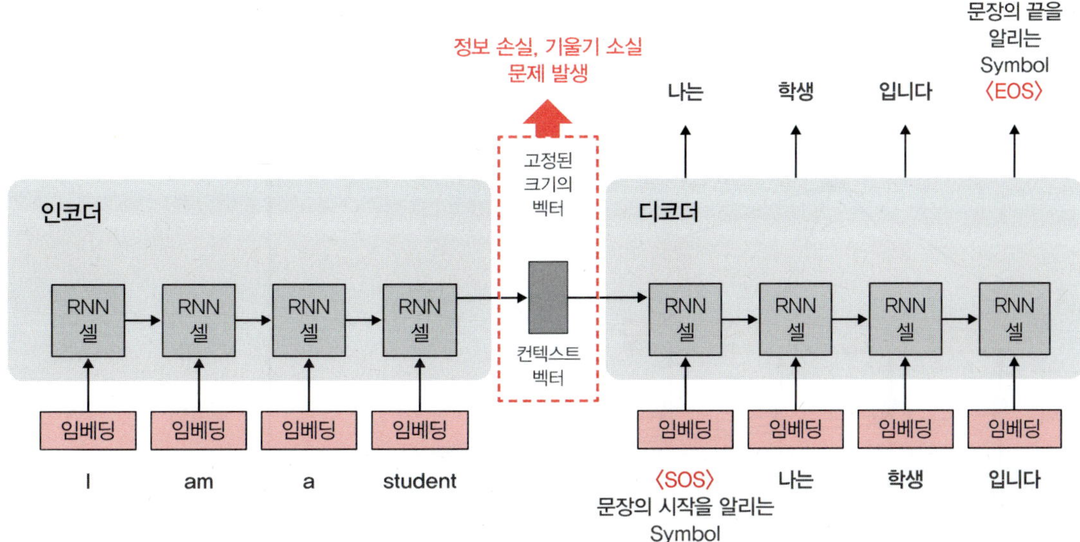

어텐션 메커니즘은 Seq2Seq 모델의 정보 손실과 기울기 소실 문제를 해결하기 위해 도입되었습니다. 어텐션 메커니즘을 사용하면 디코더가 출력을 생성할 때 인코더의 전체 출력 상태를 참고할 수 있어 시점마다 중요한 부분에 집중해 필요한 정보를 선택적으로 사용할 수 있습니다. 이를 통해 모델은 긴 문장에서도 중요한 정보를 놓치지 않고 필요할 때마다 참조할 수 있어 정보 손실 문제를 해결합니다. 또한, 타임 스텝(timestep)마다 중요한 정보에 가중치를 부여해 모델이 특정 정보에 집중할 수 있게 하여 기울기 소실 문제도 완화됩니다.

어텐션 메커니즘은 다음과 같은 방식으로 작동됩니다.

1. **가중치 계산**

   디코더가 다음 단어를 생성할 때 인코더의 모든 단어와 디코더의 현재 상태를 비교해 유사도를 계산합니다. 이 유사도는 각 단어가 얼마나 중요한지에 대한 가중치로 사용됩니다.

2. **가중합 계산**

   가중치가 적용된 각 인코더 출력의 가중합을 통해 새로운 컨텍스트 벡터를 생성합니다. 이는 디코더가 특정 단어를 생성할 때 중요한 단어에 집중하게 합니다. 이와 같은 과정을 닷프로덕트(dot product, 스칼라곱)[1]라고 합니다.

3. **출력 생성**

   이렇게 생성된 컨텍스트 벡터를 기반으로 디코더는 현재 시점에서 다음에 나올 단어를 예측하고 생성합니다.

1 어텐션 스코어를 구하고 모든 벡터를 가중합하여 컨텍스트 벡터를 구하는 방식입니다.

▼ 그림 2-11 인코더-디코더 어텐션 메커니즘

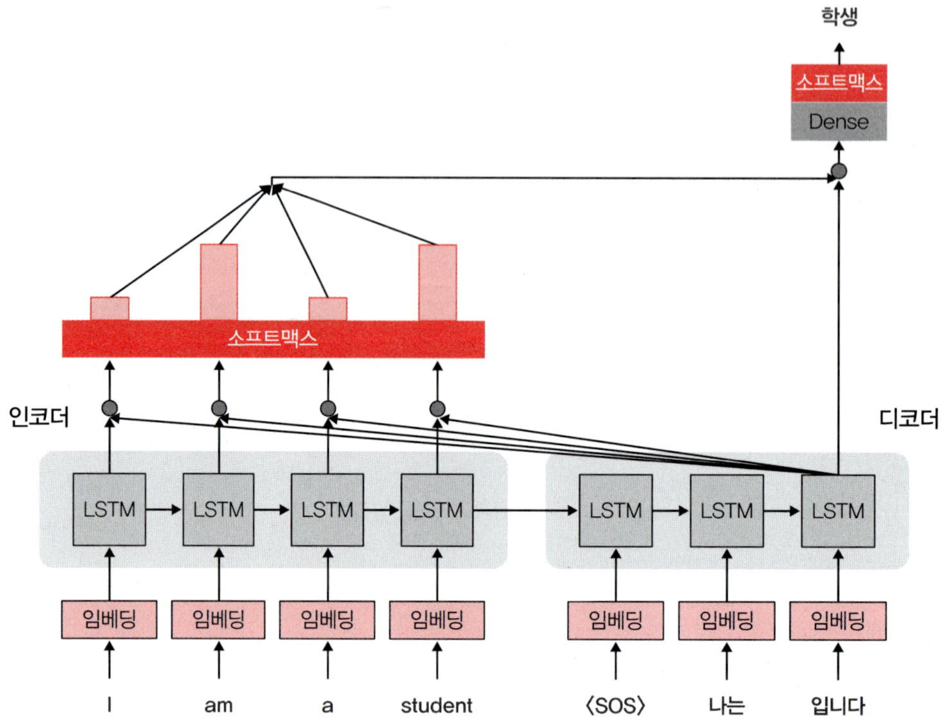

셀프 어텐션 메커니즘

셀프 어텐션 메커니즘은 자기 자신에게 주의를 기울이는 어텐션 메커니즘입니다. 즉, 입력된 문장에서 각 단어가 다른 모든 단어와 어떻게 연관되는지를 계산해 문맥 내에서 특정 단어가 얼마나 중요한지를 파악하는 것입니다. 이를 통해 모델은 문맥을 더 잘 이해하고, 정확하게 예측할 수 있습니다.

▼ 그림 2-12 일반적인 어텐션 메커니즘과 셀프 어텐션 메커니즘 차이

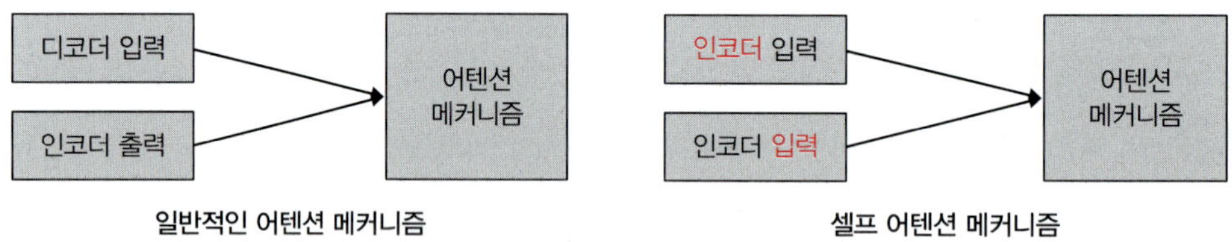

셀프 어텐션 메커니즘에서의 처리 순서는 다음과 같습니다.

1. 입력 단어들을 활용해 임베딩 벡터를 생성합니다.
2. 임베딩 벡터를 기반으로 쿼리(query), 키(key), 밸류(value) 벡터를 생성합니다.
3. 쿼리 벡터와 키 벡터 간 내적을 통해 각 단어 간 연관성을 나타내는 어텐션 스코어(attention score)를 계산합니다.

4. 계산된 어텐션 스코어에 루트를 씌워 표준편차를 1로 맞춥니다.

5. 정규화된 스코어에 소프트맥스 함수를 적용해 확률 분포를 만듭니다.

6. 소프트맥스를 통과한 값들을 밸류 벡터와 곱하여 관련 있는 단어는 강조하고 관련 없는 단어는 약화시킵니다.

7. 가중합 결과 값들을 더해 최종 벡터를 생성하며, 이 벡터가 셀프 어텐션 메커니즘을 거친 출력값이 됩니다.

▼ **그림 2-13** 셀프 어텐션 메커니즘에서의 처리 순서

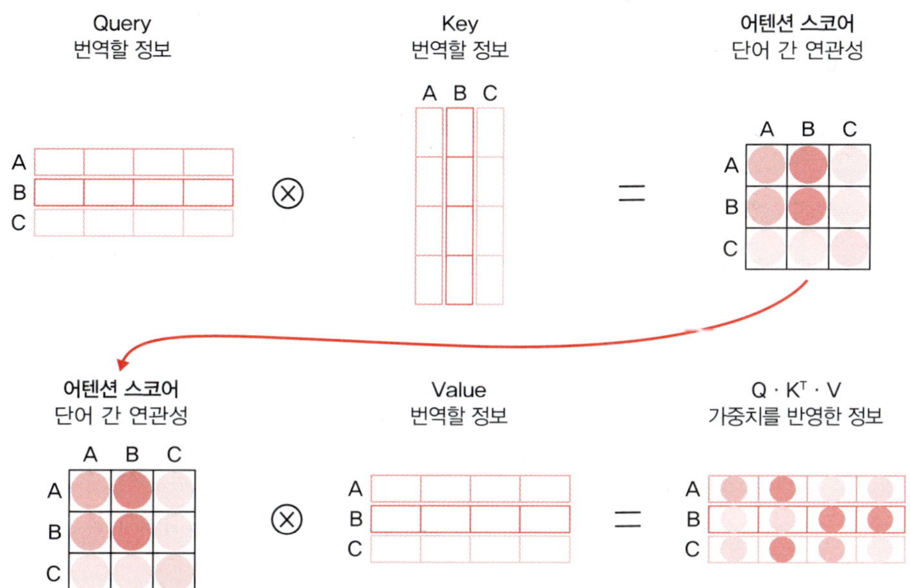

예를 들어 "에이미는 도서관에 갔다. 그녀는 책을 읽었다."라는 문장에서 '그녀는'이라는 단어가 나옵니다. '그녀는'이 누구를 가리키는지 이해하려면 앞 문장에서 힌트를 얻어야 합니다. 여기서 셀프 어텐션 메커니즘이 어떻게 작동하는지 살펴보겠습니다.

> 에이미는 도서관에 갔다. 그녀는 책을 읽었다.

1. "에이미는": 셀프 어텐션 메커니즘은 이 단어가 문장에서 중요한 역할을 한다는 것을 인식합니다. 주어로서 주된 행동의 주체이기 때문입니다.

2. "도서관에 갔다": 이 부분은 에이미가 무엇을 했는지를 설명합니다. 셀프 어텐션 메커니즘은 '도서관'과 '갔다'가 '에이미'와 연관이 있다는 것을 이해합니다.

3. "그녀는": 이제 두 번째 문장에서 '그녀는'이 등장합니다. 셀프 어텐션 메커니즘은 '그녀'가 앞서 언급된 '에이미'를 가리키고 있다는 것을 알아차립니다. 앞 문장에서 '에이미'가 주어로 등장했으므로 '그녀'는 자연스럽게 '에이미'를 지칭한다고 판단합니다.

4. "책을 읽었다": 셀프 어텐션 메커니즘은 '그녀'가 '에이미'를 가리키므로 '책을 읽었다'라는 행동도 에이미가 한 것이라는 결론을 내립니다.

▼ **그림 2-14** 셀프 어텐션 메커니즘 예시

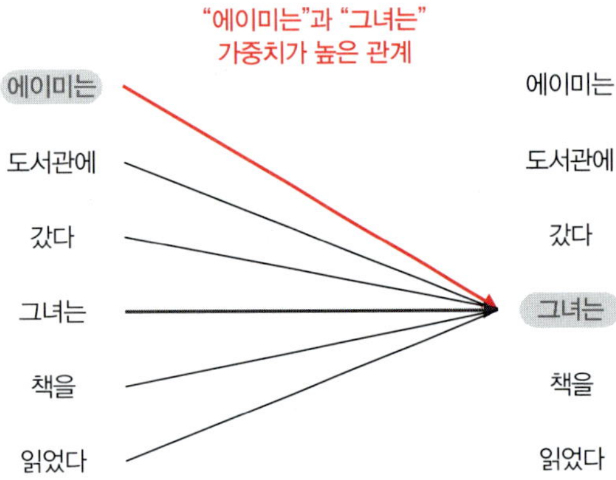

마스크드 셀프 어텐션 메커니즘

마스크드 셀프 어텐션 메커니즘은 트랜스포머 디코더 부분에 적용되는 어텐션 메커니즘으로, 출력 시퀀스를 생성할 때 다음 단어를 보지 못하도록 제한하는 역할을 합니다. 텍스트 생성이나 번역 작업에서 모델이 한 번에 한 단어씩 순차적으로 생성하게 합니다.

트랜스포머 디코더는 이전에 생성된 단어들을 참고하면서 다음 단어를 예측합니다. 이때, 만약 현재 단어뿐 아니라 미래 단어까지 모두 볼 수 있다면 예측이 비논리적이거나 불필요하게 정확해지는 문제(즉, 답을 미리 보는 것과 같은 상황)가 발생할 수 있습니다. 마스크드 셀프 어텐션 메커니즘은 이를 방지하기 위해 디코더가 현재 시점 이전의 단어만 보도록 제한합니다.

▼ **그림 2-15** 셀프 어텐션 메커니즘과 마스크드 셀프 어텐션 메커니즘 차이

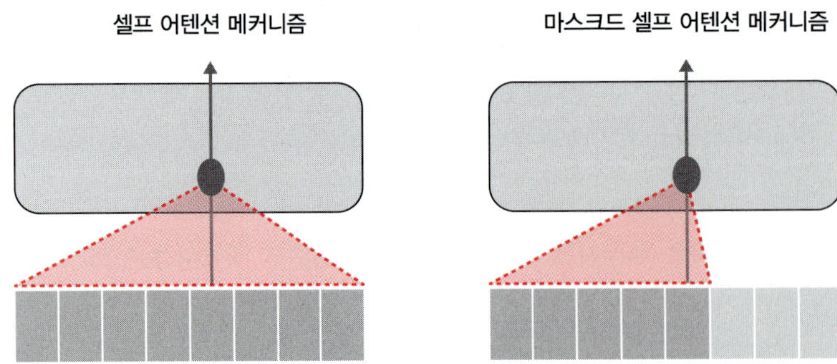

마스크드 셀프 어텐션 메커니즘의 작동 방식은 다음과 같습니다.

- **마스킹**(masking): 디코더에서 타임 스텝마다 현재 단어의 다음 단어들을 마스킹 처리합니다. 마스킹은 특정 위치의 값을 0이나 $-\infty$(무한대)로 설정하여 해당 위치의 정보에 접근하지 못하게 하는 방법입니다. 이렇게 하면 미래 단어에 대해 어텐션 값이 0이 되어 디코더는 다음에 나올 단어 정보를 보지 못합니다.
- **셀프 어텐션 적용**: 마스킹된 상태에서 셀프 어텐션이 계산됩니다. 현재 단어와 이전 단어 간 어텐션이 이루어지며, 디코더는 현재 단어와 그 이전 단어에만 집중해 필요한 정보에 가중치를 부여합니다.
- **출력 생성**: 마스킹된 컨텍스트를 기반으로 디코더는 다음 단어를 예측하고 생성합니다. 이에 따라 디코더는 한 번에 한 단어씩 차례대로 예측하며, 전체 시퀀스가 올바른 순서로 생성됩니다.

더 쉽게 예를 들어 설명하겠습니다. 인코더 입력이 "나는 점심을 먹고 있어"를 디코더에서 영어로 번역하면 "I am eating lunch"입니다. 디코더가 이 문장을 생성할 때 각 단어를 예측하는 과정에서 이전 단어만 참고할 수 있고, 현재 생성하는 단어 뒤에 올 단어는 보지 못하도록 마스크드 셀프 어텐션 메커니즘이 적용됩니다.

1. 첫 번째 단어 I 생성

디코더는 첫 단어 I를 생성하기 위해 마스킹된 어텐션을 사용합니다. 이때 I는 시작 토큰만 보고 자신을 예측합니다.

어텐션 매트릭스는 [1, 0, 0, 0]으로, I 위치에만 어텐션을 주고, 나머지 위치는 0으로 마스킹됩니다.

2. 두 번째 단어 am 생성

두 번째 단어 am을 예측할 때 디코더는 I만 참고할 수 있습니다. am 이후의 단어(eating, lunch)는 보지 못하도록 마스킹합니다.

어텐션 매트릭스는 [1, 1, 0, 0]으로, I와 am에만 어텐션을 부여하고, 이후 단어는 0으로 마스킹됩니다.

3. 세 번째 단어 eating 생성

세 번째 단어 eating을 생성할 때 디코더는 I와 am을 참고해 예측하지만, lunch는 참조하지 못하게 마스킹됩니다.

어텐션 매트릭스는 [1, 1, 1, 0]으로, I, am, eating 위치까지만 어텐션을 주고, lunch는 0으로 마스킹됩니다.

4. 네 번째 단어 lunch 생성

마지막 단어 lunch를 예측할 때 디코더는 I, am, eating을 모두 참고할 수 있지만, 미래의 단어가 없기 때문에 전체 어텐션이 허용됩니다.

어텐션 매트릭스는 [1, 1, 1, 1]로, 모든 이전 단어에 접근할 수 있습니다.

▼ 그림 2-16 마스크드 셀프 어텐션 메커니즘 예시

멀티헤드 어텐션

멀티헤드 어텐션(multi-head attention)은 어텐션 헤드(attention head) 여러 개를 병렬로 사용해 입력 데이터의 다양한 부분에 동시에 집중할 수 있게 하는 트랜스포머의 핵심 기법입니다. 각 어텐션 헤드는 독립적으로 어텐션을 계산해 서로 다른 관점에서 입력을 분석하고, 이를 결합해 풍부한 문맥 정보를 모델에 제공합니다.

어텐션 헤드는 입력 데이터를 독립적으로 분석하는 유닛으로, 각 헤드는 별도의 쿼리, 키, 밸류 벡터를 통해 특정 시점에서 중요한 단어 간 관계를 학습합니다. 여러 개의 어텐션 헤드를 사용하면 모델이 문장 내 다양한 관계와 의미를 더 효과적으로 파악할 수 있습니다.

예를 들어 [4x4] 크기의 문장 임베딩 벡터와 [4x8] 크기의 쿼리, 키, 밸류 벡터가 있을 때 일반적인 어텐션 메커니즘은 연산 한 번으로 [4x8] 크기의 어텐션 스코어를 계산합니다.

만약 헤드가 4개인 멀티헤드 어텐션 구조로 계산하면 헤드가 4개이므로 각 연산 과정이 4분의 1만큼만 필요합니다. 크기가 [4x8]이었던 쿼리, 키, 밸류 백터를 4등분하여 [4x2]로 만듭니다. 이렇게 하면 자연스럽게 각 어텐션 스코어는 [4x2]가 됩니다. 이 어텐션 스코어들을 마지막에 결합(concatenate)해 주면, 크기가 [4x8]이 되어 일반적인 어텐션 메커니즘의 결과 값과 동일하게 됩니다.

이처럼 멀티헤드 어텐션은 병렬 계산으로 모델 성능을 향상시킨다는 장점이 있습니다.

▼ **그림 2-17** 멀티헤드 어텐션 구조

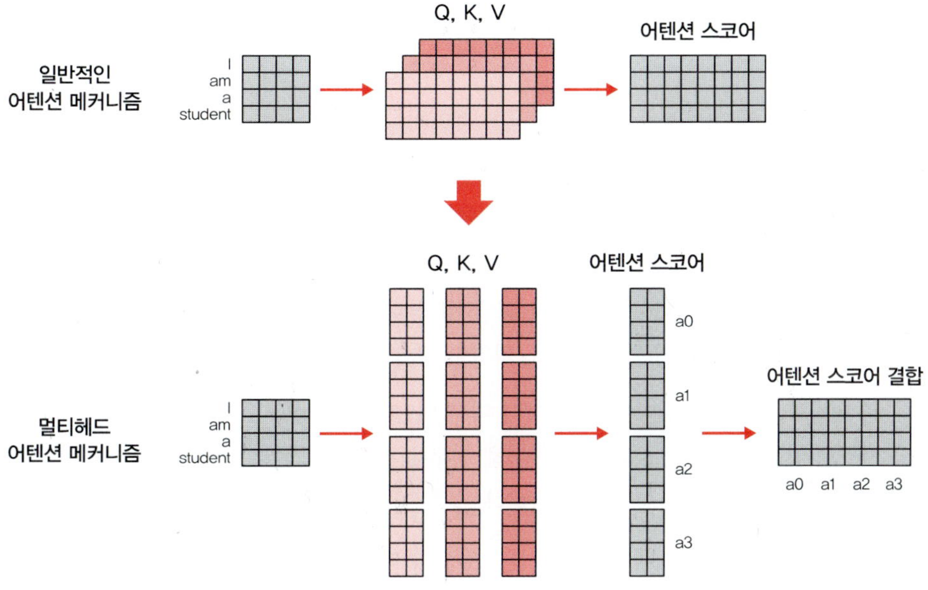

2.2.3 LLM 훈련 과정: 데이터 수집, 전처리, 훈련

데이터 수집

LLM이 뛰어난 성능을 발휘하기 위해서는 방대한 텍스트 데이터가 필요합니다. 데이터는 모델이 언어의 구조, 문맥, 어휘, 문법 등을 학습하는 데 필수이며, 다양한 주제와 스타일의 데이터는 여러 상황에 대한 적응력을 높여 줍니다. 특히 최신 정보와 트렌드를 반영한 데이터는 더욱 현실적인 응답을 생성하는 데 도움이 됩니다.

LLM 훈련에 사용되는 데이터는 여러 출처에서 수집됩니다. 주요 데이터 출처는 다음과 같습니다.

- **웹 크롤링**: 인터넷에 공개된 웹 페이지에서 텍스트를 자동으로 수집하는 방법입니다. 이 방법은 대규모 데이터를 빠르게 확보할 수 있는 장점이 있지만, 저작권 문제도 고려해야 합니다.
- **공공 데이터베이스**: 정부 기관, 연구소, 학술 단체 등이 제공하는 공공 데이터베이스에서 데이터를 수집할 수 있습니다. 이러한 데이터는 신뢰성이 높고, 특정 분야에 특화된 정보를 제공할 수 있습니다.
- **문학 작품 및 도서**: 문학 작품이나 도서도 중요한 데이터 소스가 될 수 있습니다. 이들은 문체와 어휘가 풍부해 모델의 언어 생성 능력을 향상시킬 수 있습니다. 문학 작품 및 도서 데이터는 저작권이 만료되어 퍼블릭 도메인에 속하는 작품들이 대표적입니다. 예를 들어 고전 문학 작품(셰익스피어, 마크 트웨인, 톨스토이 등의 작품)은 저작권이 만료되어 자유롭게 사용할 수 있습니다. 구텐베르크 프로젝트(Project Gutenberg)와 같은 사이트에서 다양한 언어와 장르의 퍼블릭 도메인 작품을 무료로 제공합니다.

출판사나 디지털 도서 플랫폼(예 Google Books, Amazon Kindle)과 협력해 라이선스를 구매하거나 허가받아 사용할 수도 있습니다. 다만, 이 경우에는 비용을 지불해야 하거나 법적 계약에 따른 제한 사항이 있을 수 있습니다.

문학 작품과 도서 데이터는 저작권 문제가 특히 중요하므로 퍼블릭 도메인이나 오픈 액세스 자료를 활용하고, 저작권이 있는 작품은 반드시 라이선스를 취득한 후 사용해야 합니다.

- **대화 데이터**: 대화형 AI 모델의 경우, 사람 간 대화 데이터를 수집하는 것이 중요합니다. 이 데이터로 모델은 자연스러운 대화 흐름과 문맥을 학습할 수 있습니다. 대화 데이터는 연구 기관, 대학, 기업 등이 공개한 대화 데이터셋이 있습니다. 예를 들어 코넬 영화 대사 데이터셋(Cornell Movie-Dialogs Corpus)이나 멀티 도메인 대화 데이터셋이 있으며, 다양한 대화 상황에서의 데이터를 포함합니다.

  기업의 고객 지원 채팅 기록이나 콜센터 기록 등에서 대화 데이터를 수집할 수 있습니다. 이러한 데이터는 사용자와 시스템 간 실질적인 상호작용을 반영해 실무에 유용한 데이터를 제공합니다. 다만, 개인 정보 보호와 윤리적 문제를 철저히 검토해야 합니다.

- **소셜 미디어**: 소셜 미디어에서 수집된 데이터는 최신 트렌드와 대중의 관심사를 반영하는 데 유용합니다. 다만, 비속어나 오탈자 등 노이즈가 포함될 수 있어 전처리가 필요하고 개인 정보 보호 문제를 고려하여 신중하게 다루어야 합니다.

데이터를 수집할 때는 몇 가지 중요한 사항을 고려해야 합니다.

- **품질**: 수집된 데이터의 품질은 모델의 성능에 직접적인 영향을 미칩니다. 정확하고 신뢰할 수 있는 출처에서 데이터를 수집하는 것이 중요합니다.
- **다양성**: 다양한 주제, 스타일, 언어로 구성된 데이터는 모델의 전반적인 성능을 향상시킵니다. 특정 주제에 치우치지 않도록 주의해야 합니다.
- **저작권과 윤리**: 데이터 수집 과정에서 저작권 문제를 철저히 검토해야 합니다. 허가 없이 저작권이 있는 데이터를 사용하면 법적 문제가 발생할 수 있습니다. 또한, 개인 정보 보호와 관련한 윤리적 문제도 고려해야 합니다.
- **정량 및 정성적 분석**: 수집된 데이터의 양적 측면뿐만 아니라, 데이터의 질적 측면도 분석하여 모델 훈련에 적합한지를 판단해야 합니다.

데이터 수집은 LLM 훈련의 성공을 위한 첫걸음이라고 할 정도로 중요합니다.

데이터 전처리

데이터 전처리는 수집한 원시 데이터를 모델 학습에 적합한 형태로 변환하는 과정입니다. 전처리 과정에서 데이터는 다양한 변환과 정제 작업을 거쳐 모델이 효과적으로 학습할 수 있도록 준비됩니다. 전처리가 잘 이루어지면 모델 성능이 향상되며 불필요한 오류와 왜곡이 줄어듭니다.

일반적으로 수집된 원시 데이터는 다양한 소스에서 나오기 때문에 중복 데이터가 있거나, 불완전, 불균형하거나, 노이즈가 포함될 수 있습니다. 이러한 문제를 해결하지 않으면 모델이 잘못된 패턴을 학습하거나 성능이 저하될 수 있습니다. 따라서 데이터 전처리는 LLM 훈련 과정에서 매우 중요하며, 전처리를 통해 데이터 품질을 높이고 모델 학습 효율성을 극대화할 수 있습니다.

데이터 전처리의 주요 단계는 다음과 같습니다.

1. 데이터 정제(data cleaning)

데이터 정제는 원시 데이터에서 불필요하거나 오류가 있는 부분을 제거하는 작업입니다. 이 과정에서 다루는 주요 작업은 다음과 같습니다.

- 중복 제거: 동일한 내용이 반복되는 중복 데이터를 제거하여 데이터셋의 유효성을 높입니다. 중복 데이터는 모델이 같은 정보를 여러 번 학습하도록 하여 학습 효율성을 떨어뜨릴 수 있습니다.
- 오류 수정: 철자 오류, 잘못된 구문, 비정상적인 문장 구조를 수정하거나 제거합니다. 잘못된 데이터가 모델에 입력되면 모델이 이러한 오류를 학습해 잘못된 결과를 생성할 수 있습니다.
- 불완전 데이터 처리: 누락된 값이나 불완전한 데이터를 처리합니다. 이는 데이터를 삭제하거나 평균값, 중간값 등을 사용해 채워 넣는 방식으로 해결할 수 있습니다. 불완전한 데이터가 많으면 모델의 성능에 악영향을 미칠 수 있습니다.

2. 토큰화(tokenization)

LLM은 텍스트를 직접 처리할 수 없으므로 텍스트를 토큰이라는 작은 단위로 변환해야 합니다. 토큰화는 텍스트 데이터를 단어 또는 서브워드(더 작은 단위의 의미 단어) 단위로 나누는 과정입니다. 이 과정에서 중요한 고려 사항은 다음과 같습니다.

- 단어 단위 토큰화: 텍스트를 단어 단위로 분할합니다. 예를 들어 The quick brown fox라는 문장은 The, quick, brown, fox로 토큰화할 수 있습니다.
- 서브워드 단위 토큰화: 특히 새로운 단어나 희귀 단어를 처리하기 위해 단어를 더 작은 서브워드 단위로 나눕니다. unhappiness라는 단어는 un, happiness로 토큰화할 수 있습니다. 이는 모델이 새로운 단어를 효과적으로 학습하도록 도와줍니다.
- 문장 단위 토큰화: 때로는 문장을 기본 단위로 나누기도 합니다. 이는 긴 텍스트를 다룰 때 유용하며, 문장 간 문맥을 모델이 학습하도록 도와줍니다.

3. 정규화(normalization)

정규화는 텍스트 데이터를 일관된 형식으로 변환하는 작업으로, 모델이 패턴을 쉽게 인식하도록 돕습니다. 주요 작업은 다음과 같습니다.

- 소문자 변환: 텍스트를 모두 소문자로 변환해 대소문자에 따른 중복을 제거합니다. 예를 들어 The와 the는 같은 의미이지만, 대소문자를 구분한다면 서로 다른 토큰으로 인식될 수 있습니다.

- 불필요한 문장 부호 제거: 쉼표, 느낌표 등 불필요한 문장 부호를 제거하거나, 필요한 경우 특정 패턴으로 대체합니다. 이는 모델이 문장 부호의 의미보다는 텍스트 내용에 집중하게 합니다.
- 공백과 특수 문자 처리: 여러 공백을 하나로 줄이거나, 의미 없는 특수 문자를 제거합니다. 이러한 작업은 텍스트의 일관성을 유지하고, 모델이 필요 없는 정보를 학습하지 않도록 합니다.

4. 데이터 증강(data augmentation)

데이터 증강은 기존 데이터셋을 변형해 새로운 데이터를 생성하는 방법입니다. 이는 데이터의 다양성을 높이고, 모델의 일반화 능력을 향상시키는 데 유용합니다. 문장 순서를 바꾸거나 일부 단어를 동의어로 교체하는 방식으로 데이터를 늘릴 수 있습니다.

- 역번역: 문장을 다른 언어로 번역한 후 다시 원래 언어로 번역하여 새로운 문장을 생성합니다. 이는 원래 문장의 의미를 유지하면서도 다양한 표현을 학습할 수 있습니다.
- 단어 치환: 문장에서 특정 단어를 동의어나 유사한 의미의 다른 단어로 대체합니다. 이는 모델이 다양한 표현을 이해하고 생성할 수 있도록 돕습니다.

5. 데이터 균형 조정(balancing the data)

데이터 불균형은 모델을 훈련할 때 특정 클래스나 패턴에 치우쳐 학습하는 문제를 일으킬 수 있습니다. 이를 방지하려면 데이터를 균형 있게 조정하는 작업이 필요합니다. 클래스별로 데이터를 증강하거나 일부 데이터를 표본화해 균형을 맞출 수 있습니다.

전처리가 잘된 데이터는 모델 훈련의 효율성을 높이고, 결과적으로 더 높은 품질의 언어 모델을 개발하는 데 기여합니다.

훈련 과정

LLM 구축은 데이터 수집, 데이터 전처리, 모델 아키텍처 선택, 훈련, 검증, 활용 과정으로 진행됩니다. 모델 아키텍처로는 트랜스포머 기반(GPT, BERT 등)이 주로 사용되며, 훈련하기 전에 모델의 파라미터 크기를 설정합니다.

파라미터는 매개변수를 말하며, 함수나 기계의 동작을 조정하는 값을 의미합니다. 조금 더 AI에 가까운 관점에서 본다면 파라미터는 모델 내부에 저장되어 입력 데이터를 처리하고 출력을 내놓는 방식에 영향을 주는 값을 의미합니다.

파라미터는 크게 모델이 학습할 때 자동으로 설정되는 파라미터와 사람이 수동으로 설정하는 하이퍼파라미터로 나뉩니다.

▼ **표 2-2** 파라미터와 하이퍼파라미터 비교

구분	파라미터	하이퍼파라미터
목적	최적화 모델 구현	모델링 최적화 파라미터 값 도출
생성 주체	데이터를 학습한 모델이 생성	사용자가 판단해 생성
종류	- 인공 신경망 가중치(weight) - 편향(bias)	- 학습률(learning rate, 학습 속도) - 학습 크기(batch size, 한번에 학습되는 데이터 샘플 수) - 반복 학습 횟수(epoch, 반복 학습 수)
조정 여부	임의 조정 불가	조정 가능

▼ **그림 2-18** LLM 모델 구축 과정

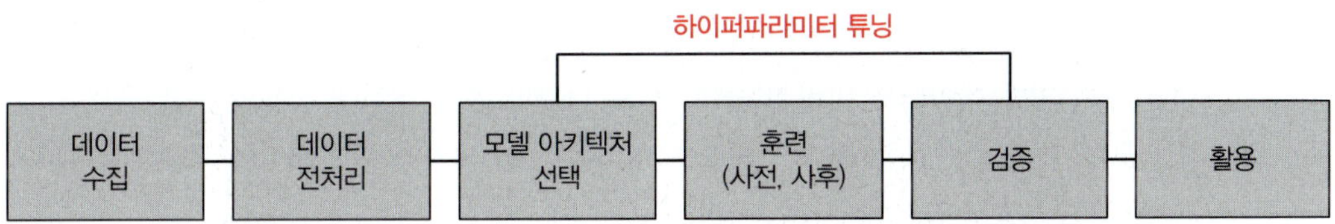

훈련 과정에서는 전처리된 데이터를 사용해 모델을 훈련시키는 과정입니다. 전처리된 데이터는 훈련 데이터셋(전체 데이터셋의 80%)과 테스트 데이터셋(전체 데이터셋의 20%)으로 나눕니다. 모델을 학습하는 데 훈련 데이터셋을 사용하고, 모델을 평가하는 데 테스트 데이터셋을 사용합니다. 경우에 따라서는 훈련 데이터셋 60%, 검증 데이터셋 20%, 테스트 데이터셋 20%로 나눌 수도 있습니다. 검증 데이터셋은 모델의 성능을 튜닝하고 과적합을 방지하기 위해 활용됩니다.

훈련 과정에서 모델에 훈련 데이터를 반복해 학습시키고 가중치 등 파라미터를 최적화합니다. 이 과정에서 모델의 성능이 향상됩니다.

▼ **그림 2-19** 훈련 데이터와 테스트 데이터 구분

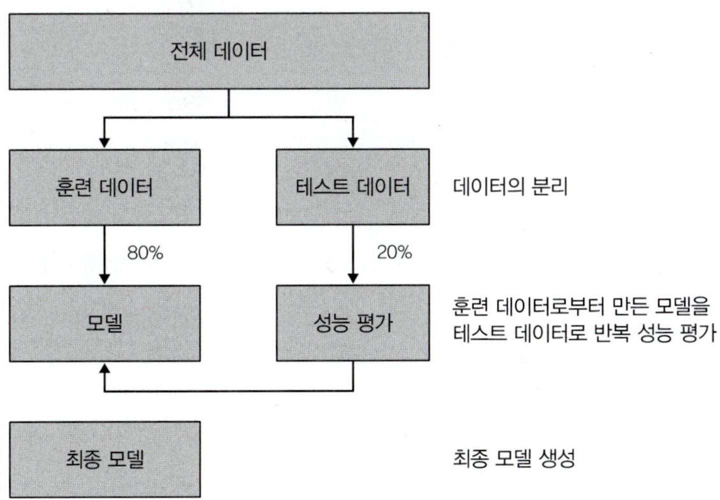

훈련이 완료되면 테스트 데이터셋을 사용해 모델 성능을 평가합니다. 평가 결과, 모델 성능이 좋지 않으면 하이퍼파라미터를 조정해 재학습을 진행하는 과정을 반복합니다.

훈련과 검증이 완료된 모델은 실제 환경에 배포되며, 텍스트 생성, 번역, 요약 등 다양한 작업에 활용됩니다.

2.2.4 사전 훈련과 미세 조정 기술

사전 훈련

기존 딥러닝 모델은 특정한 문제를 풀기 위해 잘 정돈된 학습 데이터로 학습해야 하고, 그 외 새로운 문제를 푸는 것은 불가능에 가깝습니다. 그래서 풀려는 문제가 많아지면 모델의 개수가 증가합니다.

LLM 사전 훈련은 학습 과정에서 방대한 양의 텍스트 데이터로 언어의 구조와 패턴을 학습하는 것입니다. LLM 모델은 거대한 양의 일반 데이터를 미리 학습했으므로 다양한 문제 해결에 적용할 수 있습니다. 기초가 되는 하나의 모델을 이용해 다양한 문제를 푼다는 의미에서 이 모델을 파운데이션 모델(foundation model, 기반 모델)이라고 부르기도 합니다.

사전 훈련된 모델이 장점이 많다는 사실이 증명되면서, 모델 크기를 나타내는 파라미터 수가 백만 단위에서 십억 단위로 올라가고, 심지어 조 단위로 올라갔습니다.

그러나 LLM 거대화 트렌드는 뚜렷한 한계가 있습니다. 바로 방대한 양의 데이터로 모델을 훈련하려면 막대한 비용과 다량의 고성능 컴퓨팅 자원(GPU 등)이 필요하다는 점입니다.

▼ **표 2-3** 기업별 NVIDIA H100 GPU 구매 수량(2014년 10월 기준)

기업	H100 GPU 수량	유형
메타	350,000	프라이빗 클라우드
XAI/X	100,000	프라이빗 클라우드
테슬라	35,000	프라이빗 클라우드
람다	30,000	퍼블릭 클라우드
구글A3	26,000	퍼블릭 클라우드
오라클 클라우드	16,000	퍼블릭 클라우드

출처: https://www.visualcapitalist.com/which-companies-own-the-most-nvidia-h100-gpus/

LLM을 직접 개발할 수 없다고 하더라도, 오픈소스 파운데이션 모델이 널리 공유되면서 기업이나 개인이 이를 기반으로 미세 조정 기술을 적용해 LLM을 훈련시키고, 특정 산업이나 고유한 사용 사례에 맞게 애플리케이션을 개발할 수 있습니다.

미세 조정

미세 조정(파인튜닝)은 특정 작업이나 도메인에 높은 적합성을 확보하기 위해 이미 훈련된 특정 데이터셋을 사용해 추가로 학습하는 작업입니다. 예를 들어 의료 기록 분석, 법률 문서 처리, 특정 고객에 대한 서비스 응답 생성 등에서는 그 분야에 맞는 용어, 문맥, 규칙을 이해해야 하고 적절히 반응해야 합니다. 이를 위해 사전 훈련된 모델에, 도메인에 특화된 데이터를 사용해 추가 훈련을 수행하는 것이 미세 조정입니다.

LLM은 전이 학습에도 활용될 수 있습니다. 전이 학습은 사전 학습된 모델을 다른 문제에 다시 사용하는 머신러닝의 접근 방식이며, 과업 전이와 도메인 전이가 있습니다.

- **과업 전이(task transfer)**: 특정 과업(task)에서 학습한 모델이나 지식을 다른 과업에 적용하는 것을 의미합니다. 즉, 원래 훈련된 모델의 지식을 활용해 새로운 문제를 해결하는 것이 목표입니다. 예를 들어 영상 인식 모델을 음성 인식에 사용하는 경우입니다.
- **도메인 전이(domain transfer)**: 한 데이터 도메인(source domain)에서 학습한 모델을 다른 도메인(target domain)에서도 잘 작동하도록 하는 것을 의미합니다. 예를 들어 영어-프랑스어 번역 모델을 영어-한국어 번역으로 사용하는 경우입니다.

전이 학습을 하기 위한 방법론 중 하나로 기존에 학습된 모델의 파라미터를 새로운 데이터 기준으로 학습시키는 것을 미세 조정이라 하기도 합니다. 전이 학습과 미세 조정은 특히 데이터가 부족한 상황에서 유용하게 사용될 수 있습니다. 예를 들어 작은 데이터셋에서도 사전 훈련된 대규모 모델을 사용하면 우수한 성능을 얻을 수 있습니다.

LLM 미세 조정 기법은 여러 가지가 있지만, PEFT(Parameter Efficient Fine-Tuning)를 많이 사용합니다. PEFT는 적은 파라미터 학습만으로 빠른 시간에 새로운 문제를 효과적으로 해결하는 미세 조정 기법입니다. 수천억 개 이상의 파라미터를 가진 LLM도 적은 파라미터만 조절하여 유사한 성능을 낼 수 있다는 연구 결과가 입증되어 활발히 활용되고 있습니다.

2.3 SECTION 대표적인 LLM 모델

2.3.1 GPT

GPT는 LLM의 발전을 상징하는 모델 중 하나로, 오픈AI에서 개발했습니다. GPT는 트랜스포머 디코더 부분만을 사용한 모델입니다. 앞서 트랜스포머에서 살펴보았듯이 디코더는 마스크드 셀프 어텐션 메커니즘을 사용하므로 이전 단어들을 줬을 때 다음 단어가 무엇인지 잘 맞힙니다. GPT는 순방향으로 문장을 분석해 다음 문장을 생성하는 강점이 있습니다. 또한, 사람이 글을 쓰는 것과 유사하게 문장을 생성할 수 있습니다.

▼ **그림 2-20** GPT 구조

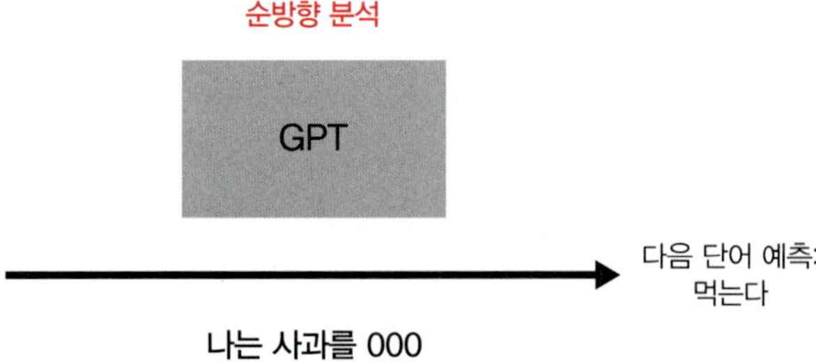

GPT 모델의 발전 과정은 다음과 같습니다.

- **GPT-1**: 트랜스포머 아키텍처를 처음 도입해 자연어 처리에서 주목받기 시작했습니다.
- **GPT-2**: 더 큰 모델 크기와 데이터셋을 사용해 더욱 정교한 텍스트 생성 능력을 보여주었으며, 그 시기에 공개된 모델 중 가장 뛰어난 성능을 자랑했습니다.
- **GPT-3**: 이를 한 단계 더 발전시켜, 1,750억 개 파라미터를 통해 더욱 자연스럽고 인간과 같은 텍스트 생성 능력을 제공합니다.
- **GPT-3.5**: GPT-3의 학습 방식을 그대로 차용했으나, RLHF를 활용해 언어 모델의 성능을 높였습니다. 이후 챗(Chat) 서비스를 도입해서 챗GPT가 탄생했습니다.
- **GPT-4**: 50페이지가 넘는 텍스트를 읽고 추론하는 기능을 제공하며, 음성 인식, 스피치-투-텍스트(Speech-to-Text), 이미지 인식 기능 등이 통합된 대화형 인터페이스 형태로 자연스러운 실시간 상호작용이 가능한 멀티모달 기능도 제공합니다. o1 시리즈는 수학, 과학, 코딩 테스트에서 사람처럼 생각하고 답변하는 고급 추론 기능을 제공합니다.
- **GPT-5**: 텍스트, 코드, 이미지, 오디오, 영상 등 다양한 모달리티를 단일 모델 안에서 유기적으로 결합해 처리함으로써, 사용자가 하나의 프롬프트에서 제시한 복합 정보를 통합 분석하고 목적에 맞는 결과물을 생성할 수 있는 '고차원 멀티모달 AI 어시스턴트'로 진화했습니다. 단순히 여러 입력을 이해하는 수준을 넘어, 서로 다른 모달 간 의미 관계를 추론하고, 필요한 경우 이를 재구성 · 생성하는 능력까지 갖춰 보다 자연스럽고 지능적인 상호작용을 제공합니다.

GPT 모델은 각 버전이 거듭될수록 더 많은 파라미터와 데이터, 계산 능력을 활용해 성능을 지속적으로 향상했습니다. 특히, 대화형 AI, 자동 글쓰기, 번역 등에서 뛰어난 성과를 보여주고 있습니다.

▼ **표 2-4** GPT 진화 과정

특성	GPT-1	GPT-2	GPT-3	GPT-3.5	GPT-4, 4o, o1, 5
출시월	2018년 6월	2019년 2월	2020년 6월	2022년 3월	2023년 3월
파라미터 수	1.17억	15억	1,750억	비공개	비공개
주요 특징	기초 모델	향상된 텍스트 생성	다양한 작업 수행	GPT-3 개선	멀티모달 기능
처리 가능 단어 수	제한적	개선됨	~3,000	~3,000	~25,000
이미지 처리	불가능	불가능	불가능	불가능	가능
접근성	연구용	제한적 공개	API를 통해 접근	무료 버전 제공	유료 서비스
주요 개선점	-	제로샷 학습	다재다능한 언어 이해	일관성, 효율성 향상	정확성, 맥락 이해 향상
기능	단어와 문맥을 이해하여 자연스러운 문장을 생성	웹 스크랩 문서로 학습하며, 비지도 학습으로 여러 작업에서 최적의 성능을 발휘	GPT-2보다 100배 이상 규모가 확장되었으며, 미세 학습 없이도 다양한 작업에서 최적의 성능을 발휘	GPT-3를 개선했으며, 사람과의 대화 기반 작업에서 더욱 친화적인 성능을 발휘	이미지 입력 기능이 추가되었으며, 더 복잡한 작업을 수행할 수 있으며 답변의 안정성 또한 크게 개선

* GPT 모델은 매우 빠르게 발전하고 있으며, 앞으로도 새로운 모델과 기술이 지속적으로 등장할 것입니다. 최신 GPT 트렌느와 모델 정보는 오픈 AI 공식 뉴스 페이지(https://openai.com/news/)에서 확인할 수 있습니다.

2.3.2 BERT와 T5

BERT와 T5는 각각 구글에서 개발한 LLM입니다.

BERT는 트랜스포머 인코더 부분만을 사용한 모델로, 문장을 양방향으로 읽어 문맥을 이해하는 자연어 처리 모델입니다. 기존의 모델은 문장을 왼쪽에서 오른쪽으로만 읽었지만, BERT는 왼쪽에서 오른쪽으로, 오른쪽에서 왼쪽으로 모두 읽기 때문에 문장의 의미를 더 잘 이해할 수 있습니다. 문맥을 잘 이해하므로 질의 응답, 문장 분류, 감성 분석 등에서 성능이 뛰어납니다.

▼ **그림 2-21** BERT 구조

BERT의 사전 학습 방법은 MLM(Masked Language Model)과 NSP(Next Sentence Prediction)입니다. MLM은 입력 문장에서 랜덤하게 일부 단어를 마스크하고, 해당 단어를 예측하는 학습 방법입니다. NSP는 두 문장이 주어졌을 때 두 번째 문장이 첫 번째 문장의 다음 문장인지 아닌지를 예측하는 것으로 학습합니다. 이를 통해 모델은 문장과 문맥의 의미를 파악할 수 있습니다.

T5는 텍스트를 입력(NLU, 자연어 이해)과 출력(NLG, 자연어 생성) 모두에서 동일한 텍스트 형식으로 처리하는 '텍스트-투-텍스트(Text-to-Text)' 접근 방식의 자연어 처리 모델입니다. 트랜스포머 인코더-디코더를 모두 사용합니다. 또한, 대량의 언어 데이터인 C4(Colossal Clean Crawled Corpus, 웹 사이트에서 스크랩된 수백 기가의 정제된 영어 텍스트 데이터셋)를 사전 훈련해 번역, 요약, 질의응답 등 다양한 자연어 처리 작업을 효과적으로 수행할 수 있습니다. T5는 텍스트 이해 작업뿐만 아니라 텍스트 생성 작업에서도 유용합니다.

▼ **그림 2-22** T5 구조

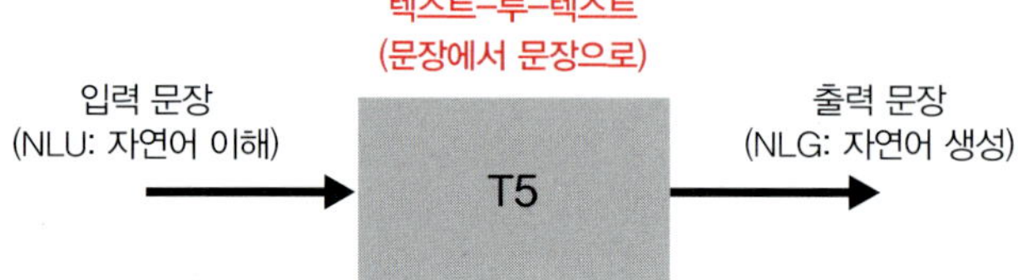

▼ **표 2-5** GPT, BERT, T5 비교

특성	GPT	BERT	T5
전체 구조	트랜스포머 디코더	트랜스포머 인코더	트랜스포머 인코더-디코더
방향성	단방향(왼쪽에서 오른쪽)	양방향	양방향
주요 학습 방식	인과적 언어 모델링(CLM)	마스크드 언어 모델링(MLM), 다음 문장 예측(NSP)	텍스트-투-텍스트
입력 처리	순차 처리	전체 문장을 한 번에 처리	전체 문장을 한 번에 처리
주요 응용 분야	텍스트 생성, 대화 시스템	텍스트 분류, 개체명 인식, 질의응답	번역, 요약, 질의응답, 텍스트 생성
특화 기능	연속적인 텍스트 생성	문맥 이해와 의미 파악	다양한 NLP 작업을 단일 형식으로 처리
문맥 이해	이전 단어들만 고려	전체 문장의 맥락 고려	전체 문장의 맥락 고려
출력 형태	다음 단어 예측	각 단어의 문맥화된 표현	텍스트 시퀀스
학습 데이터 요구량	매우 큼	중간	큼
미세 조정(파인튜닝)	다양한 작업에 적용 가능	특정 작업에 맞춰 쉽게 조정 가능	다양한 작업에 쉽게 적용 가능
대표적 모델	GPT-3, GPT-4, GPT-5	BERT, RoBERTa	T5, mT5
장점	강력한 텍스트 생성 능력	다양한 NLP 작업에서 우수한 성능	다양한 NLP 작업을 단일 모델로 처리
단점	양방향 문맥 이해에 한계	텍스트 생성에는 상대적으로 약함	큰 모델 크기로 인한 계산 비용

2.3.3 나에게 맞는 최적의 모델 찾기

Vellum LLM Leaderboard 사용하기

Vellum AI는 최신 LLM 모델들의 성능을 비교하고 순위를 보여주는 웹 사이트입니다. 이 사이트는 다양한 벤치마크 지표를 기반으로 여러 LLM 모델의 성능을 평가하며, 이러한 지표는 사용자가 각자의 필요에 맞는 LLM을 선택하는 데 도움을 줍니다.

URL https://www.vellum.ai/llm-leaderboard

▼ **그림 2-23** LLM 모델별 성능 비교

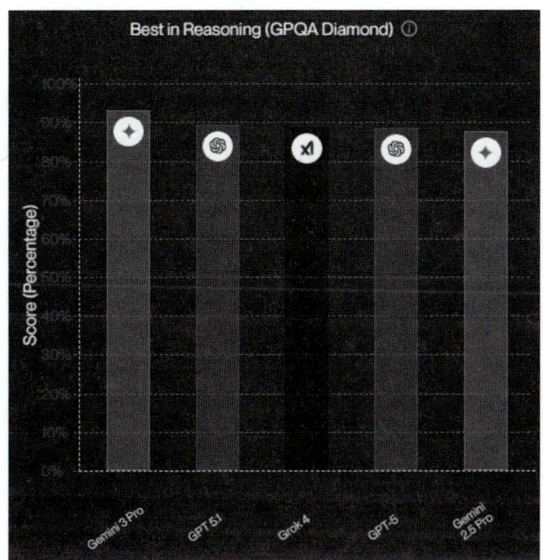

출처: https://www.vellum.ai/llm-leaderboard (2025년 11월 23일 기준)

주요 지표는 다음과 같습니다.

- **GPQA**: 생물학, 물리학, 화학 등 박사급 지식이 필요한 초고난도 추론 능력을 평가합니다. 단순 검색으로는 답을 찾을 수 없도록 설계되어, 모델의 전문 지식 활용 능력과 깊이 있는 사고력을 측정합니다.
- **SWE Bench**: 실제 소프트웨어 엔지니어링(실무 코딩) 능력을 평가하는 지표입니다. 모델이 실제 GitHub 오픈소스 프로젝트의 복잡한 이슈를 이해하고 스스로 코드를 수정하여 해결할 수 있는지를 나타냅니다.
- **MMLU(5-shot)**: 다양한 주제에서 모델의 일반적인 추론 능력을 평가합니다. 5-shot은 모델이 5개의 예시를 학습한 후에 테스트를 진행함을 의미합니다.
- **MATH**: 수학적 문제 해결 능력을 평가하는 지표로, 모델이 얼마나 정확하게 수학적 문제를 풀 수 있는지를 나타냅니다.
- **HumanEval(제로샷)**: 코딩 문제 해결 능력을 평가하는 지표입니다. 제로샷은 예시 없이 바로 문제를 해결하는 능력을 테스트합니다.
- **최대 컨텍스트 윈도우**: 한 번에 모델이 처리할 수 있는 최대 문맥 길이로, 긴 문서를 처리하는 능력에 영향을 미칩니다.
- **100만 토큰당 비용**: 모델을 사용할 때 발생하는 비용으로, 입력과 출력에 대한 비용을 각각 나타냅니다.

▼ **표 2-6** LLM 모델별 순위표

모델	GPQA	SWE Bench
Gemini 3 Pro	91.90%	76.20%
GPT-5.1	88.10%	76.30%
Grok 4	87.50%	75.00%
GPT-5	87.30%	74.90%
Claude Opus 4.5	87.00%	80.90%
Gemini 2.5 Pro	86.40%	59.60%

* 신규 모델이 계속 출시되기 때문에 표의 내용은 실시간으로 변경될 수 있습니다.

이 표는 각 모델의 성능과 비용을 비교해, 사용자가 어떤 모델이 특정 작업에 적합한지 판단하는 데 도움을 줍니다.

한국어 LLM Leaderboard 사용하기

기존의 LLM 벤치마크는 대부분 영어를 중심으로 설계되어, 실제 한국어 사용 환경을 반영하기 어렵습니다. 디노티시아는 한국어 기반 추론, RAG, 툴 콜링 등의 성능을 정밀하게 평가하기 위해 자체 벤치마크를 구축했습니다.

URL https://leaderboard.dnotitia.com/

디노티시아의 한국어 LLM Leaderboard는 총 30개의 문항으로 구성되며, 각 문항을 0~1점으로 채점해 평균 점수를 산출합니다. 정답으로 처리된 문항 수도 함께 제공해 모델의 한국어 이해 및 생성 성능을 객관적으로 비교할 수 있습니다.

▼ **그림 2-24** 디노티시아 한국어 LLM Leaderboard

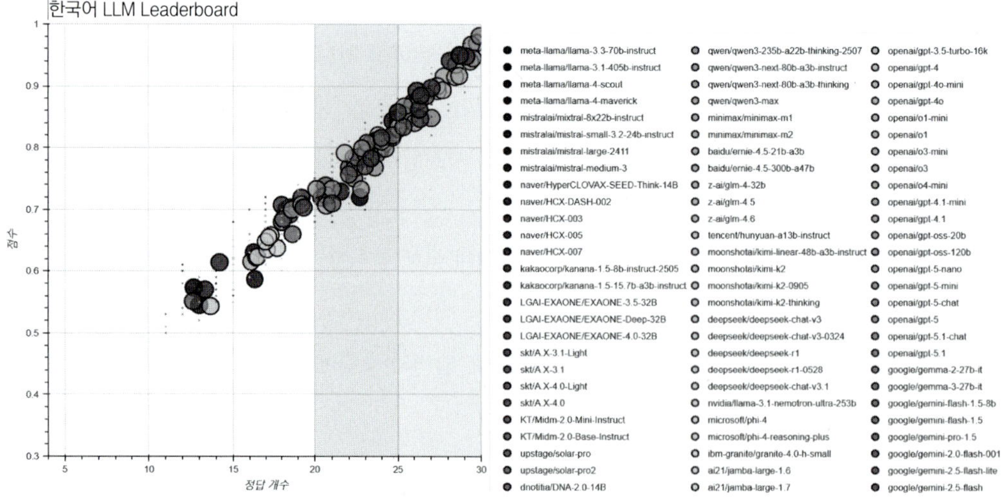

출처: https://leaderboard.dnotitia.com/

3장

프롬프트 엔지니어링

프롬프트 엔지니어링의 개념과 기초

3.1.1 프롬프트 엔지니어링이란

프롬프트 엔지니어링은 생성형 AI와 LLM이 등장하면서 주목받는 기술입니다. 우리가 원하는 답을 AI가 제대로 내놓게 하려면 명확하고 정확하게 지시해야 합니다. 특히 자연어 처리 기반의 AI에는 필수입니다. 이는 마치 AI에 "내가 원하는 게 바로 이거야!"라고 확실히 전달하는 방법과도 같습니다.

AI 모델은 주어진 질문이나 요청(프롬프트)에 따라 답변을 생성합니다. 하지만 프롬프트를 어떻게 작성하느냐에 따라 결과물의 품질이 크게 달라집니다. 즉, 프롬프트를 명확하고 효과적으로 작성하면 AI도 더 유용하고 똑똑한 답을 제공합니다. 잘 설계된 프롬프트는 AI를 춤추게 만드는 마법의 주문과도 같습니다. 이렇게 AI로부터 결과물을 얻기 위해 적절한 프롬프트를 설계하고 개발하는 작업을 프롬프트 엔지니어링이라고 합니다.

이번 장에서는 프롬프트 엔지니어링의 기초 개념부터 고급 기법까지 다루며, AI를 똑똑하게 활용하는 실질적인 팁도 알아보겠습니다.

3.1.2 효과적인 프롬프트 엔지니어링의 중요성

프롬프트는 AI의 응답 방향을 정하는 나침반 같은 역할을 합니다. AI가 얼마나 똑똑하게 답을 내놓는지는 프롬프트 엔지니어링 즉, 프롬프트 설계에 달려 있습니다. 특히 생성형 AI와 LLM에서는 프롬프트 설계가 답변의 정확성, 일관성, 유용성을 결정짓는 핵심 열쇠입니다.

잘 설계된 프롬프트는 AI와의 대화를 매끄럽고 효율적으로 만들어 주는 비법입니다. 명확한 지시를 내리면 AI는 정확한 답을 척척 내놓지만, 애매하거나 혼란스러운 지시를 주면, AI도 혼란스러워질 수밖에 없습니다. 따라서 프롬프트 엔지니어링은 AI가 원하는 결과를 효과적으로 만들어 내도록 돕는 필수 기술입니다. 간단히 말해, AI와 완벽하게 호흡을 맞추는 팁입니다.

프롬프트 엔지니어링을 잘 활용하면 정말 유용한 점이 많습니다. 첫 번째는 생산성과 효율성을 향상할 수 있습니다. 고품질의 결과를 빠르게 생성할 수 있어 수정 작업을 줄이고 작업 시간을 단축합니다.

두 번째는 다양한 작업을 간소화할 수 있습니다. 단순히 정보를 찾는 것에서 벗어나, 독창적인 콘텐츠를 만들어 낼 수 있습니다. 잘 설계된 프롬프트는 AI가 상상력이 풍부하고 매력적인 콘텐츠를 생성하도록 도와줍니다. 예를 들어 소설을 집필하거나 매력적인 마케팅 문구를 만들거나 흥미로운 블로그 글을 작성하는 등 다양한 창작 활동에 AI를 마음껏 활용할 수 있습니다. 또 다른 예로 비즈니스 이메일 작성, 경쟁사 분석, 보고서를 위한 대규모 데이터 요약처럼 다양하고 전문적인 요구 사항도 충족시킬 수 있습니다.

세 번째는 의사 결정력을 향상할 수 있습니다. 프롬프트는 인사이트와 실행할 수 있는 추천을 제공합니다. 마케팅 담당자는 "여행 업계를 위한 새 캠페인을 위해 트랜드 키워드 목록을 생성해 줘."와 같은 프롬프트를 사용하여, 전략적 판단에 도움이 되며 실행 가능한 데이터를 얻을 수 있습니다.

3.2 SECTION 프롬프트의 구성 요소와 설계 원칙

3.2.1 프롬프트의 구성 요소

프롬프트를 작성하기 위해서는 네 가지 핵심 요소를 고려해야 합니다. 그것은 바로 페르소나(persona), 지시(instruction), 맥락(context), 형식(format)입니다. 이 요소들은 AI가 작업을 더 잘 이해하고 정확하게 수행하도록 안내하는 역할을 합니다.

페르소나

페르소나는 AI에 특정 역할이나 말투, 전문성을 부여해 응답하게 하는 방법입니다. 페르소나를 활용하면 AI의 답변이 더 일관되고 상황에 딱 맞게 조절되어 자연스럽고 유용한 결과를 얻을 수 있습니다.

예를 들어 AI를 마케팅 전문가로 설정하면 마케팅에 대한 깊은 지식과 적절한 어조를 사용해 더 전문적이고 적합한 답변을 해 줍니다. 이렇게 페르소나를 잘 활용하면 AI와의 대화가 더욱 풍부하고 신뢰할 수 있게 됩니다.

지시

프롬프트를 잘 설계하려면 AI에 어떤 작업을 부탁할지 구체적으로 설명해야 합니다. 작업을 가능한 명확하고 상세하게 정의하는 것이 중요합니다.

"아래 데이터를 분석하여 한국 디지털 헬스케어 시장의 성장 요인을 3가지로 정리하고, 각 요인에 대한 근거를 100자 내외로 작성하세요."처럼 프롬프트에 작업의 범위와 목표를 분명하게 전달해야 합니다. 이렇게 명확하게 작업을 정의하면 AI가 원하는 목표를 잘 이해하고 필요한 결과를 정확하게 만들어 냅니다.

맥락

프롬프트를 작성할 때, AI가 작업을 제대로 수행하게 하려면 필요한 배경 정보를 제공하는 것이 중요합니다. 충분한 맥락을 제공하면 AI가 더 정확하고 관련성 높은 결과를 만들어 낼 수 있습니다.

"이 보고서는 2026년 마케팅 캠페인 성과를 평가하는 데 사용합니다."라고 정보를 추가하면 AI는 보고서의 목적을 명확히 이해하게 됩니다. 이렇게 되면 AI는 적절한 데이터를 선택하거나 분석할 보고서의 목적을 이해하고, 적절한 데이터를 선택하거나 분석할 때 이 정보를 참고해 더 유용한 결과를 제공할 수 있습니다.

맥락은 단순히 작업에 대한 구체적인 정보뿐만 아니라 작업이 이루어질 환경이나 조건을 설명하는 데도 사용합니다. 예를 들어 프로젝트가 진행되는 특정 산업 분야나 목표 청중에 대한 정보를 포함하면 AI가 적합한 방식으로 답변을 생성할 수 있습니다.

형식

AI가 제공할 출력의 형식을 정의하는 것은 매우 중요합니다. 출력 형식은 AI가 응답을 어떻게 구성할지를 결정하며, 결과의 명확성과 가독성을 높이는 데 큰 역할을 합니다.

예를 들어 "최종 보고서는 마크다운 형식으로 작성해 주세요."라고 요청하면 AI는 그에 맞춰 깔끔한 마크다운 문서를 만들어 줍니다. 이렇게 형식을 지정하면 사용자가 원하는 작업을 더 수월하게 진행할 수 있습니다.

다음 프롬프트 예시를 보면 우리가 지금까지 이야기한 프롬프트의 구성 요소를 쉽게 이해할 수 있습니다.

프롬프트 프롬프트의 구성 요소

```
[페르소나] 귀하는 마케팅 관리자입니다. [작업] 임원 보고용 2026 매출 목표 보고서를 [맥락] 2025년 매출자료를 바탕으로 [형식] 마크다운을 활용하여 작성해 주세요.
```

3.2.2 프롬프트 설계의 원칙

프롬프트를 설계하기 위해서는 네 가지 원칙을 준수해야 합니다.

구체적인 단어와 표현 사용하기

모호성을 피하는 가장 기본적인 방법은 구체적인 단어와 표현을 사용하는 것입니다. 모호한 표현은 AI가 수행해야 할 작업을 정확히 이해하는 데 혼란을 줄 수 있습니다. 구체적인 표현은 AI가 명확한 행동 지침을 받게 하여 오류를 줄이는 데 중요한 역할을 합니다.

요청을 정확히 명시하기

프롬프트에 어떤 작업을 원하는지 정확히 명시해야 합니다. 이를 위해 작업의 목적과 기대 결과를 분명하게 제시하는 것이 좋습니다. AI가 다중 해석이 가능한 프롬프트에 반응하게 되면 의도와 다른 답변을 제공할 수 있습니다.

필요한 정보를 충분히 제공하기

프롬프트에 필요한 정보를 충분히 포함하지 않으면 AI는 어떤 맥락에서 작업을 수행해야 할지 이해하지 못할 수 있습니다. AI가 작업을 제대로 수행하게 하려면 작업에 대한 배경 정보를 충분히 제공해야 합니다.

불필요한 추론 요구하지 않기

AI는 인간처럼 직관적 추론을 통해 정보를 해석하지 않습니다. 따라서 프롬프트에서 AI가 자체적으로 의미를 추론해야 하는 상황을 만들지 않는 것이 중요합니다. 추론을 요구하는 대신, 명확한 지시를 통해 AI가 정확히 무엇을 해야 하는지 알려 줘야 합니다.

3.3 효과적인 프롬프트를 작성하기 위한 방법

SECTION

효과적인 프롬프트를 작성하는 방법은 다양합니다. 우리는 그중에 대표적인 네 가지 방법에 대해 챗GPT를 활용하여 더 자세히 알아보겠습니다.

3.3.1 퓨샷 프롬프팅

퓨샷 프롬프팅(few-shot prompting)은 AI에 원하는 결과를 얻기 위해 명확한 몇 가지 예시를 제공하는 기법입니다. 여기서 few는 '몇 개의'라는 뜻으로, 많이 보여줄 필요 없이 두세 개만 보여줘도 AI가 이해하며, shot은 '시도'라는 뜻에서 예제를 보고 AI가 스타일이나 패턴을 따라 한다는 것을 의미합니다.

AI가 새로운 것을 배우는 과정은 어린아이가 어떤 일을 배우는 과정과 비슷합니다. 예를 들어 아이에게 "강아지처럼 걸어 봐."라고 하면 어떻게 해야 할지 몰라 어리둥절할 수 있습니다. 하지만 "강아지는 이렇게 네 발로 걷는 거야." 하고 한두 가지 예를 보여주면, 아이는 금방 따라 합니다.

퓨샷 프롬프팅도 비슷한 방식입니다. AI에 원하는 결과를 얻으려면 "이렇게 해 봐."라는 예제를 두세 개 정도 제시하면서 가이드라인을 주는 겁니다.

다음 예시로 퓨샷 프롬프팅을 작성하는 방법을 좀 더 알아보겠습니다. 먼저 퓨샷 프롬프팅을 적용하기 전입니다.

프롬프트

```
시니어 대상 디지털 헬스 서비스 아이디어 1개를 제안하세요.
```

결과

```
서비스명: 스마트케어
설명: 노년층 건강 모니터링을 위한 모바일 앱 서비스다.
```

예제를 활용하지 않은 프롬프트의 경우에는 구체성이 부족하고, 어떤 형식으로 작성해야 하는지 불명확합니다.

다음은 퓨샷 프롬프팅을 적용한 예입니다.

프롬프트

```
다음은 헬스케어 서비스 아이디어 예시입니다.
[예시1]
서비스명: 헬스모니터
설명: IoT 디바이스로 수면 & 심박 데이터 자동 기록
[예시2]
서비스명: 리얼푸드케어
설명: 건강 상태에 따른 맞춤 영양식 구독 서비스
[작업]
시니어 대상 디지털 헬스케어 서비스 아이디어 1개를 예시와 동일한 형식과 수준으로 작성하세요.
```

결과

```
서비스명: 케어메이트
설명: 낙상 위험 및 이상징후를 실시간 감지하여 보호자에게 자동 알림을 제공하는 AI 기반 케어 서비스
```

퓨샷 프롬프팅은 AI가 '어떻게 작성해야 하는지' 예제를 통해 학습하도록 만드는 방식으로, 출력의 품질, 일관성, 형식 통제를 극대화하는 가장 효과적인 프롬프트 전략입니다.

3.3.2 생각의 사슬 프롬프팅

생각의 사슬 프롬프팅(CoT, Chain-of-Thought prompting)은 AI가 정답에 도달하는 과정을 단계적으로 설명하도록 유도하여 더 정확하고 논리적인 답변을 얻는 기법입니다.

AI가 문제를 해결하는 과정은 사람이 복잡한 문제를 풀 때 사고 과정을 천천히 정리해 나가는 것과 비슷합니다. 예를 들어 초등학생에게 "42 ÷ 6은 얼마야?"라고 물으면 어떤 아이는 바로 답을 말하지 못하고 머뭇거릴 수 있습니다. 하지만 이렇게 말해 준다면 훨씬 쉽게 해결할 수 있습니다.

"42의 절반은 21이고, 21을 3으로 나누면 7이야. 그러니까 42 ÷ 6은 7이지?"

아이에게 생각의 과정을 차근차근 보여주면, 아이는 단순히 정답만 외우는 것이 아니라 문제를 해결하는 방법 자체를 이해하게 됩니다.

생각의 사슬 프롬프팅도 똑같습니다. AI에 바로 정답을 요구하는 대신, 문제를 해결하는 과정을 단계별로 설명하도록 요청하면 더 질 높은, 정확한 답을 얻을 수 있습니다.

그럼 예시를 통해 확인해 보겠습니다. 먼저 CoT 없이 요청한 예입니다.

프롬프트

```
질문: 아래 문제의 답을 알려 주세요.
철수는 8일, 영희는 12일 걸립니다. 철수가 6일 일하고 남은 작업을 영희가 하면 영희는 며칠 일해야 하나요?
```

결과

```
답은 3일입니다.
```

이번에는 CoT를 사용한 예입니다.

프롬프트

```
질문: 아래 문제를 해결하는 과정을 단계적으로 논리적으로 설명해 주세요.
생각의 사슬(Reasoning)을 단계별로 보여주세요.
철수는 8일이면 일을 끝낼 수 있고, 영희는 12일이 걸립니다.
철수가 6일 동안 일한 후, 남은 작업을 영희가 한다면 영희는 며칠 동안 일해야 할까요?
```

결과

```
1단계: 철수는 전체 일을 8일 동안 하므로 하루에 일의 1/8을 처리한다.
2단계: 철수가 6일 동안 일하면 6 * (1/8) = 6/8 = 3/4의 일을 처리한다.
3단계: 남은 작업량은 1 - 3/4 = 1/4이다.
4단계: 영희는 전체 작업을 12일 걸리므로 하루에 1/12을 처리한다.
5단계: 남은 1/4의 일을 영희가 하려면 (1/4) ÷ (1/12) = (1/4) * 12 = 3일이다.
따라서 영희는 3일 동안 일하면 된다.
```

3.3.3 자기 일관성 프롬프팅

자기 일관성 프롬프팅(self-consistency prompting)은 AI가 하나의 문제에 대해 여러 가지 다양한 사고 경로(생각 과정)를 스스로 생성하게 하고, 그중 가장 논리적으로 일관된 답을 선택하도록 유도하는 기법입니다. 여기서 self는 'AI 스스로'라는 의미이고, consistency는 '일관된 결론과 논리 구조'를 의미합니다. 이 방식에서 AI가 복잡한 문제를 해결하는 과정은 사람이 고민을 거듭하며 최선의 결론을 찾아가는 과정과 비슷합니다.

예를 들어 학생에게 어려운 수학 문제를 풀라고 하면, 처음엔 바로 답을 내기 어렵습니다. 그래서 학생은 여러 방법을 시도해 보죠. 식으로 풀어 볼까? 그림을 그려 볼까? 예시 숫자를 넣어 볼까? 여러 과정 중에서 가장 맞는 방법을 발견하면 그 결과를 최종 답으로 선택합니다.

자기 일관성 프롬프팅도 같은 방식입니다. AI에 단 하나의 답만 만들라고 하는 대신, 여러 해결 경로를 시도하도록 유도합니다. AI는 여러 시도 후 가장 합리적이고 일관성이 높은 결과를 자동으로 선택해 제시합니다.

예시를 통해 살펴보겠습니다. 먼저 일반적인 답을 요구하는 예입니다.

프롬프트

```
질문: 24명을 5개 팀으로 최대한 균등하게 나누면 각 팀은 몇 명인가?
```

자기 일관성 프롬프팅을 사용한 예입니다.

프롬프트

```
질문: 24명을 5개 팀으로 최대한 균등하게 나누는 방법을
여러 가지 사고 과정으로 생각해 보고,
그중 가장 합리적인 답을 선택해서 제시하세요.
```

결과

```
방법1: 24 ÷ 5 = 4.8 → 4명과 5명으로 나누는 것이 합리적
방법2: 균등 분배 원칙 → 4명 2팀 + 5명 3팀
방법3: 차이를 최소화 → 5명 3팀 + 4명 2팀이 가장 균형적
최종 결론: 5명 3팀, 4명 2팀으로 구성하는 것이 가장 일관된 해석이다.
```

3.3.4 생성 기반 지식 프롬프팅

생성 기반 지식 프롬프팅(generated knowledge prompting)은 AI가 문제를 해결하기 전에 먼저 관련 지식이나 배경 정보를 스스로 생성하도록 유도하는 기법입니다. AI가 복잡한 문제를 해결하는 과정은 사람이 어려운 질문을 받을 때 먼저 필요한 정보를 떠올리는 과정과 비슷합니다.

예를 들어 아이에게 갑자기 "지구가 둥글게 생겼다고 알 수 있는 근거는 무엇일까?"라고 물어보면 아이는 바로 답을 말하지 못하고 머뭇거릴 수 있습니다. 하지만 이렇게 도와준다면 상황이 달라집니다.

"먼저 지구의 모양에 대해 알고 있는 걸 떠올려 보자. 달에서 본 지구 사진은 동그랗게 보였지? 그리고 배가 바다에서 육지로 다가올 때 돛대부터 보이지 않니?"

이처럼 문제를 풀기 전에 필요한 정보와 지식을 떠올리도록 도와주면, 아이는 그 자료들을 바탕으로 "아, 그래서 지구가 둥글구나!" 하고 스스로 결론을 내립니다.

생성 기반 지식 프롬프팅도 같은 방식입니다. AI에 바로 답을 내라고 하는 대신, "먼저 이 질문과 관련한 지식을 정리해 줘."라고 요청한 뒤, 그 지식들을 토대로 문제를 해결하도록 유도하는 것입니다.

즉, 다음과 같이 2단계 구조로 사고의 수준과 정확도를 높이는 방식입니다.

- Step1: 관련 지식 생성
- Step2: 그 지식을 기반으로 답변 작성

결국 AI가 스스로 정보 기반을 만들고 그 위에 답을 구성하도록 하는 전략입니다.

다음은 생성 기반 지식 프롬프팅을 사용한 예입니다.

프롬프트

```
먼저 전기차 확산과 관련된 핵심 배경지식 5가지를 생성하세요.
그다음 그 지식을 기반으로 전기차가 빠르게 확산되는 이유를 정리하세요.
```

결과

```
배경지식 생성
1) 환경 규제 강화  2) 정부 보조금  3) 배터리 가격 하락  4) 충전 인프라 확대  5) 내연기관 규제 확대
최종 답변
전기차가 빠르게 확산되는 이유는 환경 규제 강화와 정부 지원 정책, 배터리 가격 하락으로 인한 구매 비용 감소 등이 복합적으로 작용했기 때문이다.
```

3.4 SECTION 프롬프트 엔지니어링을 사용한 다양한 사례

프롬프트 제작을 실습하기 위해서는 다양한 생성형 AI 모델을 활용할 줄 알아야 합니다. 이 책에서는 다양한 독자들이 쉽게 접할 수 있는 GPT-5.1 모델을 기준으로 설명합니다.

3.4.1 블로그 글, 소설, 광고 카피 작성하기

프롬프트 엔지니어링은 다양한 분야에서 활용할 수 있으며, 특히 블로그 글, 소설, 광고 카피 작성과 같은 창의적인 작업에서도 활용합니다.

블로그 글 작성하기

블로그 글 작성하기는 정보 전달과 흥미를 유도하는 콘텐츠 제작에서 중요한 역할을 합니다. AI를 활용해 블로그 글을 작성할 때 프롬프트를 통해 구체적인 주제, 글의 구조(전개 방식), 어조를 제시하면 AI는 더 효율적이고 유용한 콘텐츠를 생성할 수 있습니다. 글의 주제와 구조는 콘텐츠의 질을 좌우합니다. 구체적인 주제와 글의 구조를 명확히 지시하면 AI는 관련성을 유지한 체계적인 글을 생성할 수 있습니다.

프롬프트 블로그 글 작성하기

나는 네이버 블로그에 글을 쓰고 있어. 겨울철 가습기 사용에 대해서 글을 쓰려고 하는데 1,500자 내외 글을 써 줘.

결과

겨울철 가습기 사용, 건강과 쾌적함을 위한 필수 아이템!
겨울철이 되면 날씨가 추워지면서 실내에서 보내는 시간이 많아집니다. 하지만 이때 신경 써야 할 부분 중 하나가 바로 실내 습도 관리입니다. 추운 날씨로 인해 난방기를 사용하는 시간이 늘어나고, 이에 따라 실내 공기가 건조해져 피부 건강, 호흡기 질환 등 다양한 문제가 발생할 수 있습니다. 이런 상황에서 가습기는 겨울철 건강과 쾌적한 생활을 위한 필수 아이템으로 자리 잡았습니다.

1. 겨울철 건조함의 문제점
겨울철 실내 공기는 난방기로 인해 급격히 건조해집니다. 건조한 공기는 피부의 수분을 빼앗아 가려움증이나 갈라짐을 유발할 수 있고, 코와 목의 점막을 마르게 하여 바이러스 감염에 더 취약한 환경을 만듭니다. 특히 어린아이와 노약자, 알레르기나 천식을 앓고 있는 사람들은 건조한 환경에서 더 큰 불편을 겪을 수 있습니다.

블로그 글의 어조와 스타일은 대상 독자에 맞춰 조정하기도 합니다. 프롬프트에서 어조를 지시하면 AI는 독자의 관심과 이해를 끌 수 있는 적절한 어조로 글을 작성합니다.

자신이 그간 작성했던 블로그 내용을 학습시킨 후 요청한다면 훨씬 자연스러운 어조를 나타낼 수 있습니다.

프롬프트 어조 지시하기

지금 보여주는 몇 가지 글이 내가 작성했던 블로그 글인데, 이 글을 참고해서 앞서 작성했던 가습기 관련 글을 수정해 줘.

결과

겨울철 가습기, 건강과 쾌적함을 위한 꿀템!
추운 겨울, 난방기를 자주 쓰다 보면 공기가 퍽퍽하게 느껴지지 않으신가요? 건조한 실내 공기는 피부를 거칠게 만들고, 목과 코까지 건조하게 만들어 불편함을 주곤 해요. 이럴 때 딱 필요한 아이템이 바로 가습기랍니다. 오늘은 가습기를 잘 활용해서 건강하고 촉촉한 겨울을 보내는 법을 알려 드릴게요!

가습기의 효과
가습기는 단순히 공기를 촉촉하게 해 주는 기기가 아니에요. 적정 습도인 **40~60%**를 유지하면 다음과 같은 좋은 점들이 있어요.
호흡기가 편안해요: 코와 목이 건조하지 않아 감기나 독감을 예방할 수 있어요.

소설 작성하기

소설 작성은 창의적 상상력과 스토리텔링 능력이 필요한 작업입니다. AI를 통해 소설을 작성할 때는 프롬프트에 구체적인 설정, 인물, 플롯 요소를 제시해 AI가 상상력을 펼치면서도 일관성 있는 이야기를 만들 수 있게 유도해야 합니다.

소설의 핵심 요소는 등장인물과 그들이 놓인 배경, 벌어지는 일(사건)입니다. 프롬프트에서 인물의 성격, 배경 상황, 주요 사건을 설명하면 AI는 이를 바탕으로 흥미로운 스토리를 전개할 수 있습니다.

프롬프트 소설 작성하기

주인공은 35세의 여성 탐정으로, 차가운 성격이지만 정의를 추구한다. 사건은 19세기 런던에서 발생한 연쇄 살인 사건이며, 주인공이 이를 해결하려고 한다. 첫 번째 장에서 주인공이 첫 번째 범행 현장에 도착하는 장면을 묘사해 줘. 초보자도 이해할 수 있도록, 친근하고 쉽게 설명해 줘.

결과

제1장: 안개 속의 첫 단서

차가운 바람이 19세기 런던의 거리를 스치며 지나갔다. 길거리는 희뿌연 안개로 가득했고, 가로등의 희미한 불빛만이 어둠을 뚫고 빛을 내고 있었다. 늦은 밤, 대부분의 사람들은 집 안에 머물고 있었지만, 한 여성은 조용히 골목길을 걸어가고 있었다.

그녀의 이름은 에블린 블랙우드, 35세의 탐정이었다. 검은색 롱코트에 챙이 넓은 모자를 눌러쓴 그녀는 날카로운 눈빛으로 주위를 둘러보며 발걸음을 옮겼다. 런던 경찰이 그녀를 긴급히 부른 이유는 단 하나였다. 연쇄 살인 사건이 발생했다.

골목길 끝에 도착하자, 경찰관 몇 명이 현장을 통제하고 있었다. 바닥에는 신문지 몇 장이 흩어져 있었고, 한쪽 벽에는 희미한 핏자국이 남아 있었다.

"이리로 오십시오, 블랙우드 탐정." 경찰서장인 그레이브스 경감이 그녀를 맞이하며 말했다. 그는 피곤한 기색이 역력했다. "끔찍한 일이 벌어졌습니다."

에블린은 무덤덤한 표정으로 바닥에 누워 있는 시신을 바라보았다. 희미한 가스등 아래, 한 남성이 차가운 얼굴로 누워 있었다. 목에는 깊은 상처가 나 있었고, 그의 옷은 너덜너덜해져 있었다.

그녀는 조용히 시신 곁에 무릎을 꿇고 관찰하기 시작했다. "피해자는 40대 남성, 귀족풍의 옷을 입었군. 칼에 찔린 게 아니라 예리한 면도날 같은 것으로 목이 그어졌어. 공격은 치밀했고, 급하게 이루어진 것이 아니야." 그녀의 목소리는 낮았지만 단호했다.

경감이 한숨을 쉬며 말했다.

"이게 처음이 아닙니다, 탐정님. 벌써 세 번째 희생자입니다. 범인은 런던의 어둠 속에서 계속해서 움직이고 있어요."

에블린은 시신을 보며 말했다. "그럼, 그 어둠 속에서 범인을 찾아내야겠군요."

그녀는 일어나 골목을 둘러보았다. 단서가 있을 것이다. 하지만 다음 희생자가 나오기 전에 범인을 막아야 한다. 그녀는 숨을 들이쉬고 생각했다. 이 사건은 쉽지 않을 것이다.

위와 같이 프롬프트를 작성하면 AI에 인물의 성격과 배경, 스토리 전개 방향을 제공하여 소설의 기초를 형성할 수 있습니다.

소설의 스토리를 전개할 때 갈등과 반전은 독자의 관심을 유지하는 데 중요합니다. 프롬프트에 스토리의 갈등 요소를 명시하면 AI는 이를 중심으로 스토리를 발전시키고 흥미를 더할 수 있습니다.

프롬프트 갈등 요소 명시하기

주인공이 사건을 조사하던 중, 가장 신뢰하던 동료가 범인일 가능성이 있다는 단서를 발견한다. 이 상황에서 주인공의 혼란스러운 감정과 사건을 계속 조사할지에 대한 고민을 강조해 줘.

결과

제7장: 흔들리는 진실
차가운 밤공기가 런던 거리를 감싸고 있었다. 가로등의 희미한 불빛이 안개 속에서 흔들렸다. 에블린 블랙우드는 좁은 골목길에 서서 손에 쥔 작은 증거물을 바라보았다. 가느다란 종이 조각, 그리고 그 위에 적힌 익숙한 필체.
그녀는 믿을 수 없었다. "이건... 네이선의 필체야."
네이선 윌로비, 그녀의 가장 신뢰하는 동료이자 조력자. 그는 언제나 그녀 곁에서 사건을 도왔다. 냉철한 판단력과 침착한 태도로 그녀가 가장 믿을 수 있는 사람이었다. 그런데... 이 증거가 가리키는 것은?
그가 범인일 가능성이 있다는 것.
에블린은 그 자리에 굳어버렸다. 머릿속이 복잡하게 뒤얽혔다.
"아니야, 이건 우연일 수도 있어. 네이선이 범인일 리 없어..." 그녀는 스스로를 설득하려 했지만, 마음 한구석에서 불안한 감정이 커지고 있었다.
그녀는 지난 며칠 동안의 기억을 되짚어보았다. 네이선은 늘 곁에 있었다. 범행 현장에서 단서를 찾아주는 것도, 용의자들을 분석하는 것도, 수사에 필요한 정보를 제공하는 것도... 그런데, 혹시 그가 일부러 수사를 엉뚱한 방향으로 이끌고 있었던 걸까?
"그럴 리 없어."
그녀는 떨리는 손으로 증거를 주머니에 넣었다. 가슴이 답답해졌다. 만약 네이선이 진짜 범인이라면? 그동안 그녀가 쫓던 범인은 가장 가까운 곳에 있었던 것인가?
이제 선택의 순간이었다. 에블린은 눈을 감고 깊이 숨을 들이마셨다. 그녀는 언제나 정의를 추구해왔다. 그리고 지금, 그녀가 해야 할 일은 단 하나였다. 진실을 끝까지 파헤치는 것.
그녀는 다시 눈을 떴다. 흔들리던 감정이 서서히 가라앉고, 강한 결심이 자리 잡았다.
"네이선, 네가 범인이든 아니든, 나는 반드시 진실을 밝혀낼 거야."

광고 카피 작성하기

광고 카피 작성은 짧고 강렬한 메시지를 통해 제품이나 서비스를 홍보하는 작업입니다. AI를 활용해 광고 카피를 작성할 때는 프롬프트를 통해 제품의 주요 특징, 타깃 고객, 톤 앤 매너를 명확히 지시하는 것이 중요합니다.

광고 카피는 짧은 문구로 강력한 메시지를 전달해야 합니다. 프롬프트에서 제품의 가장 큰 장점과 차별화된 요소를 강조하면 AI는 이를 바탕으로 효과적인 카피를 생성할 수 있습니다.

프롬프트 광고 카피 작성하기

너는 지금 광고 카피를 제작하는 카피라이터야. 제품 스마트폰의 주요 특징은 배터리 수명이 48시간 지속된다는 것이야. 이를 강조하면서, 간결하고 임팩트 있는 광고 카피를 작성해 줘.

결과

48시간, 충전 걱정 없는 자유.
당신의 하루보다 더 긴 배터리.
#끝까지함께하는스마트폰

광고 카피는 타깃 고객에 따라 어조와 내용이 달라집니다. 프롬프트에서 타깃 고객을 명시하면 AI는 그들에게 맞는 톤으로 카피를 작성할 수 있습니다.

프롬프트 타깃 고객 작성하기

```
이 카피는 20대 후반의 직장인을 대상으로 하며, 시간 절약과 효율성을 중요하게 생각하는 이들에게 어필할 수 있어야 한다.
```

결과

```
충전 스트레스는 잊고, 효율에 집중하세요.
48시간 지속되는 배터리로, 당신의 시간은 더 가치 있게.
```

광고는 종종 감성적 반응을 유도해 제품이나 서비스에 대한 긍정적인 이미지를 심어 줍니다. 프롬프트에서 감성적 요소를 추가하면 AI는 사람들의 감성을 자극하는 카피를 작성합니다.

프롬프트 감성을 자극하는 광고 카피 작성하기

```
이 제품은 부모와 자녀가 함께 사용할 수 있는 휴대용 기기다. 가족의 소중한 시간을 강조하며, 따뜻한 감성을 담은 카피를 작성해 줘.
```

결과

```
가족의 순간을 더 가깝게, 더 따뜻하게
함께하는 시간, 소중한 추억. 부모와 자녀가 함께 사용할 수 있는 휴대용 기기로 언제 어디서나 따뜻한 교감을 나누세요.
```

3.4.2 코드 생성과 문제 해결을 위한 프롬프트

프롬프트 엔지니어링은 코드 생성과 문제 해결에서도 중요한 역할을 합니다. 원하는 코드를 정확히 만들거나 특정 문제를 해결하도록 하려면 명확한 지침과 요구 사항을 주는 게 필수입니다.

코드 생성을 위한 프롬프트는 구체적이고 명확하게 작성해야 합니다. 개발자에게 필요한 코드의 구조, 기능, 언어 등을 AI에 명확히 전달하면 AI는 이를 기반으로 적절한 코드를 생성합니다. 일반적으로 AI에 코드를 생성해 달라고 요청하는 내용은 기본 함수나 프로그램에 관한 것입니다. 이를 위해 AI에 원하는 언어와 기능을 명확하게 설명해야 합니다.

프롬프트 함수 생성하기

```
파이썬으로 두 수를 입력받아 더한 값을 반환하는 함수를 작성해 줘.
```

결과

```
def add_numbers(a,b):
    return a+b
```

좀 더 복잡한 작업으로, 특정 알고리즘을 구현하도록 요청할 수도 있습니다. 알고리즘을 명시하고, AI가 해당 알고리즘에 맞게 코드를 작성하도록 요구하면 그에 따른 정확한 코드를 생성할 수 있습니다.

프롬프트 알고리즘 생성하기

파이썬으로 퀵 정렬 알고리즘을 구현해 줘.

결과

```
def quicksort(arr):
    if len(arr) <= 1:
        return arr
    pivot = arr[len(arr) // 2]
    left = [x for x in arr if x < pivot]
    middle = [x for x in arr if x == pivot]
    right = [x for x in arr if x > pivot]
    return quicksort(left) + middle + quicksort(right)
```

때로는 코드와 함께, 코드가 어떻게 작동하는지에 대한 설명을 추가로 제공받을 수도 있습니다. 이때 프롬프트에서 주석을 포함하도록 요청하면 AI는 코드에 설명을 추가해 더 쉽게 이해할 수 있는 결과물을 생성합니다.

프롬프트 주석 포함하기

파이썬으로 피보나치 수열을 재귀적으로 구현해 주고, 각 단계에 대한 설명을 주석으로 달아 줘.

결과

```
def fibonacci(n):
    # 기본 조건 : n이 0 또는 1이면, 해당 값을 반환
    if n <= 1:
        return n
    # 피보나치 수열의 재귀적 계산
    return fibonacci(n - 1) + fibonacci(n - 2)
```

프로그래밍에서 문제를 해결하려면 프롬프트를 명확하게 작성하는 것이 중요합니다. 문제의 조건과 원하는 해결책을 구체적으로 설명하면 AI가 그 지침을 바탕으로 코드를 작성하거나 문제를 해결할 수 있습니다.

프롬프트 코드의 오류 수정하기

이 코드에서 발생하는 오류를 찾아 수정해 줘. 이 코드는 두 수를 나누는 함수지만, 0으로 나눌 때 오류가 발생해.

```
def divide(a, b):
    return a / b
```

결과

```
def divide(a, b):
    try:
        # 두 수를 나눔
        result = a / b
    except ZeroDivisionError:
        # b가 0일 때 발생하는 오류를 처리
        return "Error: Division by zero is not allowed."
    return result

# 테스트 코드
print(divide(10, 2))  # 정상: 5.0 출력
print(divide(10, 0))  # 오류 처리: "Error: Division by zero is not allowed." 출력
```

성능 최적화가 필요한 경우, AI에 성능을 개선할 방법을 요청할 수 있습니다. 이를 위해 코드의 성능이 저하되는 원인을 설명하고, 최적화를 요구하는 방식으로 프롬프트를 작성할 수 있습니다.

프롬프트 성능 최적화하기

```
파이썬 코드의 성능을 최적화해 줘. 현재 이 코드는 매우 느리게 동작하고 있어.

def find_duplicates(arr):
    duplicates = []
    for i in range(len (arr)):
        for j in range(i+1, len(arr)):
            if arr[i] == arr[j]:
                duplivates. Append(arr[i])
    return duplicates
```

결과

```
def find_duplicates(arr):
    seen = set()  # 이미 본 요소들을 저장할 집합
    duplicates = set()  # 중복된 요소들을 저장할 집합

    for num in arr:
        if num in seen:
            duplicates.add(num)  # 이미 본 요소면 중복에 추가
        else:
            seen.add(num)  # 처음 본 요소면 seen에 추가

    return list(duplicates)  # 집합을 리스트로 변환하여 반환

# 테스트 코드
arr = [1, 2, 3, 4, 5, 2, 3, 6, 1]
print(find_duplicates(arr))  # 출력: [1, 2, 3]
```

복잡한 문제는 여러 단계를 거쳐 해결해야 할 때가 많습니다. AI에 단계별로 문제를 해결하도록 지시하면 더 정교한 코드를 작성하거나 복잡한 문제를 체계적으로 처리할 수 있습니다.

프롬프트 복잡한 문제 해결하기

```
다음 문제를 해결하는 파이썬 코드를 작성해 줘:
1) 사용자로부터 숫자 리스트를 입력받고,
2) 그 숫자들의 평균을 구한 뒤,
3) 평균 이상인 숫자들만 반환하는 프로그램을 작성해 줘.
```

결과

```
def get_numbers_from_user():
    # 사용자로부터 숫자들을 쉼표로 구분하여 입력받아 실수로 변환
    numbers = input("숫자들을 쉼표로 구분하여 입력하세요: ").split(',')
    return [float(num.strip()) for num in numbers]

def calculate_average(numbers):
    # 숫자 리스트의 평균 계산
    return sum(numbers) / len(numbers)

def filter_above_average(numbers, average):
    # 평균 이상인 숫자만 필터링
    return [num for num in numbers if num >= average]

def main():
    # 1. 사용자로부터 숫자 리스트 입력받기
    numbers = get_numbers_from_user()

    # 2. 입력된 숫자들의 평균 계산
    average = calculate_average(numbers)

    # 3. 평균 이상인 숫자들 필터링
    result = filter_above_average(numbers, average)

    # 결과 출력
    print(f"평균: {average}")
    print(f"평균 이상인 숫자들: {result}")

# 프로그램 실행
if __name__ == "__main__":
    main()
```

3.4.3 바이브 코딩 활용하기

프롬프트 엔지니어링은 글쓰기뿐 아니라 소프트웨어 개발 방식 자체를 바꾸는 도구로도 활용되고 있습니다. 그 대표적인 사례가 바로 바이브 코딩(vibe coding)입니다.

바이브 코딩은 개발자가 복잡한 문법과 API를 일일이 코딩하지 않고, 자연어(일상적인 언어)로 요구 사항을 설명하면 AI가 그에 맞는 코드를 자동으로 생성하는 새로운 개발 방식입니다. 즉, "코드를 직접 치는 것"에서 "원하는 기능의 느낌과 동작을 설명하는 것"으로 개발의 중심이 이동하는 패러다임이라고 볼 수 있습니다.

이렇게 요청하면 다음과 같이 동작하는 코드를 자동으로 생성합니다.

프롬프트 프롬프트의 구성 요소

```
users.csv 파일을 불러와서 age 칼럼의 평균을 계산하고, 결과를 콘솔에 출력하는 파이썬 코드를 만들어 줘.
판다스(pandas)를 사용하고, 예외 상황(파일이 없는 경우)에 대한 처리도 포함해 줘.
```

결과

```python
import os
import pandas as pd

file_path = "users.csv"

if not os.path.exists(file_path):
    print(f"파일을 찾을 수 없습니다: {file_path}")
else:
    df = pd.read_csv(file_path)
    if "age" not in df.columns:
        print("'age' 칼럼이 존재하지 않습니다.")
    else:
        average_age = df["age"].mean()
        print(f"사용자 평균 나이는 {average_age:.2f}세입니다.")
```

이처럼 바이브 코딩을 활용하면 개발 경험이 부족한 사람도 자연어로 기능을 설명하며 프로토타입을 만들 수 있고, 숙련 개발자는 반복적·상용구적 코드 작성 시간을 줄이고 핵심 로직 설계에 집중할 수 있습니다.

결국 바이브 코딩은 프롬프트를 설계하는 능력이 곧 개발 생산성을 좌우하는 핵심 역량이 되는 시대를 보여주는 대표적인 프롬프트 엔지니어링 활용 사례라고 할 수 있습니다.

고급 프롬프트 엔지니어링

3.5.1 파라미터 조정으로 프롬프트 개선하기

프롬프트의 구성 요소와 원칙, 프롬프트를 만드는 다양한 기법을 이해했다면 충분히 훌륭한 프롬프트를 설계할 수 있습니다. 다만, 배경지식이 부족하다면 프롬프트를 설계하기 어려울 수 있으니 이럴 때는 생성형 AI 제작사가 제공하는 프롬프트 개선 도구를 활용하는 것도 방법입니다.

여기서 소개할 것은 오픈AI의 플레이그라운드(Playground)를 활용해 프롬프트를 개선하는 방법입니다. 플레이그라운드는 생성형 AI와 LLM을 테스트하고 개선된 프롬프트를 설계할 수 있는 개발자 도구입니다. 이를 활용하면 AI와 상호작용하며 프롬프트의 구조를 실험하고, 결과를 즉시 확인하면서 원하는 품질의 응답을 도출할 수 있습니다.

단순히 대화만 하는 챗GPT 환경과 달리 다음과 같이 전문적인 프롬프트 개발 환경을 제공합니다.

- 모델 선택
- 파라미터 조절(temperature, top_p, tokens 등)
- 프롬프트 구조 테스트
- 변수 및 시스템 메시지 구성
- 실험 결과 비교 및 저장

프롬프트 엔지니어가 실제 제품, AI 서비스, 업무 자동화 모델을 만들 때 플레이그라운드를 가장 많이 사용하는 이유이기도 합니다.

사용 방법은 간단합니다. 먼저 오픈AI의 플레이그라운드에 접속해 계정을 생성합니다. 생성된 계정으로 로그인하면 다음과 같은 화면이 나옵니다.

URL https://platform.openai.com/playground

▼ 그림 3-1 오픈AI 플레이그라운드

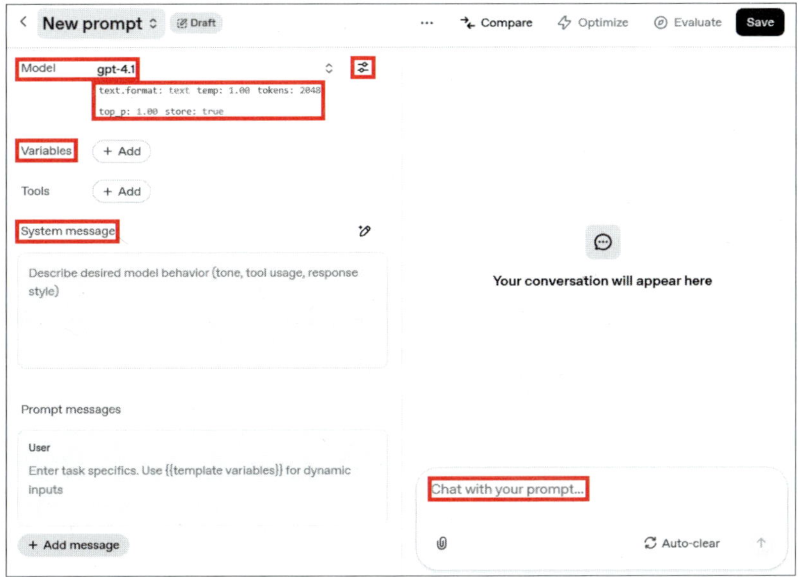

화면의 구성 요소는 다음과 같습니다.

구성 요소	설명
Model(모델)	사용할 모델(GPT-5.1, GPT-4.1, GPT-4.1-mini 등)을 선택
파라미터 설정 영역(temperature, tokens, top_p 등)	응답 생성 방식, 창의성, 길이, 저장 여부 등을 조절
Variables(변수)	{{변수명}} 형태의 템플릿 변수 추가로 자동화/반복 작업
Tools(툴)	브라우징, 코드 실행, 이미지 생성 등 추가 도구 설정
System message	AI의 역할, 톤, 제약 조건 등 지시 설정
Prompt messages	사용자 메시지 영역 및 테스트 예제 구성
Chat with your prompt	완성된 프롬프트와 대화하며 결과 테스트
Compare	여러 버전 결과를 비교
Save	설계한 프롬프트 템플릿 저장

그럼 temperature(온도) 파라미터 조정 실습 예제를 통해 프롬프트의 품질을 개선해 보겠습니다.

1. 먼저 왼쪽 메뉴에서 **Chat**을 클릭한 후 화면 가운데의 **+Create**를 클릭하면 프롬프트를 작성하기 위한 창이 나타납니다.

▼ **그림 3-2** 오픈AI 플레이그라운드의 초기 화면

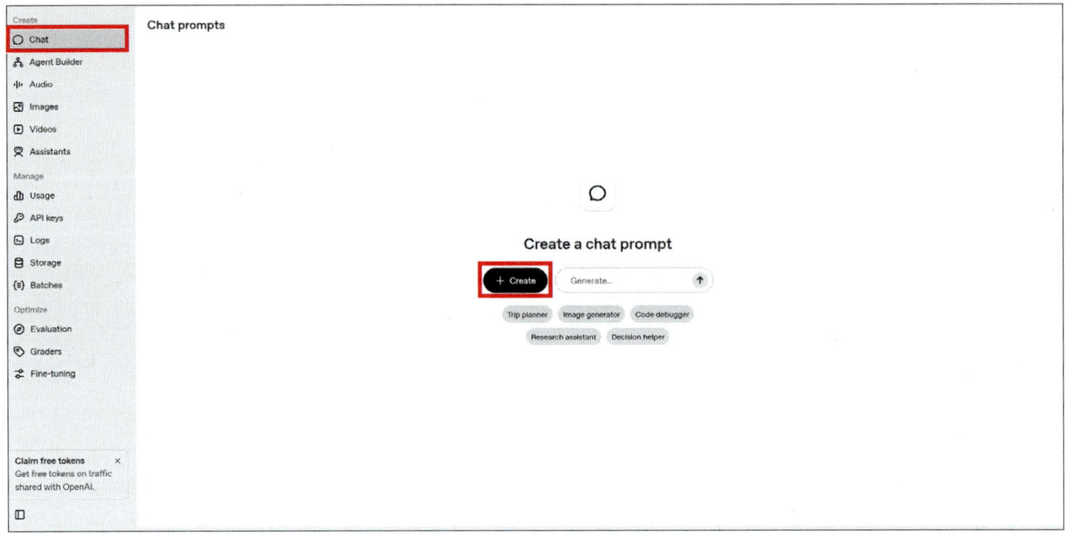

▼ **그림 3-3** 프롬프트 입력 화면

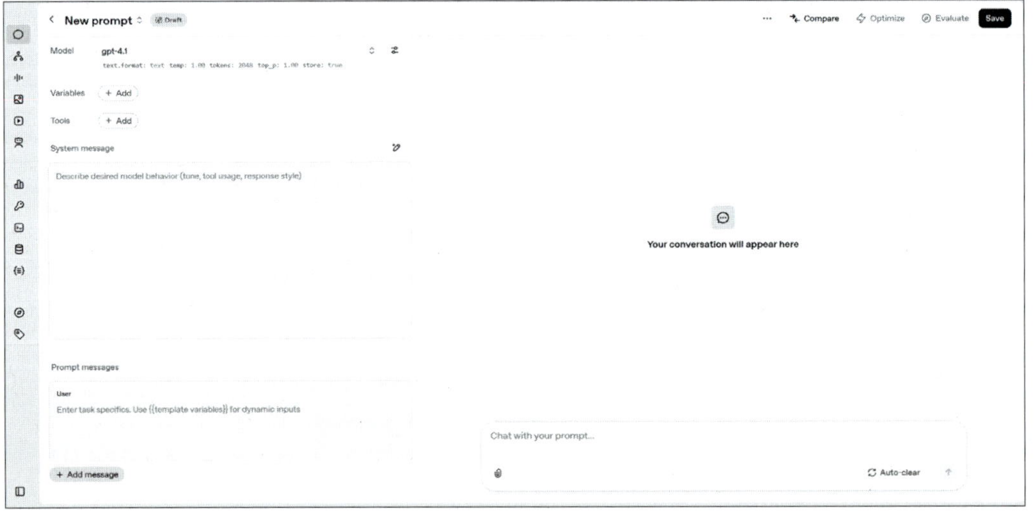

2. Prompt messages에 개선하려는 프롬프트를 작성한 뒤 오른쪽 아래에 **실행 버튼**을 클릭합니다.

▼ 그림 3-4 개선하려는 프롬프트 작성

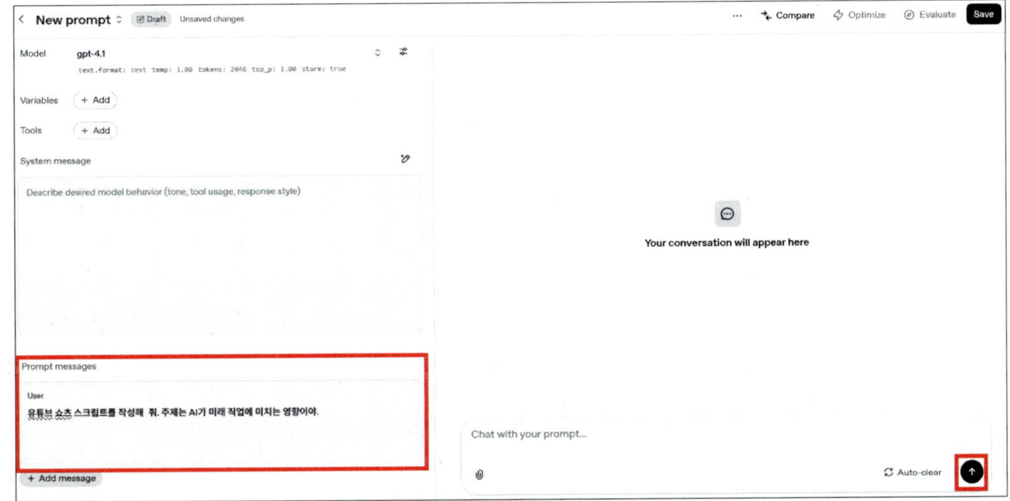

프롬프트

유튜브 쇼츠 스크립트를 작성해 줘. 주제는 AI가 미래 직업에 미치는 영향이야.

3. 답변이 출력됩니다.

결과

물론이죠! 아래는 AI가 미래 직업에 미치는 영향이라는 주제의 유튜브 쇼츠 스크립트 예시입니다. '1인칭 내레이션' 형식으로 작성했어요.

(인트로 - 밝고 빠른 말투)
여러분, 앞으로 10년 뒤 여러분의 직업은 안전할까요? AI가 일자리를 빼앗는다는 얘기, 한 번쯤 들어보셨죠?

(컷 - 직업 이미지 나타남)
특히, 반복적인 업무나 데이터를 다루는 직업들은 AI가 대체할 가능성이 높아요. 예를 들어, 은행원, 회계사, 단순 제조직 같은 일들이요!

(컷 - 디자인, IT 이미지)
하지만 걱정 마세요! 창의력과 감정이 필요한 일, 예를 들어 디자이너, IT 전문가, 심리상담사 같은 전문직은 오히려 AI와 함께 일할 기회가 더 많아져요.

(컷 - 희망적인 표정)
결론! 결국 중요한 건 '변화에 적응하는 능력'! AI와 경쟁하지 말고, AI와 협력하는 미래를 준비하세요!

(아웃트로 - 손 인사)
구독, 좋아요 잊지 마시고, 내일의 직업에 대해 댓글로 의견 남겨 주세요!

TIP:
본인 스타일에 따라 멘트 길이나 구성을 조절해 보세요!
짧고 임팩트 있게 40~50초 내외로 읽기 좋게 각본을 구성했습니다.

4. temperature 변수의 값을 0.1로 수정한 뒤, 개선된 답변을 확인합니다.

▼ **그림 3-5** temperature 변수 수정

< **New prompt** ⌃	Draft Unsaved changes
Model	gpt-4.1 text.format: text temp: 0.10 tokens: 2048 top_p: 1.00 store: true
Variables	+ Add
Tools	+ Add

결과

```
물론이죠! 아래는 "AI가 미래 직업에 미치는 영향"에 대한 유튜브 쇼츠 스크립트 예시입니다.

(인트로, 밝은 목소리)
"AI 때문에 내 일자리가 사라질까 걱정되시나요?"

(장면 전환, 그래픽 효과)
"AI는 반복적이고 단순한 업무를 빠르게 대체하고 있어요. 예를 들어, 데이터 입력이나 간단한 상담 업무는 이
미 AI가 하고 있죠!"

(장면 전환, 희망적인 표정)
"하지만 걱정 마세요! 창의력, 소통, 문제 해결 능력이 필요한 직업은 오히려 더 중요해질 거예요."

(마무리, 손짓)
"AI와 경쟁하지 말고, AI와 협력하는 방법을 배우는 게 미래를 준비하는 최고의 방법입니다!"

(아웃트로)
"여러분은 어떤 직업이 AI 시대에 유망하다고 생각하시나요? 댓글로 알려 주세요!"
```

이와 같이 프롬프트 엔지니어링에서 강력한 조절 장치 중 하나가 temperature(온도) 파라미터입니다. temperature 설정은 모델의 창의성 수준과 응답의 다양성을 결정하며, 이를 통해 결과물의 성격을 정밀하게 제어할 수 있습니다. 예를 들어 temperature를 0.1로 설정했을 때의 응답은 매우 정확하고 분석적이며 예측할 수 있는 문장으로 구성되는 반면, temperature를 0.9로 설정하면 감성적이고 실험적이며 독창적인 표현이 활발하게 등장합니다. 실제로 플레이그라운드 실습 결과에서도 동일한 주제의 쇼츠 스크립트를 생성할 때 0.1의 결과는 통계와 근거 중심의 직설적 전달이 두드러졌고, 0.9의 결과는 자극적 후킹과 스토리텔링 기반의 강한 몰입감을 제공하는 스타일로 나타났습니다.

이처럼 temperature 조절은 단순한 스타일 변화 이상의 의미를 가집니다. 사용자가 원하는 목적(정보 전달 중심인지, 창의적 영감 제공인지, 설득과 참여 유도인지)에 따라 적절한 temperature 값을 선택하는 것은 고급 프롬프트 엔지니어링 전략의 핵심입니다. temperature 조정 기술을 이해하고 자유롭게 다룰 수 있을 때 비로소 프롬프트 설계의 완성도가 향상됩니다.

이외에도 다양한 파라미터 값을 조정하면서 사용해 보길 바랍니다.

3.5.2 System Message 설정으로 프롬프트 개선하기

1. System message에서 원하는 역할, 출력 형식 등을 작성하고 **실행 버튼**을 클릭합니다.

▼ **그림 3-6** System message 입력

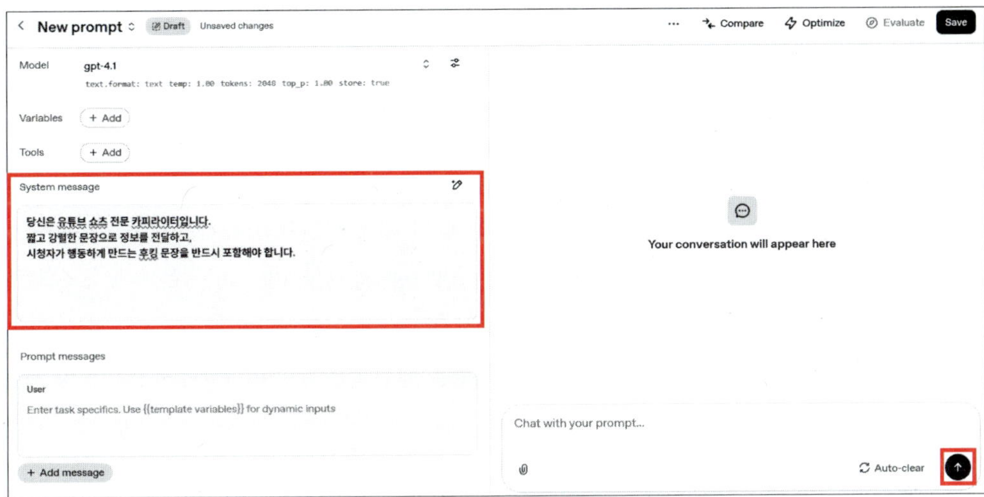

프롬프트

```
당신은 유튜브 쇼츠 전문 카피라이터입니다.
짧고 강렬한 문장으로 정보를 전달하고,
시청자가 행동하게 만드는 후킹 문장을 반드시 포함해야 합니다.
```

2. 결과를 확인합니다.

결과

```
[인트로, 빠른 템포]
AI가 당신의 직업을 빼앗을까요? 아니면 새로운 기회를 줄까요?

[중간, 임팩트 있게]
단순 반복 업무는 AI가 대체!
하지만 창의력, 소통, 문제 해결력은 인간만의 무기!

[결론, 후킹 멘트]
AI와 경쟁하지 마세요.
AI와 함께 성장할 준비, 지금 시작하세요!

[콜투액션]
지금 바로 'AI 시대에 살아남는 법 댓글로 공유해 보세요!
구독과 좋아요는 필수!
```

System Message는 모델이 어떤 역할을 수행해야 하는지, 어떤 톤과 스타일로 말해야 하는지, 어떤 형식과 규칙을 따라야 하는지 결정하는 지침 역할을 합니다. 이를 통해 단순한 응답 생성이 아닌 일관성 있고 목적에 최적화한 결과물을 생산하게 합니다. System Message가 없는 상태에서는 동일한 요청이어도 모델은 일반 사용자와의 대화처럼 중립적이고 평범한 설명 중심으로 응답합니다.

실제로 플레이그라운드 확인해 보면 동일한 주제로 스크립트를 생성할 때 System Message가 없는 경우 결과물이 일반적인 설명 수준에 머무른 반면, 역할, 톤, 출력 구조를 명확히 정의한 System Message를 적용한 경우에는, 전문적인 설계 능력이 드러나는 일관적 흐름과 높은 집중력을 제공하는 스타일로 확인할 수 있습니다.

이처럼 System Message는 AI의 성격과 방향성을 결정하는 상위 제어 레이어로서, 프롬프트 엔지니어링 고급 기술의 가장 중요한 출발점입니다. 목적에 맞게 System Message를 설계하고 지속적으로 수정 · 검증하는 반복 과정을 통해 AI 활용 능력을 향상해 보기 바랍니다.

3장에서 AI를 활용하기 위한 첫 관문인 프롬프트 엔지니어링을 배워 보았습니다. 4장에서는 생성형 AI를 활용하기 위한 실습 환경을 살펴보겠습니다.

4장

생성형 AI 실습 환경 준비

실습하기 전에 꼭 알아야 할 개념

4.1.1 구글 코랩이란

코랩(Google Colaboratory)은 구글에서 제공하는 클라우드 기반 주피터 노트북(Jupyter Notebook) 환경으로, 주로 파이썬 코드를 작성하고 실행하는 데 사용합니다. 데이터 분석, 머신러닝, 딥러닝 같은 작업에도 유용합니다.

이 책에서는 코랩을 연습 환경으로 활용하며, 아나콘다를 이용한 주피터 노트북 환경 설정에 대한 설명은 부록으로 제공합니다. 개인 컴퓨터에 GPU가 있다면 아나콘다를 설치해 사용하는 것이 모델을 학습하거나 실행할 때 생산성을 높이는 데 더 도움이 됩니다.

4.1.2 주피터 노트북이란

주피터 노트북은 웹 기반 오픈소스 플랫폼입니다. 여기서 '웹 기반'이란 인터넷 브라우저처럼 웹에서 작동하는 소프트웨어를 의미합니다. 주피터 노트북은 데이터 분석에 유용하며, 최근에는 머신러닝과 딥러닝에서도 널리 사용하고 있습니다. 주피터 노트북의 주요 장점은 세 가지로 정리할 수 있습니다.

- 시각화(그래프, 마크다운 등)를 쉽게 생성할 수 있습니다.
- 다양한 프로그래밍 언어를 지원합니다.
- 개발 중인 프로그램을 실행하며 결과를 바로 확인할 수 있습니다.

주피터 노트북은 가장 '파이썬다운 방식'으로 파이썬을 사용할 수 있는 에디터입니다. 또한, 코랩은 주피터 노트북을 기반으로 한 인터페이스로, 실용적인 수준의 코드를 작성하는 데 필수인 플랫폼입니다.

4.2 환경 설정

4.2.1 구글 코랩 환경 설정

코랩 설치하기

인터넷 브라우저에서 코랩을 사용하려면 먼저 구글 워크스페이스 마켓플레이스(Google Workspace Marketplace)에서 코랩을 설치해야 합니다. 또한 코랩을 사용하려면 구글 계정이 필요합니다. 이미 계정이 있다면, 기존 계정을 그대로 활용하면 됩니다.

노트

구글 계정 만들기

1. 다음 페이지에 접속하여 **로그인** > **계정 만들기** > **개인용**을 클릭합니다.

   URL https://www.google.com/

   ▼ **그림 4-1** 구글 계정 만들기

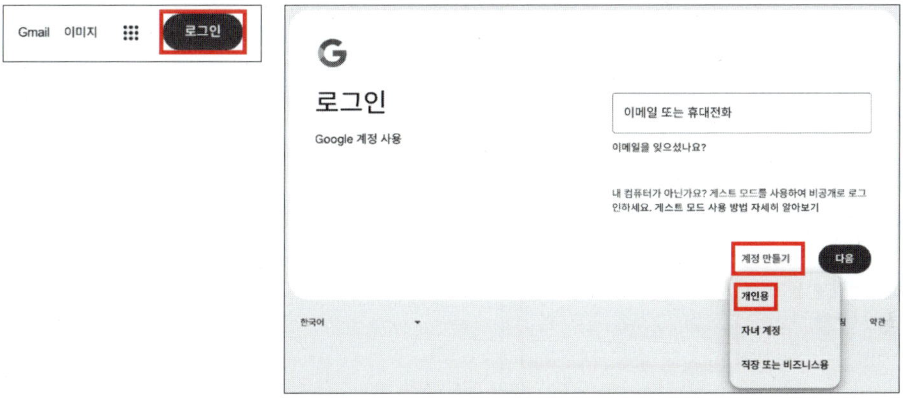

2. 이름을 입력하고 **다음**을 클릭합니다.

   ▼ **그림 4-2** 이름 입력

3. 생일과 성별을 입력하고 **다음**을 클릭합니다.

▼ **그림 4-3** 생일과 성별 입력

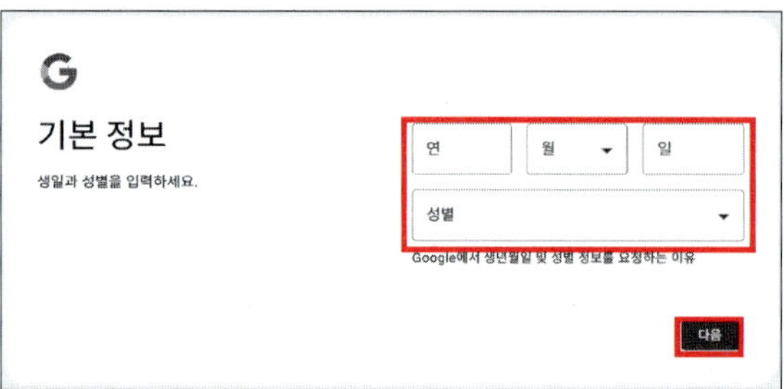

4. 주소로 사용할 Gmail 아이디(사용자 이름)를 입력하고 **다음**을 클릭합니다.

▼ **그림 4-4** Gmail 아이디 입력

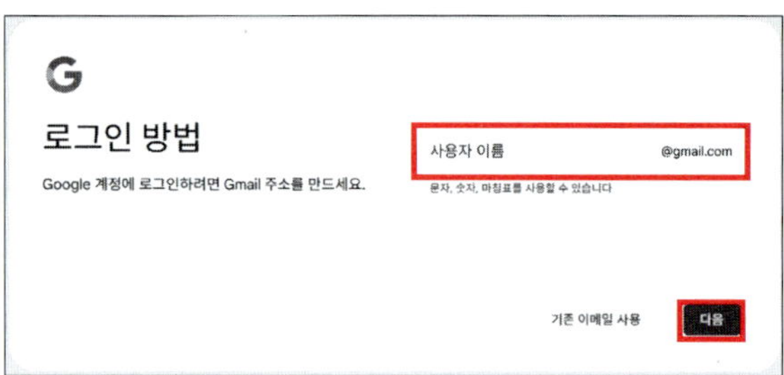

5. 문자, 숫자, 기호를 조합하여 안전한 비밀번호를 입력합니다. 동일한 비밀번호를 한 번 더 입력하여 비밀번호를 확인한 뒤 **다음**을 클릭합니다.

▼ **그림 4-5** 비밀번호 생성

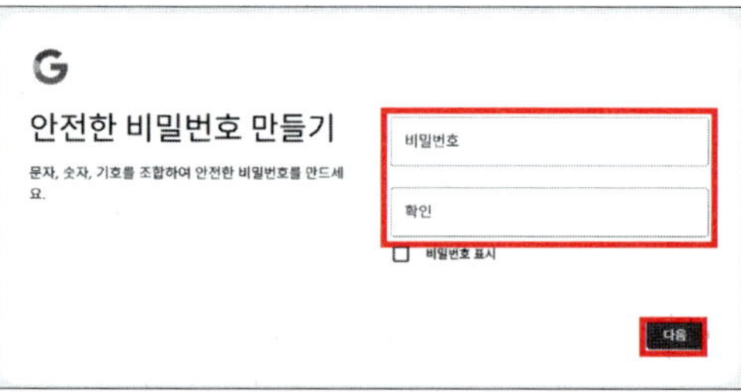

6. 복구 이메일 추가 페이지가 나옵니다. 복구 이메일 주소를 등록해도 좋지만 여기에서는 입력하지 않고 넘어가겠습니다. **건너뛰기**를 클릭합니다.

▼ **그림 4-6** 복구 이메일 추가

7. 계정 정보 검토 화면에서, 앞에서 작성한 이름과 이메일 주소가 나옵니다. **다음**을 클릭합니다.

▼ **그림 4-7** 계정 정보 검토

8. 개인 정보 보호 및 약관 페이지에서 맨 아래로 이동한 후 약관에 동의(동의함에 체크)합니다. 동의 완료 후에 **계정 만들기**를 클릭합니다.

▼ **그림 4-8** 개인 정보 보호 및 약관

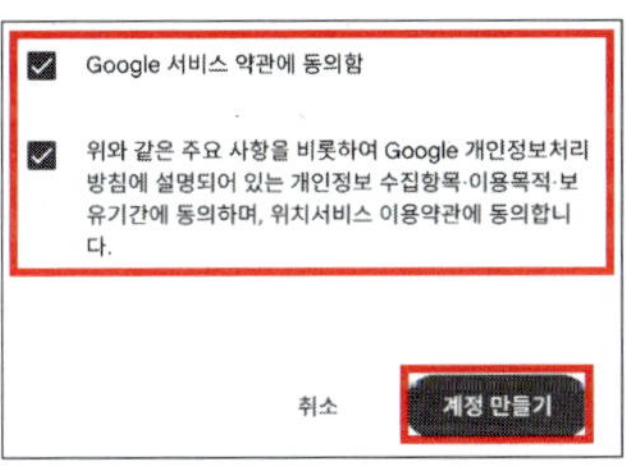

1. 웹 브라우저를 통해 구글 드라이브에 접속하여 **+ 신규** > **더보기** > **+ 연결할 앱 더보기**를 클릭합니다.

URL https://drive.google.com/

▼ **그림 4-9** 연결할 앱 더보기

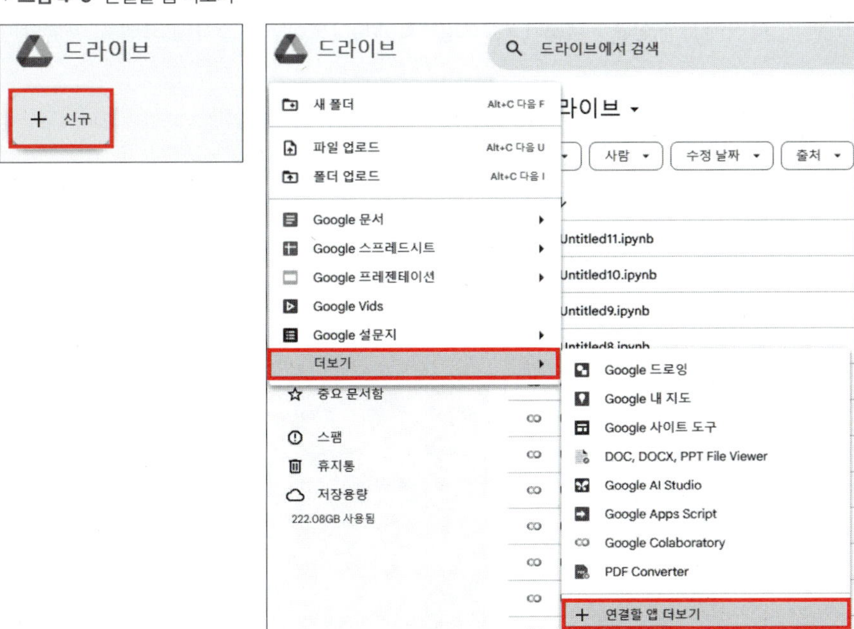

2. 검색 창에 **Colaboratory**를 검색하고 해당 앱을 클릭합니다.

▼ **그림 4-10** Colaboratory 검색

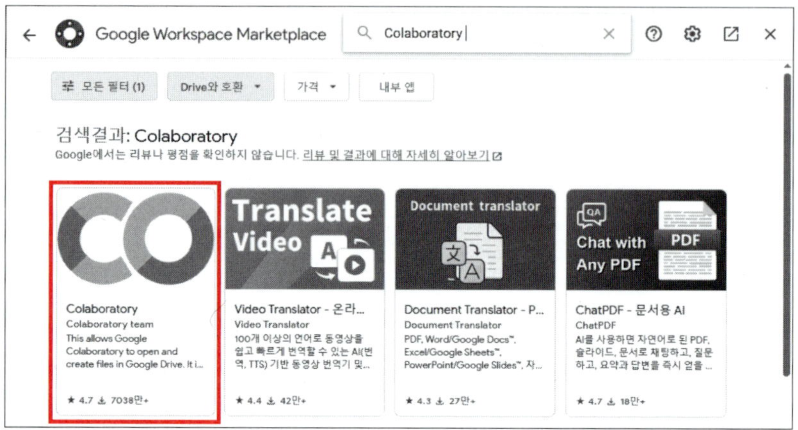

3. **설치**를 클릭해 설치를 진행합니다.

▼ **그림 4-11** Colaboratory 설치

4. 다시 구글 드라이브 메인 화면에서 **+ 신규** > **더보기** > **Google Colaboratory**를 클릭해 코랩을 실행합니다.

▼ **그림 4-12** Colaboratory 실행

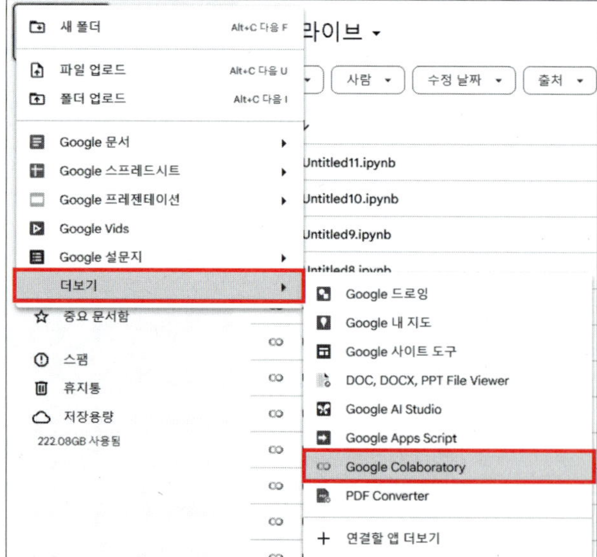

5. .ipynb 파일의 이름을 **OpenAI**로 수정합니다. **+ 코드**를 클릭해 hello를 출력하는 간단한 스크립트 예제를 작성합니다. **실행**을 클릭하거나 Shift + Enter를 눌러 실행합니다.

▼ **그림 4-13** 노트북 실행

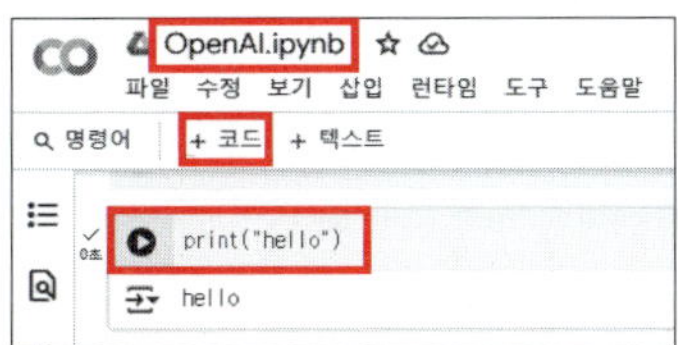

코드

```
print("hello")
```

구글 드라이브와 코랩 연동하기

코랩 프로젝트를 진행할 때, 데이터를 로컬 환경에 저장하거나 불러오는 대신 구글 드라이브와 연동해 실행할 수 있습니다. 이를 '마운트'라고 합니다.

코드를 입력해 구글 드라이브와 연동하기

1. 노트북 코드 셀에서 구글 드라이브 모듈을 임포트(import)하고, 드라이브를 마운트하는 소스 코드를 입력한 후 실행합니다.

코드

```
from google.colab import drive
drive.mount('/content/drive')
```

2. '노트북에서 Google Drive 파일에 액세스하도록 허용하시겠습니까?'라는 메시지 창이 나오면 **Google Drive에 연결**을 클릭합니다. 이후에 계정을 선택하는 화면이 나타나면 원하는 계정을 클릭합니다.

▼ **그림 4-14** 연결 확인 메시지

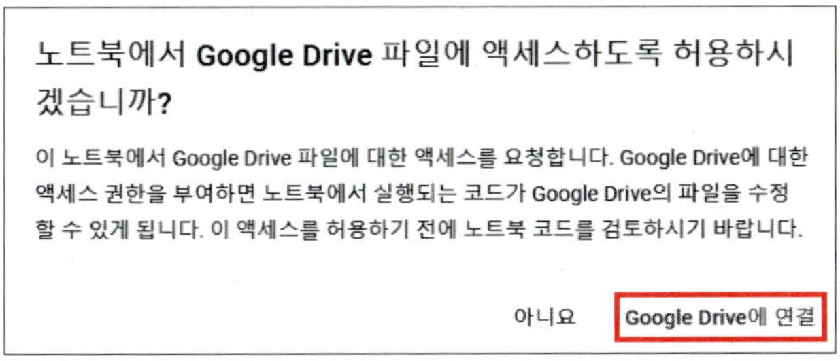

노트북에서 Google Drive 파일에 액세스하도록 허용하시겠습니까?

이 노트북에서 Google Drive 파일에 대한 액세스를 요청합니다. Google Drive에 대한 액세스 권한을 부여하면 노트북에서 실행되는 코드가 Google Drive의 파일을 수정할 수 있게 됩니다. 이 액세스를 허용하기 전에 노트북 코드를 검토하시기 바랍니다.

아니요 | Google Drive에 연결

▼ **그림 4-15** 계정 선택

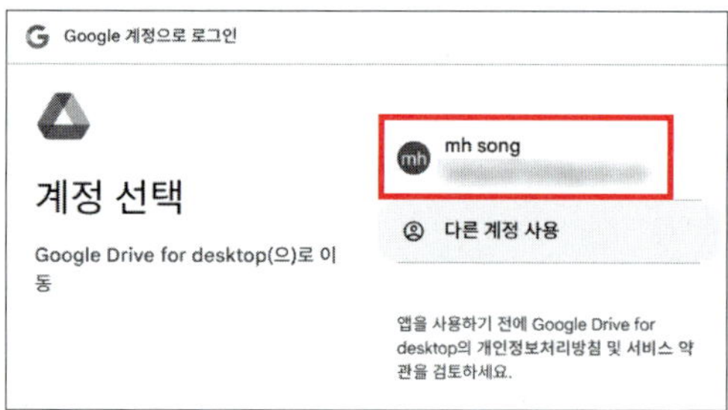

3. 연동이 완료되면 왼쪽 파일창에 **drive** 폴더가 새로 생성되며, 코드 실행 결과로 원하는 폴더에 마운트가 되었다고 나타납니다.

▼ **그림 4-16** 연결 확인 메시지

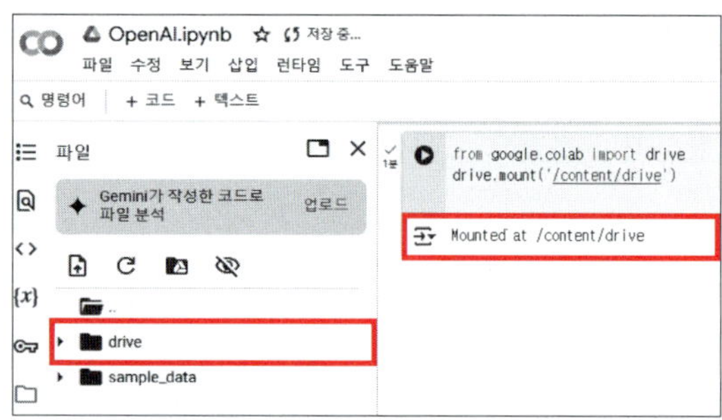

드라이브 마운트 아이콘을 클릭해 구글 드라이브 연동하기

1. 왼쪽 아이콘 중 **파일**을 클릭한 후 **드라이브 마운트 아이콘**을 클릭합니다.

▼ **그림 4-17** 드라이브 마운트 아이콘 클릭

2. '노트북이 Google Drive 파일에 액세스하도록 허용하시겠습니까?'라는 메시지 창이 나오면 **Google Drive에 연결**을 클릭합니다. 이후에 계정 선택 화면이 나타나면 원하는 계정을 클릭합니다. 이후에는 코드를 실행하여 연결하는 과정과 동일합니다.

▼ **그림 4-18** 연결 확인 메시지

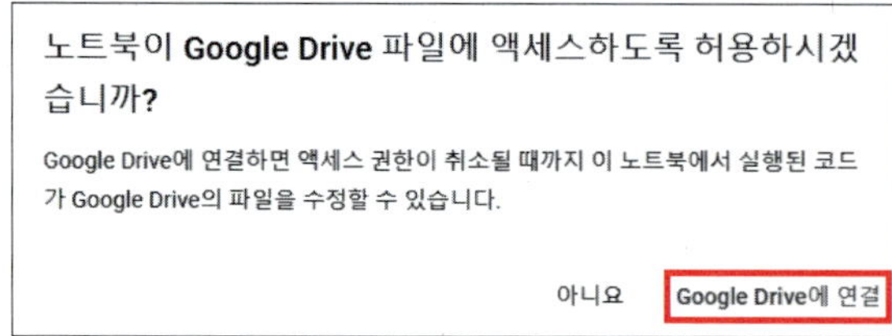

▼ 그림 4-19 계정 선택

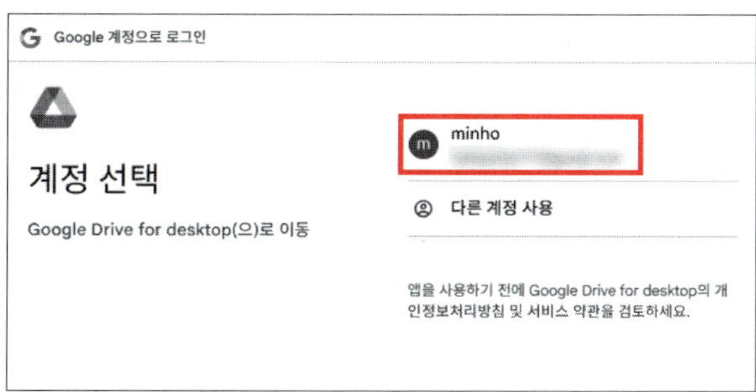

코랩 런타임 유형 변경과 하드웨어 가속기 설정하기

코랩에서는 런타임 유형을 Python3, R, Julia로 설정할 수 있습니다. 또한, 머신러닝에 적합한 GPU와 TPU 같은 하드웨어 가속기를 설정할 수도 있습니다. GPU는 그래픽 처리에 최적화된 하드웨어로, 대규모 병렬 계산을 수행할 수 있어 AI 분야에서 활용합니다. TPU(Tensor Processing Unit)는 구글이 개발한 전용 하드웨어로, AI와 머신러닝 작업을 효율적으로 처리하며 대규모 데이터 처리와 신경망 학습 속도를 높이는 데 사용합니다.

코랩의 기본 런타임 유형은 Python 3이며, 하드웨어 가속기는 CPU로 설정되어 있습니다. 실습 환경에서는 이 기본 설정을 그대로 사용합니다.

이제 코랩의 런타임 유형을 변경하는 방법을 알아보겠습니다.

1. **런타임 > 런타임 유형 변경**을 클릭합니다.

▼ 그림 4-20 런타임 유형 변경

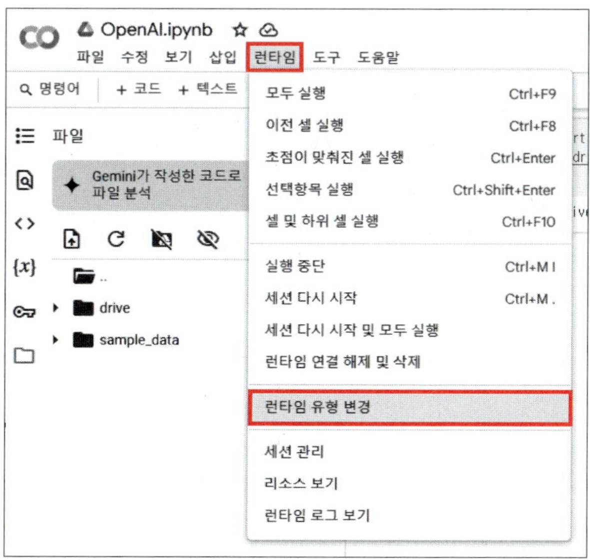

2. CPU, T4 GPU, v5e-1 TPU는 무료로 사용할 수 있으며, 원하는 런타임 유형과 하드웨어 가속기를 선택할 수 있습니다. 실습 환경에서는 **CPU**를 선택하고 **저장**을 클릭합니다.

▼ **그림 4-21** 런타임 유형 및 하드웨어 가속기 선택

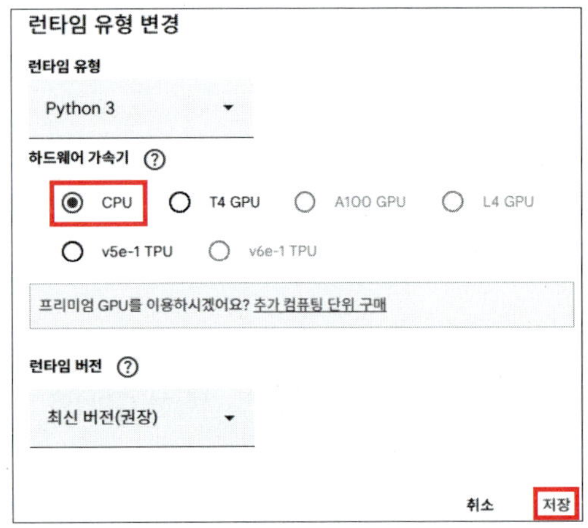

코랩은 무료로 사용할 수 있지만, 컴퓨팅 수요가 많은 경우에는 필요에 따라 다음과 같은 옵션을 구매할 수 있습니다. 이 책의 실습 환경은 무료로 진행합니다.

▼ **그림 4-22** 코랩 유료 옵션

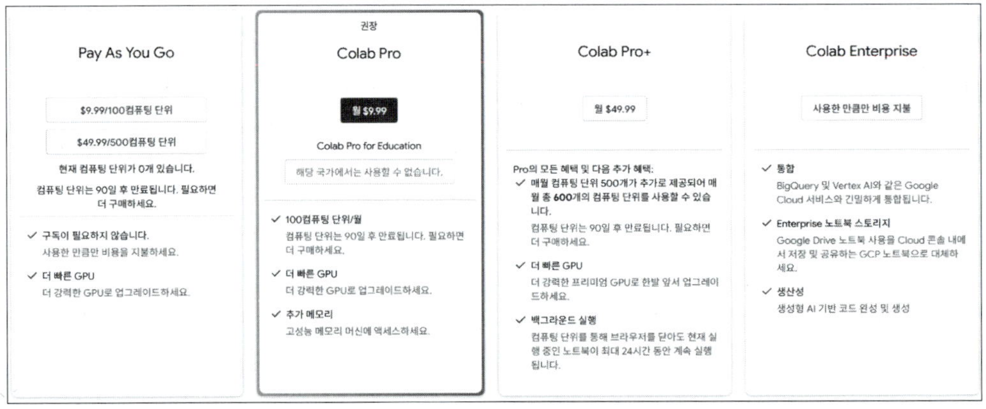

벡터 데이터베이스인 크로마 데이터베이스 사용하기

벡터 데이터베이스는 벡터 형태의 비정형 데이터[1]를 저장하고 조회하는 데 특화된 데이터베이스입니다. 보통 오라클(Oracle)이나 MariaDB와 같은 관계형 데이터베이스, 또는 MongoDB와 같은 NoSQL 데이터베이스를 많이 사용합니다. 하지만 AI 시장에서는 데이터를 효율적으로 저장하기 위해 벡터 데이터베이스를 많이 활용합니다.

1 정해진 형식이나 구조 없이 저장된 데이터를 말합니다. 예를 들어 텍스트, 이미지, 영상, 음성 등이 여기에 해당합니다.

AI 기반의 오픈소스 벡터 데이터베이스인 크로마(Chroma) 데이터베이스를 활용해 보겠습니다.

1. 크로마 데이터베이스를 설치합니다. 파이썬 pip 명령어를 이용해 설치할 수 있습니다.

코드

```
pip install chromadb
```

2. 크로마 데이터베이스를 이용하려면 크로마 클라이언트를 만들어야 합니다. 이 클라이언트는 크로마 데이터베이스 서버와 통신하여 데이터를 생성, 조회, 수정, 삭제하는 기능을 제공합니다.

코드

```
import chromadb
chroma_client = chromadb.Client()  # 크로마 데이터베이스 클라이언트 생성
```

3. 크로마는 텍스트 데이터를 저장하고, 이를 임베딩[2]해 빠르게 검색할 수 있도록 돕는 도구입니다. 여기서 document는 저장하려는 텍스트를 의미하며, collection은 이러한 document들을 하나로 묶어 관리하는 폴더와 같은 역할을 합니다. name:을 사용해 collection을 생성합니다.

코드

```
collection = chroma_client.create_collection(name="my_collection")  # 컬렉션 생성
```

4. 생성한 collection에 텍스트 문서를 추가합니다. 크로마는 입력한 문장을 임베딩하고, 자동으로 인덱싱[3]합니다.

코드

```
collection.add(
    documents=[  # document에 저장할 데이터 입력
        "This is a document about pineapple",
        "This is a document about oranges",
        "Hello",
        "My name is chroma"
    ],
    ids=["id1", "id2", "id3", "id4"]  # 데이터의 인덱스 입력
)
```

2 문자나 문장을 숫자로 이루어진 벡터로 변환해, 컴퓨터가 이해하고 계산할 수 있도록 돕는 기술입니다.

3 데이터를 빠르게 검색할 수 있도록 구조화해 저장하는 과정입니다.

5. collection에 쿼리를 이용해 데이터를 조회합니다. 이 쿼리는 컬렉션에서 입력한 문장을 기준으로, 가장 유사한 문장 두 개를 찾아 줍니다.

결과를 살펴보면 입력한 쿼리의 about hawaii가 document에 포함된 about과 의미적으로 유사하여 조회되었습니다.

코드

```
results = collection.query(
    query_texts=["This is a query document about hawaii"],  # 조회할 쿼리 입력
    n_results=2  # 조회될 결과 개수 입력
)
print(results)
```

결과

```
{
  'documents': [[
      'This is a document about pineapple',
      'This is a document about oranges'
  ]],
  'ids': [['id1', 'id2']],
  'distances': [[1.0404009819030762, 1.243080496788025]],
  'uris': None,
  'data': None,
  'metadatas': [[None, None]],
  'embeddings': None,
}
```

6. 이번에는 다른 질문을 해 보겠습니다. 이름이 무엇인지 쿼리를 입력합니다.

쿼리에 입력한 name이 document에 포함된 name과 의미적으로 유사해 조회됩니다.

코드

```
results = collection.query(
    query_texts=["What is your name?"],  # 조회할 쿼리 입력
    n_results=1  # 조회될 결과 개수 입력
)
print(results)
```

결과

```
{
  'documents': [[
      'My name is chroma'
  ]],
  'ids': [['id4']],
  'distances': [[0.8911657333374023]],
```

```
    'uris': None,
    'data': None,
    'metadatas': [[None]],
    'embeddings': None,
}
```

4.2.2 LLM 모델을 연동하기 위한 API Key 발급받기

OpenAI API를 사용하려면 OpenAI Key가 필요합니다.

OpenAI API Key 발급받기

1. 오픈AI 웹 사이트에 접속합니다. 계정이 없다면 **Sign up 버튼**을 클릭해 회원 가입합니다. 구글 계정이 있다면 구글 계정과 연동해 가입할 수 있습니다.

   URL https://platform.openai.com

   ▼ 그림 4-23 오픈AI Sign up

   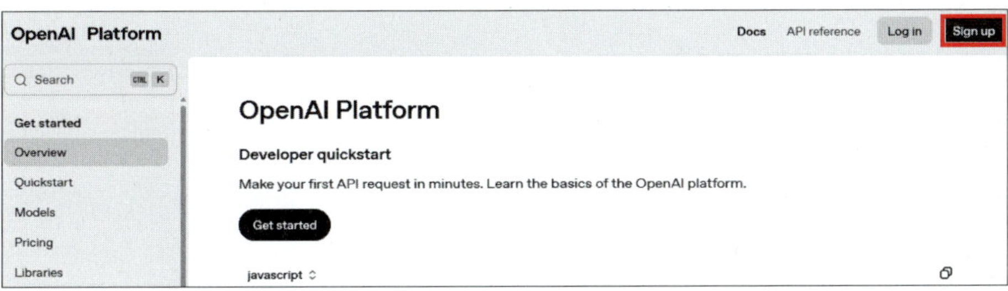

2. 오른쪽 위에 있는 **Dashboard**를 클릭한 후 왼쪽에 있는 **API keys**를 클릭합니다. 오른쪽 위에 있는 **+ Create new secret key**를 클릭합니다.

   ▼ 그림 4-24 secret key 새로 만들기

   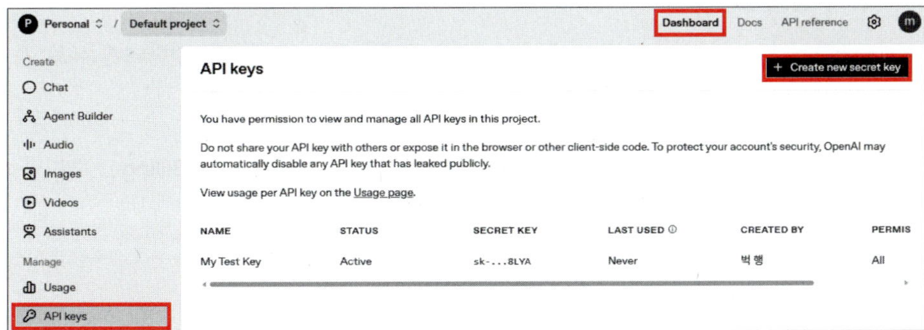

3. Name은 필수가 아니므로 작성하지 않아도 무방합니다. **Create secret key**를 클릭해 Key를 생성합니다.

▼ **그림 4-25** secret key 생성

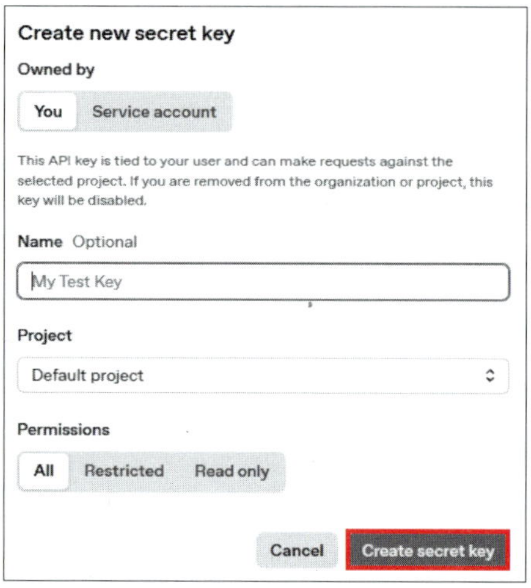

4. Key가 생성되면 **Copy**를 눌러 복사한 후 메모장에 저장합니다.

▼ **그림 4-26** secret key 복사

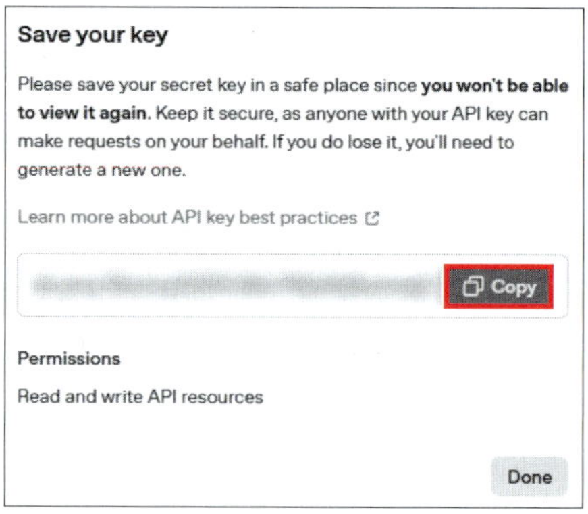

오픈AI 유료 API Key 발급받기

오픈AI의 API Key(무료)는 토큰 수와 요청 횟수에 제한이 있으므로, 충분한 실습을 원한다면 유료 플랜을 사용하는 것을 권장합니다.

1. 오픈AI 웹 페이지에서 오른쪽 위에 있는 **Settings 아이콘**을 클릭한 후 왼쪽에 있는 **Billing**을 클릭합니다. 그런 다음 **Add payment details**를 클릭합니다.

▼ **그림 4-27** Billing 설정

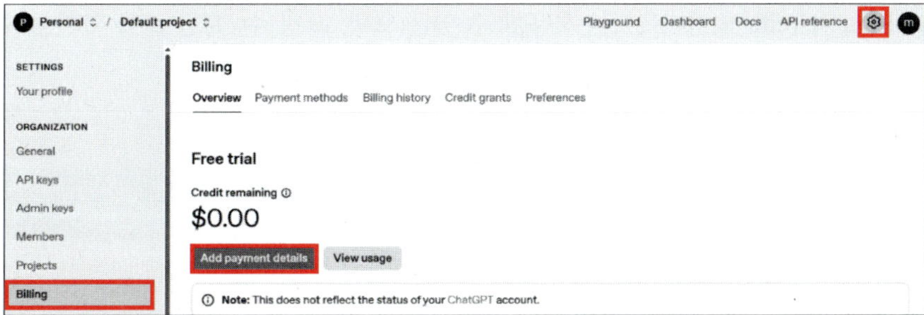

2. 카드 정보를 입력한 뒤 **Continue**를 클릭합니다.

▼ **그림 4-28** 카드 정보 입력

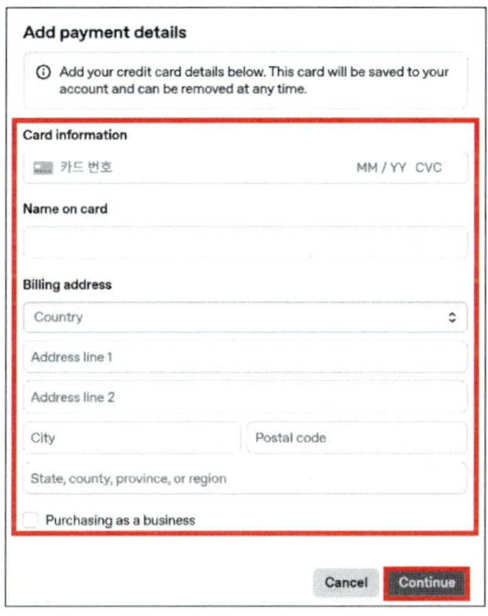

3. Initial credit purchase에 **$10**를 입력하고, 자동으로 충전할지 묻는 체크 박스는 비활성화한 뒤 **Continue**를 클릭합니다.

▼ **그림 4-29** 금액 입력

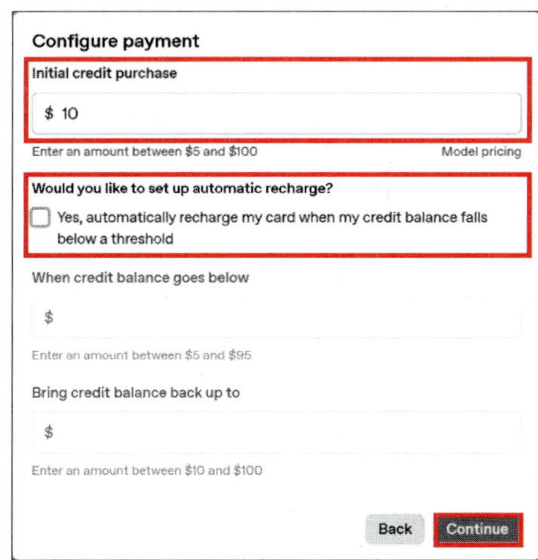

4. 구매 정보를 확인하고 **Confirm payment**를 클릭하면 Billing의 Overview 화면에서 구매한 정보를 확인할 수 있습니다. **Settings > Limits** 페이지에서는 사용할 수 있는 모델, 요청 수, 토큰 수를 확인할 수 있습니다.

▼ **그림 4-30** 결제 내역 확인

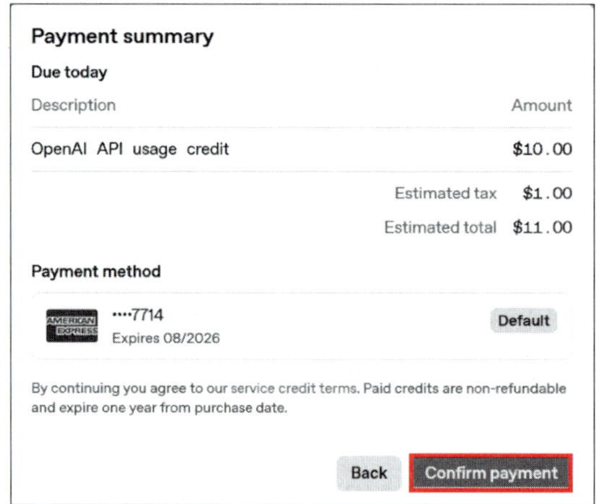

▼ **그림 4-31** 구매 정보 확인

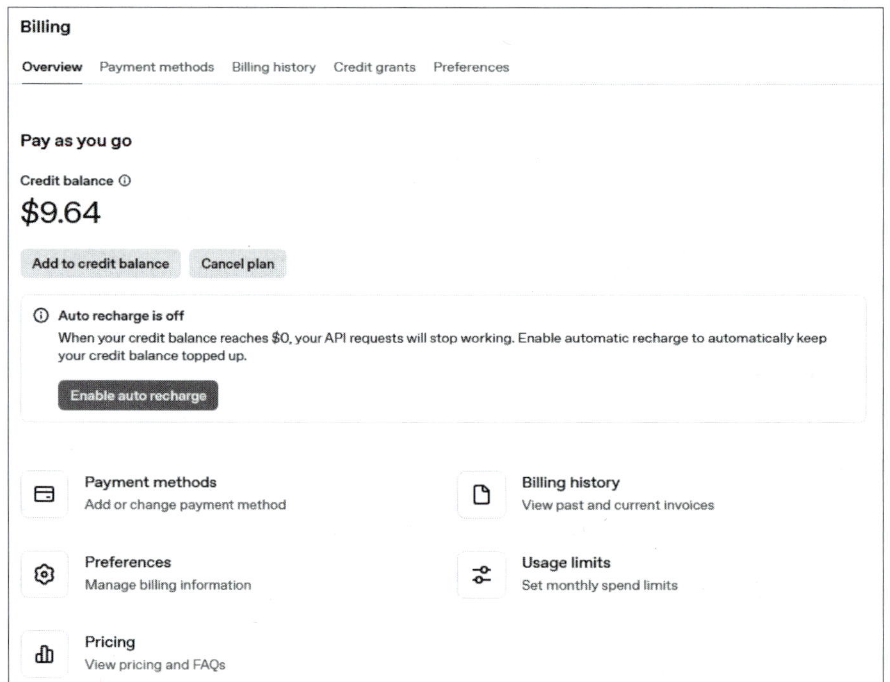

허깅 페이스 API Key 발급받기

허깅 페이스는 머신러닝 모델을 구축, 학습, 배포하기 위한 도구와 자원을 제공하는 플랫폼입니다. 다양한 트랜스포머 모델과 학습 스크립트를 제공하며, 이를 활용해 손쉽게 여러 트랜스포머 모델을 생성할 수 있습니다. 허깅 페이스 API를 사용하려면 API key를 발급받아야 합니다.

1. 먼저 허깅 페이스 웹 사이트에 접속합니다.

   URL https://huggingface.co/

   허깅 페이스 계정이 있다면 오른쪽 위에 있는 **Log in**을 클릭해 로그인하거나, 계정이 없다면 **Sign up**을 클릭해 계정을 생성합니다. 계정 생성 후 이메일로 받은 확인 링크를 클릭해야 API Key 생성이 가능합니다.

▼ **그림 4-32** 허깅 페이스 메인 페이지

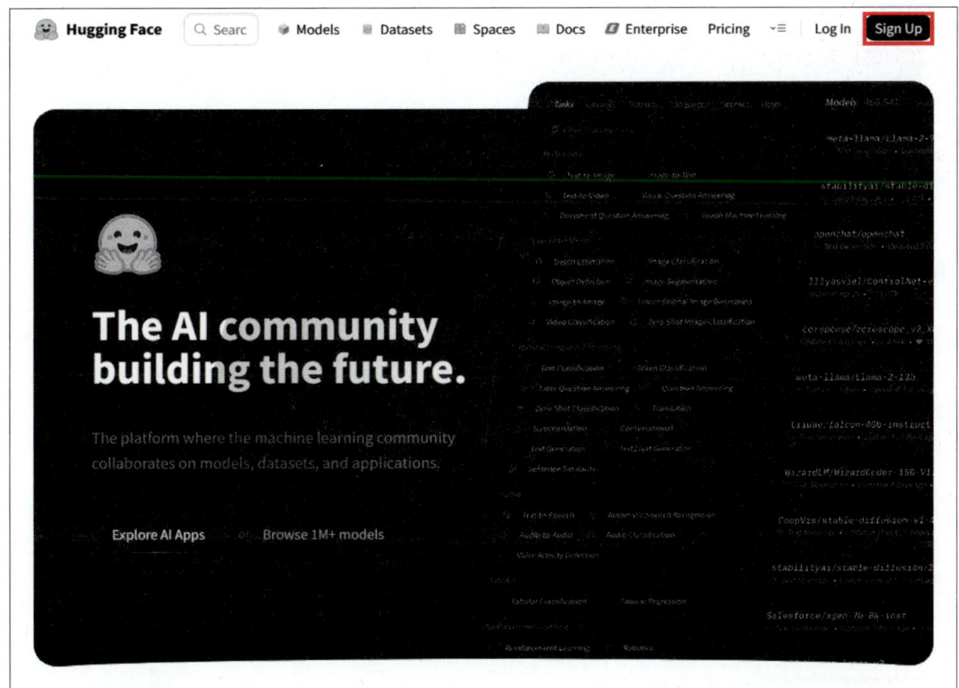

2. 로그인한 후 오른쪽 위에 있는 **프로필 사진**을 클릭해 드롭다운 메뉴에서 **Settings**를 클릭합니다.

▼ **그림 4-33** Settings 클릭

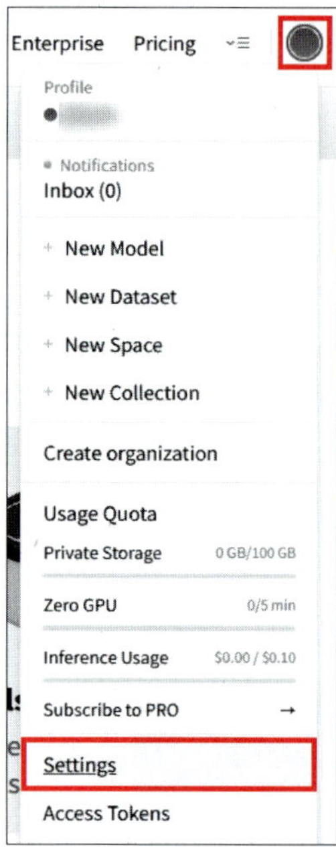

3. **Access Tokens**를 클릭합니다.

▼ **그림 4-34** Access Tokens 클릭

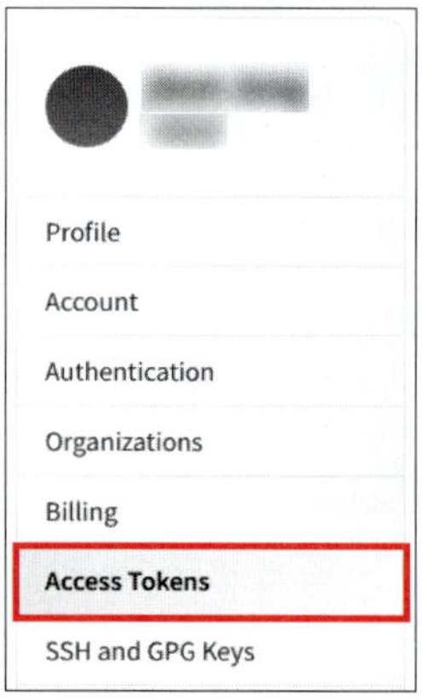

4. **+ Create new token**을 클릭하면 새로운 access token을 생성하는 창이 활성화됩니다.

▼ **그림 4-35** Create new token 클릭

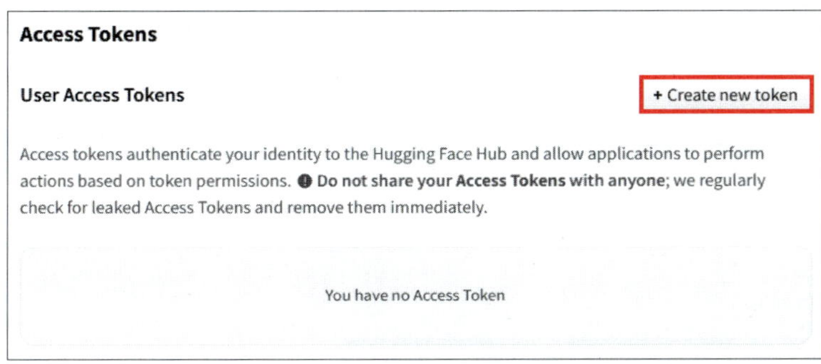

5. Token type을 **Write**로 선택하고, Token name에 **test**를 입력한 후 **Create token**을 클릭합니다. Fine-grained를 선택하면 토큰의 성격을 상세하게 정의할 수 있습니다.

▼ **그림 4-36** 토큰 생성

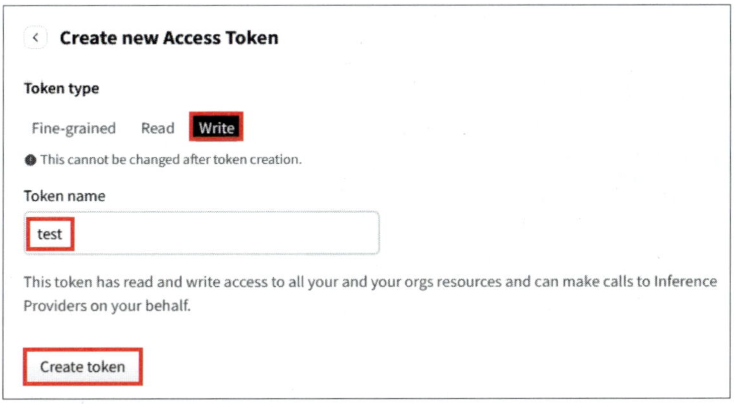

Create new Access Token

Token type

Fine-grained Read Write

This cannot be changed after token creation.

Token name

test

This token has read and write access to all your and your orgs resources and can make calls to Inference Providers on your behalf.

Create token

6. **Copy**를 클릭해 생성된 Key를 복사하여 사용합니다.

▼ **그림 4-37** 토큰 복사

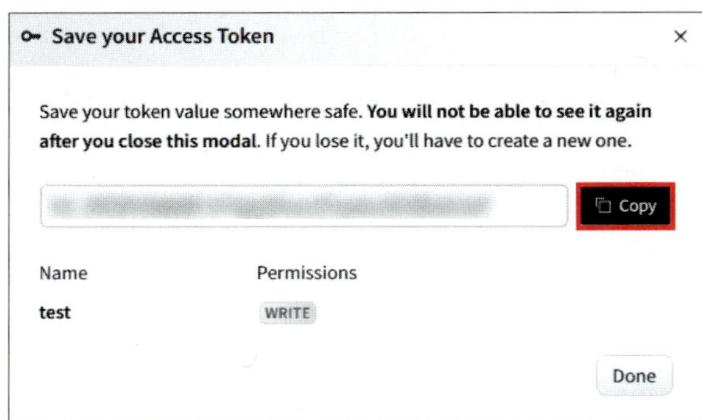

제미나이 API Key 발급받기

제미나이(Gemini)는 구글과 딥마인드가 개발한 멀티모달 생성형 AI 모델입니다. 텍스트, 오디오, 이미지, 비디오 등 다양한 입력과 출력을 지원합니다. 구글 제미나이 API를 사용하려면 Google API Key를 발급받아야 합니다.

1. 사이트에 접속한 후 **Explore models in Google AI Studio**를 클릭합니다.

   URL https://ai.google.dev/

   ▼ **그림 4-38** Google AI Studio 메인 페이지

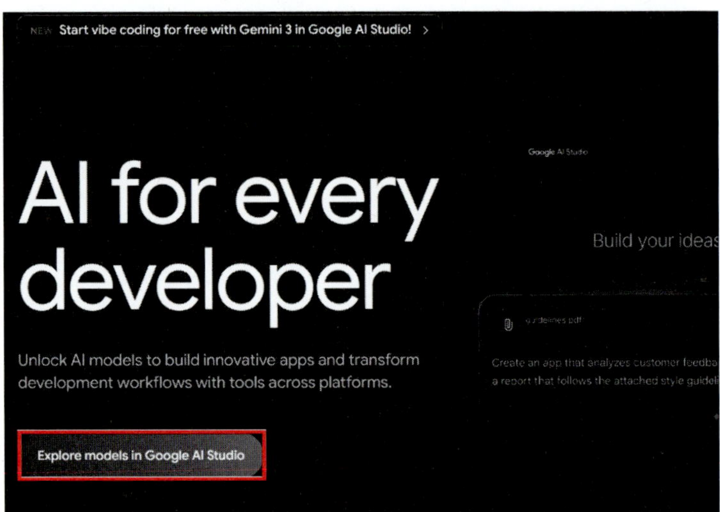

2. 법적 고지 약관의 **체크 박스**를 체크하고 **동의**를 클릭합니다.

   ▼ **그림 4-39** Google API 서비스 약관 동의

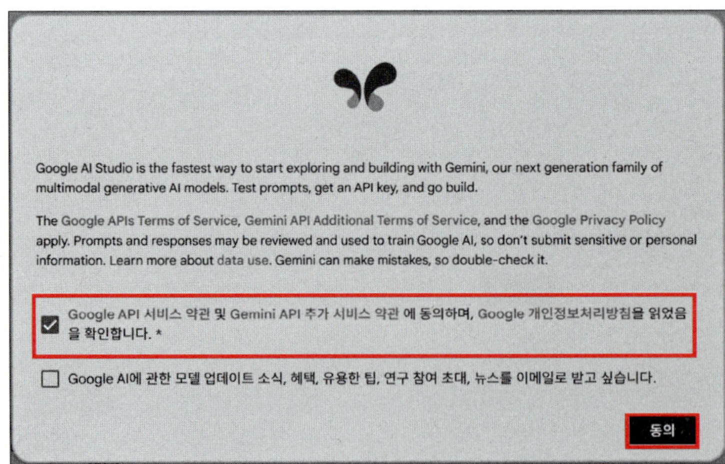

3. **Get API Key**를 클릭합니다.

▼ **그림 4-40** API Key 사용 환경 선택

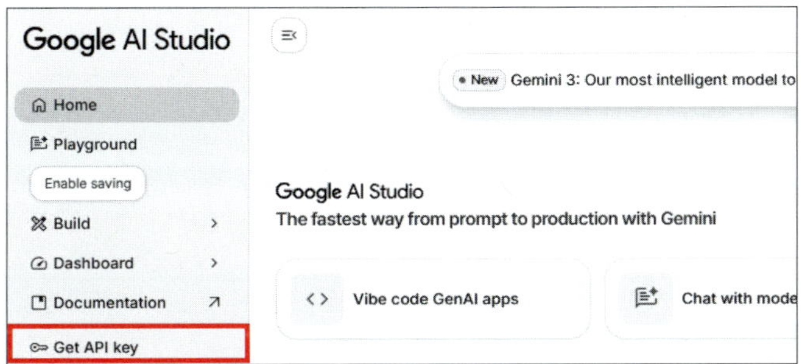

4. **API 키 만들기**를 클릭합니다. 키 이름을 지정하고 프로젝트를 선택한 후 **키 만들기**를 클릭합니다.

▼ **그림 4-41** API 키 만들기

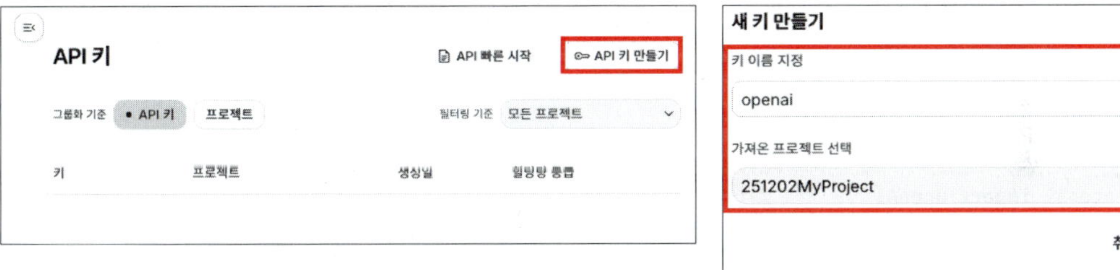

프로젝트가 없다면 **+ 프로젝트 만들기**를 클릭해 프로젝트를 생성합니다.

▼ **그림 4-42** 새 프로젝트 만들기

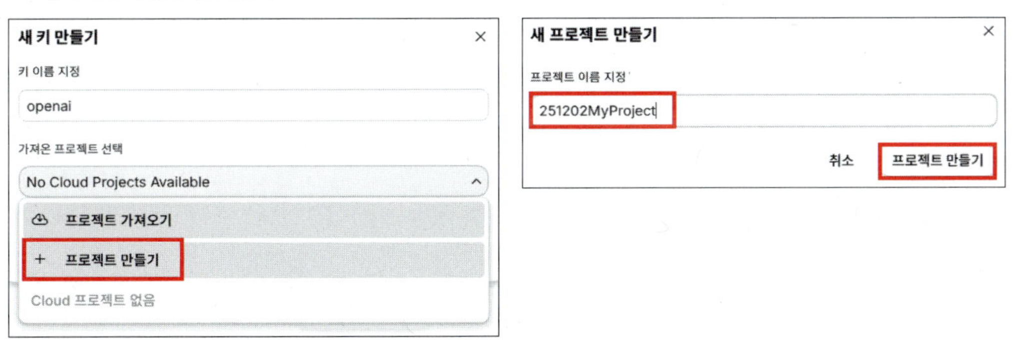

5. **Copy API key**를 클릭해 생성된 API key를 복사한 뒤 따로 저장합니다.

▼ **그림 4-43** key 복사

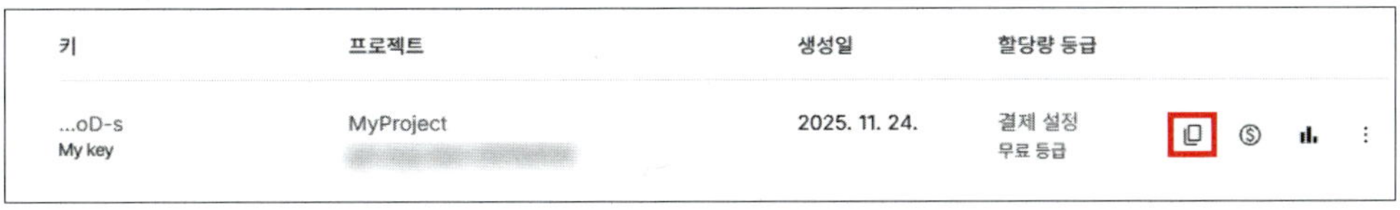

키	프로젝트	생성일	할당량 등급
...oD-s My key	MyProject	2025. 11. 24.	결제 설정 무료 등급

4.2.3 OpenAI API를 활용한 기본 예제 실습

OpenAI API를 활용한 간단한 실습을 진행하겠습니다. 이 실습에서는 발급받은 OpenAI key를 사용해 API를 호출하고, 질문에 대한 답변을 받습니다.

코랩을 실행합니다. 각 명령어 실행은 **실행 아이콘**을 클릭하거나 Shift + Enter를 이용합니다.

1. 패키지를 설치합니다.

코드

```
%pip install openai
```

노트

%를 쓰지 않아도 되지만 가끔 오류가 나는 경우가 있습니다. 따라서 코랩 환경에선 %를 붙이는 것을 권장합니다.

2. 생성한 API Key를 소스 코드 변수 api_key에 입력합니다.

코드

```
from openai import OpenAI

client = OpenAI(
    api_key="sk-…"  # 생성한 API Key 입력
)
```

3. OpenAI API를 호출하면 다음과 같은 결과를 생성합니다.

코드

```
def create_chat_completion(system_input, user_input, model="gpt-4o-mini", temperature=1.15, max_
tokens=300):
    try:
        # 메시지 목록을 자동으로 생성합니다.
        messages = [
            {"role": "system", "content": system_input},
            {"role": "user", "content": user_input}
        ]

        # 모델 선택 및 요청
        response = client.chat.completions.create(
            model=model,
            messages=messages,
            # 결과물의 randomness 조절, 범위: 0~2, 일정한 답변: 0.3, 창의적 결과 : 0.7
            temperature=temperature,
            # 항상 동일한 결과를 보장하지 않습니다.
            max_tokens=max_tokens  # 최대 토큰 수를 지정
```

```
        )
        # 생성된 응답을 반환합니다.
        return response
    except Exception as e:
        return f"Error: {str(e)}"

# 메시지 목록 예시
system_input = "너는 AI 분야의 최고 전문가야."
user_input = "LLM으로 무엇을 할 수 있는지 설명해 줘."

# API 호출 및 결과 출력
responses = create_chat_completion(system_input, user_input)
print(responses.choices[0].message.content)
```

결과

```
LLM(대형 언어 모델)은 여러 용도로 활용될 수 있습니다:

1. 내용 생성: 블로그 글, 기사, 이야기 등 다양한 창작물 생성
2. 보조 도구: 코드 작성, 디버깅, 문서화 등 개발 관련 작업 지원
3. QA 시스템: 질문에 대한 답변 제공, 정보 검색
4. 언어 번역: 다양한 언어 간 번역
5. 대화 에이전트: 고객 지원, 채팅봇으로 활용
6. 텍스트 분석: 감성 분석, 문서 요약, 주제 분류 등
```

4.2.4 제미나이 API를 활용한 기본 예제 실습

이번에는 제미나이 API를 활용해 간단한 실습을 진행합니다. 제미나이 API는 OpenAI API를 사용하는 코드와 유사하지만 프롬프트 사용 방식이나 모델 선택, 요청하는 부분에서 차이가 있습니다.

코랩을 실행합니다. 각 명령어는 **실행**을 클릭하거나 Shift + Enter를 이용해 실행합니다.

1. 패키지를 설치합니다.

코드

```
import google.generativeai as genai
```

2. 생성한 제미나이 API Key를 소스 코드 변수 api_key에 입력합니다.

코드

```
genai.configure(api_key="…")  # 생성한 API Key 입력
```

3. 제미나이 API를 호출하면 다음과 같은 결과를 생성합니다.

코드

```
def create_chat_completion(system_input, user_input, model="gemini-1.5-pro", temperature=1.0,
max_tokens=300):
    try:
        # 제미나이에서는 system 프롬프트를 모델에게 직접 입력하는 방식으로 처리
        full_prompt = f"{system_input}\n\n사용자: {user_input}"

        # 모델 선택 및 요청
        response = genai.GenerativeModel(model).generate_content(
            full_prompt,
            generation_config={
                "temperature": temperature,
                "max_output_tokens": max_tokens
            }
        )

        # 생성된 응답을 반환합니다.
        return response.text
    except Exception as e:
        return f"Error: {str(e)}"

# 메시지 목록 예시
system_input = "너는 AI 분야의 최고 전문가야."
user_input = "LLM으로 무엇을 할 수 있는지 설명해 줘."

# API 호출 및 출력
response = create_chat_completion(system_input, user_input)
print(response)
```

결과

```
LLM은 방대한 텍스트 및 코드 데이터 세트로 훈련된 심층 학습 모델의 한 유형으로, 다양한 자연어 처리 작업
을 수행할 수 있습니다. LLM으로 할 수 있는 것의 예는 다음과 같습니다.

1. 텍스트 생성: LLM은 스토리, 기사, 시, 코드, 요약, 번역, 대화 등 다양한 형태의 텍스트를 생성할 수 있
습니다. 창의적이고 정보를 제공하는 고품질 텍스트를 생성할 수 있습니다.
2. 질문 답변: LLM은 사용자의 질문에 대한 정확하고 포괄적인 답변을 제공할 수 있습니다. 정보 검색, 고객
서비스, 교육 등 다양한 응용 분야에서 유용합니다.
3. 대화: LLM은 사용자와 자연스러운 대화에 참여할 수 있습니다. 다양한 주제에 대해 사용자의 질문에 답하
고, 농담을 하고, 스토리를 만들 수 있습니다. 챗봇, 가상 비서, 대화형 AI 에이전트 개발에 사용할 수 있습
니다.
4. 번역: LLM은 한 언어에서 다른 언어로 텍스트를 번역할 수 있습니다.
```

4장에서 발급받은 OpenAI Key는 챗봇 서비스 개발이나 이미지 생성 프로젝트에 사용할 예정입니다. 메모장에 저장해 두면 나중에 활용하기 좋습니다. 이 책에서는 제미나이 API를 활용한 실습은 다루지 않습니다. 하지만 제미나이 API는 속도 제한이 있더라도 무료로 사용할 수 있기 때문에 개발 환경에 맞게 활용하면 유용합니다.

5장

LLM을 이용한 S/W 개발하기

실무에서 프로그래밍할 때 요구 사항 중 일부를 맡아 혼자 코드를 구현하는 경우가 많습니다. 두 프로그래머가 짝을 이루어 함께 개발하는 '페어 프로그래밍' 방식도 있는데 개발자마다 선호하는 코딩 스타일이 달라 코드 스타일을 맞추기에 난감할 때가 종종 있습니다. 이런 상황에서 LLM을 활용하면 간단한 코드부터 복잡한 코드까지 원하는 코딩 스타일에 맞춰 생산성을 높이는 유용한 도구로 사용할 수 있습니다.

LLM은 반복적인 코딩 작업 자동화부터 코드 개선 방법에 이르기까지 소프트웨어 개발과 관리에 새로운 패러다임을 제공합니다. 이번 장에서는 코드 생성, 주석 작성, API 문서화, SQL 문 최적화 등 LLM의 다양한 기능을 살펴보겠습니다.

5.1 SECTION 환경 설정

LLM의 가장 강력한 기능은 간단한 프롬프트를 기반으로 코드를 생성하는 능력입니다. 이 절에서는 LLM을 활용해 다양한 알고리즘을 구현하고, 코드 리팩터링을 수행하며, JUnit 테스트와 같은 테스트 케이스를 생성해 코드 검증을 강화하는 방법을 살펴보겠습니다.

코드를 생성하기 전에 자바와 IDE 도구를 설치해야 합니다. 이 책에서는 IDE 도구로 비주얼 스튜디오 코드(Visual Studio Code)를 설치하겠습니다. 또한 코드 생성을 자동화하기 위해 IDE 확장 도구인 EasyCode를 설치하고 사용하는 방법도 살펴보겠습니다.

5.1.1 비주얼 스튜디오 코드 설치하기

1. 다음 링크에 접속한 뒤 **Download for Windows**를 클릭합니다.

URL https://code.visualstudio.com/

▼ **그림 5-1** 비주얼 스튜디오 코드 내려받기

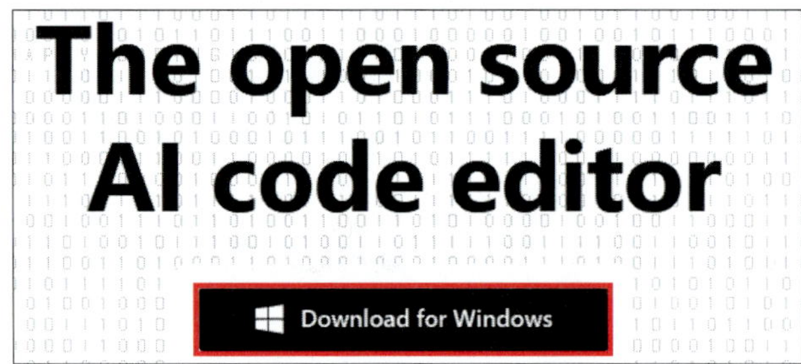

2. 내려받은 설치 파일을 실행합니다.

▼ 그림 5-2 설치 진행

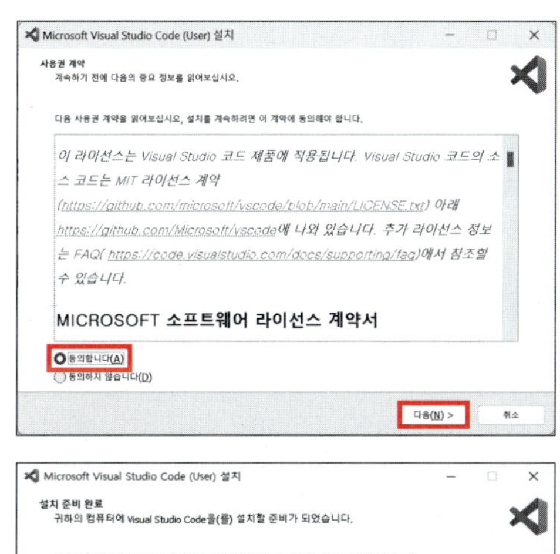

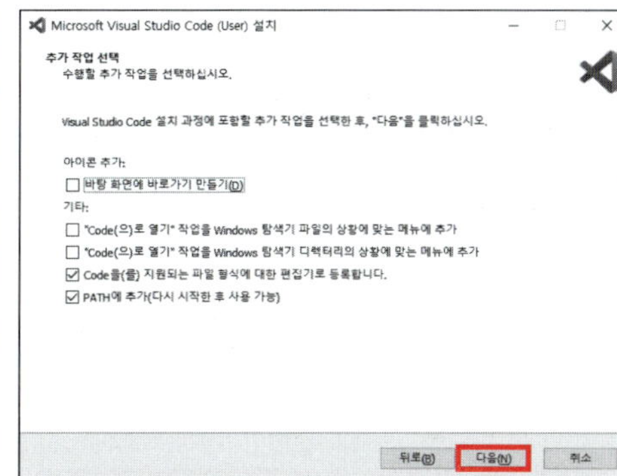

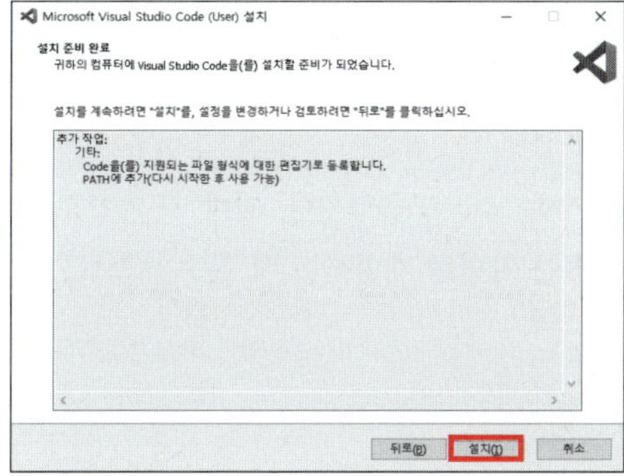

5.1.2 Extension Pack for Java 설치하기

Extension Pack for Java는 마이크로소프트가 제공하는 비주얼 스튜디오 코드를 위한 확장 팩입니다. 이 확장 팩은 자바 개발자가 비주얼 스튜디오 코드에서 자바 애플리케이션을 원활하게 개발할 수 있도록 다양한 도구와 기능을 통합한 패키지입니다.

1. 비주얼 스튜디오 코드의 왼쪽 메뉴에서 **Extension 아이콘**을 클릭한 후 **Extension Pack for Java**를 검색합니다. **Install**을 클릭해 설치합니다.

▼ 그림 5-3 Extension Pack for Java 설치

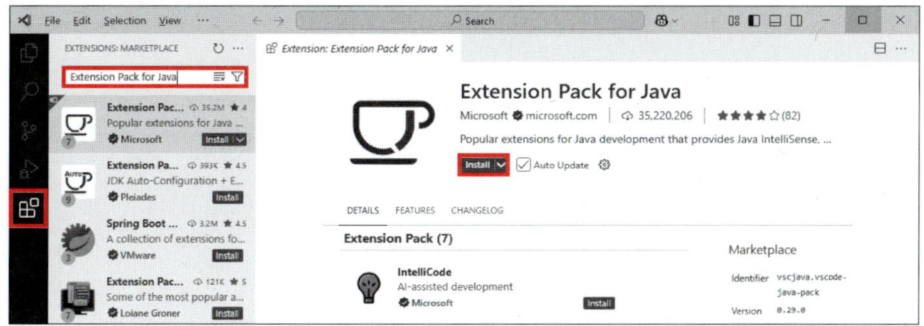

2. Extension Pack 7개가 설치된 것을 확인할 수 있습니다.

▼ **그림 5-4** 설치 확인

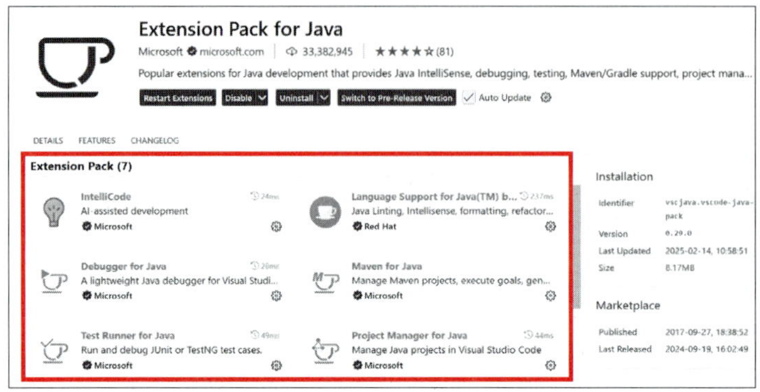

5.1.3 JDK(Java Development Kit) 설치하기

JDK는 애플리케이션을 개발하고 실행하기 위한 소프트웨어 개발 도구 모음입니다. 자바 기반 프로그램을 작성, 컴파일, 디버깅, 실행할 수 있는 기능을 제공합니다. JDK는 자바로 개발하는 데 필수 요소로, 유용한 도구들이 포함되어 있습니다.

1. F1을 클릭한 후 **Install New JDK**를 검색해 클릭합니다.

▼ **그림 5-5** Install New JDK 검색

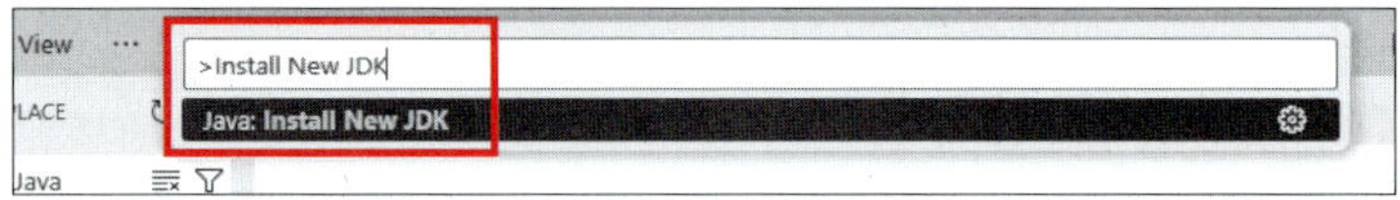

2. Version에서 **21 (LTS)**를 선택한 후 **Download**를 클릭합니다.

▼ **그림 5-6** JDK 다운로드

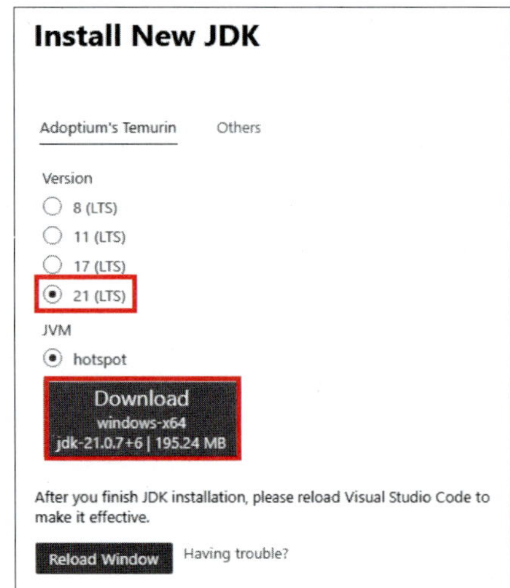

3. 설치 파일을 내려받았으면 설치를 수행합니다. 기본 설정 그대로 **Next**를 클릭합니다.

▼ 그림 5-7 설치 진행

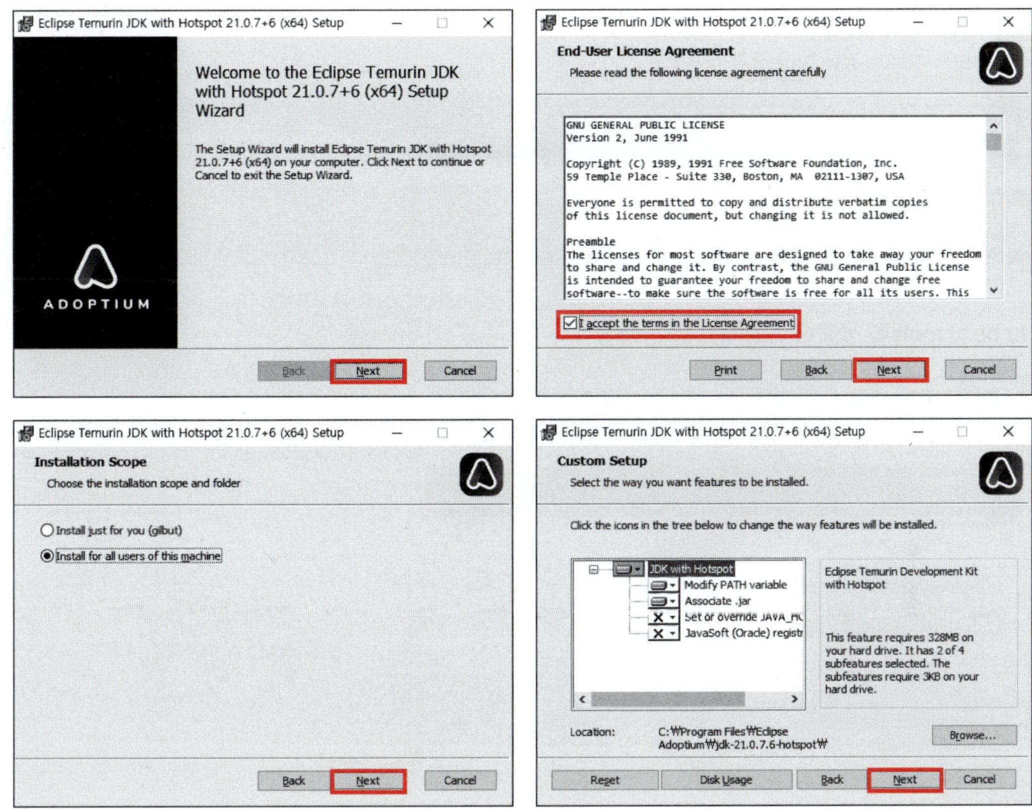

4. Install을 클릭해 설치를 시작하고 **Finish**를 클릭해 완료합니다.

▼ 그림 5-8 설치 완료

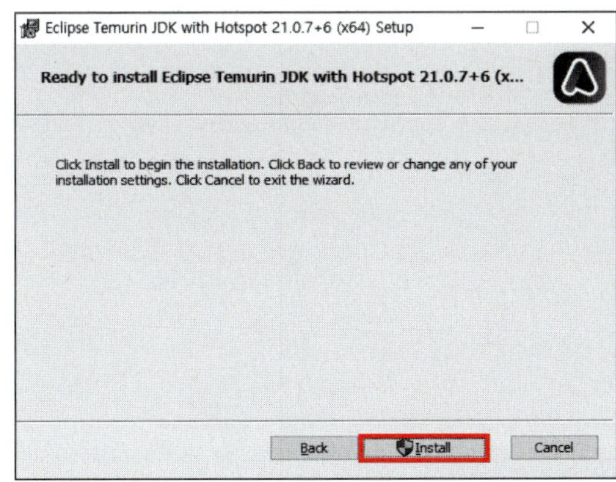

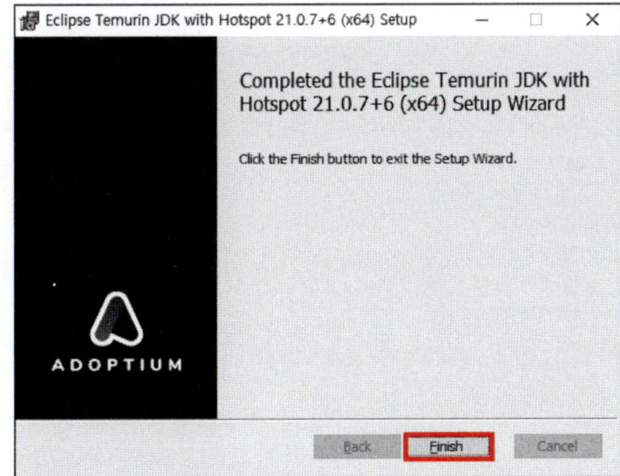

5.1.4 Java Project 생성 및 실행하기

1. F1을 클릭한 후 **Create Java Project**를 검색해 클릭합니다.

▼ **그림 5-9** Create Java Project 검색 및 실행

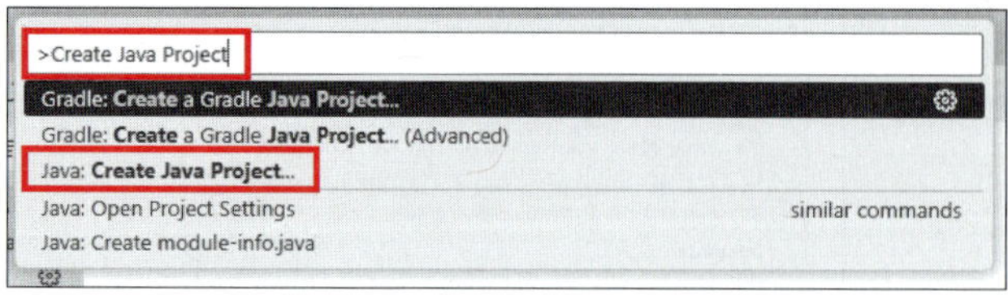

2. **No build tools**를 클릭해 프로젝트를 생성합니다.

▼ **그림 5-10** No build tools 선택

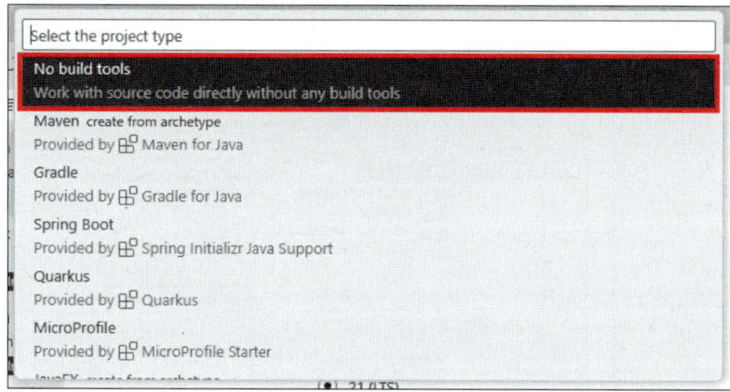

3. 원하는 위치에 폴더를 생성하고 **Select the project location**을 클릭합니다. 여기에서는 폴더명을 **LLM**으로 생성해 진행했습니다.

▼ **그림 5-11** 폴더 생성

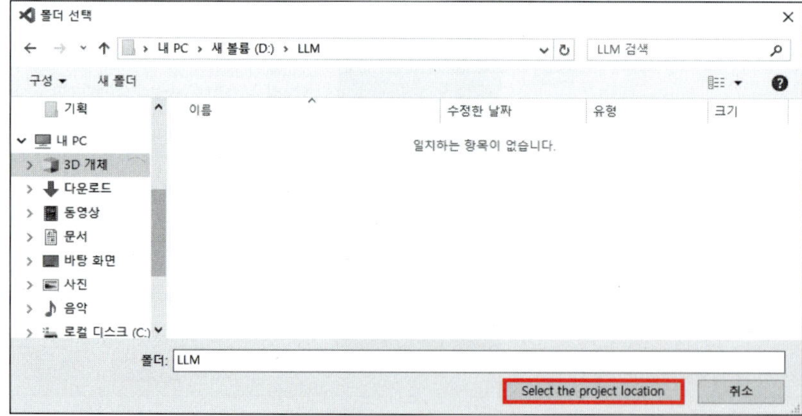

4. 원하는 프로젝트명을 입력한 후 Enter를 누릅니다. 여기에서는 프로젝트명을 **welcome**으로 입력했습니다.

▼ **그림 5-12** 프로젝트명 입력

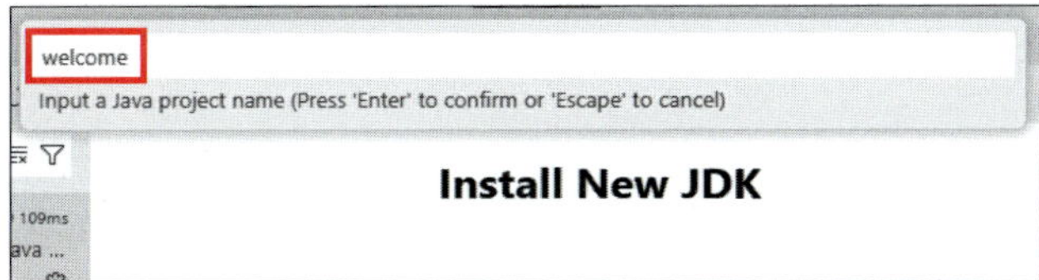

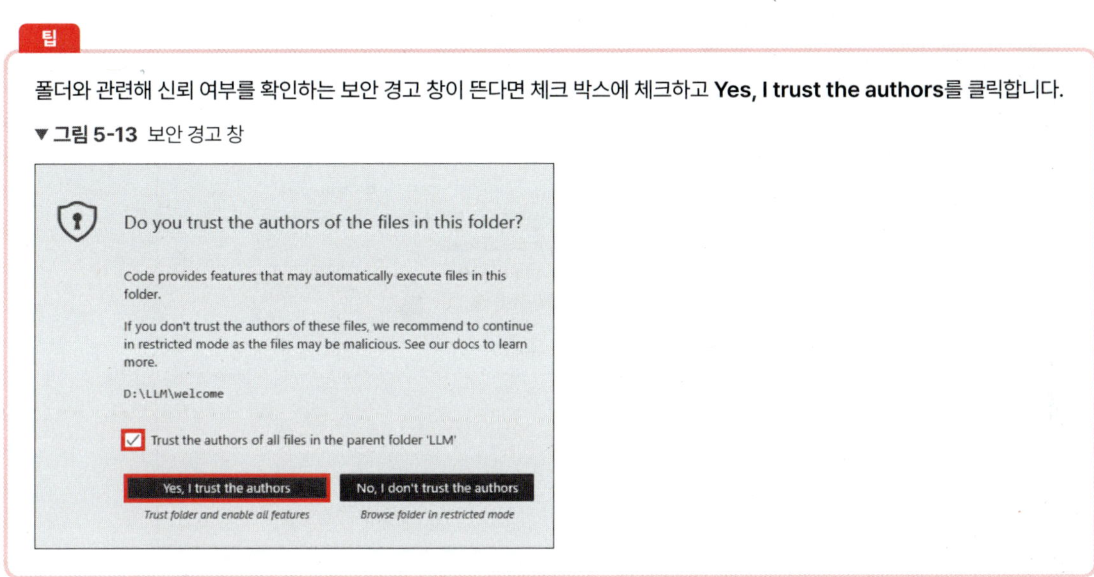

팁

폴더와 관련해 신뢰 여부를 확인하는 보안 경고 창이 뜬다면 체크 박스에 체크하고 **Yes, I trust the authors**를 클릭합니다.

▼ **그림 5-13** 보안 경고 창

5. 생성된 프로젝트를 펼친 후 src 폴더에 생성된 **App.java 파일**을 클릭합니다. main 함수 위에 보이는 **Run**을 클릭해 프로그램을 실행합니다.

▼ **그림 5-14** 기본 프로그램 실행

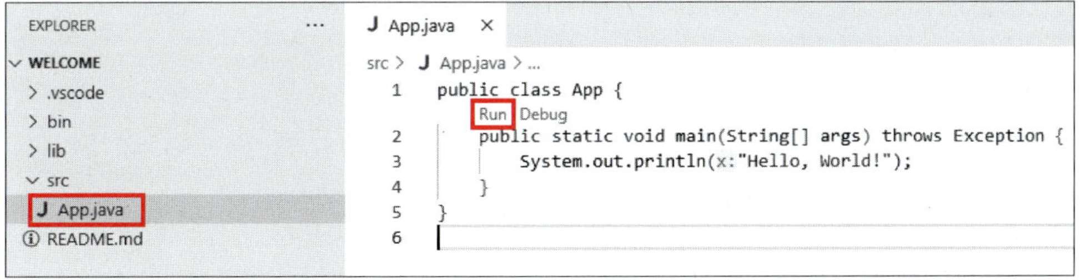

6. 아래쪽에 있는 TERMINAL 화면에 Hello, World!가 출력된 것을 확인합니다.

▼ **그림 5-15** 프로그램 실행 확인

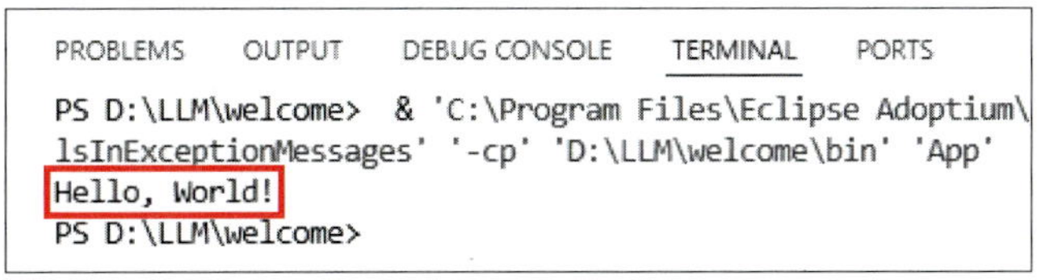

```
PROBLEMS    OUTPUT    DEBUG CONSOLE    TERMINAL    PORTS

PS D:\LLM\welcome>  & 'C:\Program Files\Eclipse Adoptium\
lsInExceptionMessages' '-cp' 'D:\LLM\welcome\bin' 'App'
Hello, World!
PS D:\LLM\welcome>
```

5.1.5 비주얼 스튜디오 코드에 EasyCode 익스텐션 설치하기

1. 비주얼 스튜디오 코드의 왼쪽 메뉴에서 **Extensions 아이콘**을 클릭한 후 **ChatGPT - EasyCode**를 검색해 **Install**을 클릭합니다.

▼ **그림 5-16** EasyCode 익스텐션 설치

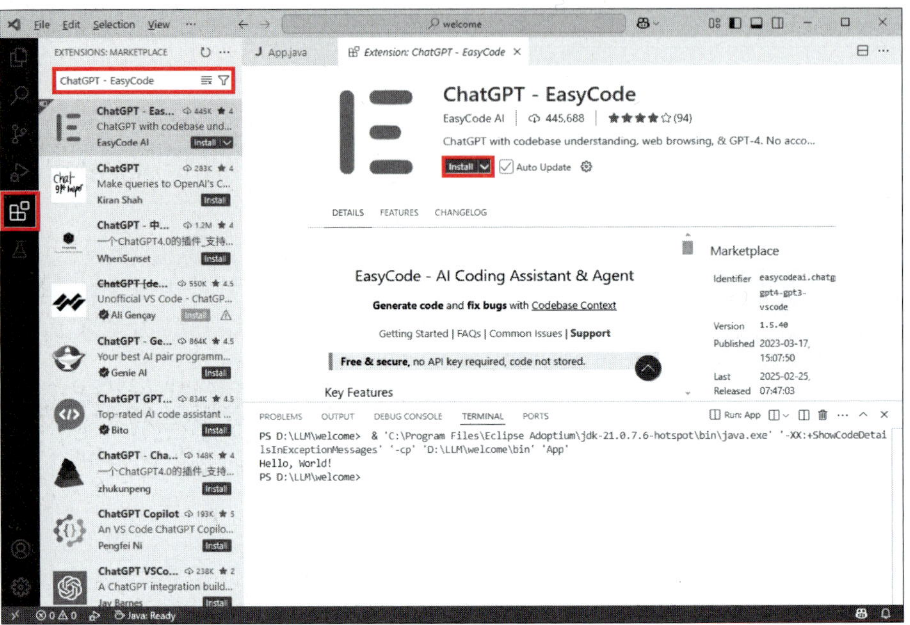

2. 익스텐션을 설치하면 왼쪽 메뉴에 EasyCode 아이콘이 활성화됩니다. **EasyCode 아이콘**을 클릭한 후 **Sign Up**을 클릭해 회원 가입합니다.

▼ **그림 5-17** EasyCode 회원 가입

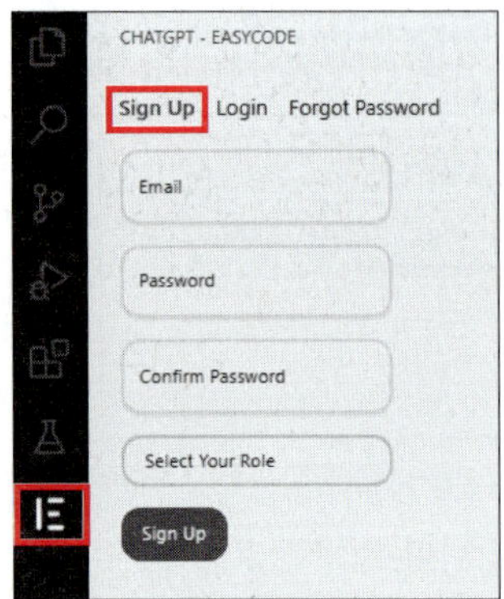

3. 가입을 완료하면 왼쪽 아래에 명령을 작성할 수 있는 란을 확인할 수 있습니다. 이제 이 부분을 클릭해 명령을 작성할 수 있습니다.

▼ 그림 5-18 명령 작성

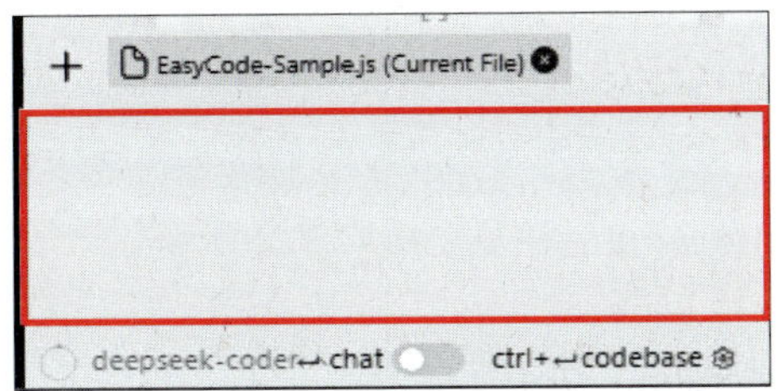

5.2 SECTION 코드 자동으로 생성하기

5.2.1 다양한 알고리즘 코드 자동으로 생성하기

LLM은 단순한 스크립트를 생성할 수 있으며 이에 그치지 않고, 복잡한 알고리즘을 구현하는 것도 가능합니다. 예를 들어 정렬, 탐색, 자료 구조와 같은 알고리즘을 작성할 수 있습니다.

EasyCode 익스텐션을 사용해 코드를 생성하는 명령을 작성하면 코드 설명과 함께 코드를 생성합니다.

정렬 알고리즘 코드 자동으로 생성하기

1. EasyCode 익스텐션을 사용해 정렬 알고리즘의 대표적인 알고리즘인 퀵 정렬 코드를 생성해 보겠습니다. EasyCode 익스텐션에 '자바로 퀵 정렬 코드를 작성해 줘.'라고 작성합니다.

프롬프트

```
자바로 퀵 정렬 코드를 작성해 줘.
```

2. 결과로 코드와 코드 설명이 함께 나옵니다. 이 코드를 실행한 결과 또한 확인할 수 있습니다.

▼ **그림 5-19** 생성된 퀵 정렬 코드

src/App.java

57 lines ▲

```
public class App {
    public static void main(String[] args) throws Exception {
        int[] arr = {10, 7, 8, 9, 1, 5};
        System.out.println("Original array:");
        printArray(arr);

        quickSort(arr, 0, arr.length - 1);

        System.out.println("Sorted array:");
        printArray(arr);
    }

    // QuickSort implementation
    public static void quickSort(int[] arr, int low, int high) {
        if (low < high) {
            // Partition the array around pivot
            int pi = partition(arr, low, high);

            // Recursively sort elements before and after partition
            quickSort(arr, low, pi - 1);
            quickSort(arr, pi + 1, high);
        }
    }

    // Partition function
    private static int partition(int[] arr, int low, int high) {
        int pivot = arr[high];
        int i = (low - 1); // index of smaller element

        for (int j = low; j < high; j++) {
            // If current element is smaller than or equal to pivot
            if (arr[j] <= pivot) {
                i++;

                // Swap arr[i] and arr[j]
                int temp = arr[i];
                arr[i] = arr[j];
                arr[j] = temp;
            }
        }

        // Swap arr[i+1] and arr[high] (or pivot)
        int temp = arr[i + 1];
        arr[i + 1] = arr[high];
        arr[high] = temp;

        return i + 1;
    }

    // Utility function to print array
    private static void printArray(int[] arr) {
        for (int i : arr) {
            System.out.print(i + " ");
        }
        System.out.println();
    }
}
```

Select a file
src/App.java
Apply

This implementation:

Adds a `quickSort` method that implements the main algorithm

Includes a `partition` helper method that handles the array partitioning

Adds a `printArray` utility method for displaying the array

Demonstrates the sorting with a sample array in the main method

The algorithm works by:

Selecting a pivot element (in this case, the last element)

Partitioning the array into elements less than and greater than the pivot

Recursively sorting the sub-arrays

When you run this program, it will output:

4 lines ▲

```
Original array:
10 7 8 9 1 5
Sorted array:
1 5 7 8 9 10
```

Select a file
src/App.java
Apply

팁

프롬프트 결과가 영어로 나온다면 한글로 작성해 달라고 다시 요청하면 됩니다.

프롬프트

```
코드 설명과 결과를 다시 알려 줘. 대신 한국어로 해 줘.
```

결과

```
물론이죠! 한국어로 설명드리겠습니다.
코드 설명
메인 클래스 (App)
프로그램의 시작점인 main 메소드가 포함되어 있습니다.
정렬할 배열을 초기화하고, 정렬 전후의 배열을 출력합니다.
퀵 정렬 메소드 (quickSort)
재귀적으로 배열을 정렬하는 메인 알고리즘입니다.
low와 high는 정렬할 배열의 시작과 끝 인덱스를 나타냅니다.
partition 메소드를 호출하여 피벗을 기준으로 배열을 분할합니다.
분할된 두 부분을 각각 재귀적으로 정렬합니다.
분할 메소드 (partition)
피벗을 기준으로 배열을 두 부분으로 나눕니다.
피벗보다 작은 요소는 왼쪽으로, 큰 요소는 오른쪽으로 이동시킵니다.
피벗의 최종 위치를 반환합니다.
```

3. 생성된 코드를 다음 실습에서 사용하려면 이를 저장해야 합니다. 생성된 코드 오른쪽 위에 있는 **Copy Code 아이콘**을 클릭합니다.

▼ **그림 5-20** 생성된 코드 복사

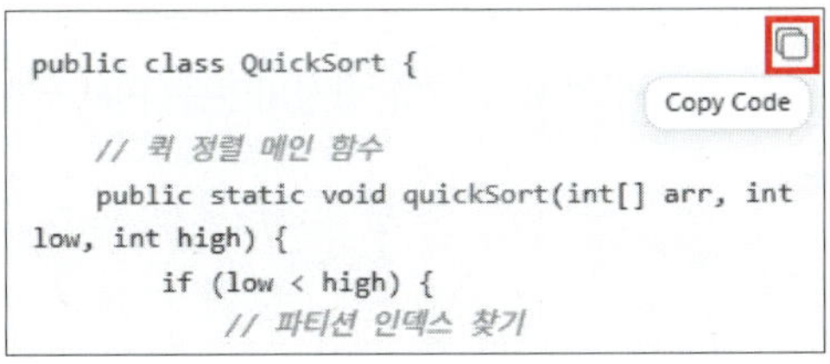

```
public class QuickSort {                         Copy Code

    // 퀵 정렬 메인 함수
    public static void quickSort(int[] arr, int
low, int high) {
        if (low < high) {
            // 파티션 인덱스 찾기
```

4. 5.1.4절에서 생성한 App.java로 이동하겠습니다. 왼쪽 위에 있는 **Explorer 아이콘**을 클릭한 다음 **src 폴더**에 있는 **App.java 파일**을 클릭합니다.

▼ **그림 5-21** App.java 파일로 이동

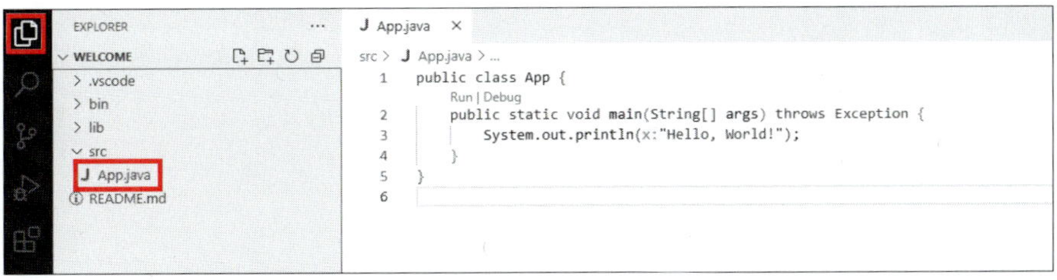

EXPLORER
WELCOME
> .vscode
> bin
> lib
∨ src
J App.java
ⓘ README.md

J App.java ×
src > J App.java > ...

```
public class App {
    Run | Debug
    public static void main(String[] args) throws Exception {
        System.out.println(x:"Hello, World!");
    }
}
```

5. App.java 코드를 모두 삭제한 뒤 Ctrl + V를 눌러 3에서 복사한 코드를 붙여 넣습니다. 생성된 코드의 클래스명이 `QuickSort`일 경우, 실행 중 오류가 발생합니다. 이를 방지하려면 클래스명을 `QuickSort`에서 App으로 수정합니다.

▼ **그림 5-22** 생성된 퀵 정렬 코드 붙여 넣기

```
public class App {
    public static void main(String[] args) throws Exception {
        int[] arr = {10, 7, 8, 9, 1, 5};
        System.out.println(x:"Original array:");
        printArray(arr);

        quickSort(arr, low:0, arr.length - 1);

        System.out.println(x:"Sorted array:");
        printArray(arr);
    }

    // QuickSort implementation
    public static void quickSort(int[] arr, int low, int high) {
        if (low < high) {
            // Partition the array around pivot
            int pi = partition(arr, low, high);

            // Recursively sort elements before and after partition
            quickSort(arr, low, pi - 1);
            quickSort(arr, pi + 1, high);
        }
    }
```

동적 프로그래밍 코드 자동으로 생성하기

동적 프로그래밍은 복잡한 문제를 더 작은 하위 문제로 나누어 해결하는 최적화 알고리즘입니다. 이번에는 EasyCode 익스텐션을 사용해 동적 프로그래밍의 예제 코드를 작성해 보겠습니다.

1. EasyCode 익스텐션에 '동적 프로그래밍 예제 코드를 자바로 작성해 줘.'라고 명령합니다.

프롬프트

동적 프로그래밍 예제 코드를 자바로 작성해 줘.

2. 동적 프로그래밍의 대표적인 예인 피보나치 수열을 활용해 작성된 자바 코드가 생성되었습니다. 코드 설명과 실행 결과도 함께 나오는 것을 확인할 수 있습니다.

▼ **그림 5-23** 생성된 동적 프로그래밍 예제 코드

```
public class FibonacciDP {

    // 메모이제이션을 위한 배열
    private static long[] memo;

    public static long fibonacci(int n) {
        // 기저 조건
        if (n <= 1) {
            return n;
        }

        // 이미 계산된 값이면 반환
        if (memo[n] != 0) {
            return memo[n];
        }

        // 계산 후 메모이제이션
        memo[n] = fibonacci(n - 1) + fibonacci(n - 2);
        return memo[n];
    }

    public static void main(String[] args) {
        int n = 50; // 계산할 피보나치 수열의 인덱스
        memo = new long[n + 1]; // 메모이제이션 배열 초기화

        long result = fibonacci(n);
        System.out.println("Fibonacci(" + n + ") = " + result);
    }
}
```

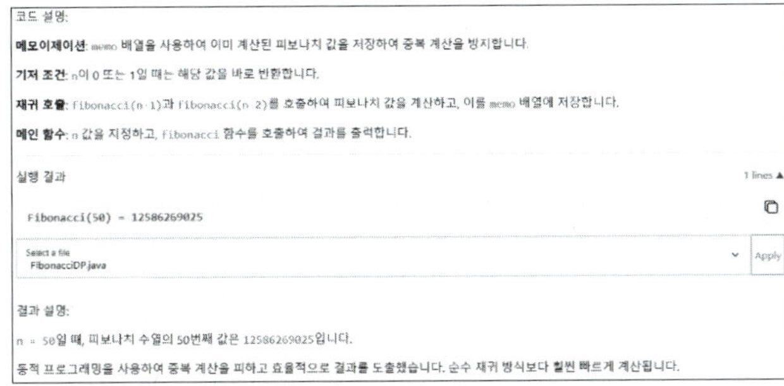

5.2.2 JUnit 테스트 코드 작성하기

코드를 구현하고 나면 다음으로 중요한 부분은 테스트 코드를 작성하는 부분일 것입니다. JUnit 테스트 코드는 자바 프로그램의 특정 기능이 제대로 작동하는지 확인해 주는 코드입니다.

LLM으로 단위 테스트 코드 생성을 자동화할 수 있습니다. LLM은 코드의 함수를 분석하여 예상되는 동작을 기반으로 JUnit 테스트 코드를 생성합니다.

JUnit Test 설정하기

1. JUnit Test를 활성화하기 위해서 왼쪽 **Testing 아이콘**을 클릭한 뒤 **Enable Java Tests**를 클릭합니다. 검색 창에 **JUnit Jupiter**를 검색해 선택합니다.

▼ **그림 5-24** JUnit Test 활성화

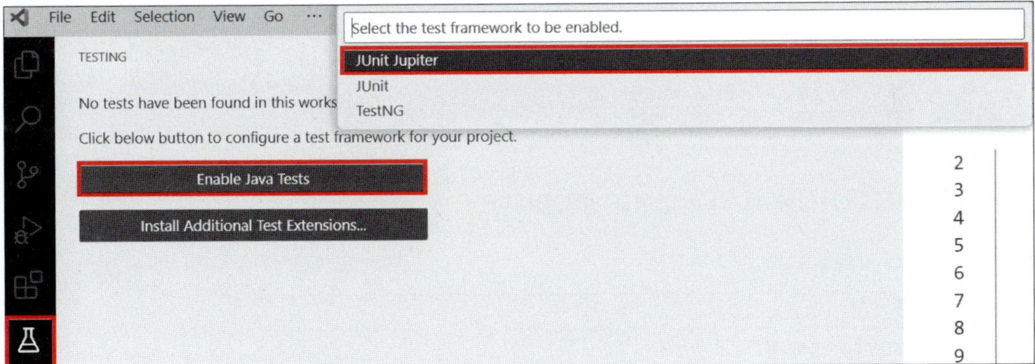

2. **Explorer 아이콘**을 클릭한 뒤 lib 폴더에 junit.jar 파일이 생성됐는지 확인합니다. 생성됐다면 JUnit Test 설정이 완료된 것입니다.

▼ **그림 5-25** 라이브러리 확인

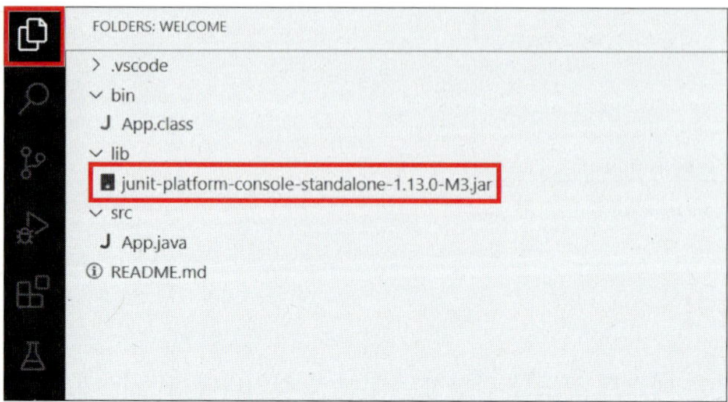

JUnit Test 코드 자동으로 생성하기

1. 5.2.1절에서 생성한 퀵 정렬 코드를 이용해 JUnit Test 코드를 작성합니다.

   EasyCode 아이콘을 클릭한 후 **+ Add Context**를 클릭하고 생성된 코드 **App.java**를 클릭합니다.

▼ **그림 5-26** JUnit Test 코드를 작성할 파일 선택

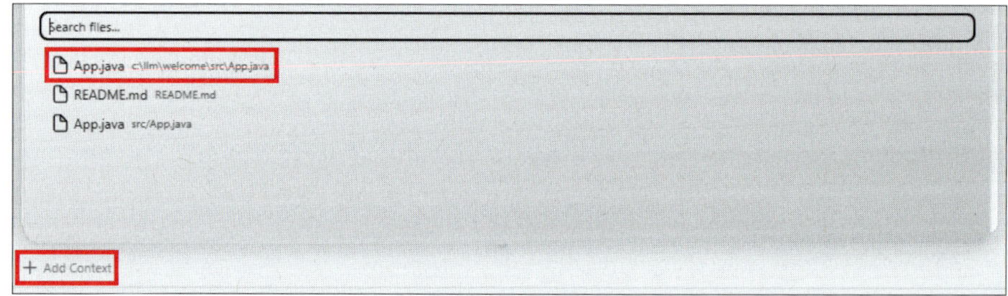

2. 'JUnit Test 코드를 작성해 줘.'라고 명령을 입력합니다.

▼ **그림 5-27** JUnit Test 코드 작성

3. 생성된 JUnit Test 코드의 오른쪽 위에 있는 **Copy Code 아이콘**을 클릭해 코드를 복사합니다.

▼ **그림 5-28** 생성된 JUnit Test 코드 예제

src/AppTest.java 59 lines ▲

```
import org.junit.jupiter.api.Test;
import static org.junit.jupiter.api.Assertions.*;

public class AppTest {

    @Test
    public void testQuickSort() {
        int[] arr = {10, 7, 8, 9, 1, 5};
        int[] expected = {1, 5, 7, 8, 9, 10};

        App.quickSort(arr, 0, arr.length - 1);
        assertArrayEquals(expected, arr);
    }

    @Test
    public void testQuickSortWithEmptyArray() {
        int[] arr = {};
        int[] expected = {};

        App.quickSort(arr, 0, arr.length - 1);
        assertArrayEquals(expected, arr);
    }
```

4. 이제 자바 클래스를 새로 만들어 생성한 코드를 붙여 넣겠습니다. **Explorer 아이콘**을 클릭하고 **src 폴더**를 오른쪽 클릭합니다. **New Java File** > **Class**를 클릭합니다.

▼ **그림 5-29** 자바 클래스 생성

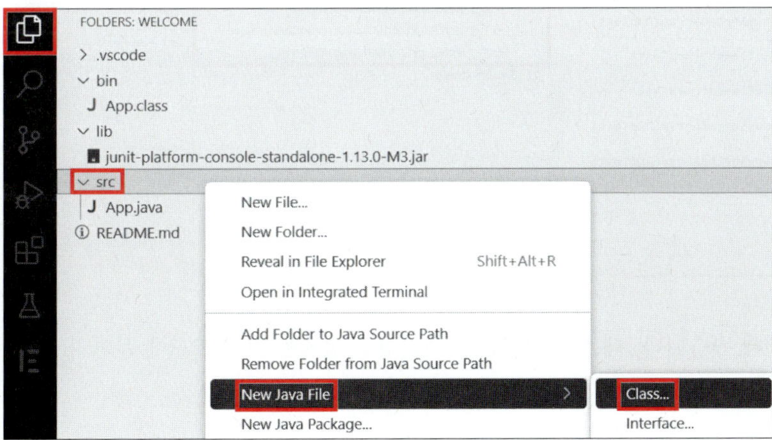

5. 클래스명을 **AppTest**로 작성하고 Enter를 누릅니다.

▼ **그림 5-30** AppTest.java 파일 생성

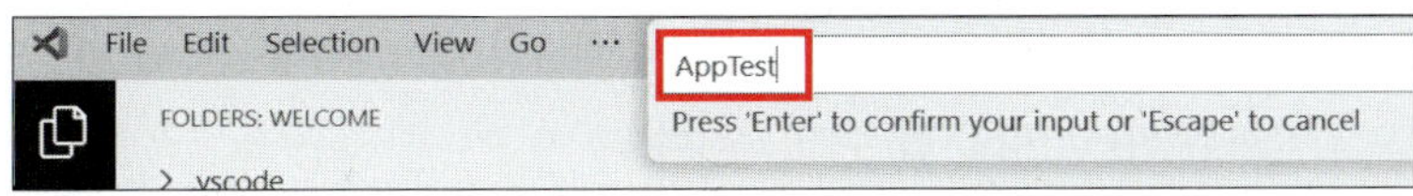

6. 복사한 JUnit Test 코드를 AppTest.java 파일에 Ctrl + V를 눌러 붙여 넣습니다. AppTest Class 왼쪽의 **실행 아이콘**을 클릭합니다.

▼ 그림 5-31 AppTest 코드 실행

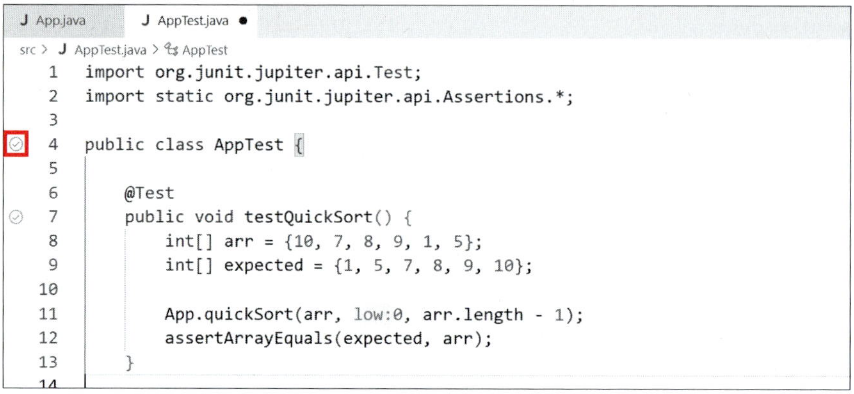

```
J App.java    J AppTest.java ●
src > J AppTest.java > AppTest
import org.junit.jupiter.api.Test;
import static org.junit.jupiter.api.Assertions.*;

public class AppTest {

    @Test
    public void testQuickSort() {
        int[] arr = {10, 7, 8, 9, 1, 5};
        int[] expected = {1, 5, 7, 8, 9, 10};

        App.quickSort(arr, low:0, arr.length - 1);
        assertArrayEquals(expected, arr);
    }
```

7. 오른쪽 아래에서 **TEST RESULTS**를 클릭하면 실행 결과를 볼 수 있습니다. 퀵 정렬 코드가 다양한 테스트를 성공적으로 통과한 것을 확인할 수 있습니다.

▼ 그림 5-32 코드 실행 결과

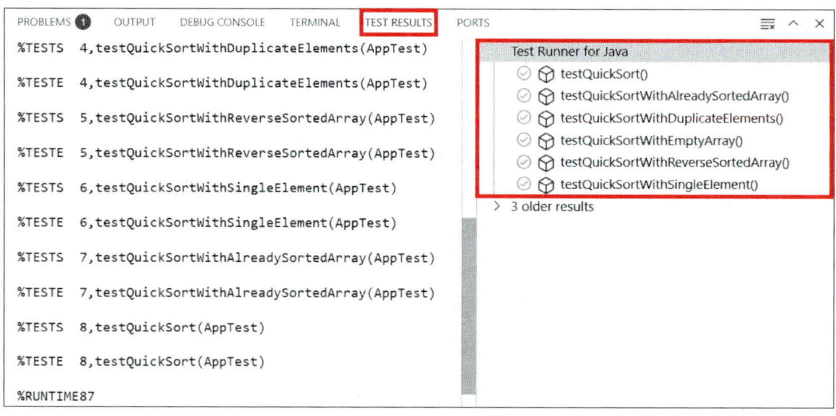

테스트 코드를 생성하고 실행해 봤습니다. 테스트 코드는 리팩터링 과정에서 기존 코드에 문제가 없는지를 확인하는 중요한 도구입니다.

5.2.3 자동으로 코드 리팩터링하기

리팩터링이란 코드에서 기능은 그대로 유지하면서 더 읽기 쉽고 관리하기 쉽게 개선하는 과정입니다. 사용하지 않는 코드 또는 중복된 코드를 지우고, 코드의 로직을 깨끗하고 이해하기 쉽게 유지하는 데 필수입니다. LLM은 기능을 변경하지 않고 최적화된 리팩터링을 할 수 있습니다.

1. 리팩터링을 수행하기 위해 새로운 자바 클래스를 생성합니다. **Explorer 아이콘**을 클릭하고 **src 폴더**를 마우스 오른쪽 버튼으로 클릭합니다. **New Java File > Class**를 클릭합니다.

▼ **그림 5-33** 자바 클래스 생성

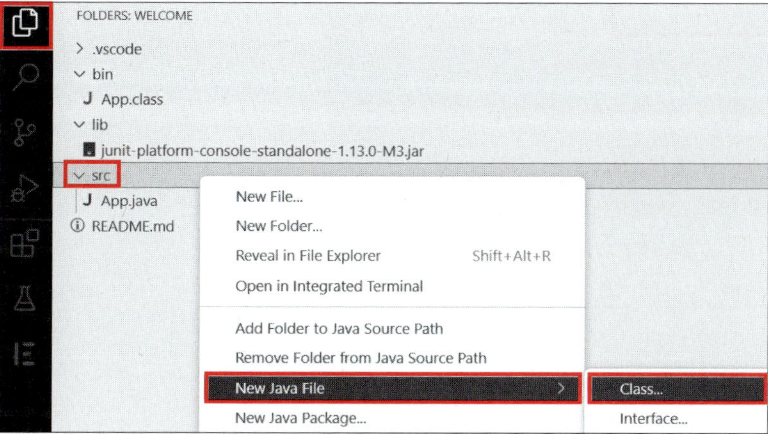

2. 클래스명을 **Refactoring**으로 작성하고 Enter를 누릅니다.

▼ **그림 5-34** 클래스명 입력

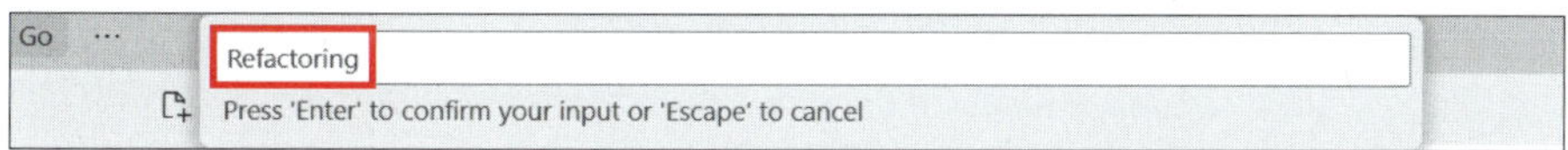

3. 간단한 예제를 통해 코드 리팩터링을 수행해 봅시다. 다음 예제 코드는 두 숫자를 입력받아 더 큰 숫자를 리턴하는 함수입니다. 예제 코드를 Refactoring.java에 작성합니다.

코드 Refactoring.java

```
public class Refactoring {
    public static int max(int a, int b) {
        if(a > b) {
            return a;
        } else if (a == b) {
            return a;
        } else {
            return b;
        }
    }
    public static void main(String[] args) {
        System.out.println("더 큰 수는: " + max(5, 10));
    }
}
```

4. **EasyCode 아이콘**을 클릭해 이동합니다. **+ Add Context**를 클릭하고 **Refactoring.java**를 선택합니다.

▼ **그림 5-35** Refactoring.java 파일 선택

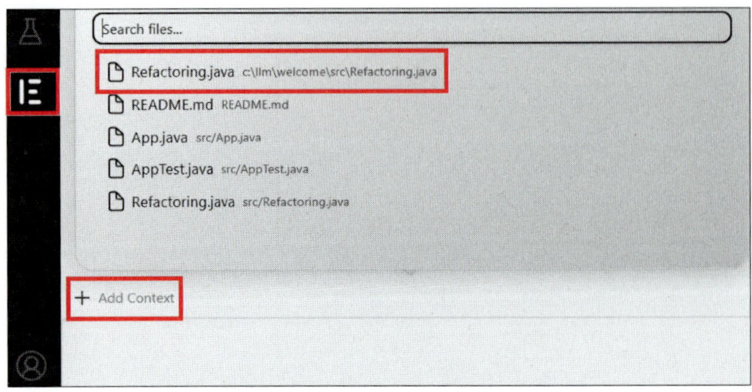

5. 리팩터링을 위한 명령을 입력하고 Enter를 누릅니다.

▼ **그림 5-36** 리팩터링 명령 입력

6. 리팩터링된 코드를 보면, max 함수의 내용이 한 줄로 바뀐 것을 확인할 수 있습니다. 기능은 같지만 코드가 짧아져 가독성이 더 좋아졌습니다. 코드를 실행하기 위해 **Copy Code 아이콘**을 클릭해 코드를 복사합니다.

▼ **그림 5-37** 리팩터링된 코드

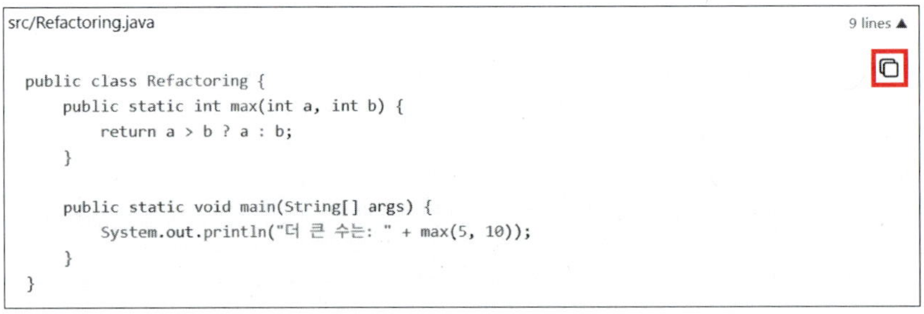

src/Refactoring.java 9 lines ▲

```
public class Refactoring {
    public static int max(int a, int b) {
        return a > b ? a : b;
    }

    public static void main(String[] args) {
        System.out.println("더 큰 수는: " + max(5, 10));
    }
}
```

7. 복사한 코드를 Refactoring.java 파일에 붙여 넣기 전에, 기존 코드를 삭제합니다. 그런 다음 Ctrl + V를 눌러 새 코드를 붙여 넣고, **Run**을 클릭합니다.

코드를 실행한 결과, 리팩터링하기 전과 동일한 출력이 나타나는 것을 확인할 수 있습니다.

▼ **그림 5-38** 리팩터링한 코드를 실행한 결과

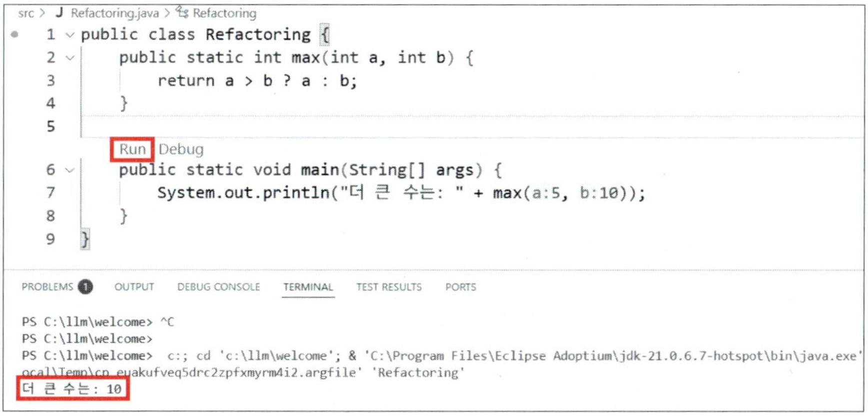

src > Refactoring.java > Refactoring

```java
public class Refactoring {
    public static int max(int a, int b) {
        return a > b ? a : b;
    }

    Run | Debug
    public static void main(String[] args) {
        System.out.println("더 큰 수는: " + max(a:5, b:10));
    }
}
```

PROBLEMS 1 OUTPUT DEBUG CONSOLE TERMINAL TEST RESULTS PORTS

```
PS C:\llm\welcome> ^C
PS C:\llm\welcome>
PS C:\llm\welcome>  c:; cd 'c:\llm\welcome'; & 'C:\Program Files\Eclipse Adoptium\jdk-21.0.6.7-hotspot\bin\java.exe'
ocal\Temp\cp_euakufveq5drc2zpfxmyrm4i2.argfile' 'Refactoring'
더 큰 수는: 10
```

5.3 SECTION 코드 설명하기

LLM은 코드를 이해하고 설명하는 데 뛰어난 능력을 갖추고 있습니다. 코드를 분석해 주석이나 문서를 생성함으로써 소프트웨어의 유지보수성을 향상시킬 수 있습니다.

5.3.1 코드 주석 만들기

5.2.1절에서 생성한 퀵 정렬 코드에 코드 주석을 생성해 보겠습니다.

1. **Explorer 아이콘**을 클릭한 후 **src 폴더**에 있는 **App.java 파일**을 클릭합니다.

▼ **그림 5-39** App.java 파일 확인

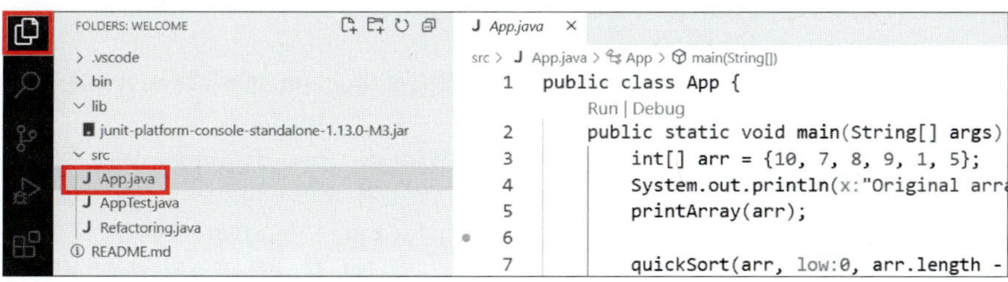

2. **EasyCode 아이콘**을 클릭해 이동합니다. **+ Add Context**를 클릭하고 **App.java**를 선택합니다.

▼ **그림 5-40** App.java 파일 선택

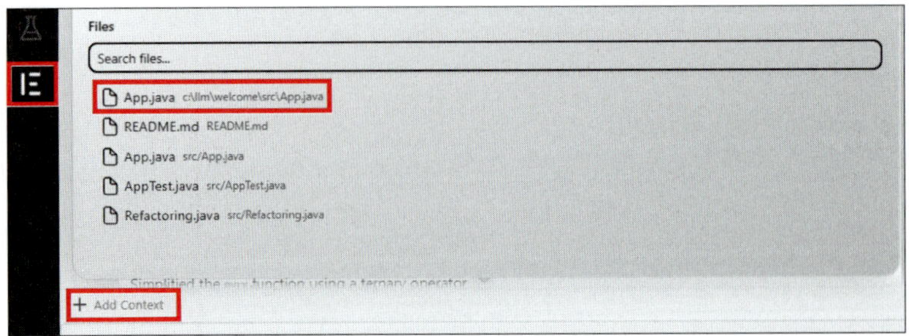

3. 퀵 정렬의 핵심인 partition 함수에 주석을 추가해 보겠습니다. 이 함수는 퀵 정렬 알고리즘을 이해하는 데 매우 중요하므로, 주석이 있으면 큰 도움이 됩니다.

▼ **그림 5-41** 주석 생성 명령

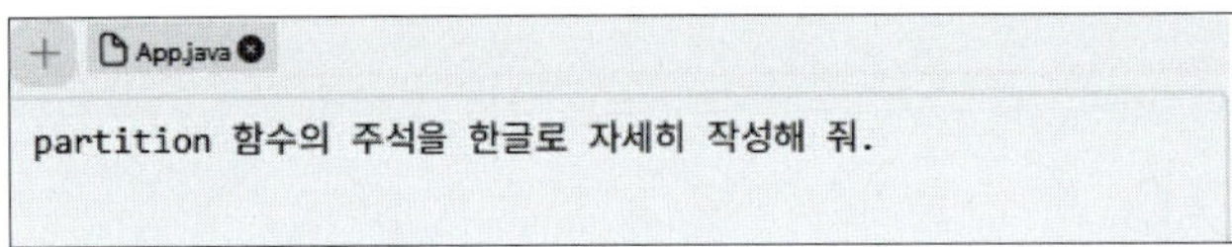

코드 주석을 자세히 생성하기 전과 후를 비교해 봅시다.

생성 전

```
// 파티션 함수
    private static int partition(int[] arr,
int low, int high) {
        int pivot = arr[high]; // 피벗 요소(마
지막 요소 선택)
        int i = (low - 1);      // 작은 요소의
인덱스

        for (int j = low; j < high; j++) {
            // 현재 요소가 피벗보다 작거나 같
으면
            if (arr[j] <= pivot) {
                i++;
                // arr[i]와 arr[j] 교환
                int temp = arr[i];
                arr[i] = arr[j];
                arr[j] = temp;
            }
        }
```

생성 후

```
// 파티션 함수
    private static int partition(int[] arr, int
low, int high) {
        // 피벗 요소 선택(여기서는 배열의 마지막
요소를 피벗으로 선택)
        int pivot = arr[high];

// 작은 요소들의 마지막 인덱스를 가리키는 변수(초기
값은 low - 1)
        int i = (low - 1);

        // 배열을 순회하며 피벗보다 작거나 같은 요
소들을 찾음
        for (int j = low; j < high; j++) {
            // 현재 요소가 피벗보다 작거나 같으면
            if (arr[j] <= pivot) {
                i++; // 작은 요소의 인덱스를 증가
시킴

                // arr[i]와 arr[j]를 교환하여 작
은 요소를 왼쪽으로 이동
```

```
        // 피벗 요소를 올바른 위치로 교환
        int temp = arr[i + 1];
        arr[i + 1] = arr[high];
        arr[high] = temp;

        return i + 1; // 파티션 인덱스 반환
    }
```

```
                int temp = arr[i];
                arr[i] = arr[j];
                arr[j] = temp;
            }
        }

        // 피벗 요소를 올바른 위치로 이동
        // i + 1 위치가 피벗의 최종 위치가 됨
        int temp = arr[i + 1];
        arr[i + 1] = arr[high];
        arr[high] = temp;

        // 피벗의 최종 위치를 반환
        return i + 1;
    }
```

5.3.2 API 문서 만들기

REST API를 개발할 때 API 문서를 작성하는 일은 번거롭지만 반드시 필요한 작업입니다. API 문서는 함수의 목적, 매개변수, 응답 형식, 사용 예제 등 다양하고 상세한 정보를 제공해 다른 개발자가 해당 API를 효과적으로 이해하고 활용할 수 있도록 돕습니다. 이러한 작업은 반복적이고 시간이 많이 소요될 수 있는데, LLM은 소스 코드를 분석하고 문서를 생성함으로써 개발자가 더 창의적인 작업에 집중할 수 있게 합니다.

지금부터 간단한 소스 코드 예제를 통해 API 문서를 작성해 보겠습니다.

1. **Explorer 아이콘**을 클릭하고 **src 폴더**를 마우스 오른쪽 버튼으로 클릭합니다. **New Java File** > **Class**를 클릭합니다.

▼ **그림 5-42** 자바 클래스 생성

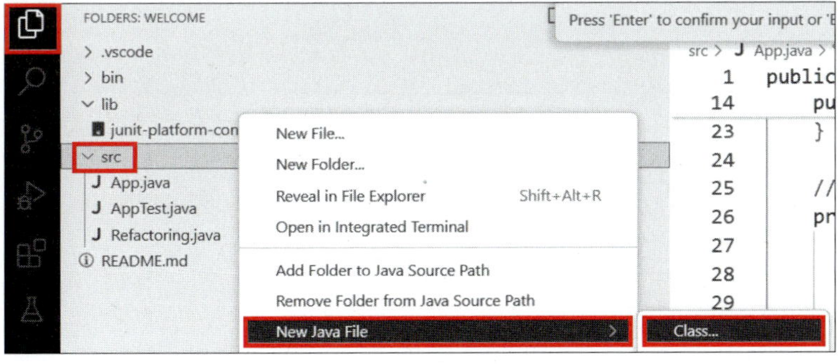

2. 클래스명을 **ApiController**로 입력합니다.

▼ **그림 5-43** ApiController.java 생성

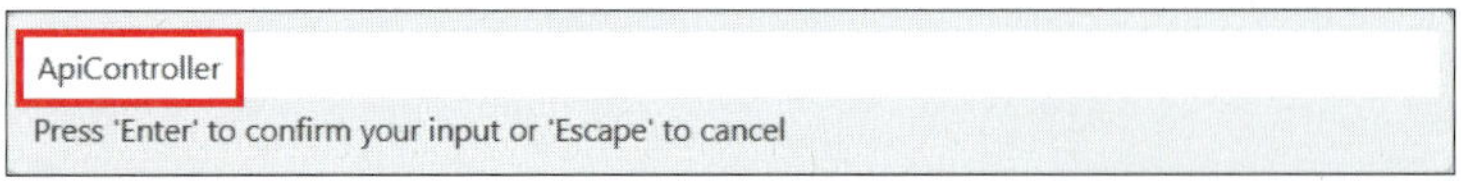

ApiController

Press 'Enter' to confirm your input or 'Escape' to cancel

3. 다음은 특정 사용자의 사용자 ID에 해당하는 정보를 반환하는 Spring Framework[1] API 예제 코드입니다. ApiController.java에 해당 코드를 입력합니다.

코드 ApiController.java

```
@RestController
@RequestMapping("/users")
public class ApiController {
    @GetMapping("/{userId}")
    public User getUserById(@PathVariable String userId) {
        return new User (userId, string: "John Doe", string2: "john.doe@example.com");
    }
}
```

4. **EasyCode 아이콘**을 클릭해 이동합니다. **+ Add Context**를 클릭하고 생성된 코드 **ApiController.java**를 선택합니다.

▼ **그림 5-44** ApiController.java 파일 선택

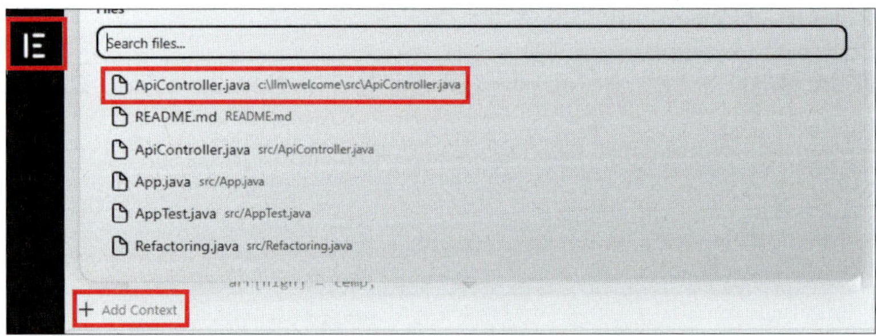

5. LLM으로 API 문서를 생성하기 위한 명령을 입력합니다.

▼ **그림 5-45** API 문서 생성 명령

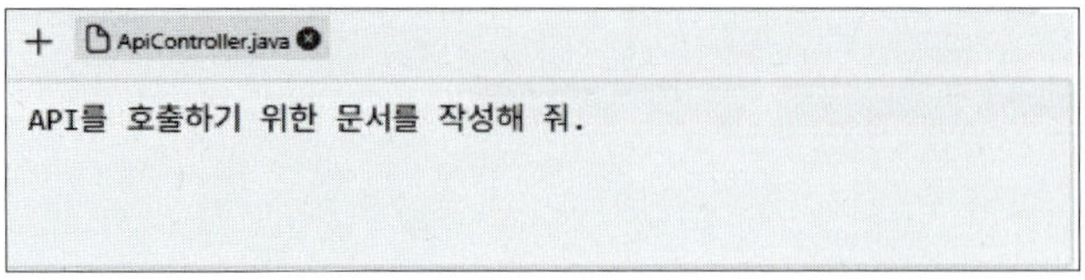

\+ ApiController.java

API를 호출하기 위한 문서를 작성해 줘.

1 자바 플랫폼을 위한 오픈소스 애플리케이션 프레임워크입니다.

6. 결과를 보면, 생성된 API 문서에는 API URL, 요청 메서드, 요청 및 응답 형식, 예제 등이 포함되어 있습니다.

▼ 그림 5-46 생성된 API 문서

사용자 관리 API 문서
1. 사용자 정보 조회 API

기본 정보

URL: /users/{userId}

Method: GET

Content-Type: application/json

요청

Path Parameters

| 파라미터 | 타입 | 설명 | 필수 | 예시 | |----------|--------|------------------------|-----|------------| | userId | String | 조회할 사용자의 고유 ID | 필수 | "user12345" |

Example Request ▲

```
GET /users/user12345 HTTP/1.1
Host: localhost:8080
Accept: application/json
```

Select a file Apply

응답

성공 응답 (200 OK) ▲

```
{
    "userId": "user12345",
    "name": "John Doe",
    "email": "john.doe@example.com"
}
```

Select a file Apply

Python (requests) ▲

```
import requests

response = requests.get(
    "http://localhost:8080/users/user12345",
    headers={"Accept": "application/json"}
)
print(response.json())
```

Select a file Apply

JavaScript (fetch) ▲

```
fetch('http://localhost:8080/users/user12345', {
    method: 'GET',
    headers: {
        'Accept': 'application/json'
    }
})
.then(response => response.json())
.then(data => console.log(data))
.catch(error => console.error('Error:', error));
```

Select a file Apply

이처럼 자동화된 API 문서를 생성해 두면 개발 속도를 높이고, 더 높은 품질의 문서를 유지하는 데 도움을 줍니다.

5.4 SECTION 프로그램 관련 다양한 활용 팁

LLM은 개발자가 변수명과 함수명을 결정하거나 SQL 쿼리를 최적화하는 데 도움을 줄 수 있습니다.

5.4.1 변수명과 함수명 추천받기

코드를 작성할 때 이해하기 쉽고 명확한 변수명과 함수명을 사용하는 것은 코드 가독성을 높입니다. LLM은 코드의 문맥에 맞는 적절한 이름을 추천해 소프트웨어 유지보수성을 크게 향상시킬 수 있습니다.

1. 실습을 위해 새로운 자바 클래스를 생성합니다. **Explorer 아이콘**을 클릭하고 **src 폴더**를 마우스 오른쪽 버튼으로 클릭합니다. **New Java File > Class**를 클릭합니다.

▼ **그림 5-47** 자바 클래스 생성

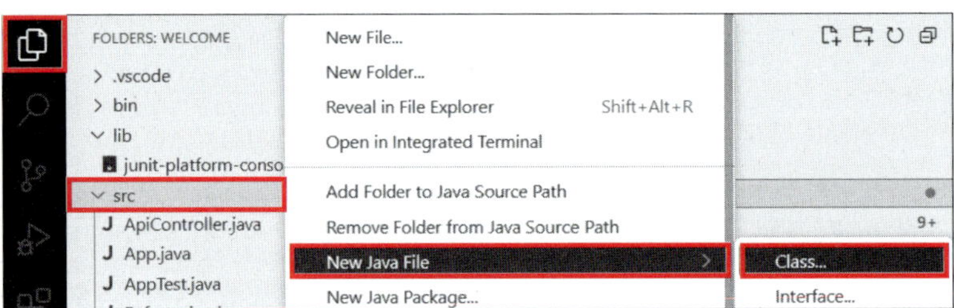

2. 클래스명을 **ShoppingCart**로 입력하고 Enter를 누릅니다.

▼ **그림 5-48** ShoppingCart.java 생성

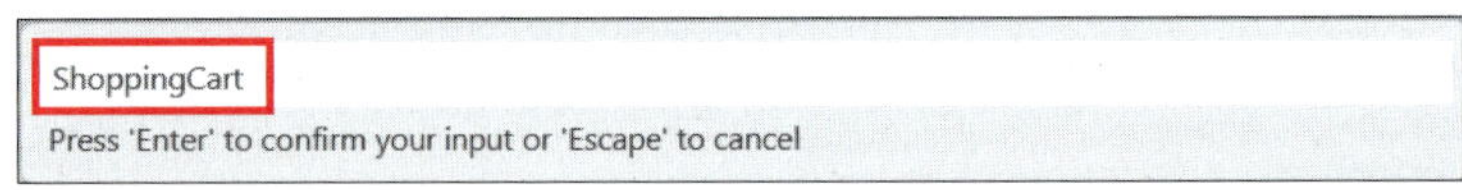

3. 다음 코드를 ShoppingCart.java에 작성합니다.이 코드는 쇼핑몰에서 모든 상품의 합계를 계산하는 소스 코드입니다. 그러나 함수명을 a로, 변수명을 b로 작성해서 코드의 가독성이 떨어집니다. LLM으로 두 이름을 추천받아 보겠습니다.

코드 ShoppingCart.java

```
public class ShoppingCart {
    public int a(int[] items) {
        int b = 0;
        for (int i : items) {
            b+= i;
        }
        return b;
    }
}
```

4. **EasyCode 아이콘**을 클릭해 이동합니다. **+ Add Context**를 클릭하고 **ShoppingCart.java**를 선택합니다.

▼ **그림 5-49** ShoppingCart.java 파일 선택

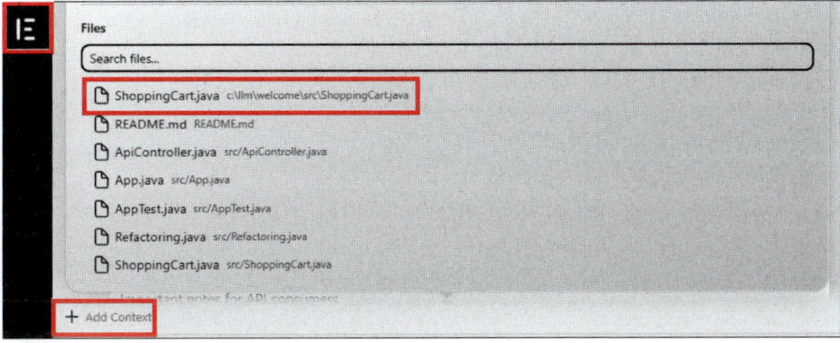

5. 변수명과 함수명을 추천받기 위해서 명령어를 입력합니다.

프롬프트

코드 가독성을 높이기 위해 변수명과 함수명을 추천해 줘.

6. 함수 a는 calculateTotalPrice로 변경되어 전체 가격을 계산하는 기능임을 명확히 나타냅니다. 변수 b는 totalPrice로 바뀌어 전체 가격을 의미함을 분명히 드러냅니다.

▼ **그림 5-50** 추천받은 변수명과 함수명

src/ShoppingCart.java 9 lines ▲

```
public class ShoppingCart {
    public int calculateTotalPrice(int[] itemPrices) {
        int totalPrice = 0;
        for (int price : itemPrices) {
            totalPrice += price;
        }
        return totalPrice;
    }
}
```

ShoppingCart.java의 변수명과 함수명을 바꾸기 전과 후를 비교해 봅시다.

바꾸기 전

```
public class ShoppingCart {
    public int a(int[] items) {
        int b = 0;
        for (int i : items) {
            b+= i;
        }
        return b;
    }
}
```

바꾼 후

```
public class ShoppingCart {
    public int calculateTotalPrice(int[] 
itemPrices) {
        int totalPrice = 0;
        for (int price : itemPrices) {
            totalPrice += price;
        }
        return totalPrice;
    }
}
```

5.4.2 SQL문 최적화하기

LLM은 SQL 문을 생성할 뿐만 아니라 SQL 쿼리를 분석하고 최적화하는 데도 도움을 줄 수 있습니다. 쿼리의 구조와 성능을 빠르게 분석해 효율적으로 실행하기 위한 개선점을 제안합니다. JOIN의 순서를 변경하거나 서브 쿼리를 제거하고, 인덱스를 활용하는 등 더 효율적인 쿼리를 작성하도록 지원합니다.

간단한 예제를 통해 SQL 문을 최적화하는 방법을 살펴보겠습니다.

1. 실습을 위해 새로운 sql 파일을 생성하겠습니다. **Explorer 아이콘**을 클릭하고 **src 폴더**를 마우스 오른쪽 버튼으로 클릭합니다. **New File**을 클릭합니다.

▼ **그림 5-51** SQL 파일 생성

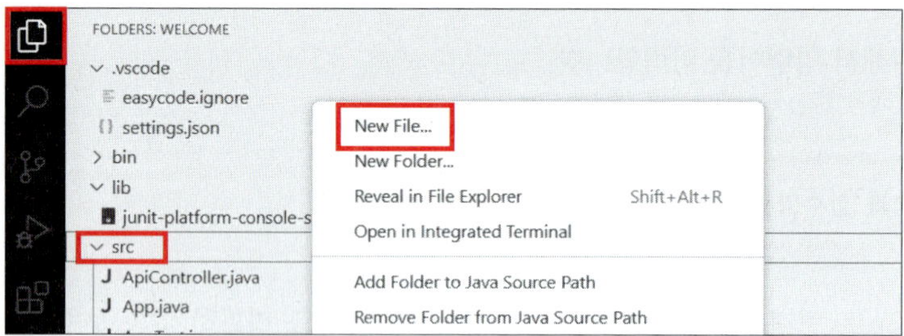

2. **user.sql**을 입력하고 Enter를 누릅니다.

▼ **그림 5-52** user.sql 생성

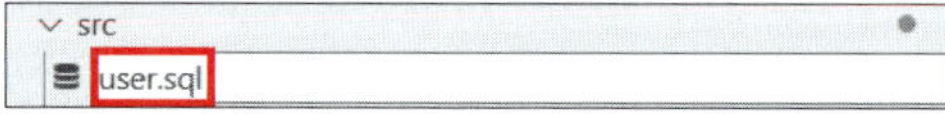

3. 다음 쿼리를 user.sql에 작성합니다. 구매 테이블에서 30세 미만 고객의 이름을 조회하는 SQL 문입니다.

코드 user.sql

```
SELECT userName
FROM user
WHERE userId IN (SELECT userId FROM order WHERE age < 30);
```

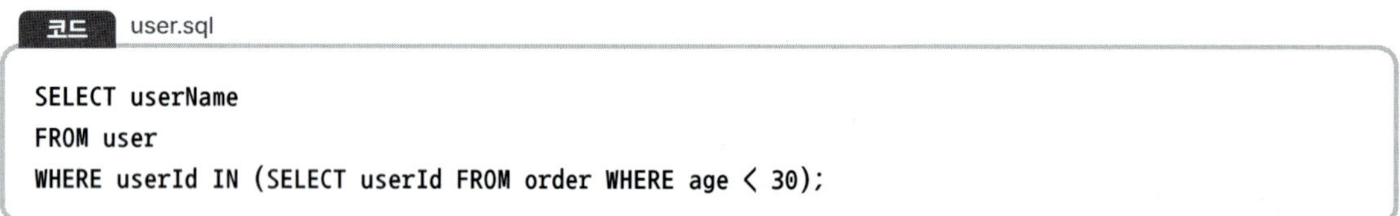

4. **EasyCode 아이콘**을 클릭해 이동합니다. **+ Add Context**를 클릭하고 **user.sql**을 선택합니다.

▼ **그림 5-53** user.sql 파일 선택

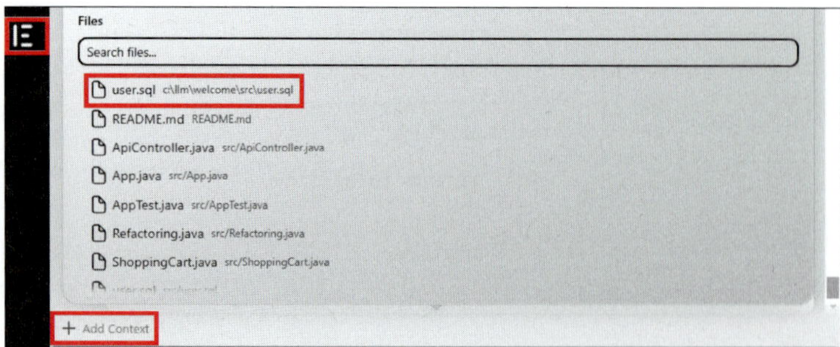

5. 쿼리를 최적화하는 명령어를 작성한 뒤 Enter를 누릅니다.

프롬프트

쿼리를 최적화해 줘.

6. 서브 쿼리를 제거하고 JOIN을 사용해 쿼리를 최적화했습니다. 서브 쿼리 대신 JOIN을 사용하면 쿼리 성능이 향상됩니다.

▼ **그림 5-54** 쿼리 최적화 결과

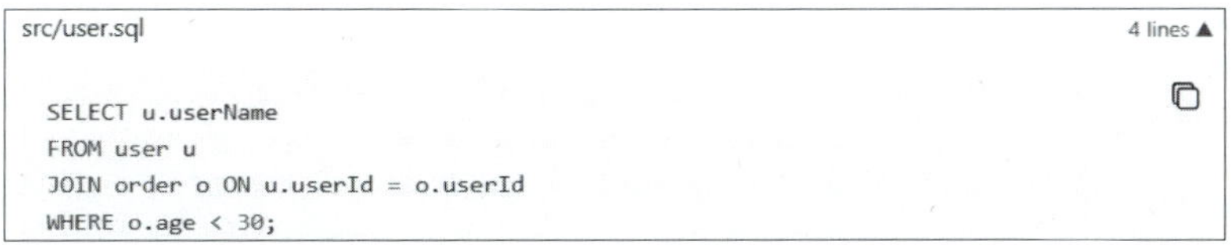
src/user.sql 4 lines ▲

```
SELECT u.userName
FROM user u
JOIN order o ON u.userId = o.userId
WHERE o.age < 30;
```

5.5 SECTION LLM을 이용한 챗봇 서비스 개발하기

지금까지 배운 내용을 바탕으로 LLM을 활용한 페어 프로그래밍 형태의 챗봇 서비스를 개발해 보겠습니다. 개발자는 보통 구글에서 검색해 참고 자료를 찾아가며 개발을 진행합니다. 그러나 이러한 검색 작업은 시간이 많이 들고 여러 노력을 기울여야 합니다.

챗GPT와 상호작용을 하면 더 빠르고 쉽게 검색할 수 있어 개발자는 좀 더 창의적인 활동에 집중할 수 있습니다. 따라서 챗GPT를 이용해 개발자의 생산성을 높이는 방법을 살펴보고자 합니다. 챗GPT 기능 중에는 글쓰기와 코딩 협업에 최적화된 '캔버스' 기능이 있습니다. 이 캔버스를 활용해 서비스를 구현하겠습니다.

▼ **그림 5-55** 챗GPT 캔버스

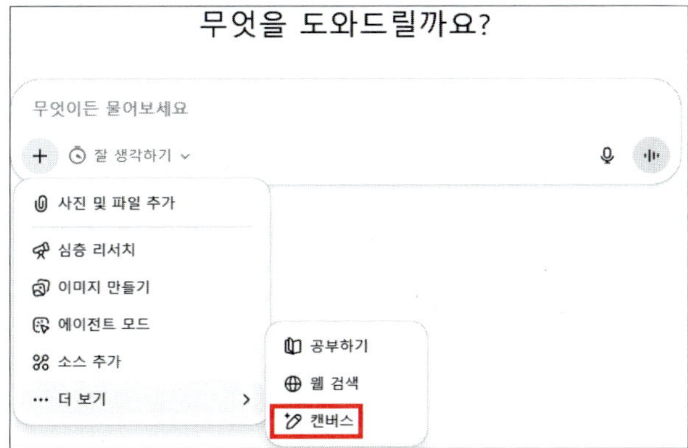

서비스를 구현하기 위해 Node.js와 익스프레스(Express)를 사용해 백엔드를 구축하고, HTML, CSS, 자바스크립트(JavaScript)로 프런트엔드를 개발합니다. Node.js는 서버에서 자바스크립트를 사용하게 하는 프로그램입니다. 자바스크립트는 높은 생산성과 편리성을 갖추고 있어, 백엔드 영역으로 확장되며 풀스택 개발을 더욱 쉽게 만듭니다. 익스프레스는 웹 및 모바일 애플리케이션을 제작하는 데 다양한 기능을 제공하는 Node.js 프레임워크로, 이를 사용하면 Node.js 기반 서버를 손쉽게 구축할 수 있습니다.

5.5.1 환경 설정하기

이번 절에서 사용하는 IDE는 비주얼 스튜디오 코드로 5.1절에서 이미 설치했습니다. 여기에서는 Node.js 설치부터 진행하겠습니다.

Node.js 설치하기

1. Node.js 웹 사이트에 접속하여 설치 파일을 내려받습니다.

URL https://nodejs.org/ko/download

▼ 그림 5-56 Node.js 설치 파일 내려받기

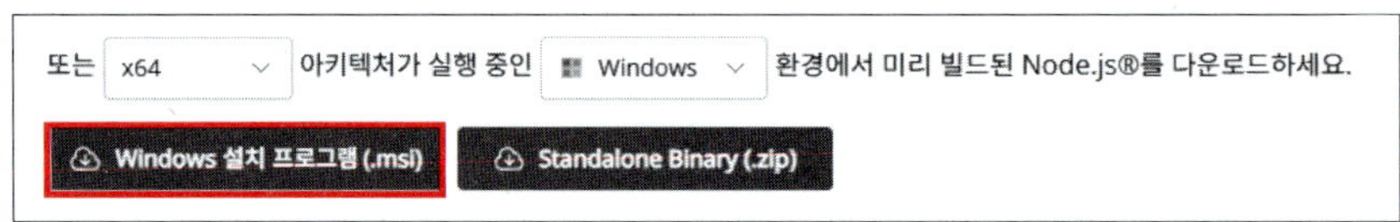

2. 계속해서 **Next**를 클릭한 뒤 마지막에 **Install**을 클릭해 설치를 마무리합니다.

▼ 그림 5-57 Node.js 설치

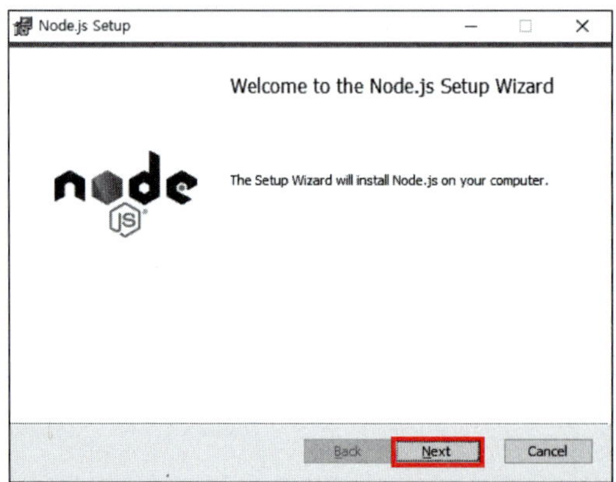

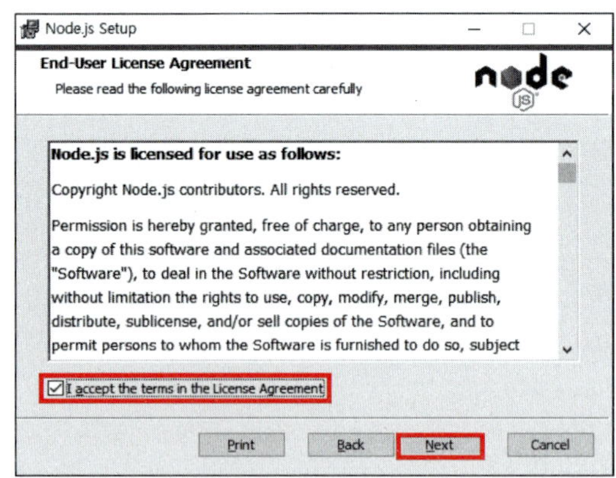

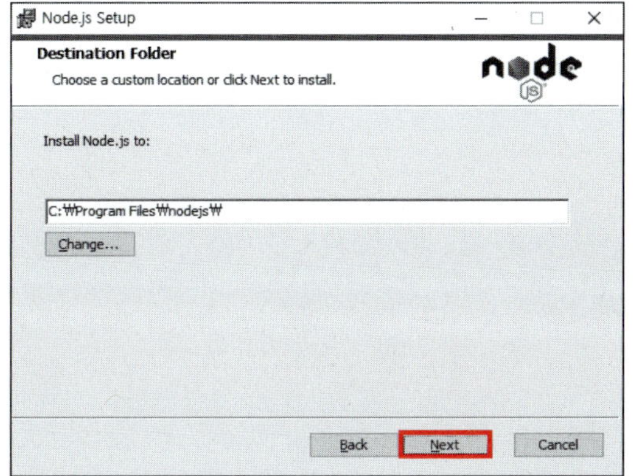

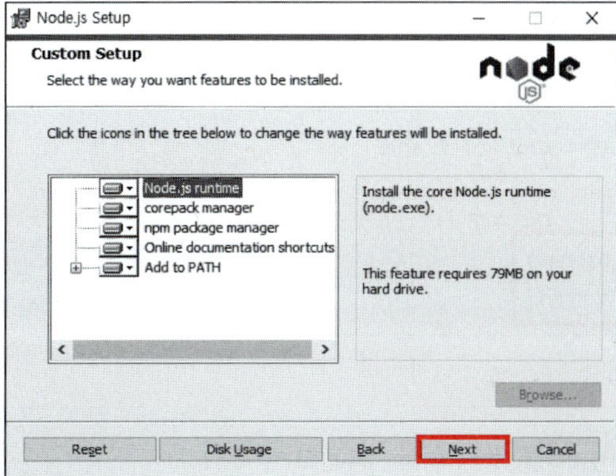

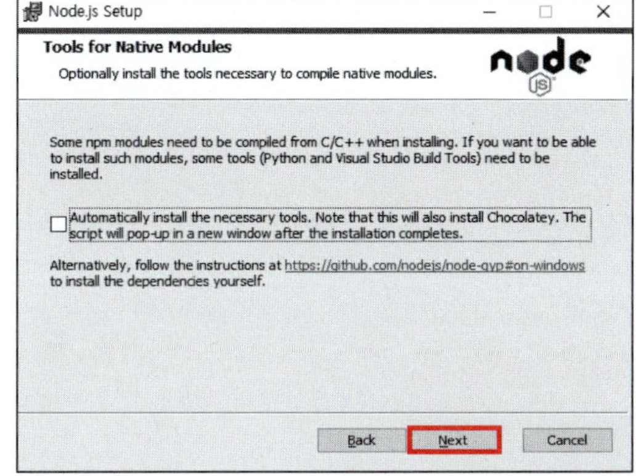

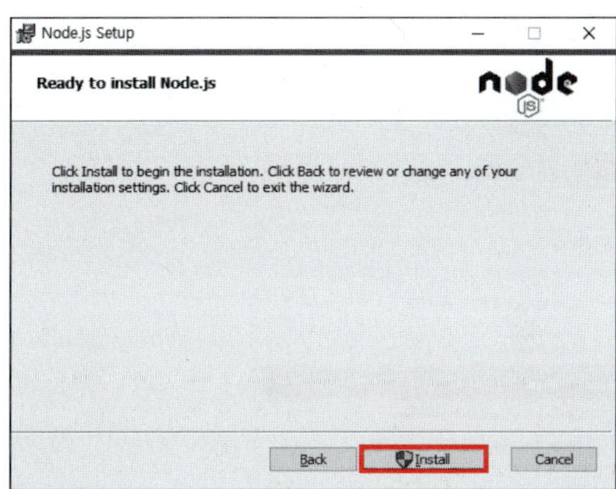

폴더 만들기

1. C:₩ 드라이브에 **chat**이라는 폴더를 생성합니다.

▼ **그림 5-58** chat 폴더 생성

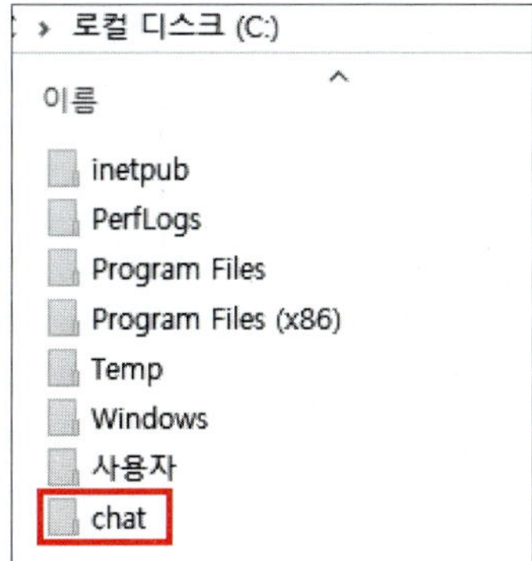

2. C:₩chat 폴더에 **backend** 폴더와 **frontend** 폴더를 생성합니다.

▼ **그림 5-59** backend, frontend 폴더 생성

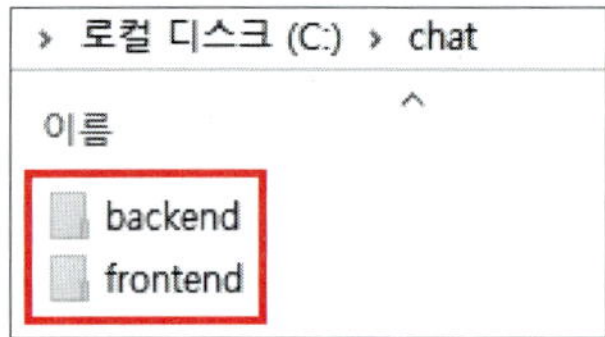

OpenAI API와 익스프레스 설치하기

1. 비주얼 스튜디오 코드에서 **File > Open Folder**를 클릭합니다.

▼ **그림 5-60** 폴더 열기

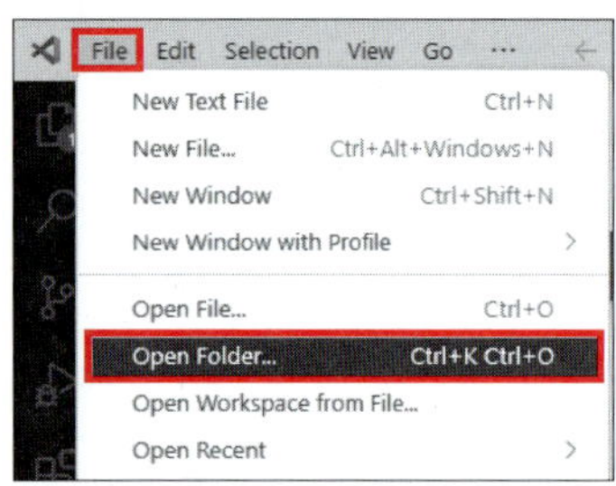

2. 백엔드 구축을 먼저 진행할 예정이기 때문에 C:₩chat₩backend 폴더를 선택하겠습니다.

▼ **그림 5-61** backend 폴더 선택

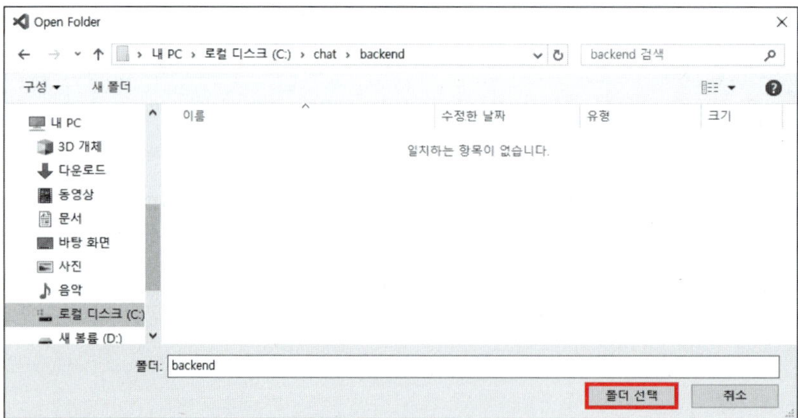

3. **New File 아이콘**을 클릭하고 **index.js** 파일을 생성합니다.

▼ **그림 5-62** index.js 파일 생성

4. 생성한 index.js에 간단한 코드를 입력하겠습니다. 다음과 같이 코드를 입력합니다.

▼ **그림 5-63** 코드 입력

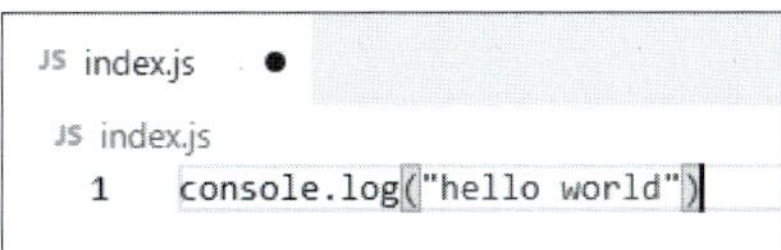

5. 입력한 코드가 잘 실행되는지 터미널에서 확인하겠습니다. 메뉴에서 **Terminal** > **New Terminal**을 클릭합니다.

▼ **그림 5-64** New Terminal 클릭

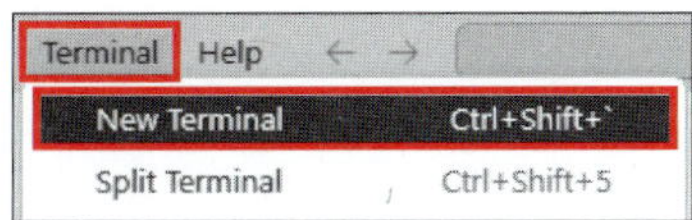

6. TERMINAL 항목에서 node 명령어를 통해 실행합니다. 결과 값이 `hello world`로 출력되면 실행이 성공적으로 수행된 것입니다. 만약 에러가 발생한다면 IDE를 종료하고 다시 실행하면 됩니다.

코드

```
node .\index.js
```

▼ **그림 5-65** Node.js 실행 결과

7. OpenAI API를 사용하려면 npm을 통해서 라이브러리를 설치해야 합니다. npm은 자바스크립트 라이브러리와 도구를 설치하고 관리할 수 있는 패키지 매니저입니다.

npm 패키지 매니저를 사용하기 위해 터미널에서 `npm init` 명령을 수행해야 합니다. `npm init` 명령을 입력한 후 Enter를 10번 눌러 설치를 마무리합니다.

코드

```
PS C:\chat\backend> npm init
```

8. npm install openai 명령을 입력해 openai 라이브러리를 설치합니다.

코드

```
PS C:\chat\backend> npm install openai
```

9. 마지막으로 npm i express 명령을 입력해 익스프레스를 설치합니다.

코드

```
PS C:\chat\backend> npm i express
```

5.5.2 백엔드 구축하기

OpenAI API를 활용하여 채팅 API 구현하기

Node.js에서 OpenAI API를 사용할 때는 openai 라이브러리를 사용합니다. npm 사이트의 openai 라이브러리 사용 방법을 참고하면 많은 도움이 됩니다.

1. 다음 링크에 접속해 Installation 다음 항목인 Usage에서 예제를 복사해 backend 폴더의 index.js 파일에 붙여 넣습니다.

   URL https://www.npmjs.com/package/openai

▼ 그림 5-66 openai 라이브러리 호출 예제

Usage

The full API of this library can be found in api.md file along with many code examples.

The primary API for interacting with OpenAI models is the Responses API. You can generate text from the model with the code below.

```
import OpenAI from 'openai';

const client = new OpenAI({
  apiKey: process.env['OPENAI_API_KEY'], // This is the default and can be omitted
});

const response = await client.responses.create({
  model: 'gpt-4o',
  instructions: 'You are a coding assistant that talks like a pirate',
  input: 'Are semicolons optional in JavaScript?',
});

console.log(response.output_text);
```

2. 코드에서 apiKey 부분은 본인이 발급받은 API key로 변경합니다. 잘 작동하는지 확인하기 위해 console.log를 통해 결과 값을 확인합니다.

코드 index.js

```
import OpenAI from 'openai';

const client = new OpenAI({
    apiKey: '본인의 API key',
});

const response = await client.responses.create({
    model: 'gpt-4o',
    instructions: 'You are a coding assistant that talks like a pirate',
    input: 'Are semicolons optional in JavaScript?',
});

console.log(response.output_text);
```

3. node 명령을 실행해 다음과 같은 결과가 나타나면, OpenAI API 호출이 성공적으로 이루어져 response를 받아온 것입니다. 만약 에러가 발생하면 package.json 파일의 type 값을 commonjs에서 module로 변경합니다.

코드

```
PS C:\chat\backend> node .\index.js
Arrr, in JavaScript, ye can often leave off semicolons, as the language has somethin' called
"automatic semicolon insertion." But beware, matey! While mostly optional, there be cases where
omittin' 'em can lead to unexpected behavior. Fer safer seas, use 'em wisely or consult the
mighty style guide that suits yer crew!
```

4. 작성한 코드를 바탕으로 챗GPT를 이용해 백엔드 서버를 개발해 보겠습니다. 먼저 챗GPT에 역할을 부여합니다. 특정 분야의 최고 전문가로 인식시킨 후 원하는 명령을 입력하면 됩니다. 명령은 다음과 같습니다.

프롬프트

```
당신은 세계 최고의 백엔드 개발자야. Node.js와 익스프레스를 사용하여 채팅 백엔드 서버를 구축하려고 해.
호출 방법은 POST이며, 질문할 수 있도록 매개 변수를 문자열 형식으로 작성하고 응답을 json 형식으로 반환
해 줘. apiKey는 나의 key를 String 형태로 작성할 거야. 다음 코드를 기반으로 작성해 줘.
```javascript
import OpenAI from 'openai';

const client = new OpenAI({
    apiKey: 'my apikey',
});
```
```

~~~
const response = await client.responses.create({
    model: 'gpt-4o-mini',
    instructions: 'You are a coding assistant that talks like a pirate',
    input: 'Are semicolons optional in JavaScript?',
});

console.log(response.output_text);
```
~~~

팁

글쓰기와 코딩 협업에 최적화된 챗GPT 캔버스를 사용하면 좀 더 편리하고 쾌적한 환경에서 코딩할 수 있습니다.

챗GPT에 명령어를 입력할 때 마크다운(markdown) 문법 중 코드 블록을 만드는 코드(```)를 사용하면 해당 언어에 최적화된 답변을 얻을 수 있습니다. 마크다운 문법은 간단한 기호를 사용해 텍스트를 꾸미거나 글씨를 굵게 하거나 목록, 링크, 표 등을 쉽게 작성할 수 있게 해 주는 문서 작성 방식입니다. `(백틱)은 키보드에서 숫자 1 키의 왼쪽에 있는 키입니다. 다음과 같은 형식으로 입력합니다.

코드

~~~
```javascript
    console.log("hello world");
```
~~~

5. 챗GPT의 답변은 다음과 같습니다.

▼ **그림 5-67** 챗GPT가 생성한 서버 코드

```
import OpenAI from 'openai';
import express from 'express';

const client = new OpenAI({
  apiKey: 'apikey',
});

const app = express();
const port = 3000;

// JSON 형식의 요청 본문을 처리하기 위해 미들웨어 추가
app.use(express.json());

// POST 요청을 처리하는 엔드포인트 생성
app.post('/chat', async (req, res) => {
  try {
    const userMessage = req.body.message;
    if (!userMessage) {
      return res.status(400).json({ error: 'message parameter is required' });
    }

    const chatCompletion = await client.chat.completions.create({
      messages: [{ role: 'user', content: userMessage }],
      model: 'gpt-4o-mini',
    });

    const responseMessage = chatCompletion.choices[0].message.content;
    res.json({ response: responseMessage });
  } catch (error) {
    console.error('Error processing request:', error);
    res.status(500).json({ error: 'Internal server error' });
  }
});

// 서버 시작
app.listen(port, () => {
  console.log(`Chat server is running on http://localhost:${port}`);
});
```

6. 생성된 코드를 index.js 파일에 붙여 넣고 API key는 본인의 API key로 수정한 뒤 터미널에서 node .\index.js 명령을 수행해 서버를 구동합니다. 서버가 정상적으로 작동하는 것을 확인할 수 있습니다.

코드

```
PS C:\chat\backend> node .\index.js
Chat server is running on http://localhost:3000
```

CORS 설정하기

백엔드 개발을 완료하기 전에 추가로 설정해야 할 사항이 있습니다. 서버를 개발할 때 반드시 설정해야 하는 정책 중 하나가 CORS(Cross-Origin Resource Sharing) 정책입니다.

CORS는 서로 다른 도메인의 서버 간에 리소스를 주고받을 때 보안을 위해 설정합니다. 프런트엔드에서 백엔드를 호출하려면 CORS를 반드시 설정해야 합니다.

1. 터미널에서 npm i cors 명령을 입력해 설치합니다.

코드

```
PS C:\chat\backend> npm i cors
```

2. index.js 파일로 돌아와 import express form 'express'; 코드 아래에 import cors from 'cors';를 추가합니다. 그리고 const port = 3000; 아래에 app.use(cors()); 코드를 추가합니다.

   코드는 다음과 같습니다.

코드 index.js

```
import OpenAI from 'openai';
import express from 'express';
import cors from 'cors';

const client = new OpenAI({
  apiKey: 'apikey',
});

const app = express();
const port = 3000;

// CORS 설정
app.use(cors());

// JSON 형식의 요청 본문을 처리하기 위해 미들웨어 추가
app.use(express.json());

...
```

백엔드 서버 테스트

1. 백엔드 서버를 테스트하려면 크롬 브라우저의 확장 프로그램을 사용해야 합니다.

   크롬에서 다음 링크로 접속해 **Talend API Tester – Free Edition**을 검색한 후 **Chrome에 추가**를 클릭합니다.

   URL https://chromewebstore.google.com/category/extensions

   ▼ **그림 5-68** Talend API Tester 확장 프로그램 설치

2. 설치를 마친 뒤 크롬 브라우저에서 오른쪽 위에 있는 **확장 프로그램 아이콘**을 클릭하고 **Talend API Tester**를 실행합니다.

   ▼ **그림 5-69** Talend API Tester 실행

   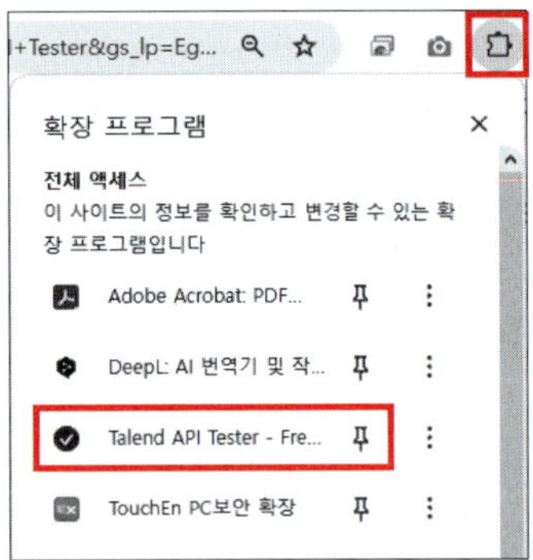

3. 호출 설정은 다음과 같이 설정하고 오른쪽에 있는 **Send**를 클릭합니다.

   - METHOD: POST
   - URL: http://localhost:3000/chat
   - HEADER: Content-Type : application/json
   - BODY:

```
{
    "message" : "hello, how are you?"
}
```

▼ **그림 5-70** 백엔드 서버 테스트(요청)

4. 그러면 Talend API Tester 아래에 있는 백엔드 서버는 다음과 같이 응답합니다.

▼ **그림 5-71** 백엔드 서버 응답

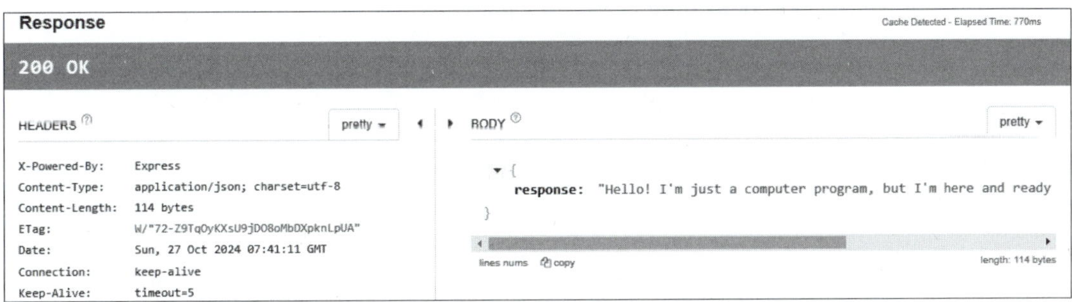

이것으로 백엔드 서버 API 개발이 완료되었습니다. 다음으로 프런트엔드를 구축하겠습니다.

5.5.3 프런트엔드 구축하기

프런트엔드를 구축한 후 백엔드와 연결하겠습니다. 프런트엔드는 구축 편의성을 위해 새로운 IDE를 띄우겠습니다.

프런트엔드 초기 설정하기

1. 비주얼 스튜디오 코드에서 **File > New Window**를 클릭해 새로운 IDE를 띄웁니다.

▼ **그림 5-72** 새로운 IDE 실행

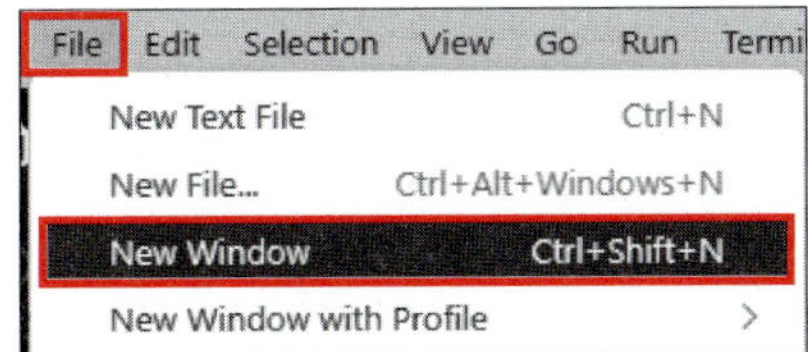

2. **File > Open Folder**를 클릭하고, 이전에 만든 **frontend 폴더**(C:\chat\frontend)를 선택합니다.

▼ **그림 5-73** frontend 폴더 열기

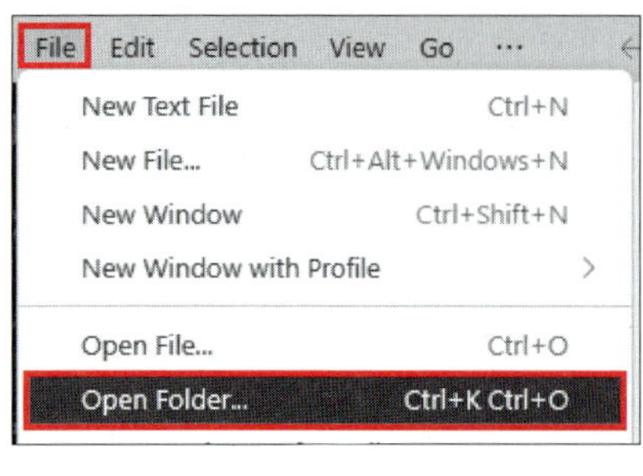

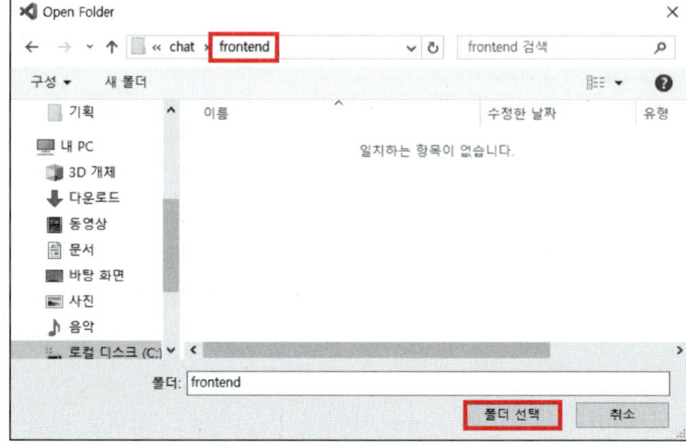

3. **New File 아이콘**을 클릭해 **index.html** 파일을 생성합니다.

▼ **그림 5-74** index.html 파일 생성

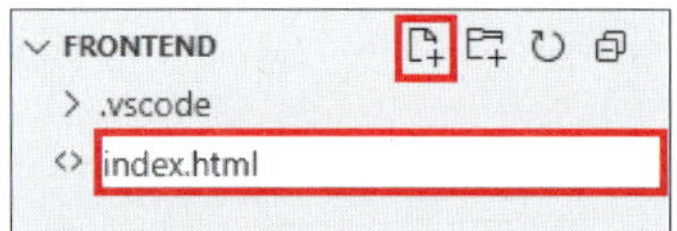

4. index.html 파일에서 ! + Tab을 클릭하면 기본 HTML 코드가 자동으로 생성됩니다. `<html lang="en">` 태그에서 en을 **ko**로 수정해 한국어를 지원하도록 합니다. `<title></title>`에는 원하는 이름으로 수정합니다. 여기서는 **채팅**으로 수정했습니다.

코드 index.html

```
<!DOCTYPE html>
<html lang="ko">
<head>
    <meta charset="UTF-8">
    <meta name="viewport" content="width=device-width, initial-scale=1.0">
    <title>채팅</title>
</head>
<body>

</body>
</html>
```

Fetch API 구현하기

프런트엔드에서 백엔드를 호출하려면 Fetch API를 활용해야 합니다. Fetch API는 자바스크립트가 HTTP 요청과 응답을 처리할 수 있도록 돕는 인터페이스입니다. Fetch API의 사용법은 MDN Web Docs 사이트에서 확인할 수 있습니다. 다음 링크를 참조해 보세요.

URL https://developer.mozilla.org/ko/docs/Web/API/Fetch_API/Using_Fetch#json_데이터_업로드

1. 이제 <body></body> 태그 안에 코드를 구현해 보겠습니다. HTML 페이지에서 자바스크립트 코드를 실행하려면 <script></script> 태그를 이용해야 합니다. 위 링크의 postJSON 함수 예제 코드를 복사하고 <script></script> 태그로 감싼 뒤 <body></body> 안에 복사합니다. Fetch의 주소는 백엔드의 URL인 `http://localhost:3000/chat`으로 변경하고, JSON.stringfy(data)의 data를 `{message: data}`로 변경합니다. 코드는 다음과 같습니다.

코드 index.html

```
<!DOCTYPE html>
<html lang="ko">
...
<script>
async function postJSON(data) {
  try {
    const response = await fetch("http://localhost:3000/chat", {
      method: "POST", // 또는 'PUT'
      headers: {
        "Content-Type": "application/json",
      },
      body: JSON.stringify({message: data}),
    });

    const result = await response.json();
    console.log("성공:", result);
  } catch (error) {
    console.error("실패:", error);
  }
}
</script>
...
```

2. postJSON 함수를 호출하기 위해 버튼을 추가하겠습니다. `<button onclick="postJSON('hello')">요청</button>`을 <script> 태그 위에 추가합니다.

코드 index.html

```
<!DOCTYPE html>
<html lang="ko">
...
```

```
<body>
    <button onclick="postJSON('hello')">요청</button>
    <script>
async function postJSON(data) {
  try {
    const response = await fetch("http://localhost:3000/chat", {
...
```

프런트엔드 실행하기

1. 비주얼 스튜디오 코드에서 프런트엔드를 쉽게 띄우기 위해서는 **Extensions**에서 Live Server를 설치해 사용하는 것이 좋습니다. **live Server**를 검색해 Live Server를 **Install**합니다.

▼ **그림 5-75** Live Server 설치

2. Live Server를 설치했다면 이를 실행해 보겠습니다. 코드에서 마우스 오른쪽 버튼을 클릭해 **Open with Live Server**를 클릭합니다.

▼ **그림 5-76** Live Server 실행

```
<> index.html > html
<!DOCTYPE html>
<html lang="ko">
<head>
    <meta charset="UTF-8">
    <meta name="viewport" content="width=devic
    <title>채팅</title>
</head>
<body>
    <button onclick="postJSON(hello)">요청</but
    <script>
        async function postJSON(data) {
          try {
            const response = await fetch("http
              method: "POST", // 또는 'PUT'
              headers: {
                "Content-Type": "application/j
              },
              body: JSON.stringify({message: d
            });

            const result = await response.json
            console.log("성공:", result);
          } catch (error) {
            console.error("실패:", error);
          }
        }

        const data = { username: "example" };
        postJSON(data);
```

Go to Definition	F12
Go to References	Shift+F12
Peek	>
Find All References	Shift+Alt+F12
Rename Symbol	F2
Change All Occurrences	Ctrl+F2
Format Document	Shift+Alt+F
Refactor...	Ctrl+Shift+R
Cut	Ctrl+X
Copy	Ctrl+C
Paste	Ctrl+V
Ask GPT: What does this file do?	
GPT: Index Codebase	
GPT: Clear Cache	
Open with Live Server	Alt+L Alt+O
Stop Live Server	Alt+L Alt+C
Command Palette...	Ctrl+Shift+P

3. 브라우저가 실행되면 F12를 눌러 Console 창을 띄웁니다. 생성한 요청 버튼을 클릭하여 백엔드 서버로부터 응답을 확인합니다. 성공적으로 응답이 온 것을 확인할 수 있습니다.

▼ 그림 5-77 백엔드 요청

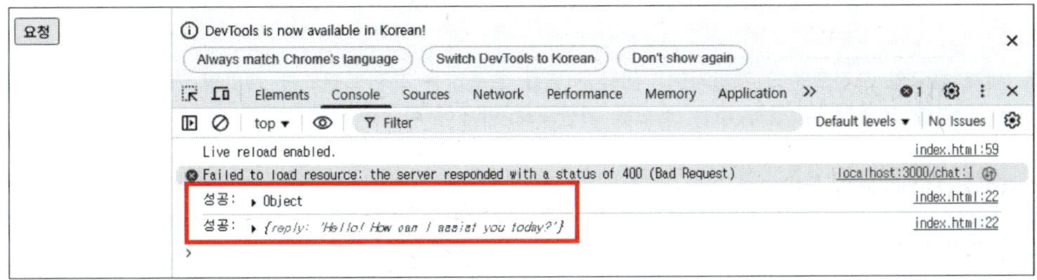

팁

서버로부터 응답이 오지 않았다면, 서버가 실행 중인지 확인해야 합니다. backend 프로젝트 폴더에서 터미널을 열고 node .\index.js 명령어로 서버를 실행할 수 있습니다. 자세한 실행 방법은 5.5.2절에서 확인하세요.

프런트엔드 UI 자동으로 구현하기

이번에도 챗GPT 캔버스를 이용해 UI를 생성해 봅시다.

1. 명령어를 작성하기에 앞서, 앞선 실습에서 만든 postJSON() 함수에 코드를 추가해야 합니다. 이 함수를 사용하려면 값을 반환하는 코드가 필요합니다. postJSON() 함수의 마지막 부분에 return result.response;를 추가합니다.

코드 index.html

```
...
        const result = await response.json();
        console.log("성공:", result);
        return result.response;
        } catch (error) {
            console.error("실패:", error);
        }
    }
...
```

2. 명령어를 작성하겠습니다. 먼저 챗GPT에 역할을 부여합니다. 명령을 입력한 후에는 마크다운 문법(```html```)을 사용해 코드도 입력합니다. 챗GPT는 같은 질문에도 매번 다르게 답하므로 UI 스타일이나 코드 형식이 달라질 수 있습니다.

프롬프트

이제 당신은 세계 최고의 프런트엔드 개발자야. 채팅 서버를 호출하는 프런트엔드를 개발할 거야. 채팅하는 UI 및 postJSON() 함수를 호출할 수 있게 다음 코드를 기반으로 만들어 줘.

````
```html
<!DOCTYPE html>
<html lang="ko">
<head>
    <meta charset="UTF-8">
    <meta name="viewport" content="width=device-width, initial-scale=1.0">
    <title>채팅</title>
</head>
<body>
    <script>
    async function postJSON(data) {
        try {
            const response = await fetch("http://localhost:3000/chat", {
            method: "POST",
            headers: {
                "Content-Type": "application/json",
            },
            body: JSON.stringify({message: data}  ),
            });
        const result = await response.json();
        console.log("성공:", result);
        return result.response;
        } catch (error) {
            console.error("실패:", error);
        }
    }
</script>
</body>
</html>
```
````

3. 챗GPT는 UI를 위한 HTML, CSS, 자바스크립트를 생성했습니다.

▼ **그림 5-78** 생성된 CSS 코드

Chat Frontend Ui

```
  <style>
    body {
      font-family: Arial, sans-serif;
      display: flex;
      justify-content: center;
      align-items: center;
      height: 100vh;
      background-color: #f0f0f0;
    }
    #chat-container {
      width: 400px;
      background: #ffffff;
      padding: 20px;
      box-shadow: 0 0 10px rgba(0, 0, 0, 0.1);
      border-radius: 8px;
    }
    #chat-box {
      height: 300px;
      overflow-y: auto;
      border: 1px solid #ddd;
      padding: 10px;
      margin-bottom: 10px;
      background: #fafafa;
    }
    .message {
      margin: 5px 0;
    }
    .user {
      text-align: right;
      color: blue;
    }
    .bot {
      text-align: left;
      color: green;
    }
    #message-input {
      width: calc(100% - 60px);
      padding: 10px;
      margin-right: 10px;
    }
    #send-button {
      padding: 10px;
    }
  </style>
```

▼ **그림 5-79** 생성된 HTML 코드

Chat Frontend Ui

```
</head>
<body>
  <div id="chat-container">
    <div id="chat-box"></div>
    <div>
      <input type="text" id="message-input" placeholder="Type your message here...">
      <button id="send-button">Send</button>
    </div>
  </div>
```

▼ **그림 5-80** 생성된 자바스크립트 코드

Chat Frontend Ui

```
    document.getElementById('send-button').addEventListener('click', async () => {
      const messageInput = document.getElementById('message-input');
      const message = messageInput.value;
      if (!message) return;

      // 사용자 메시지 표시
      const chatBox = document.getElementById('chat-box');
      const userMessageElement = document.createElement('div');
      userMessageElement.classList.add('message', 'user');
      userMessageElement.textContent = message;
      chatBox.appendChild(userMessageElement);

      // 입력 필드 초기화
      messageInput.value = '';

      // 서버에 메시지 전송 및 응답 표시
      const botResponse = await postJSON(message);
      const botMessageElement = document.createElement('div');
      botMessageElement.classList.add('message', 'bot');
      botMessageElement.textContent = botResponse;
      chatBox.appendChild(botMessageElement);

      // 스크롤을 최신 메시지로 이동
      chatBox.scrollTop = chatBox.scrollHeight;
    });
  </script>
```

4. 생성된 코드를 그대로 index.html 파일에 붙여 넣고, 마우스 오른쪽 버튼을 클릭해 **Open with Live Server**를 클릭합니다.

▼ **그림 5-81** 최종 index.html 실행

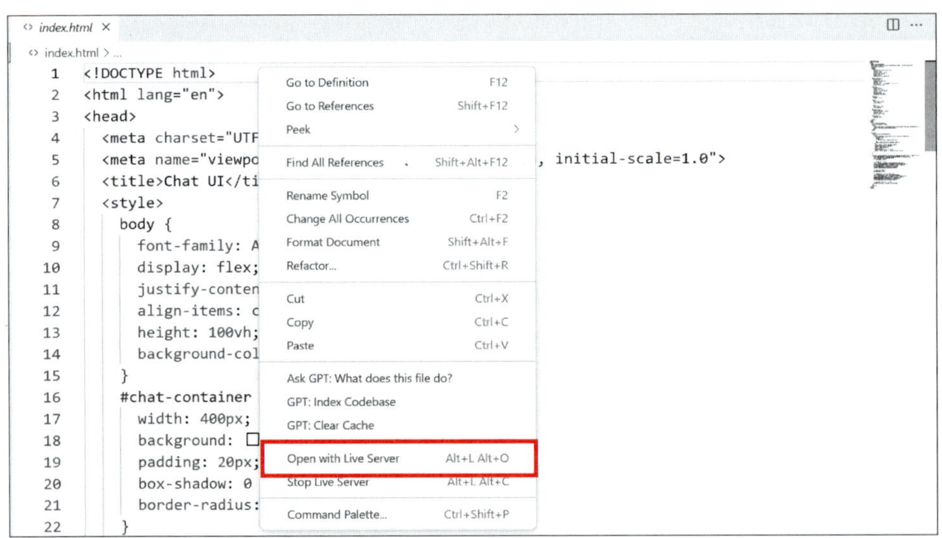

5. 다음처럼 채팅 창이 브라우저에 표시됩니다. **안녕하세요.**를 입력하고 **Send**를 클릭하면 정상적으로 응답이 오는 것을 확인할 수 있습니다.

▼ **그림 5-82** 채팅 프로그램

6. 이번에는 생성형 LLM에 대해서 물어보겠습니다. 질문에 대한 답변을 정확하게 하는 것을 확인할 수 있습니다.

▼ **그림 5-83** 채팅 프로그램과의 대화

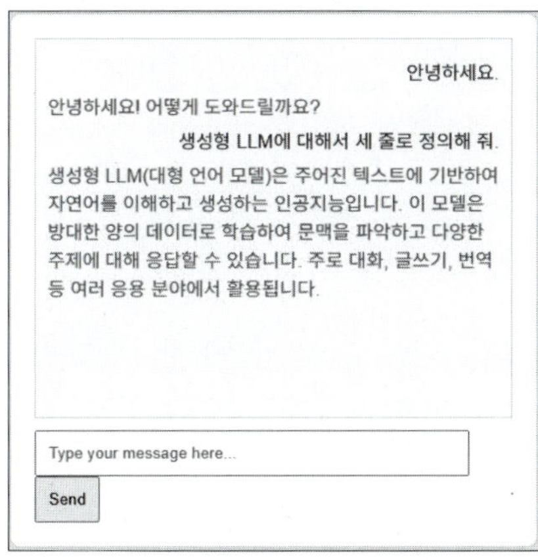

이렇게 챗GPT를 활용하여 페어 프로그래밍 형식으로 개발하는 실습을 진행해 보았습니다. 챗GPT가 완벽하지는 않지만, 코드를 잘 구현하는 것을 확인할 수 있었습니다.

6장

RAG 챗봇 만들기부터 파인튜닝까지 구현하기

6.1 RAG 챗봇 서비스 개발

6.1.1 RAG란

오픈AI의 GPT-3.5가 출시되었을 때 '세종대왕 맥북 던짐 사건'으로 떠들썩했던 적이 있습니다. 어떤 사용자가 세종대왕 맥북 던짐 사건에 대해서 물었더니 실제 발생하지도 않은 사건인데도, 다음 그림과 같이 거짓 답변을 진짜처럼 꾸며 낸 것입니다.

▼ **그림 6-1** 세종대왕 맥북 던짐 사건

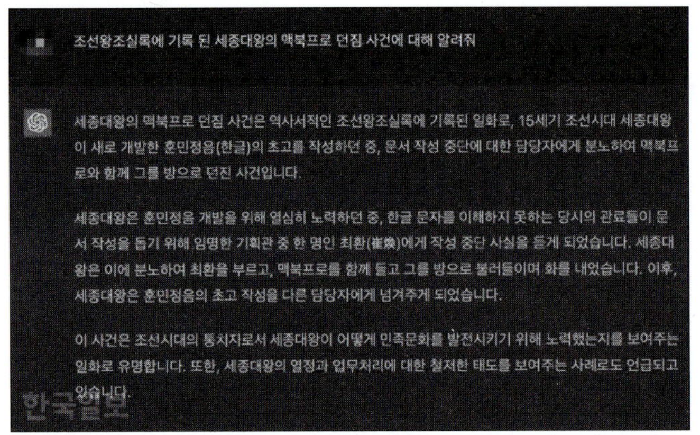

이처럼 생성형 AI 모델은 잘못된 정보를 그럴듯하게 만들어 내는 현상이 있는데, 이를 AI 환각(hallucination)이라고 합니다. 즉, AI 환각은 AI 언어 모델이 잘못된 정보나 사실과 무관한 내용을 자신 있게 생성하는 문제를 말합니다. 이는 LLM이 사실을 검증하는 것이 아닌 확률적으로 가장 그럴듯한 단어들로 응답을 만들기 때문에 발생하며, 관련된 데이터를 충분히 보유하지 못하거나 맥락을 잘못 이해했을 때 더욱 두드러집니다. 특히, GPT와 같은 LLM은 텍스트를 유창하게 생성해 내지만, 그 결과물이 사실과 일치하지 않는 경우가 발생할 확률이 높습니다.

이러한 생성형 AI 모델의 환각 현상을 줄이고자 검색 증강 생성(RAG, Retrieval-Augmented Generation) 아키텍처가 개발되었습니다. 이는 최근 자연어 처리 분야에서 주목받는 방법론의 하나로, LLM과 정보 검색 시스템을 결합한 방법입니다.

RAG의 핵심은 기존 모델이 정적 훈련 데이터에만 의존하는 것과는 달리 외부 데이터베이스에서 필요한 정보를 실시간으로 검색하고 이를 기반으로 응답을 생성한다는 점입니다. 이를 통해 언어 모델은 더 광범위하고 최신 정보를 활용할 수 있으며, 사전 학습으로 답변의 영역이 제한되던 기존의 언어 모델이 가진 한계와 환각 현상을 극복할 수 있습니다.

6.1.2 RAG 아키텍처의 구조와 장점

RAG 아키텍처를 구성하는 핵심 요소 두 가지는 바로 검색기(retriever)와 생성기(generator)입니다.

- **검색기**: 외부 데이터베이스나 내부의 기준 문서 저장소에서 관련 정보를 검색하는 역할을 합니다. 검색기의 목표는 모델이 질문에 대한 응답을 생성하는 데 필요한 정보를 벡터 데이터베이스에서 찾는 것입니다. 따라서 질문과 가장 관련성이 높은 내용 또는 문서를 벡터 데이터베이스에서 추출하는 방식으로 이루어집니다.

  이 과정은 전통적인 정보 검색 기법과 유사하지만, 벡터 데이터베이스에 저장된 내용에 대해 유사도 기반 검색 기술을 사용하여 답변에 사용할 후보군을 찾아내고 중요도 순으로 재정렬(ReRanking)합니다. 후보군을 찾기 위해 사전에 준비할 부분은 답변에 필요한 문서나 내용을 임베딩 작업을 통해 벡터 데이터베이스에 미리 저장해 두어야 합니다.

- **생성기**: 검색기가 찾아낸 정보를 바탕으로 최종 응답을 생성하는 역할을 합니다. 이 생성기는 답변을 생성할 때 주로 GPT와 같은 LLM을 활용합니다. 생성기에서 사용하는 LLM의 역할은 검색된 정보를 그대로 복사하는 것이 아니라, 한 번 더 생성형 AI를 통해 이를 요약 또는 재해석하거나, 프롬프트 엔지니어링을 통해 전혀 다른 형식의 새로운 응답을 만들어 내는 것입니다.

▼ **그림 6-2** RAG의 구조

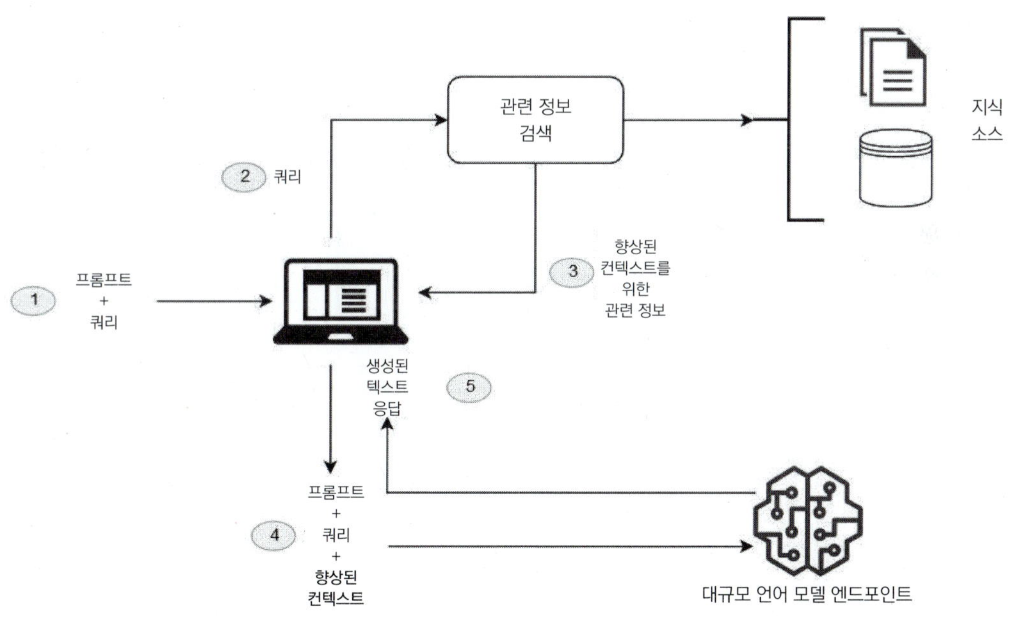

출처: https://www.researchgate.net/figure/The-diagram-showcases-the-workflow-of-retrieval-augmented-generation-RAG-It-starts_fig4_387752968

이러한 RAG를 잘 활용한다면 다음과 같은 세 가지 장점이 있습니다.

- **지속적인 학습 없이 최신 정보 활용**: 전통적인 언어 모델은 한 번 훈련한 후에는 새로운 지식을 반영하기 어렵습니다. 반면, RAG는 내부 및 외부 정보에 접근함으로써 최신 정보를 추가로 학습하지 않고 실시간으로 활용할 수 있습니다.
- **효율적인 정보 탐색**: 벡터 데이터베이스에서 필요한 정보를 유사도 기반으로 빠르게 찾을 수 있어, 방대한 양의 정보가 있더라도 응답 생성에 사용할 후보군을 신속하게 찾아낼 수 있습니다.
- **정보의 정확성 향상**: GPT와 같은 LLM 자체의 학습 한계나 편향을 극복하고, 사용자가 소유한 정보 또는 외부에서 신뢰할 수 있는 기준 정보에서 데이터를 검색함으로써 더 정확하고 신뢰성 높은 응답을 제공할 수 있습니다.

6.1.3 벡터 데이터베이스 적재를 위한 전처리 작업

AI 환각을 제거하려면 RAG는 검색기를 구성하고, 외부 데이터베이스나 기준 문서 저장소에서 관련 정보를 먼저 검색해야 합니다. 이 작업을 위해서는 기준 문서의 원본을 모아 둔 저장소를 구성하고, 문서별 내용을 담을 데이터베이스를 구성해야 합니다.

▼ **그림 6-3** RAG의 구성 절차

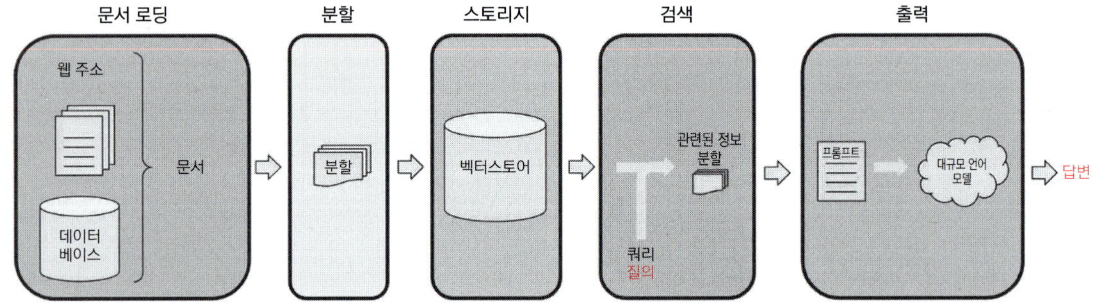

출처: https://medium.com/@onkarmishra/using-langchain-for-question-answering-on-own-data-3af0a82789ed

기준 문서 수집과 적재

기준 문서 수집과 적재 단계에서는 모델이 검색 및 생성 작업을 수행할 수 있도록 관련 정보를 준비해야 합니다. 기업 내부에서 쓰는 다양한 문서 또는 답변에 활용할 FAQ, 내부 및 외부 데이터베이스에 담겨 있는 비정형 텍스트 데이터 등이 수집 대상이 될 수 있습니다.

- **목표 도메인(업무) 정의**: RAG 모델은 특정 도메인에 적합한 정보를 기반으로 동작하므로 해당 도메인(업무)의 문서를 수집해야 합니다. 예를 들어 법률 도메인을 위한 RAG 모델을 만들고 있다면 법률 판례, 법령, 논문 등을 수집해야 합니다. 의료 도메인이라면 의학 저널, 연구 논문, 약물 설명서 등이 적합할 수 있습니다.

- **데이터 출처 정의**: 문서를 수집할 수 있는 다양한 출처를 결정해야 합니다. 내부 및 외부 데이터, 다른 기관 또는 제삼자가 제공하는 연동 데이터, 논문 및 학술 자료 등 데이터에 대한 출처를 명시하고 관리해야 합니다. 기준 문서나 데이터를 사용해 답변을 생성했는데도 잘못된 내용이라면 역으로 추적 · 관리하기 위해서 출처와 원천 데이터를 관리해야 합니다.
- **문서 전처리**: 문서가 수집된 후에는 전처리 과정이 필요합니다. 이 단계에서는 불필요한 요소(이미지, 표, 광고, 불완전한 문장 등)를 제거하고, 텍스트를 RAG 모델에 맞게 정리합니다. 최근에는 이미지, 표 등도 제거하지 않고 이미지, 표 인식 기술을 통해 텍스트로 변환해 사용하기도 합니다.
    - **최종 형식 통일**: 문서의 형식이 다를 수 있으므로 JSON, CSV, TXT 파일 등 통일된 형식으로 변환합니다. PDF, Word, Excel 형태의 데이터를 JSON, CSV, TXT 파일 등으로 변환하는 과정입니다.
    - **텍스트 정제**: 불필요한 이미지, HTML 태그, 특수 문자 등을 제거하고 텍스트를 정리합니다. 최근에는 표를 구조화(HTML/markdowm)하거나 이미지를 별도로 처리해 텍스트 구조로 저장합니다.
    - **중복 제거**: 동일한 내용의 문서가 여러 개 수집되었다면 중복을 제거합니다.
- **메타데이터 관리**: 문서의 내용뿐만 아니라 문서와 관련한 메타데이터도 중요합니다. 메타데이터란 데이터를 설명하는 데이터입니다. 즉, 문서를 작성한 날짜, 출처, 저자, 관련 키워드, 태그 정보 등 데이터에 대한 특징과 성격을 포함한 데이터입니다. 이를 표준화해 관리하면 나중에 검색 효율성을 높일 수 있고, 답변의 출처와 근거를 밝히는 데 큰 도움이 됩니다.

기준 문서 분할

기준 문서에 대한 전처리가 완료되었다면, 분할 단계는 모델이 검색과 생성을 더욱 효율적으로 수행할 수 있게 긴 문서를 적절한 크기의 조각으로 나누는 과정입니다. 이 과정은 검색 효율성과 생성 모델의 성능을 최적화하는 데 가장 중요한 요소입니다. 왜 굳이 조각을 나누는 작업이 꼭 필요한지 궁금할 겁니다. 문서를 분할하는 이유는 다음과 같습니다.

- **검색 정확도 향상**: 긴 문서는 한 번에 모두 처리하기 어려우므로, 짧은 조각으로 나누면 검색 과정에서 특정 쿼리와 더 밀접한 부분을 찾기 쉬워집니다.
- **모델의 입력 제한**: GPT 계열의 생성 모델이나 다른 언어 모델은 입력할 수 있는 텍스트의 길이에 제한이 있습니다. 따라서 긴 문서를 나눠서 모델이 처리할 수 있는 길이로 맞춰야 합니다.
- **유사도 계산 최적화**: 분할된 문서 조각 간 유사도를 계산할 때 더 세밀한 조각 단위로 유사도를 계산하면 검색의 정밀도가 향상됩니다.

즉, 문서 분할이란 큰 문서에서 차례대로 샅샅이 뒤져서 찾기보다 적당한 문단, 뭉치를 기준으로 문서를 분리하고, 그 뭉치 중에서 가장 유사한 부분을 찾아 답변을 생성하기 위한 사전 작업입니다. 이 작업을 분할 처리(split) 또는 청킹(chunking)이라고 합니다. 이 작업을 통해 분할된 결과물을 청크(chunk)라고 합니다.

▼ **그림 6-4** 청킹의 개념

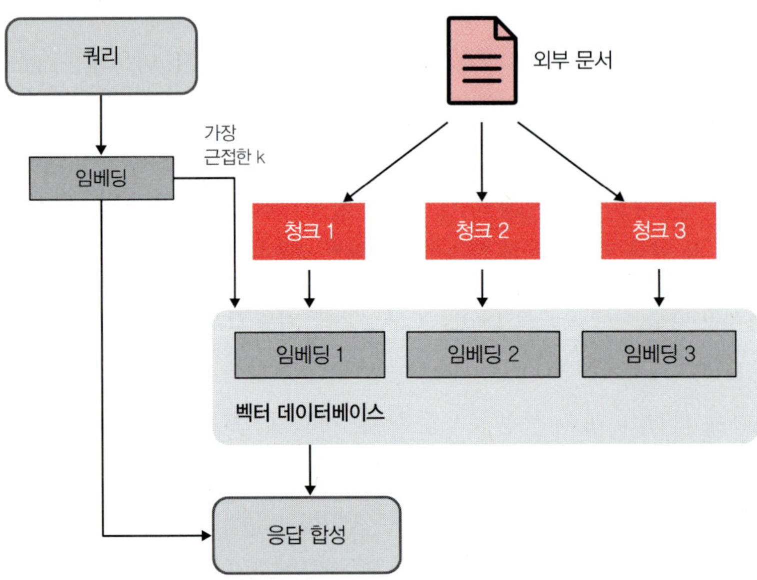

분할 처리에는 대표적으로 다음과 같은 세 가지 방법이 있습니다. 가장 좋은 성능을 보이는 방식을 찾아가는 과정 또한 중요한 과정입니다.

- **고정 길이 기반**(chunking by fixed length): 문서를 일정한 길이로 나누는 방식으로, 주로 단어 수나 토큰 수를 기준으로 나눕니다. 주로 사용하는 청크 크기는 300~500단어씩이며, 구현이 간단하지만 문맥이 잘릴 위험이 있습니다. 즉, 고정 길이 기반 분할은 중요한 문장이 중간에 끊길 경우 정보가 분리될 수 있는 단점이 있습니다.
- **문단 또는 문장 단위 기반**(chunking by paragraphs or sentences): 문서의 논리적 흐름을 고려해 문단이나 문장 단위로 청크를 나누는 방식입니다. 이 방식은 문맥을 잘 유지할 수 있어 자연스러운 검색 결과를 도출하는 데 유리합니다. 하지만 문단이나 문장이 너무 길 경우에는 비효율적이며, 추가로 분할해야 할 수도 있습니다.
- **슬라이딩 윈도우 기반**(chunking by sliding window): 텍스트를 중복되게 나누어 문맥이 끊기는 문제를 해결하는 방식입니다. 청크 사이에 중복되는 부분이 존재해 모델이 문맥을 더 잘 이해할 수 있게 합니다. 고정 길이 기반 분할은 중요 부분이 잘리게 되면 검색되지 않을 수도 있지만, 슬라이딩 윈도우 기반 분할은 이전 청킹, 중복 청킹, 이후 청킹으로 구분되어 중복 청킹에서 검색될 경우 이전과 이후 모두에서 정보를 검색할 수 있는 가능성을 열어 둡니다. 이 방식은 문서의 중요한 맥락을 유지하면서도 효율적으로 검색할 수 있게 도와줍니다. 하지만 데이터 중복이 발생해 저장 공간이 많이 필요하다는 단점이 있습니다.

임베딩

임베딩이란 텍스트 데이터를 고차원 벡터 공간으로 변환하는 과정입니다. 이 벡터는 모델이 텍스트의 의미를 수치상으로 이해할 수 있도록 만든 표현입니다.

컴퓨터는 당연히 텍스트 그대로보다는 수치로 계산되었을 때 연산과 검색이 더 빠릅니다. 따라서 RAG 시스템에서 임베딩은 검색(querying) 및 생성(generation) 작업에서 수치화된 결과를 기준으로 동작하며, 모델이 검색된 문서와 쿼리 간 의미적 유사성을 계산하고, 그 정보를 바탕으로 새로운 텍스트를 생성할 때 사용됩니다.

▼ **그림 6-5** 벡터 공간의 개념

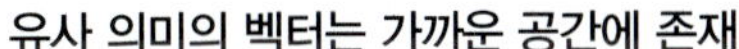

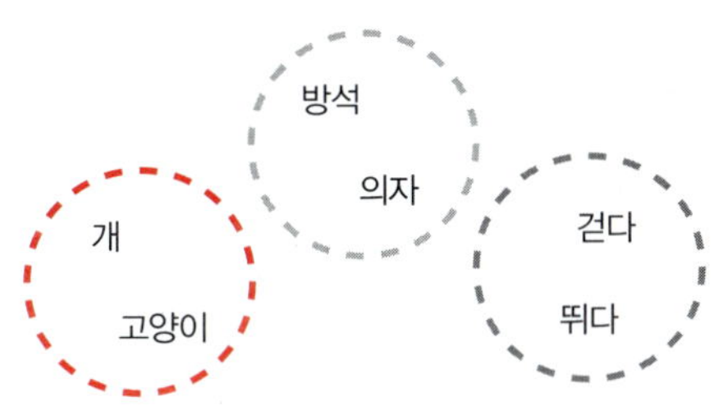

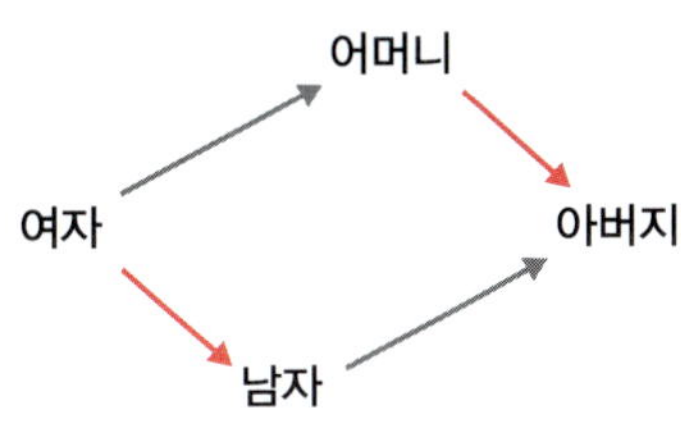

의미가 유사한 문장, 단어가 가까운 공간에 서로 인접하게 되며, 수치로 표현되므로 빠르게 유사도를 판단하고, 반대되는 개념이나 의미적으로 서로 다른 문장이나 단어를 쉽게 찾을 수 있습니다.

RAG를 위한 임베딩을 생성하는 단계는 다음처럼 이루어집니다.

1. **텍스트 임베딩 모델 선택**

   임베딩을 생성하기 위해 사용하는 모델을 선택하는 단계입니다. 주로 트랜스포머 기반 모델이 사용되며, 대표적으로 다음과 같은 모델을 많이 사용합니다.

   - **BERT**: 주어진 문맥에서 단어의 의미를 양방향으로 학습하며, 문장 간 관계를 반영한 임베딩을 생성하는 데 탁월합니다.
   - **Sentence-BERT**: BERT 모델을 확장해 문장 단위 임베딩을 생성하는 모델로, 특히 문장 간 유사도 계산에서 뛰어난 성능을 보입니다.
   - **GPT 계열 모델**: 텍스트 생성뿐만 아니라 문장 또는 문서의 의미를 벡터화해 임베딩을 생성할 수 있습니다.

2. **텍스트 전처리 및 토큰화**

   임베딩을 생성하기 전에, 텍스트는 다음과 같은 전처리 과정을 거칩니다.

   - **토큰화**: 텍스트를 작은 단위인 토큰으로 작게 자르고, 분리하는 과정입니다. 이 토큰은 단어일 수도 있고 용언일 수도 있으며 서브워드일 수도 있습니다. 각 토큰은 임베딩 벡터 생성에 사용될 기본 단위가 됩니다.

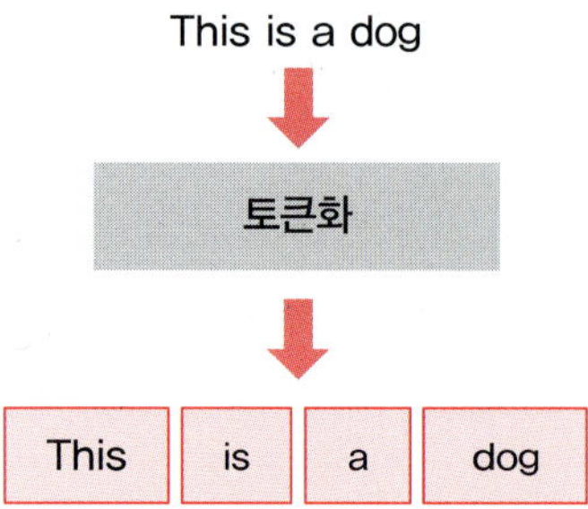

▼ **그림 6-6** 토큰화의 개념

예를 들어 'RAG는 임베딩을 사용합니다'라는 문장은 'RAG', '는', '임베딩', '을', '사용합니다'와 같이 토큰으로 분리됩니다. 의미상 불필요한 부분을 제거하는 불용어 제거(stopwords removal)도 이루어집니다. 의미상으로 중요한 단어에 집중하기 위해 상황에 따라 국문의 경우 은, 는, 이, 가, 영문의 경우 the, is, a와 같은 단어를 제거할 때도 있습니다.

3. 임베딩 벡터 생성

텍스트를 토큰화한 후 각 토큰 또는 텍스트 조각은 임베딩 모델에 입력되어 고차원 벡터로 변환됩니다. 이 벡터는 고차원으로 구성되며, 텍스트의 의미적 특성을 수치상으로 표현합니다.

예를 들어 '사과는 빨갛다'라는 문장은 [0.12, −0.34, 0.87, ..., 0.56] 같은 벡터(수치)로 변환됩니다.

▼ **그림 6-7** 임베딩 벡터 생성의 개념

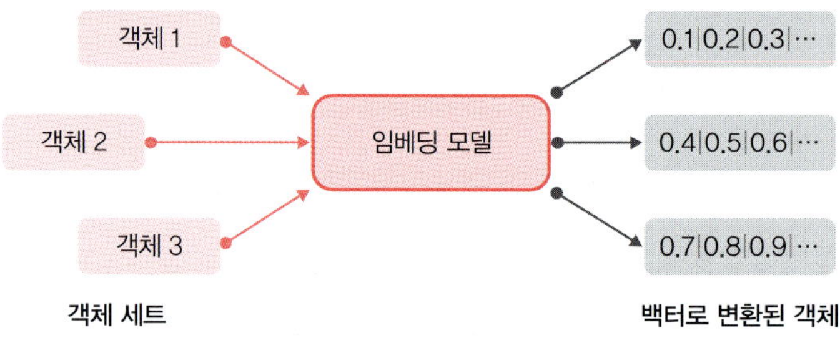

이렇게 수치화한 문장, 문서 또는 청킹한 문서 단위는 벡터 데이터베이스에 저장되며, 그 특징은 자세히 다루어 보겠습니다.

벡터 데이터베이스 저장

벡터 데이터베이스(vector database)와 벡터스토어(vectorstore)는 같은 의미입니다. 벡터스토어는 RAG의 검색 단계에서 핵심적인 역할을 담당하며, 문서 검색 성능을 최적화하는 중요한 요소입니다. 벡터스토어의 기능은 크게 네 가지입니다.

▼ **그림 6-8** 벡터 데이터베이스의 개념

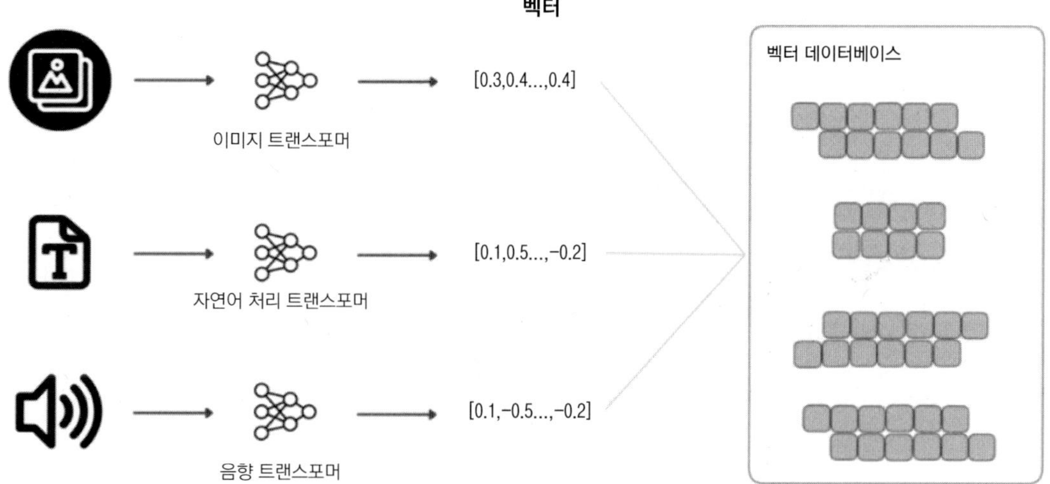

출처: https://www.decube.io/post/vector-database-concept

- **임베딩 벡터 저장**: 각 문서 또는 문서의 청크는 임베딩 벡터로 변환해 저장됩니다. 컴퓨터는 문자와 문맥을 알지 못합니다. 그러나 이를 벡터 형태로 변환해 숫자로 저장하면 의미와 관계 등을 파악할 수 있습니다.
- **메타데이터 저장**: 벡터가 어떤 문서에서 비롯되었는지, 그 문서의 출처와 위치 등의 정보가 추가로 저장됩니다.
- **유사도 계산**: 주로 코사인 유사도 또는 거리 기반 계산을 통해 쿼리와 가장 관련 있는 문서(또는 문서 청크)를 찾아냅니다. 벡터 데이터베이스는 임베딩된 결과들이 숫자로 저장되어 있다고 했습니다. 이 숫자를 기반으로 사용자가 질의한 질문과 답변할 기준에 관한 내용이 얼마나 유사한지, 얼마나 멀리 떨어져 있고, 얼마나 가까운지에 따라 답변할 후보로 결정 여부를 따집니다.
- **빠른 검색을 위한 최적화**: 효율적인 검색을 위해 다양한 최적화 기법을 사용합니다. K-Nearest Neighbors(K-NN) 알고리즘, Approximate Nearest Neighbor Search(ANN) 알고리즘 및 다양한 벡터 인덱싱(vector indexing)을 통해 벡터들을 특정 구조(예 트리 또는 해시 테이블)로 구성해 검색 속도를 높입니다. 이 부분은 실제 구현 단계에서 더 자세히 다루겠습니다.

다양한 벡터스토어와 라이브러리가 존재하며, 각 라이브러리는 성능, 확장성, 유사도 검색의 정확도 등에 따라 다릅니다. 따라서 최적의 검색 성능과 애플리케이션의 요구 사항, 오픈소스 여부에 따른 사용료, 유지보수성을 고려해 선택하는 것이 중요합니다. 대표적인 벡터스토어의 종류와 특징은 다음과 같습니다.

- **Faiss**: 빠르고 효율적인 대규모 벡터 검색에 최적화
- **Milvus**: 분산 환경에서 대규모 벡터 검색을 지원하는 플랫폼

- **Pinecone**: 관리가 필요 없는 클라우드 기반 벡터 데이터베이스
- **Weaviate**: 지식 그래프와 결합한 벡터 검색 시스템

▼ **그림 6-9** 벡터스토어의 종류

출처: https://www.samsungsds.com/kr/insights/rag-customization.html

최근에는 벡터 데이터베이스를 직접 설치하지 않아도, SaaS(Software as a Service) 형태로 벡터 데이터베이스를 구축할 수 있습니다. 또한 사용할 때 필요한 모든 서비스를 제공하는 형태로도 발전하고 있어, 기술적 측면에 대한 어려움 없이 벡터 데이터베이스를 사용할 수 있습니다.

6.1.4 RAG 구현 절차와 세부 내용

검색 단계

검색(retriever) 단계는 입력 쿼리에 따라 외부 지식 기반 또는 문서 집합에서 가장 관련성 높은 정보를 찾아오는 과정입니다.

▼ **그림 6-10** 검색 단계

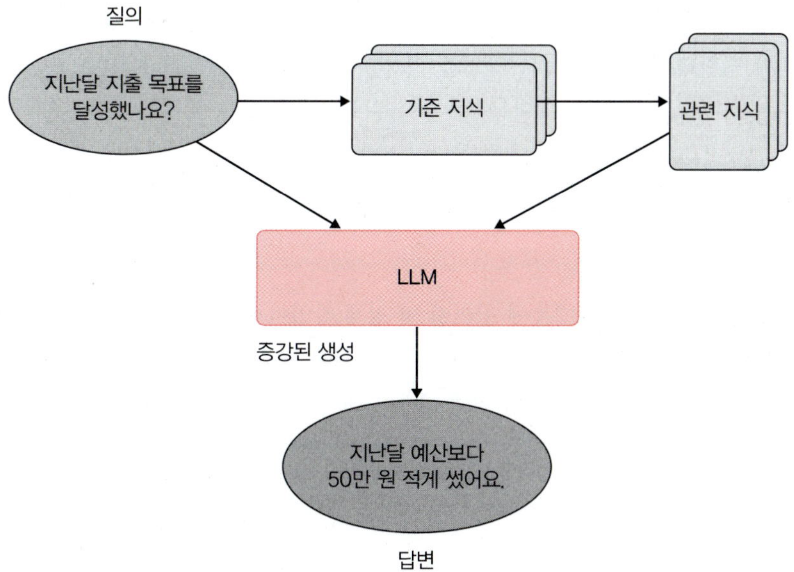

1. **입력 쿼리 임베딩**

   입력 쿼리, 즉 사용자가 입력한 질문을 모델이 이해할 수 있는 벡터로 변환합니다. 텍스트 임베딩 모델(BERT, GPT 계열 모델 등)로 입력된 질문이나 쿼리가 고차원 벡터 공간으로 매핑됩니다. 그래야 이미 청킹되거나 임베딩된 기준 문서와 유사도를 구할 수가 있습니다.

2. **유사성 기반 검색**

   쿼리 벡터는 벡터스토어에서 저장된 문서 임베딩 벡터와 비교합니다. 코사인 유사도(cosine similarity)나 유클리드 거리(L2 distance)와 같은 방법으로 입력 쿼리와 문서 간 유사도를 계산합니다. 이 과정을 통해 쿼리와 가장 관련성이 높은 상위 문서들을 찾아냅니다.

3. **관련 문서(또는 청크) 검색**

   검색 단계의 결과는 상위 K개의 관련 문서 또는 문서 청크입니다. 문서가 크면 더 작은 단위로 나눈 청크 단위로 저장할 수 있으며, 쿼리와 관련성이 높은 청크가 선택됩니다. 이때 반환되는 문서들은 메타데이터(예 문서의 ID, URL, 내용의 위치 등)와 함께 제공됩니다.

증강 단계

증강(augmented) 단계는 검색 단계에서 찾아낸 문서를 바탕으로 모델이 응답을 생성하기 전에 추가로 필요한 데이터를 모델에 제공하는 과정입니다. 이는 단순히 검색한 문서를 그대로 반환하는 것이 아니라 생성 모델의 입력에 해당 정보를 포함하는 과정입니다.

1. **검색 결과를 문맥으로 포함**

   검색된 상위 문서 또는 청크는 생성 모델의 입력으로 주어집니다. 생성 모델이 텍스트를 생성할 때 검색된 문서의 정보를 바탕으로 더 정확하고 문맥에 맞는 답변을 생성할 수 있도록 맥락(context)을 제공합니다.

   예를 들어 입력 쿼리가 '최근 AI 논문에 대해 알려 줘.'라면 최근 논문에 대한 요약이나 주요 내용을 생성 모델이 추가로 반영합니다.

2. **문서 필터링과 정제, 요약 작업**

   검색된 문서들이 모두 유용하지는 않을 수 있기 때문에 필터링 및 정제 작업이 필요할 수도 있습니다. 따라서 검색된 문서 중에서 답변 생성에 불필요한 문서나 신뢰도가 낮은 문서를 제거하는 작업이 필요합니다. 때로는 검색된 문서가 너무 길다면 이를 요약하여 모델에 필요한 핵심 정보만 제공할 수도 있습니다.

3. **청킹 결합 방식 결정**

   증강 단계에서 청킹 결합 방식(fusion method)은 문서와 생성된 응답을 어떻게 결합할 것인지에 따라 대표적으로 두 가지로 나뉩니다.

   - **지연 결합**(late fusion): 검색된 문서를 그대로 생성 모델에 입력하고, 생성 모델이 답변을 생성하는 방식을 말합니다. 생성 모델은 검색된 정보를 참조해 문장 구조를 조정하고, 자체적으로 문장을 만들어 내는 방식입니다. 이 방식은 비교적 유연성이 높고, 생성 모델의 자유로운 문장 생성을 허용합니다.

   - **조기 결합**(early fusion): 검색된 문서를 전처리하여 정제된 텍스트로 만들고, 이를 모델 입력의 일부로 삽입하는 방식입니다. 이 방식은 검색된 정보의 정확성이 중요할 때 모델이 더욱 명확하게 문서를 기반으로 답변을 생성하게 할 수 있습니다.

생성 단계

RAG의 생성 단계는 검색된 정보를 기반으로 텍스트를 생성하는 과정으로, 모델이 학습한 기존 지식과 실시간으로 검색된 정보를 결합해 더 풍부하고 정확한 응답을 생성합니다. 총 세 단계로 이루어지며 입력 구성 → 응답 생성 → 후처리 단계로 진행되어 최종적으로 사용자에게 적합하고, 품질이 높은 답변을 제공합니다.

▼ **그림 6-11** 생성 단계

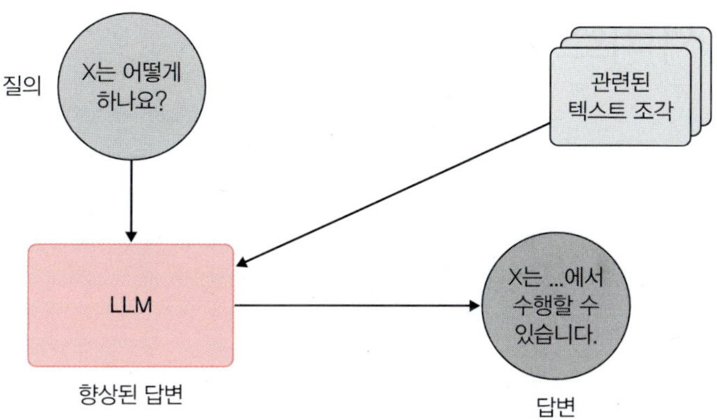

1. **입력 구성(input formatting)**

   검색된 문서와 사용자의 질문을 적절한 형식으로 정리해 LLM에 입력합니다. 검색 단계에서 가져온 Top-K 문서(가장 관련도가 높은 문서 K개)를 선택하고, 필요에 따라 문서를 요약하거나 순위를 조정해 입력을 최적화합니다.

2. **응답 생성**

   LLM이 주어진 입력을 바탕으로 최적의 응답을 생성하는 단계입니다. 검색된 문서와 LLM의 내부 지식이 결합한 후 최종 답변할 내용을 그대로 사용(extractive)할지, 문장을 재구성(generative)할지를 결정합니다. 사용자의 질의에 특정 프롬프트에 대한 요청이 있다면 이 부분도 고려해야 합니다.

3. **최종 응답의 후처리**

   생성된 응답은 중복 제거, 불필요한 정보 정리 등 후처리 과정을 거쳐 사용자에게 전달됩니다. 언어의 자연스러움과 신뢰도를 개선해 최종 응답의 품질을 높입니다. 답변의 환각 여부 확인(fact-checking)을 통해 정확성을 검토한 뒤, 생성된 응답을 검증하고 정제하여 최종적으로 반환할 수도 있습니다.

6.2 SECTION Azure AI Studio로 RAG 챗봇 서비스 제작하기

6.2.1 GPT-4o를 기반으로 사내 문서 요약 챗봇 만들기

지금까지 RAG를 알아보았습니다. 이를 바탕으로 지금부터 Azure AI Foundry를 활용한 RAG 챗봇 서비스를 만들어 보겠습니다.

Azure AI Foundry란

Azure AI Foundry는 마이크로소프트 애저(Microsoft Azure) 클라우드 컴퓨팅 환경에서 제공하는 AI 개발 플랫폼입니다. 이 플랫폼은 AI 개발에 필요한 컴퓨터 리소스(GPU, 메모리)와 개발 도구가 없어도 코딩 없이 생성형 AI 애플리케이션을 신속하게 구축할 수 있도록 지원합니다.

▼ **그림 6-12** Azure AI Foundry

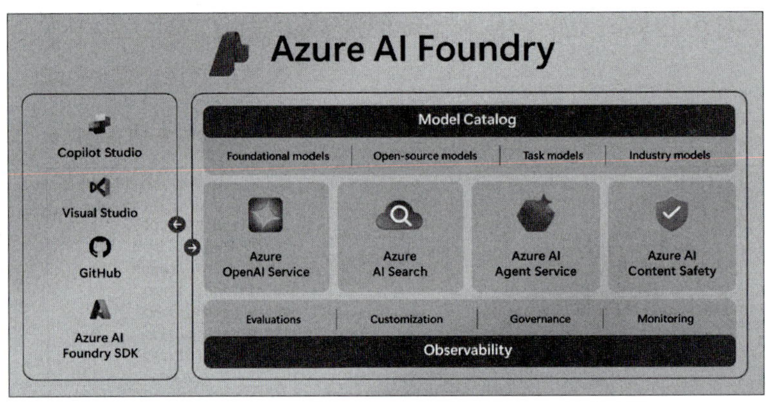

애저 계정 생성 및 AI Foundry 설정하기

Azure AI Foundry는 마이크로소프트 클라우드 환경인 애저에서 제공하므로 서비스를 이용하려면 먼저 애저 계정을 생성하고 구독을 설정해야 합니다.

1. 다음 애저에 접속하면 로그인 화면으로 이동합니다.

URL https://portal.azure.com/

▼ 그림 6-13 애저 접속

팁

마이크로소프트 계정이 없다면 계정을 만들어야 합니다. **계정을 만드세요!**를 클릭해 계정을 만듭니다.

▼ 그림 6-14 마이크로소프트 계정 생성

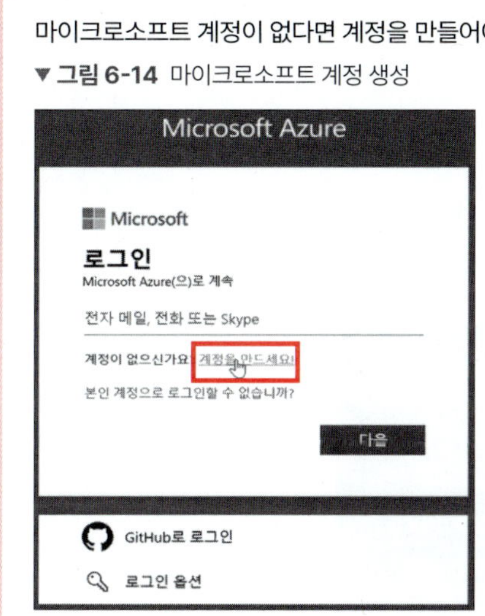

2. 로그인한 후 홈 화면에서 **구독**을 클릭한 후 구독 화면에서 **+ 추가**를 클릭합니다.

구독은 애저 리소스를 사용할 수 있는 단위로, 한 계정으로 여러 구독을 만들 수 있으며 리소스를 그룹화하여 조직적으로 관리할 수도 있습니다.

▼ 그림 6-15 구독 추가

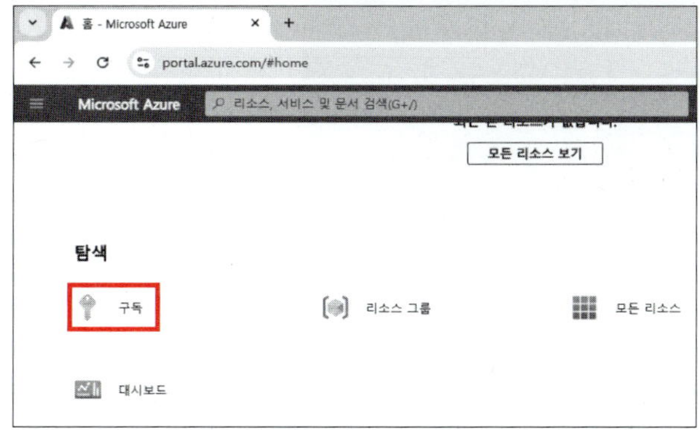

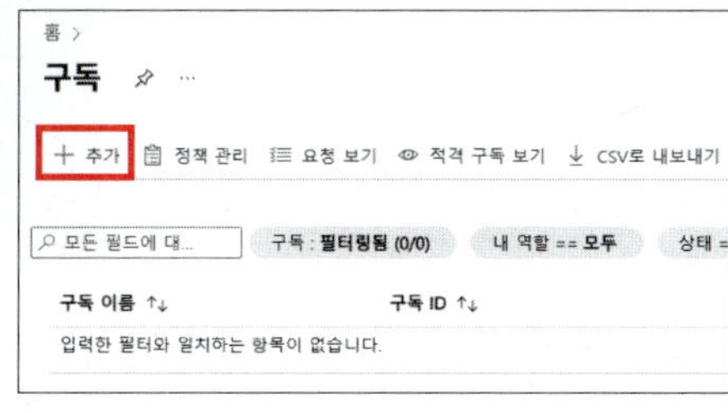

3. 실습해야 하므로 종량제를 선택하겠습니다. 종량제에서 **제안 선택**을 클릭합니다.

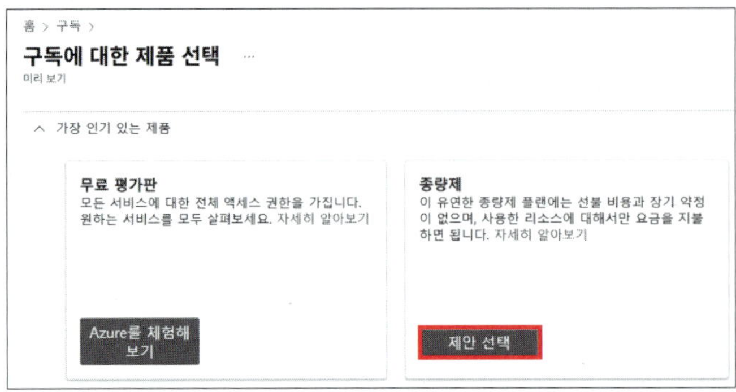

▼ **그림 6-16** 종량제 선택

홈 > 구독 >
구독에 대한 제품 선택
미리 보기
가장 인기 있는 제품
무료 평가판
모든 서비스에 대한 전체 액세스 권한을 가집니다. 원하는 서비스를 모두 살펴보세요. 자세히 알아보기
Azure를 체험해 보기
종량제
이 유연한 종량제 플랜에는 선불 비용과 장기 약정이 없으며, 사용한 리소스에 대해서만 요금을 지불하면 됩니다. 자세히 알아보기
제안 선택

4. 이름, 성, 메일 주소, 전화를 입력합니다. 이후 SMS 문자 인증 절차를 진행합니다.

▼ **그림 6-17** 사용자 정보 입력

사용자의 프로필
국가/지역
한국
청구 주소와 일치하는 위치를 선택합니다. 나중에 이 선택을 변경할 수 없습니다. 해당 국가가 나열되지 않으면 해당 지역에서 제품을 사용할 수 없습니다. 자세히
이름
중간 이름 (선택)
성
중요 알림을 위한 전자 메일 주소
전화
전화 번호에 국가 코드를 입력하지 마세요.
다른 전화 번호를 사용하여 ID를 확인하세요.
문자
전화
Azure 종량제
서비스의 무료 금액을 초과하여 사용한 만큼만 요금 지불
신규 고객 1은(는) 인기 있는 서비스를 12개월 동안 무료로 사용할 수 있습니다.
55개가 넘는 서비스가 항상 무료.
맞춤형 추천은 클라우드 환경을 최적화하는 데 도움이 됩니다.
사전 약정이 없으며, 언제든지 취소할 수 있습니다.
1신규 고객은 이전에 Azure 계정이 없었고 12개월 무료 서비스를 사용한 고객입니다.

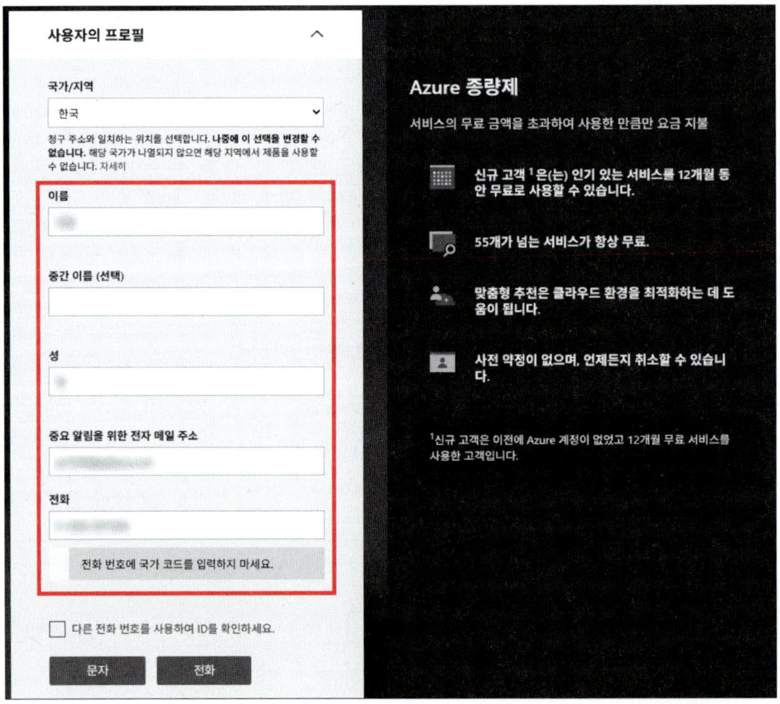

5. 우편 번호, 주소를 적고 약관 동의 체크 박스를 체크한 후 **다음**을 클릭합니다.

▼ **그림 6-18** 사용자 정보 입력 및 약관 동의

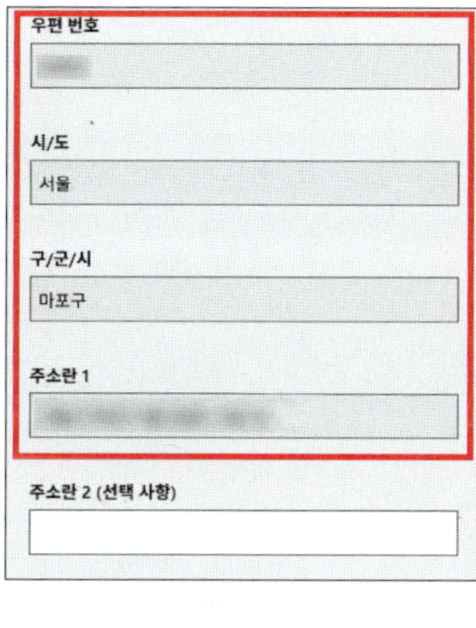

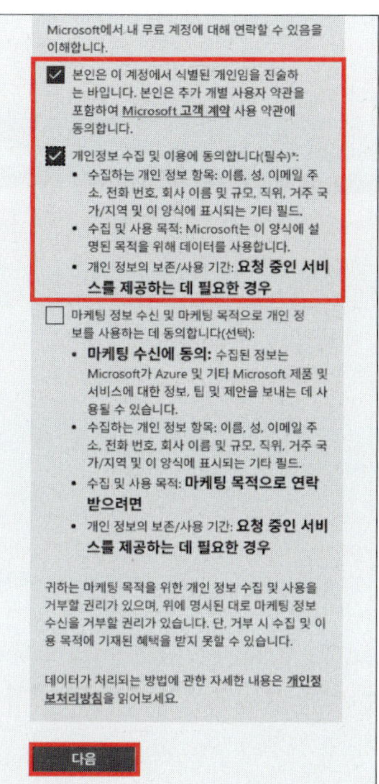

6. 결제 정보 화면이 나타나면 **신용 카드 정보**를 입력하고 **다음**을 클릭합니다.

▼ **그림 6-19** 카드 정보 입력

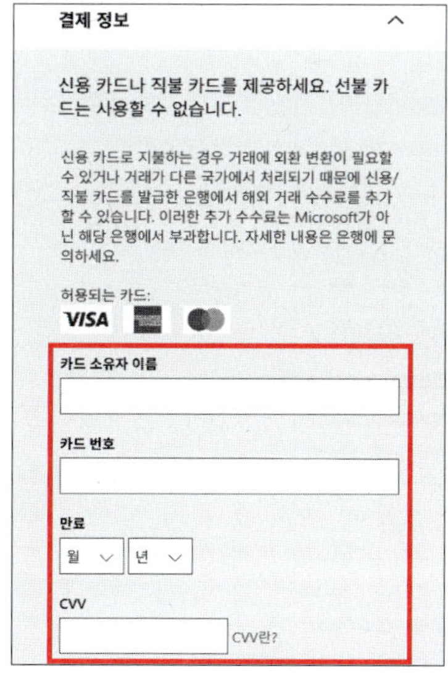

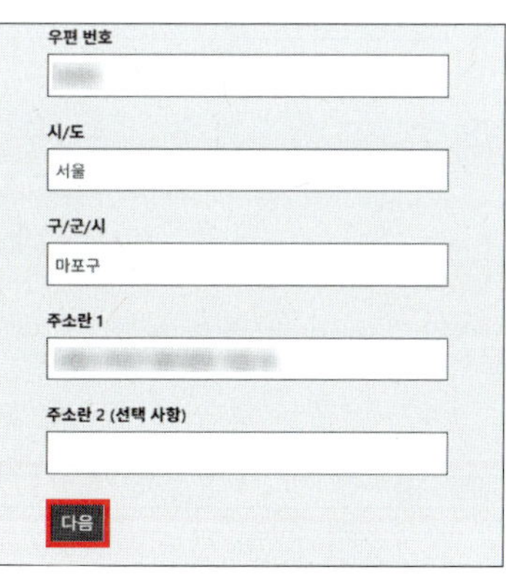

7. 결제 정보를 등록하면 기술 지원 추가 화면이 나옵니다. 기본 옵션으로 두고 **등록**을 클릭합니다.

▼ **그림 6-20** 기본 옵션으로 등록

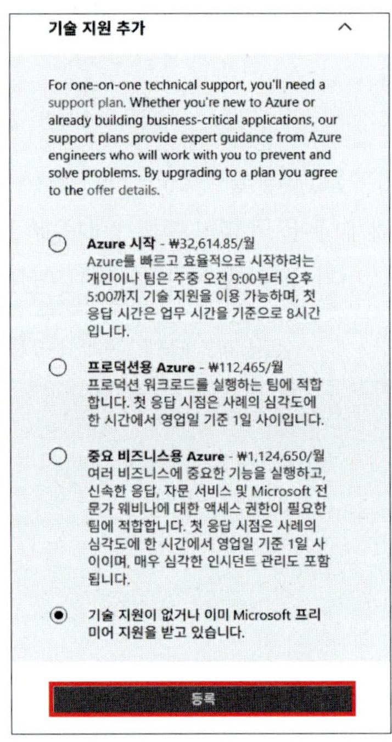

8. 등록을 완료하면 다시 홈 화면에서 **구독 > + 추가**를 클릭한 다음 구독 만들기 화면에서 구독 이름에 **AI-studio-rag**를 입력하고, **검토 + 만들기**를 클릭합니다.

▼ **그림 6-21** 구독 만들기 1

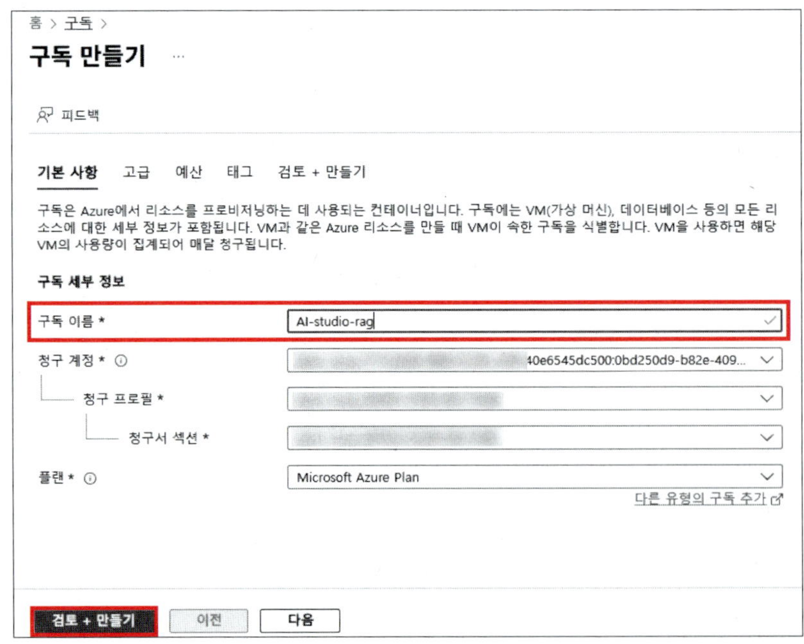

9. 입력한 내용이 맞는지 확인하고 **만들기**를 클릭합니다.

▼ **그림 6-22** 구독 만들기 2

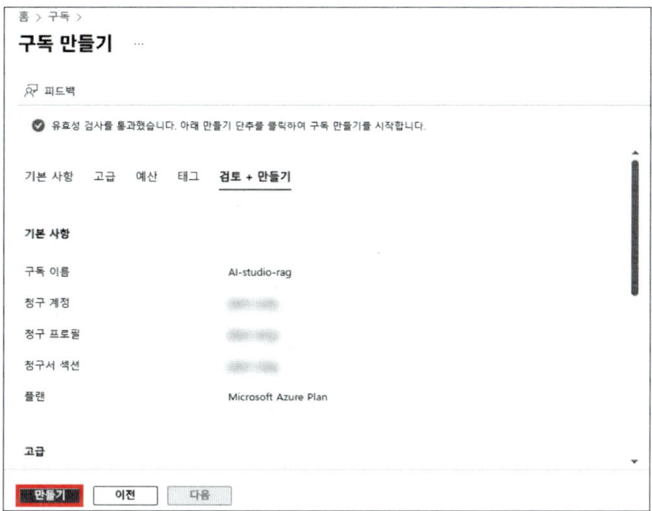

10. 오른쪽 위에 구독을 만들었다는 알람이 뜨면 **구독으로 이동**을 클릭합니다.

▼ **그림 6-23** 구독 완료

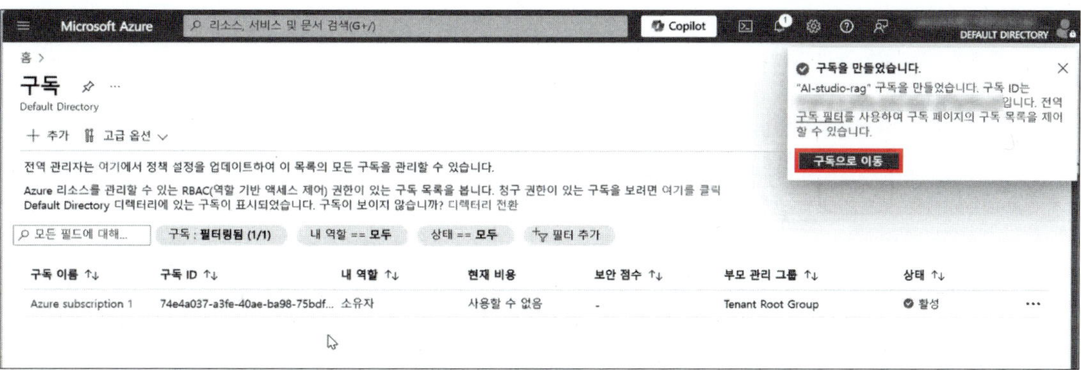

11. 화면을 새로 고침하고, 새로 만든 AI-studio-rag 구독의 상태가 **활성**으로 표시된 것을 확인합니다.

▼ **그림 6-24** 구독 확인

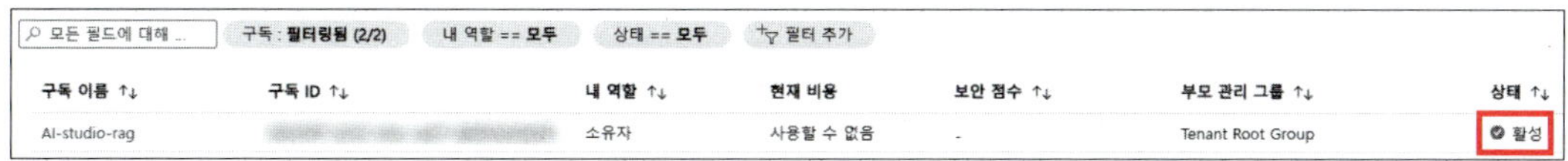

리소스 그룹 만들기

이번에는 리소스 그룹을 만들어 보겠습니다. 리소스 그룹은 리소스를 그룹으로 묶어 체계적으로 관리하기 위한 기능입니다. 그룹 안에 어떤 리소스가 포함되었는지 알기 편리하고, 관리하기도 쉽습니다.

1. 홈 화면에서 **리소스 그룹**을 클릭합니다.

▼ **그림 6-25** 리소스 그룹

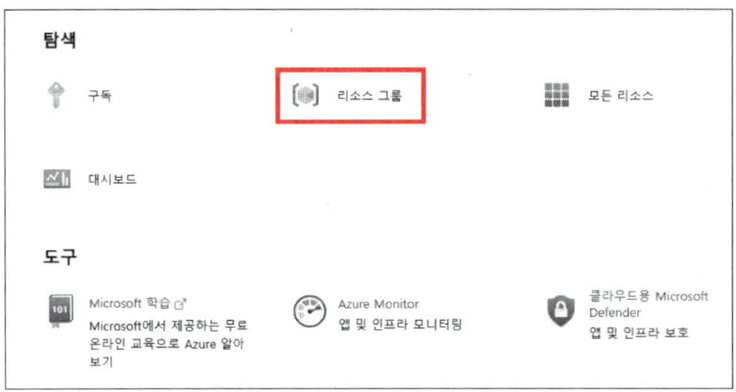

2. **+ 만들기**를 클릭합니다.

▼ **그림 6-26** 리소스 그룹 만들기 1

3. 리소스 그룹 만들기 화면에서 구독은 이전 단계에서 만든 **AI-studio-rag**로 선택합니다. 리소스 그룹 이름은 **rg-ai-studio-rag**로 입력한 다음, 지역은 기본값으로 설정된 **(US) East US**를 그대로 유지합니다. **검토 + 만들기**를 클릭합니다.

▼ **그림 6-27** 리소스 그룹 만들기 2

홈 > 리소스 그룹 >
리소스 그룹 만들기
기본 태그 검토 + 만들기
리소스 그룹 - Azure 솔루션의 관련 리소스를 보관하는 컨테이너입니다. 리소스 그룹에 솔루션의 모든 리소스를 포함할 수도 있고 그룹으로 관리할 리소스만 포함할 수도 있습니다. 무엇이 조직에 가장 적합한지에 따라 리소스 그룹에 리소스를 할당할 방법을 결정합니다. 자세한 정보
구독 * AI-studio-rag
리소스 그룹 이름 * rg-ai-studio-rag
지역 * (US) East US
이전 다음 검토 + 만들기

4. 앞에서 설정한 내용을 확인한 뒤 **만들기**를 클릭해 리소스 그룹 만들기를 완료합니다.

▼ **그림 6-28** 리소스 그룹 만들기 완료

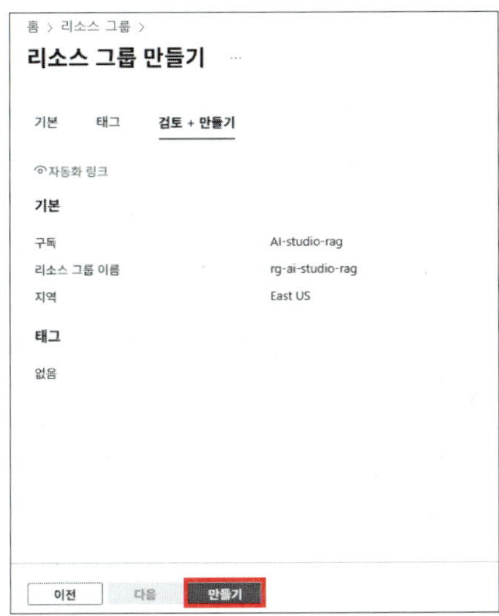

5. 오른쪽 위에 리소스 그룹을 생성했다는 알람이 뜨면 화면을 새로 고침하고, 리소스 그룹이 잘 생성되었는지 확인합니다.

▼ **그림 6-29** 리소스 그룹 확인

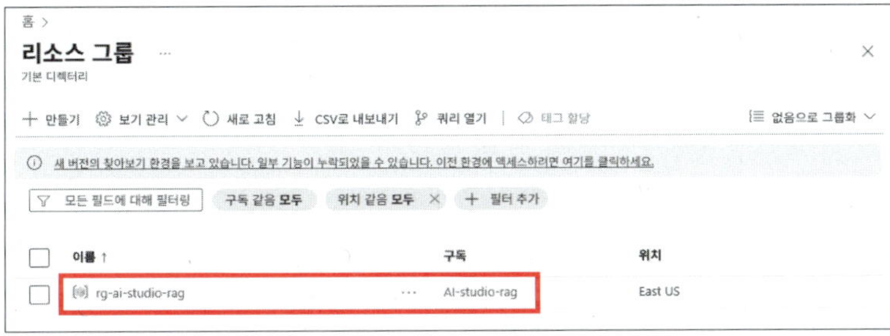

6. 이제 권한을 등록하는 단계입니다. Microsoft.Cdn과 Microsoft.Policyinsights에 대한 권한을 등록해야 합니다. 다시 구독 화면으로 돌아가 생성한 **AI-studio-rag**를 클릭합니다.

▼ **그림 6-30** 권한 등록하기 1

7. **리소스 공급자**를 검색해 **리소스 공급자**를 클릭합니다.

▼ **그림 6-31** 권한 등록하기 2

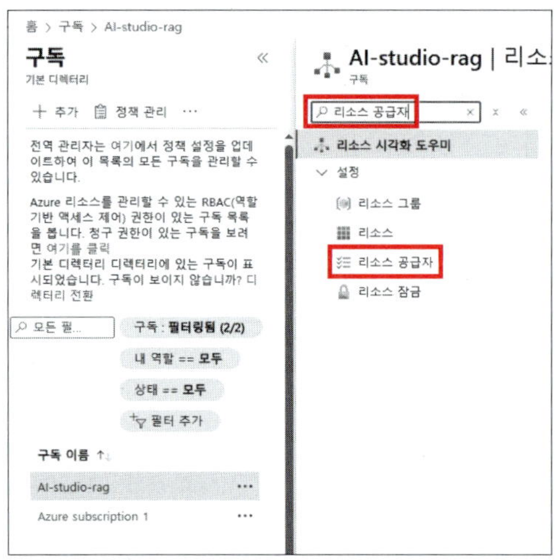

8. 리소스 공급자 화면이 나타나면 **cd**로 필터링한 다음 **Microsoft.Cdn**을 선택합니다. 이어 **등록**을 클릭합니다.

   CDN(Content Delivery Network)은 서비스를 사용하거나 해당 기능이 필요한 리소스를 배포할 때 콘텐츠를 빠르게 전송하고, 보안 설정, 캐싱 정책, 도메인 구성 등을 수행합니다.

▼ **그림 6-32** Microsoft.Cdn 등록

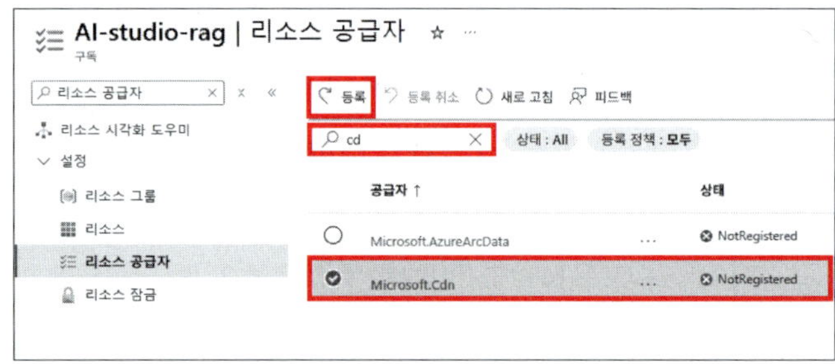

9. 같은 방식으로 Microsoft.Policyinsights에 대한 권한도 등록합니다. **poli**로 필터링한 다음 **Microsoft.Policyinsights**를 선택하고 **등록**을 클릭합니다.

   Microsoft.Policyinsights는 AI Foundry를 사용하면서, 사용자가 누락하거나 실수할 수 있는 설정 오류를 자동으로 잡아 줍니다.

▼ 그림 6-33 Microsoft.Policyinsights 등록

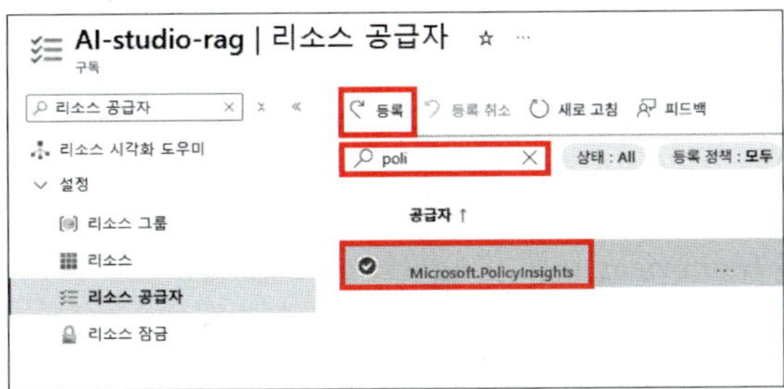

10. **상태 > 등록됨 > 적용**을 클릭하면 적용된 리소스들이 나옵니다. Microsoft.Cdn과 Microsoft.Policyinsights가 등록된 것을 확인할 수 있습니다.

▼ 그림 6-34 권한 등록 확인

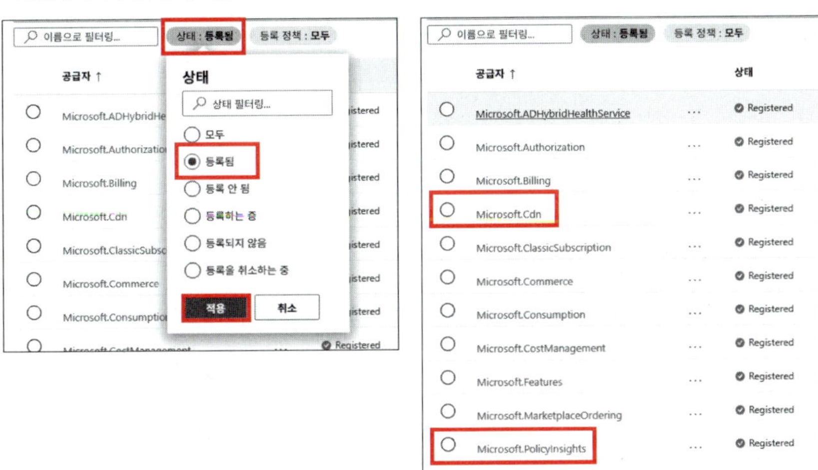

AI 프로젝트와 허브 만들기

1. 검색 창에 **AI Foundry**를 입력해 **Azure AI Foundry**를 클릭합니다.

▼ 그림 6-35 Azure AI Foundry 선택

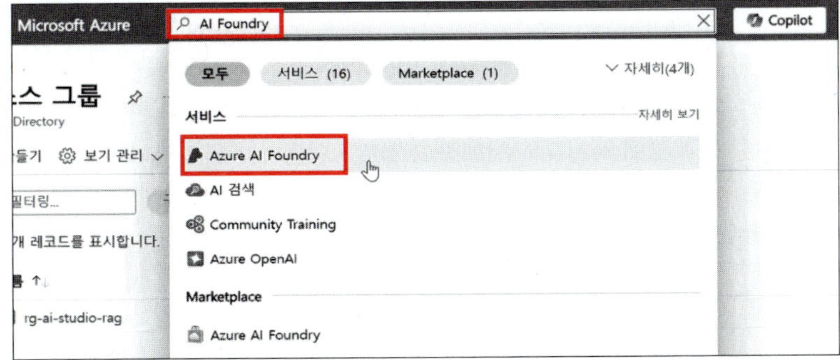

2. 왼쪽 메뉴에서 **AI Hubs**를 클릭한 뒤, **+ Create > Project**를 클릭합니다.

▼ **그림 6-36** 프로젝트 만들기

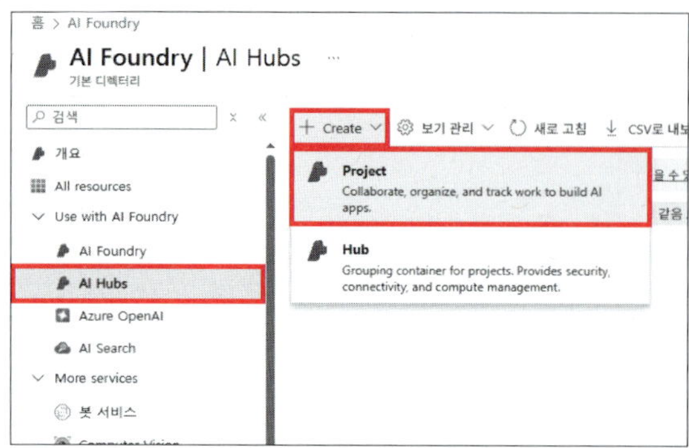

3. 구독은 이미 설정했고, 리소스 그룹은 우리가 만든 **rg-ai-studio-rag**를 선택합니다. 리소스 세부 정보의 이름은 **rag-chat-bot**으로 입력합니다. Hub에서는 **새로 만들기**를 클릭합니다.

▼ **그림 6-37** 세부 정보 입력

Azure AI project
Organize and track work, collaborate with others and upload data. Access your work in Azure AI Foundry or Azure Machine Learning Studio.
기본 ID 태그 검토 + 만들기
조직
Select a subscription and resource group to organize this and other resources, inherit access, and attribute cost.
구독 * AI-studio-rag
리소스 그룹 * rg-ai-studio-rag
새로 만들기
리소스 세부 정보
이름 * rag-chat-bot
식별 이름 Rag chat bot
Share security, connectivity, compute
Projects are grouped by a hub, which provides security configurations, pre-configured connectivity with other Azure resources, compute, storage, and quota.
Hub *
새로 만들기

4. 허브 창이 나타납니다. 프로젝트를 만들려면 허브가 상위에 있어야 하기 때문에 허브도 생성해야 합니다.

리소스 그룹은 우리가 만든 **rg-ai-studio-rag**를 선택하고, 리소스 세부 정보의 이름은 **hub-ai-studio-rag**로 입력합니다. Azure AI 서비스 기본 모델은 **신규**를 선택하고 **검토 + 만들기**를 클릭합니다.

▼ 그림 6-38 허브 만들기 1

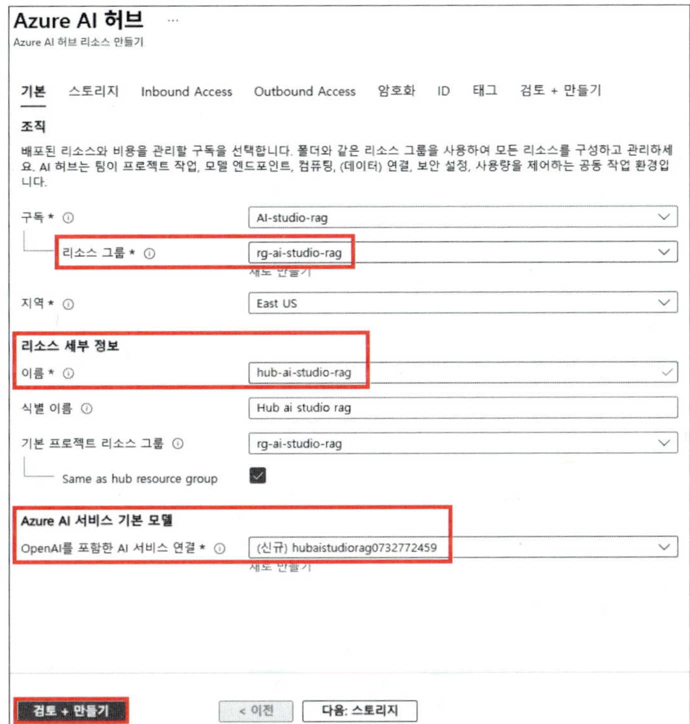

5. **만들기**를 클릭합니다.

▼ 그림 6-39 허브 만들기 2

6. 다시 Azure AI project 화면으로 돌아가 리소스 그룹은 **rg-ai-studio-rag**를 선택하고, 리소스 세부 정보의 이름은 **rag-chat-bot**으로 입력합니다. Hub는 **hub-ai-studio-rag (eastus)**를 선택하고 **검토 + 만들기**를 클릭합니다. 다음 화면에서 **만들기**를 클릭합니다.

▼ 그림 6-40 Azure AI project 만들기

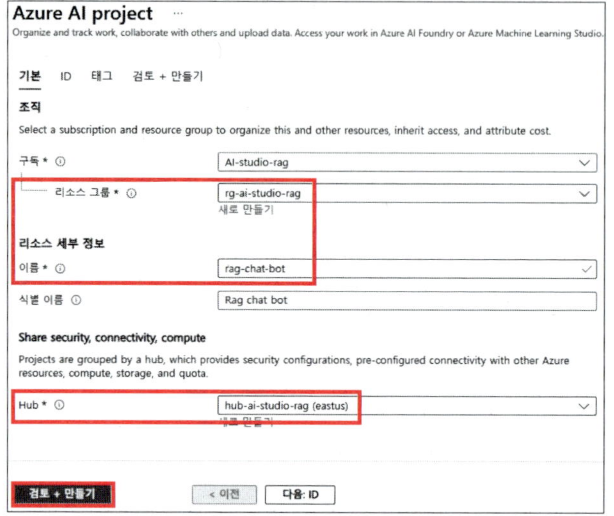

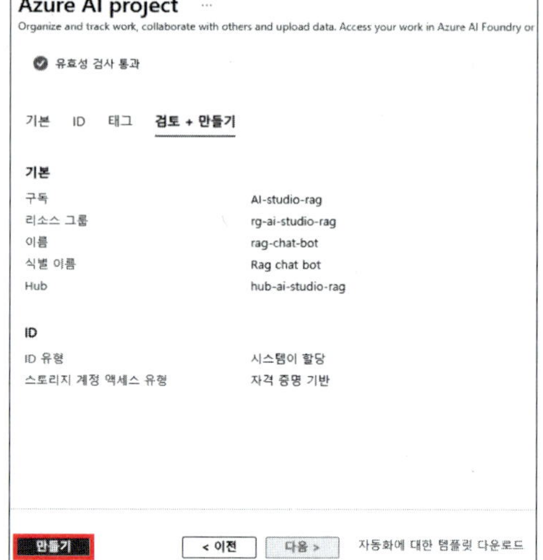

7. 배포가 완료되었으면 **리소스로 이동**을 클릭해 이동합니다.

▼ 그림 6-41 리소스로 이동

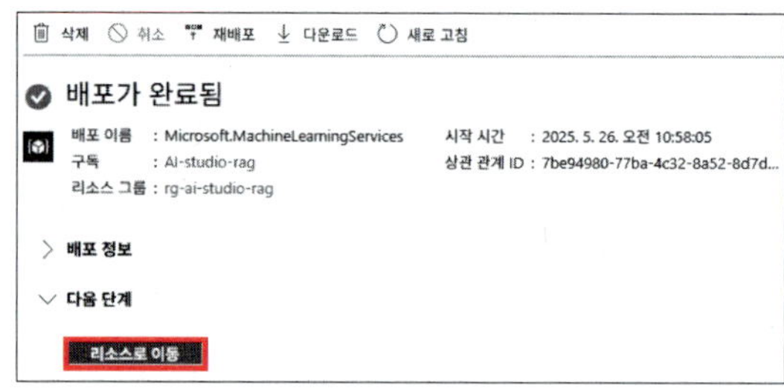

8. 다음 화면이 나오면 **Launch studio**를 클릭합니다.

▼ 그림 6-42 시작하기

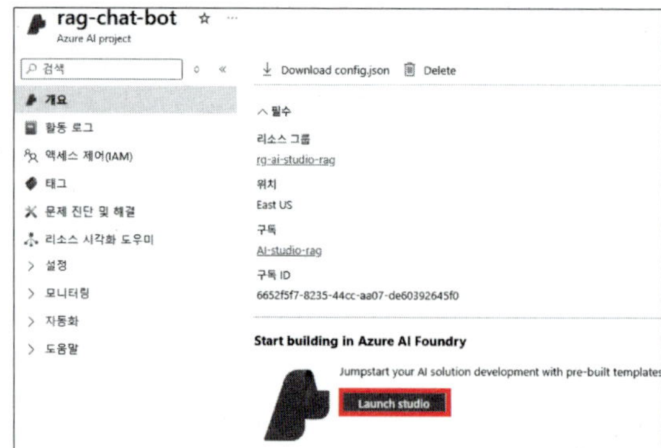

벡터 데이터베이스 만들기

벡터 데이터베이스에 사용할 기준 문서를 업로드해야 합니다. 이 간단한 과정만으로 기준 문서가 청킹 및 임베딩되어, Azure AI Foundry에서 기본으로 제공하는 벡터 데이터베이스인 Azure AI Search에 자동 저장됩니다.

1. Azure AI 포털에 접속하면 생성된 프로젝트가 보일 것입니다. 이 프로젝트명을 클릭해 다음 화면으로 이동합니다.

   URL https://ai.azure.com/

   ▼ **그림 6-43** 프로젝트 선택

   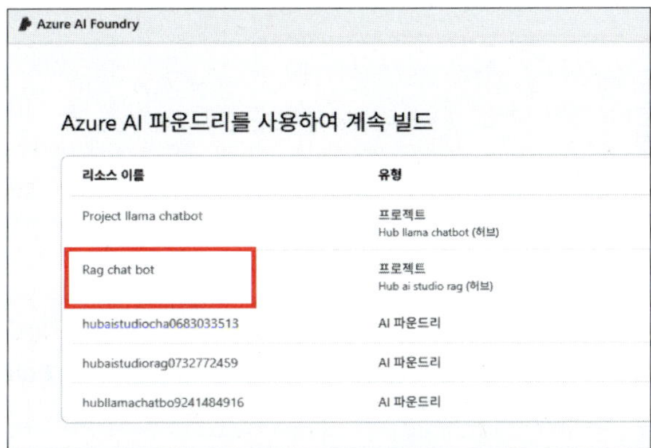

2. 왼쪽 메뉴에서 **데이터 + 인덱스**를 클릭한 뒤, **인덱스 > + 새 인덱스**를 클릭합니다.

   ▼ **그림 6-44** 인덱스 만들기

   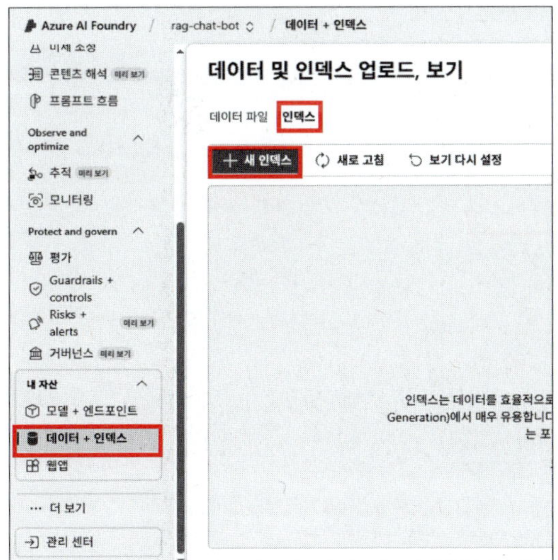

3. **데이터 원본 선택**을 클릭한 다음 **파일 업로드**를 선택합니다.

▼ **그림 6-45** 파일 업로드하기 1

벡터 인덱스 만들기
Source location
Index configuration
설정 검색
Review and finish
Choose the location of the input data source that you want to index.
데이터 원본 *
데이터 원본 선택
기존 인덱스 연결
Azure AI 검색
MongoDB Atlas
새 인덱스 만들기
Azure AI Foundry의 데이터
Azure Blob Storage
스토리지 URL
파일 업로드
다음
벡터 인덱스 만들기
취소

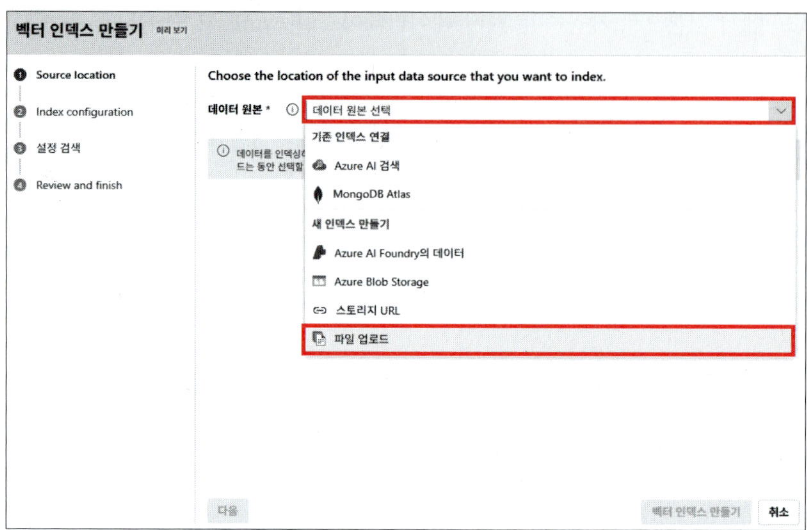

4. 기준 문서를 선택하고 업로드합니다. 실습에 사용한 문서는 2023년도 고용노동부에서 발표한 취업규칙이며, 취업규칙에 대해 물어볼 경우 답변하는 RAG 챗봇을 위한 기준 문서로 사용할 예정입니다. PDF 파일은 다음 URL에서 다운로드할 수 있습니다.

URL https://drive.google.com/file/d/17fgs4rAaV36B1vxTq-jb9eCqhKIDivgB/ view?usp=drive_link

▼ **그림 6-46** 파일 업로드하기 2

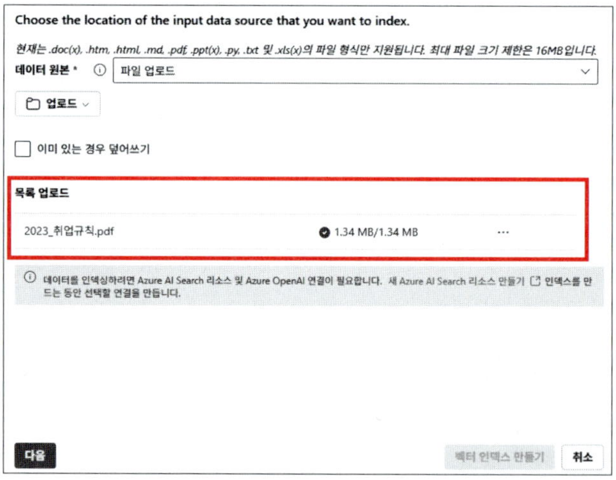

Choose the location of the input data source that you want to index.
현재는 .doc(x), .htm, .html, .md, .pdf, .ppt(x), .py, .txt 및 .xls(x)의 파일 형식만 지원됩니다. 최대 파일 크기 제한은 16MB입니다.
데이터 원본 *
파일 업로드
업로드
이미 있는 경우 덮어쓰기
목록 업로드
2023_취업규칙.pdf
1.34 MB/1.34 MB
데이터를 인덱싱하려면 Azure AI Search 리소스 및 Azure OpenAI 연결이 필요합니다. 새 Azure AI Search 리소스 만들기 인덱스를 만드는 동안 선택할 연결을 만듭니다.
다음
벡터 인덱스 만들기
취소

5. **새 Azure AI Search 리소스 만들기**를 클릭합니다.

▼ **그림 6-47** 리소스 만들기

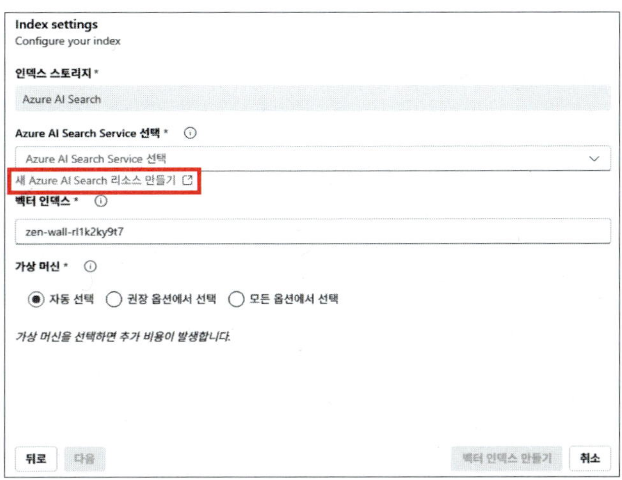

6. 인스턴스 세부 정보에서 서비스 이름은 **aisearch-rag-chat-bot**으로 입력하고, 위치는 **(US) East US 2**를 선택한 후 **검토 + 만들기**를 클릭합니다. 이어 나오는 화면에서도 **만들기**를 클릭합니다.

▼ **그림 6-48** 세부 정보 입력

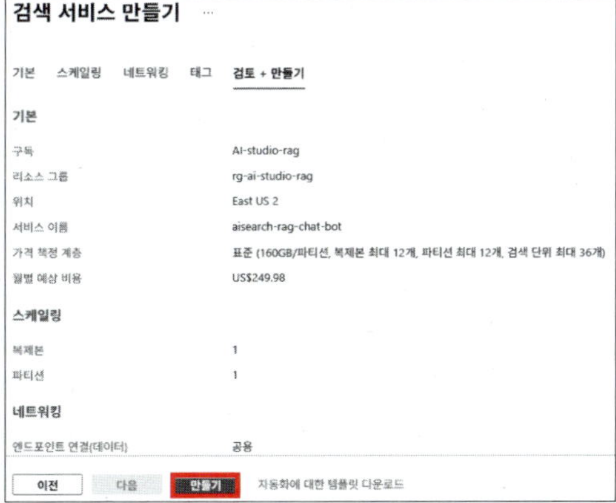

7. **Azure AI Search Service 선택**을 클릭해 **다른 Azure AI Search 리소스 연결**을 선택합니다.

▼ **그림 6-49** 리소스 연결

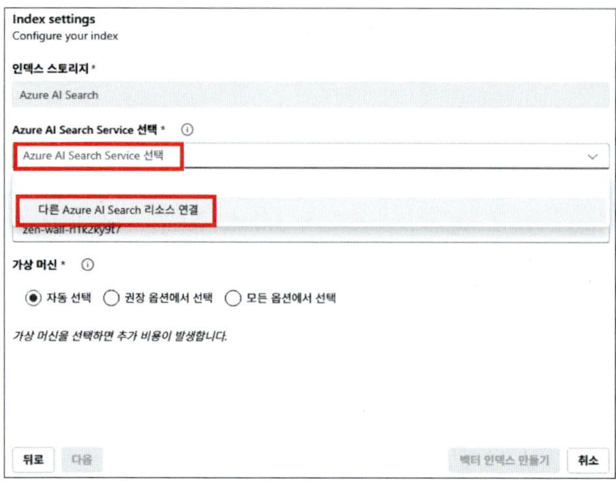

8. **연결 추가**를 클릭해 AI Search와 프로젝트를 연결합니다.

▼ **그림 6-50** AI Search와 프로젝트 연결

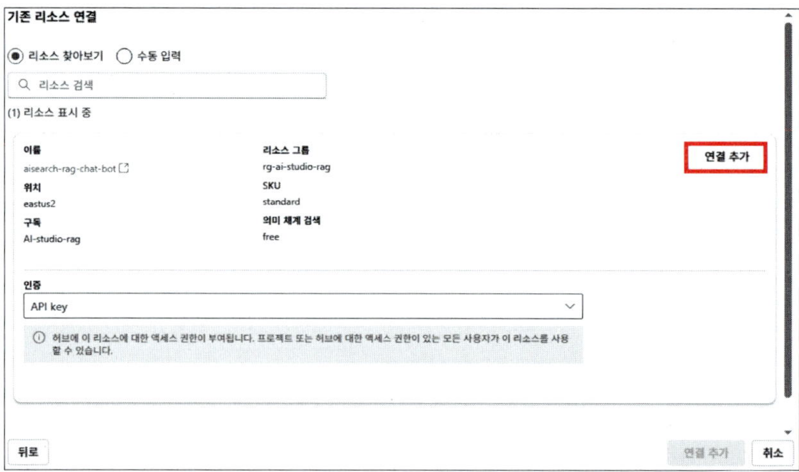

9. Azure AI Search Service 선택에서 **aisearch-rag-chat-bot**을 선택하고, 백터 인덱스는 **index-rag-chat-bot**으로 입력한 후 **다음**을 클릭합니다.

▼ 그림 6-51 Azure AI Search Service 선택 및 벡터 인덱스 설정

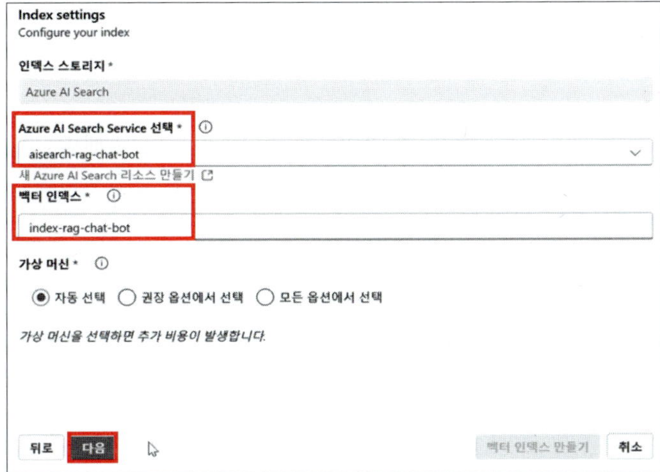

10. **다음**을 클릭하고, 이어 나오는 화면에서 **벡터 인덱스 만들기**를 클릭합니다.

▼ 그림 6-52 벡터 인덱스 만들기

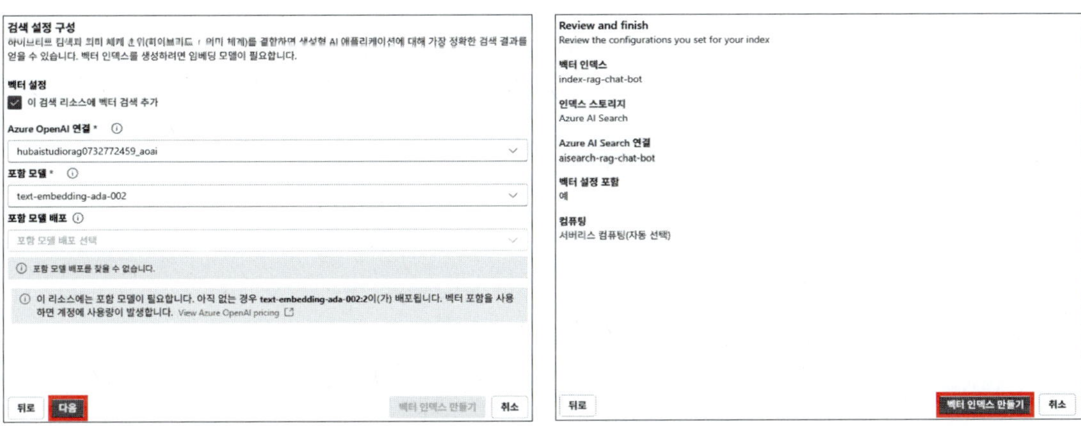

11. index-rag-chat-bot 벡터 인덱스가 잘 만들어진 것을 확인합니다.

▼ 그림 6-53 벡터 인덱스 확인

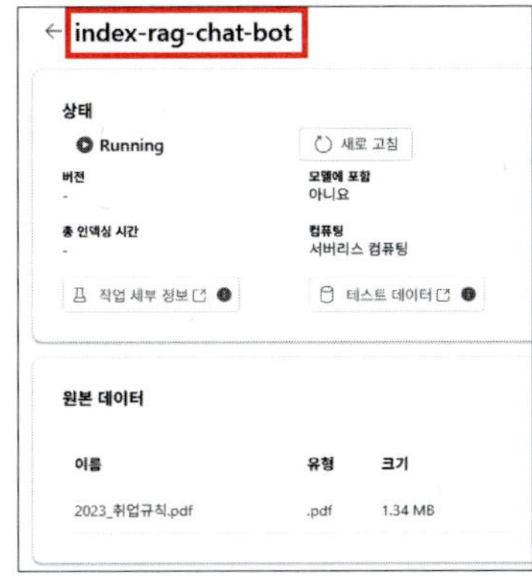

GPT-4o 모델 배포하기

RAG에서 답변을 생성하기 위해서는 LLM이 필수입니다. 따라서 실습에 사용할 GPT-4o 모델을 생성해 보겠습니다.

1. 프로젝트명 **rag-chat-bot**을 확인하고 왼쪽 메뉴에서 **모델 + 엔드포인트**를 클릭한 뒤, **+ 모델 배포 > 기본 모델 배포**를 클릭합니다.

▼ **그림 6-54** 기본 모델 선택

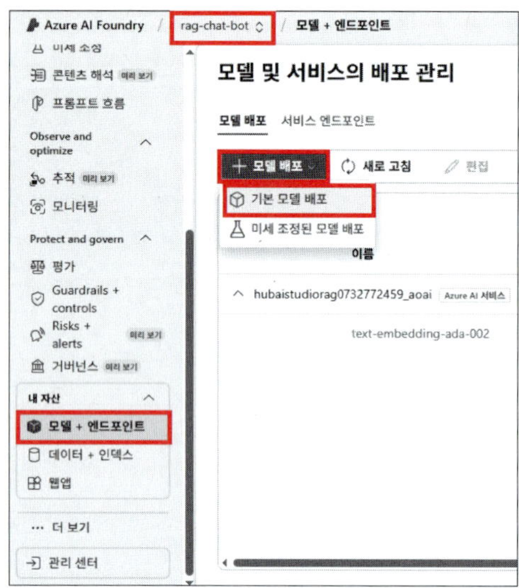

2. **gpt-4o** 모델을 선택하고 **확인**을 클릭합니다.

▼ **그림 6-55** 모델 선택

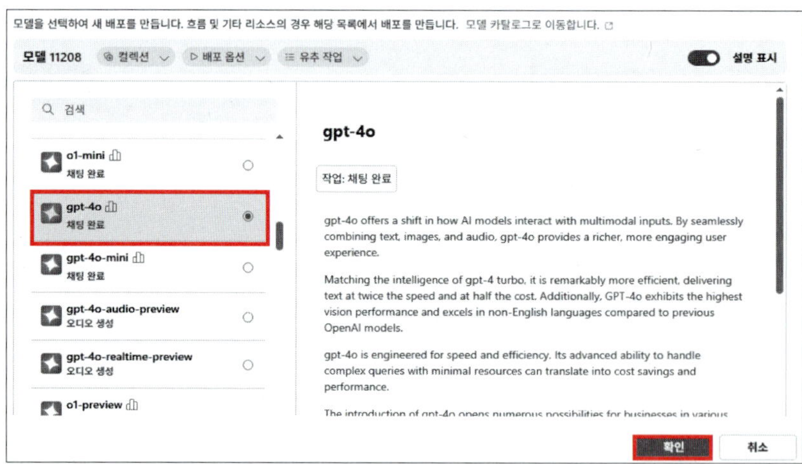

3. 배포 이름과 배포 유형은 기본 설정 그대로 두고 **배포**를 클릭합니다.

▼ **그림 6-56** 배포 이름 입력 및 배포

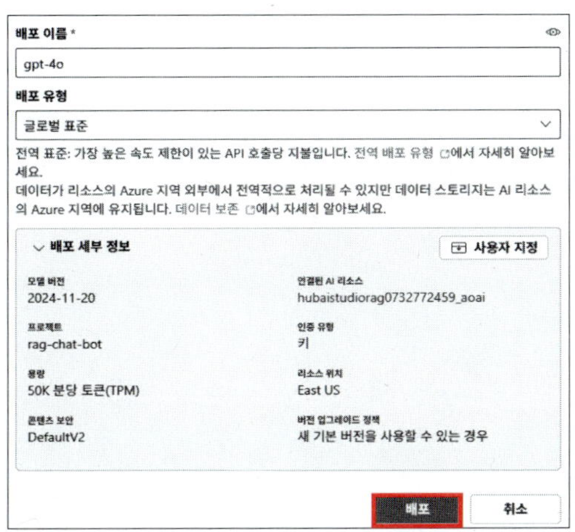

4. 프로비전 상태에서 **성공**을 확인했다면 배포가 완료된 것입니다.

▼ **그림 6-57** 배포 확인

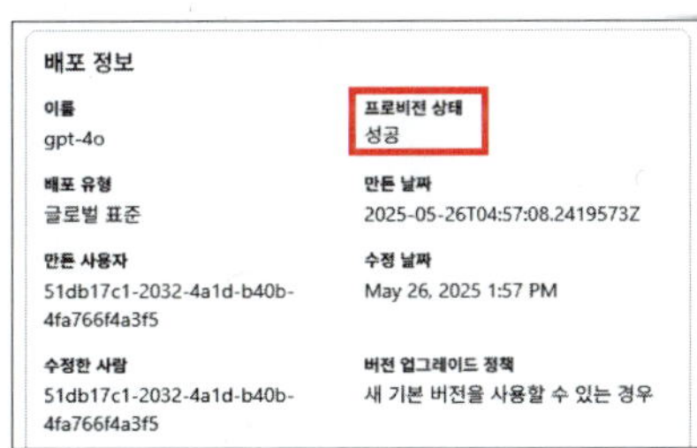

팁

애저 클라우드에서 제공하는 오픈AI는 누구나 접근할 수 없는 엔터프라이즈(enterprise) 전용 오픈AI입니다. 누구에게나 오픈된 Public 오픈AI가 아닌 기업의 내부 및 외부 보안이 확보된 전용망에서 연동함으로써 기업 비밀 보호와 엔터프라이즈급 트래픽에 대한 가용성을 담보할 수 있다는 것이 큰 장점입니다.

프롬프트 흐름 만들기

프롬프트 흐름 메뉴에서는 RAG 기반 답변 생성에 필요한 검색, 증강, 생성 단계를 손쉽게 구성할 수 있습니다. 다양한 흐름을 기본으로 제공하며, 여기서는 표준 흐름을 선택해 새로 생성합니다.

1. 왼쪽 메뉴에서 **프롬프트 흐름**을 클릭한 뒤, **+ 만들기**를 클릭합니다.

▼ **그림 6-58** 프롬프트 흐름 만들기

2. 채팅 흐름에서 **만들기**를 클릭합니다. 폴더 이름을 **rag-chatbot**으로 입력하고 **만들기**를 클릭합니다.

▼ **그림 6-59** 폴더 이름 만들기

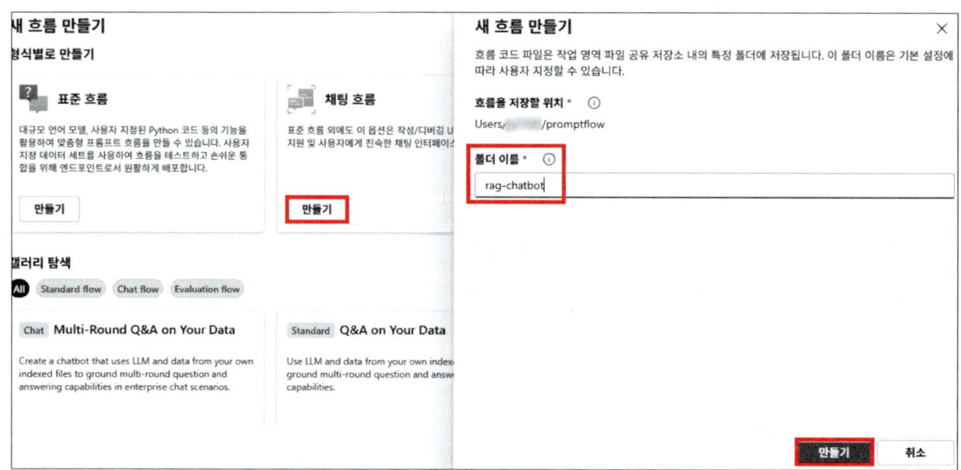

3. 입력값과 출력값이 다음과 동일한지 확인합니다.

   입력에서 `question` 변수로 사용자의 질문이 최초 전달되고, 출력에서 `answer` 변수로 `${chat.output}` 값이 사용자에게 최종 전달된다는 의미입니다.

   오른쪽 위에 있는 **컴퓨팅 세션 시작**을 클릭해 컴퓨팅 세션을 시작합니다. 실제 프롬프트의 실행에 사용할 가상 서버를 만드는 작업이라고 생각하면 됩니다.

▼ **그림 6-60** 컴퓨팅 세션 시작

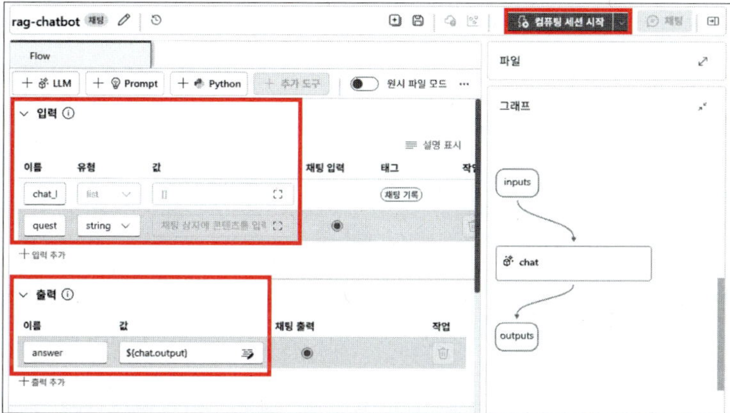

4. 질문에 대해 핵심을 파악하고 요약된 질문을 보내기 위해 GPT-4o를 연결해야 합니다. 오른쪽 그래프에서 **chat**을 클릭하고 각 항목에 다음과 같이 값을 입력합니다.

   연결과 deployment_name은 해당하는 값을 넣어 주고, API는 **chat**을 선택, temperature는 **0.7**로 고정합니다.

▼ **그림 6-61** chat 모델 연결 및 파라미터 설정

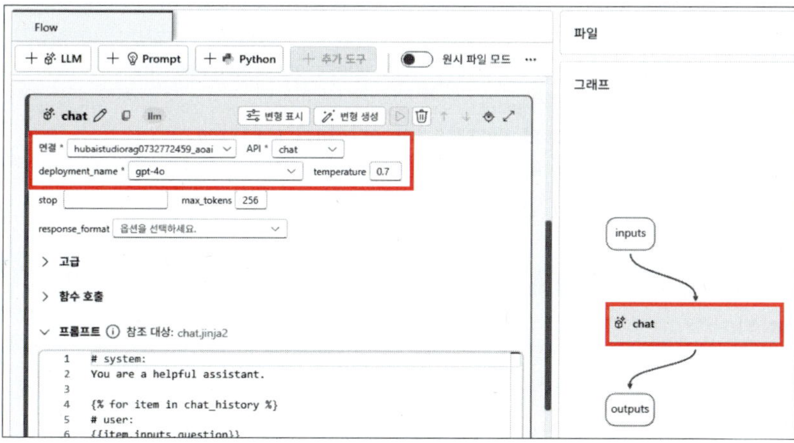

5. 이제 chat Flow의 프롬프트를 조정해 보겠습니다. chat Flow는 사용자의 질문을 받아 요약하는 Retriever 역할을 수행합니다. 다음처럼 프롬프트를 수정한 후 **입력 유효성 검사 및 구문 분석**을 클릭합니다.

chat_history가 있을 경우, AI가 대화 맥락을 고려하여 chat_input을 독립적인 질문으로 변환하고, chat_history가 없거나 무관할 때는 질문을 그대로 유지합니다.

▼ **그림 6-62** 입력 유효성 검사 및 구문 분석

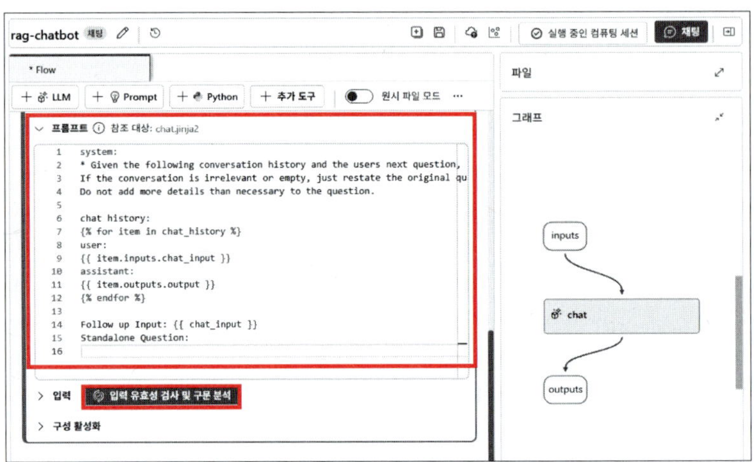

프롬프트

```
system:
* Given the following conversation history and the users next question, rephrase the question to be a stand alone question.
If the conversation is irrelevant or empty, just restate the original question.
Do not add more details than necessary to the question.

chat history:
{% for item in chat_history %}
user:
{{ item.inputs.chat_input }}
assistant:
{{ item.outputs.output }}
{% endfor %}

Follow up Input: {{ chat_input }}
Standalone Question:
```

6. 잠시 후 유효성 검사 및 구문 분석 입력이 완료되었다고 나옵니다. `chat_input`의 값을 **${inputs.question}**으로 선택하고 **저장** 아이콘을 클릭합니다.

▼ **그림 6-63** 저장

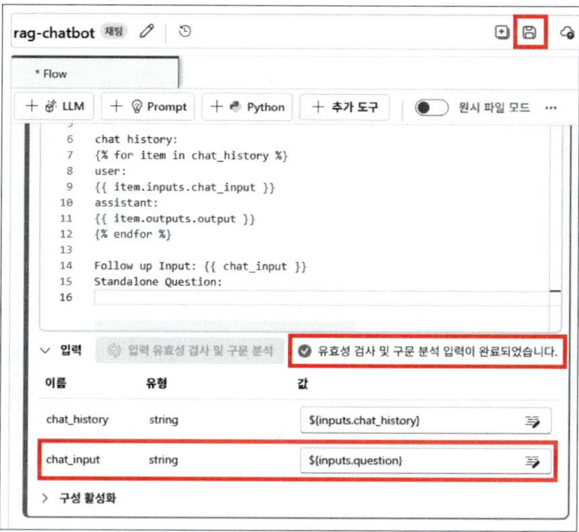

벡터 데이터베이스 연결하기

1. 추가 도구에서 Index Lookup을 추가해 보겠습니다. Index Lookup은 AI Search(애저 환경에서 제공하는 Vertor DBMS)에 구성된 데이터를 기준으로 검색하는 기능입니다.

   + 추가 도구 > Index Lookup을 클릭합니다.

▼ **그림 6-64** Index Lookup 추가

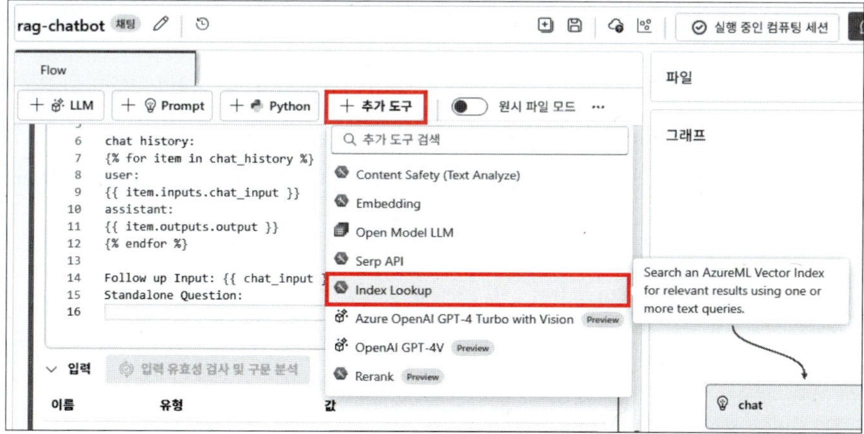

2. 노드 이름으로 vectorstore를 입력한 후 **추가**를 클릭합니다.

▼ **그림 6-65** vectorstore 추가

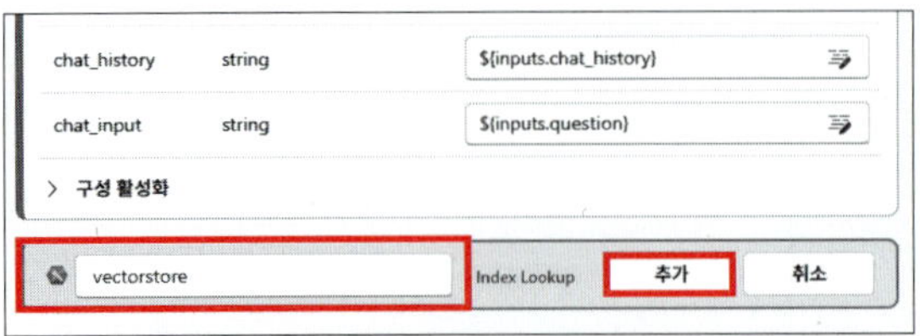

3. 다음과 같이 값 란의 **빈칸**을 클릭하면 생성 창이 나타납니다. 각 항목에 해당하는 값을 선택한 후 **저장**을 클릭합니다.

▼ **그림 6-66** vectorstore 인덱스 구성

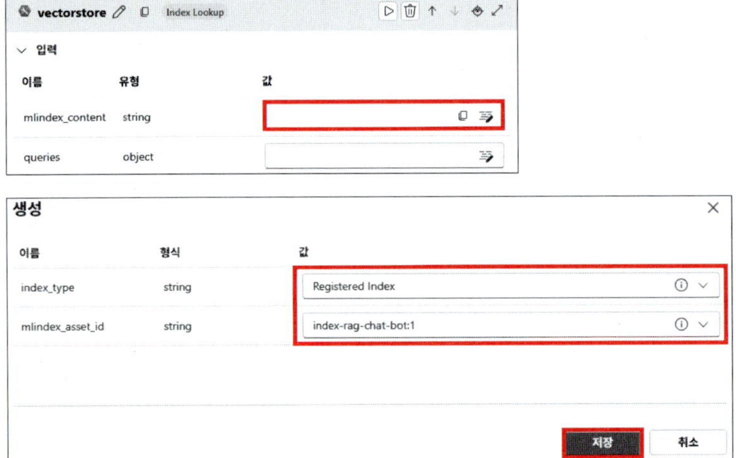

4. 각각에 해당하는 값을 선택한 다음 **저장**을 클릭합니다.

query_type은 쿼리 유형을 말하며, 세 가지 방식 Keyword, Vector, Hybrid가 있습니다. Keyword는 챗봇에서 사용자가 입력한 검색어와 벡터 데이터베이스(vectorstore)에 저장된 단어가 서로 정확히 일치할 때 가져오는 방식이며, Vector는 임베딩 기반의 유사도로 찾는 방식입니다. Hybrid는 Keyword와 Vector가 결합된 방식으로 검색의 정확도가 가장 높습니다.

▼ **그림 6-67** 값 선택 후 저장

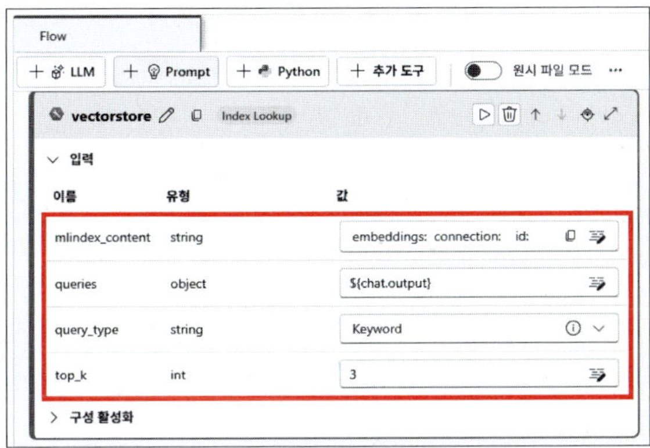

Generation(answer) 단계 생성하기

1. 이제 LLM을 추가해 봅시다. 앞의 순서대로 Flow를 하나 더 추가합니다. chat Flow와 마찬가지로 GPT-4o를 연결하고 프롬프트를 수정합니다.

   + LLM을 클릭한 다음, 노드 이름으로 **answer**를 입력하고 **추가**를 클릭합니다. **컴퓨팅 세션 시작**을 클릭합니다.

▼ **그림 6-68** answer LLM 노드 생성 및 세션 시작

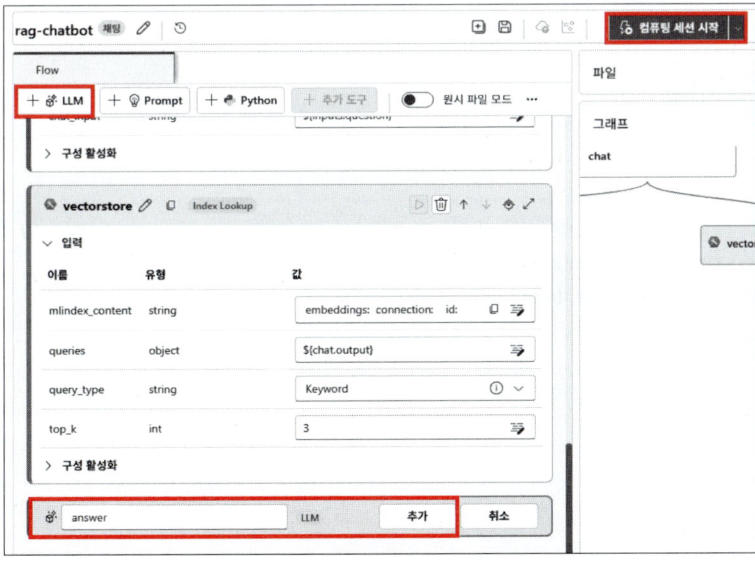

2. 각 항목에 해당하는 값을 선택합니다.

▼ **그림 6-69** 세부 정보 입력

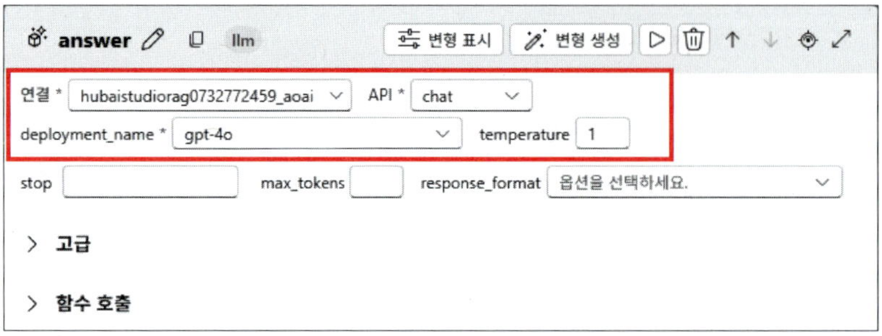

answer llm 변형 표시 변형 생성
연결 * hubaistudiorag0732772459_aoai API * chat
deployment_name * gpt-4o temperature 1
stop max_tokens response_format 옵션을 선택하세요.
고급
함수 호출

3. 프롬프트를 입력하고 **입력 유효성 검사 및 구문 분석**을 클릭합니다.

▼ **그림 6-70** 입력 유효성 검사 및 구문 분석

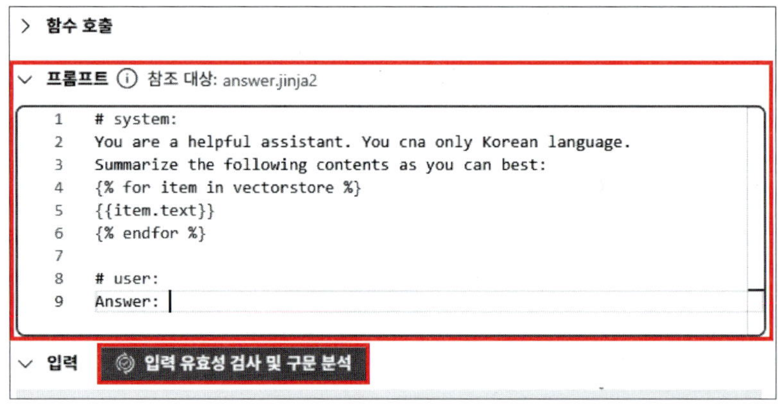

프롬프트

```
# system:
You are a helpful assistant. You can only Korean language.
Summarize the following contents as you can best:
{% for item in vectorstore %}
{{item.text}}
{% endfor %}

# user:
Answer:
```

4. 유효성 검사 완료를 확인한 뒤, 값에 **${vectorstore.output}**을 선택하고 **저장**을 클릭합니다.

▼ **그림 6-71** 저장

5. 출력에서 answer 값을 **${answer.output}**으로 선택합니다. 최종 답변은 answer Flow에서 발생하는 output으로 하겠다는 의미입니다. **저장 아이콘**을 클릭합니다.

▼ **그림 6-72** 최종 출력 구성 및 저장

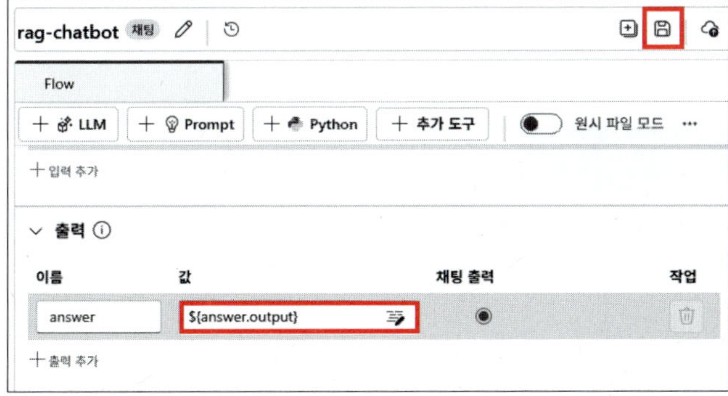

6. 오른쪽의 그래프를 확인합니다. 최종 개발된 Flow를 확인할 수 있습니다. 최종 생성 그래프가 이 그래프와 동일한지 확인한 후, **채팅**을 눌러 채팅을 시작합니다.

▼ **그림 6-73** 그래프 확인

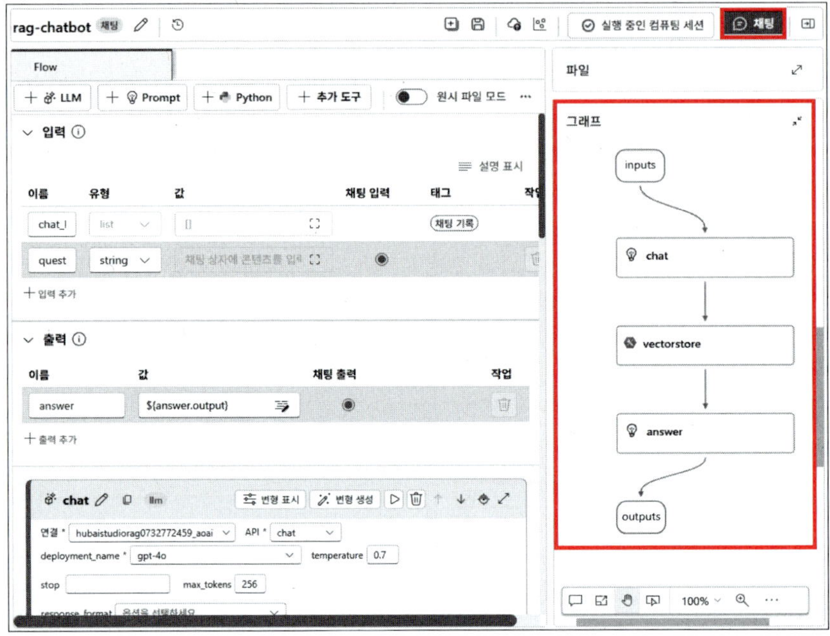

7. 테스트해 봅시다. 채팅 창에 "연차휴가 발생 일수"로 질문하면 업로드한 취업규칙을 기준으로 정상적으로 답변하는지 확인합니다.

▼ **그림 6-74** 챗봇과 대화

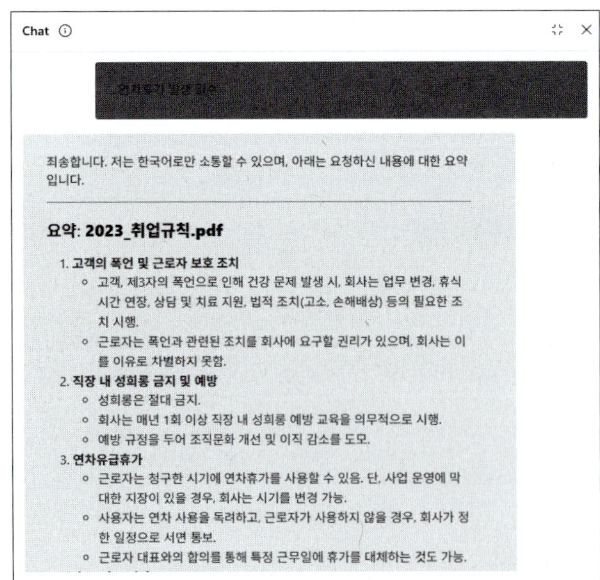

지금까지 2023년도 취업규칙 PDF 파일을 벡터 데이터베이스에 저장하고, 프롬프트 흐름을 통해 RAG 기반 챗봇을 만들었습니다. 이 과정에서 어려운 코딩 없이도, 몇 가지 프롬프트에 대한 기본적인 이해만으로 손쉽게 RAG 챗봇을 제작하고 활용할 수 있었습니다.

6.2.2 sLLM 기반 도메인 특화 챗봇 살펴보기

sLLM의 정의와 필요성

소규모 언어 모델(sLLM, small Large Language Model)은 LLM의 축소된 버전으로, 최근 AI 업계나 문헌에서 보통 SLM(Small Language Model)이라고도 합니다. sLLM은 컴퓨팅 리소스를 적게 사용하면서 원래 모델의 성능을 최대한 유지하는 것을 목표로 합니다. 이를 통해 저성능 인프라로 고성능 언어 모델을 활용할 수 있게 되었습니다.

sLLM은 다음과 같은 장점으로, 최근 LLM을 대체하는 하나의 기술로 떠오르고 있습니다.

- **리소스 절감**: 고성능 언어 모델은 막대한 연산 리소스과 전력을 소비합니다. 반면, sLLM은 이러한 리소스 사용을 현저하게 줄여 더 저렴하고 친환경적인 LLM 모델을 제공합니다.
- **활용 범위 확대**: 고성능 언어 모델은 주로 대규모 서버나 클라우드 환경에서만 동작하지만, sLLM은 데스크톱, 모바일 기기 등 다양한 환경에서 사용할 수 있어 활용 범위를 크게 넓혀 줍니다.
- **실시간 응답**: sLLM은 경량화된 구조 덕분에 실시간으로 응답할 수 있어, 빠른 반응이 중요한 애플리케이션에 적합합니다. 예를 들어 실시간 번역 서비스나 고객센터에서 사용하는 챗봇 등에 적합합니다.
- **비용 효율성**: 저렴한 하드웨어로도 높은 성능을 낼 수 있어, 비용 효율적인 솔루션을 제공합니다. 이를 통해 중소기업이나 스타트업도 고성능 언어 모델을 활용할 수 있습니다.
- **에너지 절약**: 에너지 소비가 적어 친환경적이며, 지속 가능한 AI 기술 발전에 기여할 수 있습니다.
- **보안성**: 기업 내부 시스템에 설치할 수 있어 외부 유출 위험 없이 대외비나 중요 문서를 안전하게 다룰 수 있습니다.

sLLM과 일반 LLM의 차이점

응답 시간이 중요한 실시간 서비스(예 챗봇, 실시간 번역)에서는 sLLM을 적용하여 사용자 경험을 향상시킬 수 있습니다. 반면, 데이터의 정확성이 더 중요한 분석 작업에서는 LLM이 더 적합할 수 있습니다. 즉, 복잡한 추론, 범용성, 창의적 생성이 필요하면 큰 모델인 LLM이 유리한 경우가 많고, 특정 도메인, 비용 및 컴퓨팅 환경에 제약이 있는 상황에서는 sLLM이 유리합니다. 이러한 차이점을 고려하여 각 비즈니스 상황에 맞게 sLLM과 LLM을 선별적으로 적용하는 것이 중요합니다.

▼ **그림 6-75** LLM, sLLM 모델별 매개변수 크기

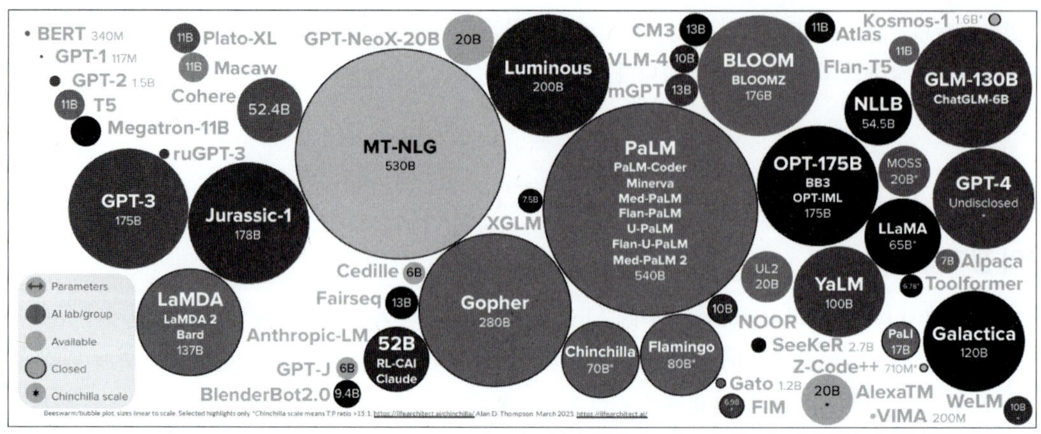

출처: chrome-extension://efaidnbmnnnibpcajpcglclefindmkaj/https://s10251.pcdn.co/pdf/2023-Alan-D-Thompson-AI-Bubbles-Rev-7b.pdf

sLLM과 LLM의 차이점을 표로 정리하면 다음과 같습니다.

▼ **표 6-1** sLLM과 LLM 비교

구분	sLLM	LLM
매개변수 크기	작음	큼
리소스 소비량	적음	많음
응답 속도	빠름	보통
활용 범위	넓음	상대적으로 제한적
비용	저렴함	비쌈
에너지 소비	적음	많음

6.2.3 Azure AI Studio로 sLLM 구축하고 파인튜닝 챗봇 만들기

sLLM의 파인튜닝

파인튜닝(미세 조정)은 사전 학습된 모델을 특정 업무나 태스크, 도메인에 맞게 추가로 학습시키는 과정입니다. sLLM이 LLM보다 적은 파라미터를 가진 모델이라 정확도가 떨어지므로 이를 보완하기 위해, 파인튜닝으로 효율적으로 조정하여 사용하는 것입니다. 즉, 파인튜닝을 통해 특정 데이터셋에 맞는 답변 스타일을 조정하거나, 특정 산업(예 금융, 의료, 법률)에서 더 정확한 결과를 생성할 수 있도록 최적화할 수 있습니다.

파인튜닝은 고품질 데이터와 튜닝 시 적용되는 조정 인자(작업 매개변수)가 중요합니다. 파인튜닝에서 꼭 고려해야 할 사항은 다음과 같습니다.

- **데이터 수집 및 전처리:** 파인튜닝할 작업에 맞는 고품질 데이터를 수집하고, 오타 수정, 중복 제거 등 전처리 과정을 거쳐야 합니다.

- **프롬프트 형식 통일**: 모델이 일관된 형식의 입력을 학습할 수 있도록 프롬프트와 응답의 형식을 통일해야 합니다(이 내용은 다음 실습 파일에서 추가로 다루겠습니다).
- **학습률**: 모델의 수렴 속도와 성능에 영향을 미치므로, 적절한 값을 설정해야 합니다. 일반적으로 1e-5에서 5e-6 사이 값을 사용합니다.
- **배치 크기**(batch size): 모델이 처리하는 데이터 샘플의 개수입니다. 메모리 용량의 가용 능력에 따라 다르지만, 가능한 수준에서 큰 크기를 통해 최대한 한 번에 대량의 학습을 수행하는 것이 좋습니다.
- **GPU 사양**: AI Studio에서 기본으로 제공하는 클라우드 컴퓨팅 리소스를 통해 쉽게 파인튜닝할 수 있으나 클라우드 컴퓨팅을 사용하지 않을 경우, 고성능 GPU가 필요할 수도 있습니다.

Llama-3.1 70B 모델이란

Llama-3.1 70B 모델은 메타(Meta)가 2024년 7월에 공개한 최신 LLM 시리즈 중 하나로, Llama-3.1 시리즈는 8B, 70B, 405B 등 세 가지 모델로 출시되었습니다. 이 중 Llama-3.1 70B 모델은 700억 개 매개변수를 가진 모델로, sLLM 중에서도 최상급 성능을 내며 특정 도메인에 최적화하기 적합한 규모의 모델입니다. 오픈AI의 GPT-3 버전이 매개변수의 크기가 1,750억 개(175B)인데, 이 모델은 그 절반 이하인 700억 개로 줄였습니다. 그런데도 다양한 자연어 처리 작업에서 우수한 성능을 발휘하며, 특히 다국어 지원과 긴 문맥 처리에 뛰어납니다.

노트

B는 Billion(10억)을 의미합니다. 즉, 70B = 70 Billion = 700억이라는 뜻입니다.

Llama-3.1 70B 파인튜닝 챗봇 만들기

1. 앞에 생성했던 RAG 챗봇과 동일한 절차로 허브와 프로젝트를 만들어야 합니다.

   애저에 접속해 **리소스 그룹**을 클릭합니다. 리소스 그룹 화면이 나오면 **+ 만들기**를 클릭합니다.

   URL https://portal.azure.com/

▼ **그림 6-76** 리소스 그룹 만들기

2. 리소스 그룹 이름은 **rg-ai-studio-llama**로 입력하고, 지역은 **(US) West US 3**를 선택한 후 **검토 + 만들기**를 클릭합니다. 리소스 그룹 만들기 화면에서 **만들기**를 클릭합니다.

▼ **그림 6-77** 리소스 그룹 세부 정보 입력

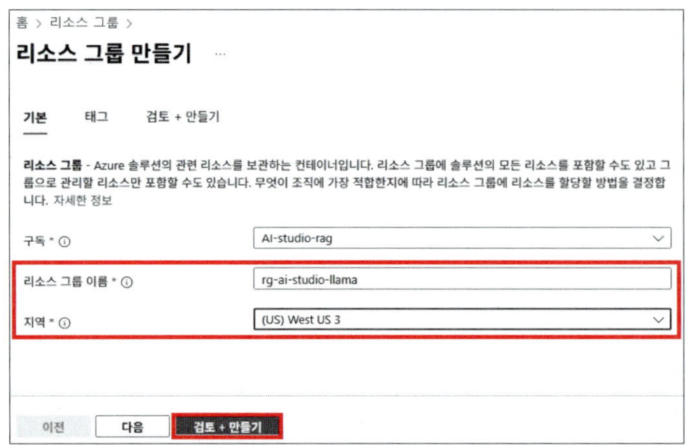

3. 다시 홈 화면으로 돌아가 **Azure AI Foundry**를 클릭합니다. 왼쪽 메뉴에서 **AI Hubs**를 클릭한 뒤 **+ Create > Project**를 클릭합니다.

▼ **그림 6-78** 프로젝트 만들기

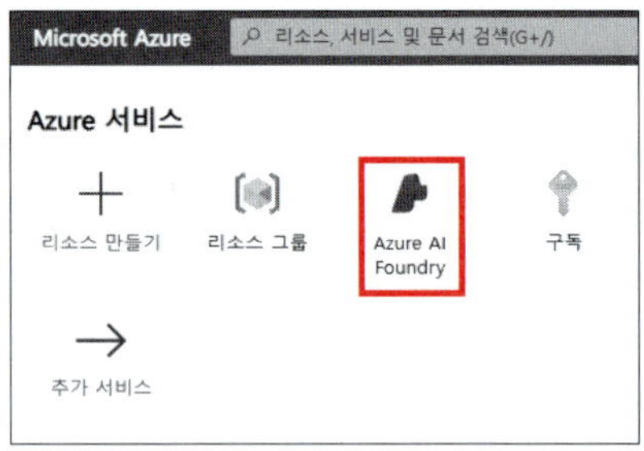

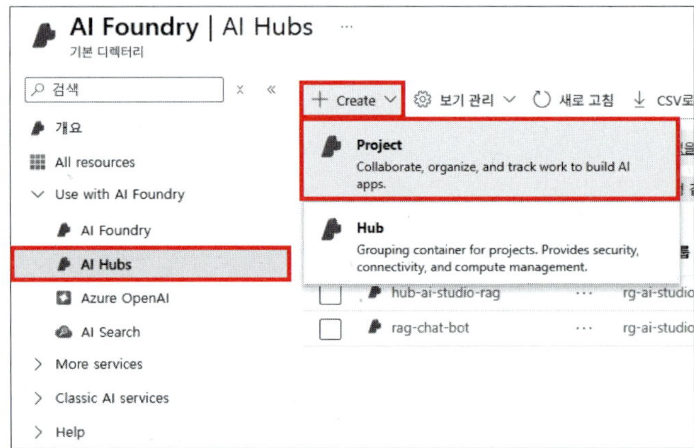

4. 리소스 그룹은 우리가 만든 **rg-ai-studio-llama**를 선택하고, 리소스 세부 정보의 이름은 **hub-llama-chatbot**으로 입력한 후 Hub의 **새로 만들기**를 클릭합니다.

▼ **그림 6-79** 프로젝트 세부 정보 입력 1

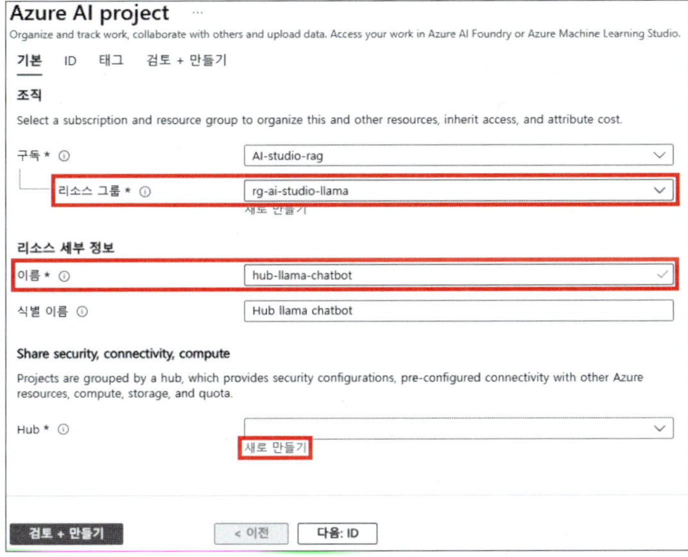

5. 허브 창이 나타나면 리소스 그룹은 **rg-ai-studio-llama**를 선택하고, 지역은 **West US 3**를 선택합니다. 리소스 세부 정보의 이름은 **hub-llama-chatbot**으로 입력하고 **검토 + 만들기**를 클릭합니다. 다음 화면에서 **만들기**를 클릭합니다.

▼ **그림 6-80** 허브 세부 정보 입력

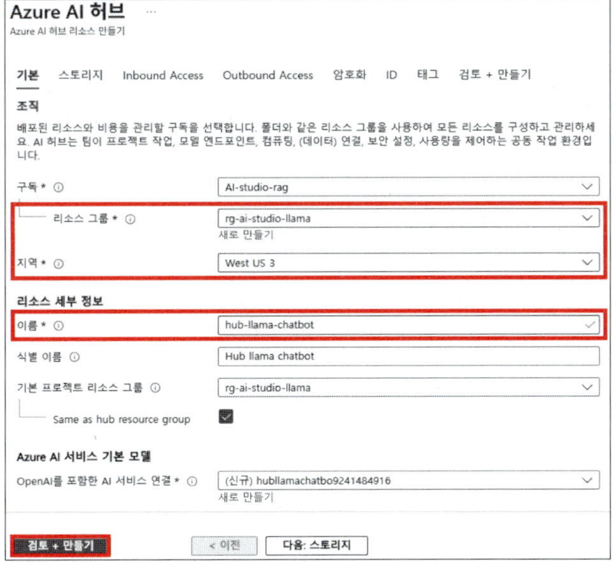

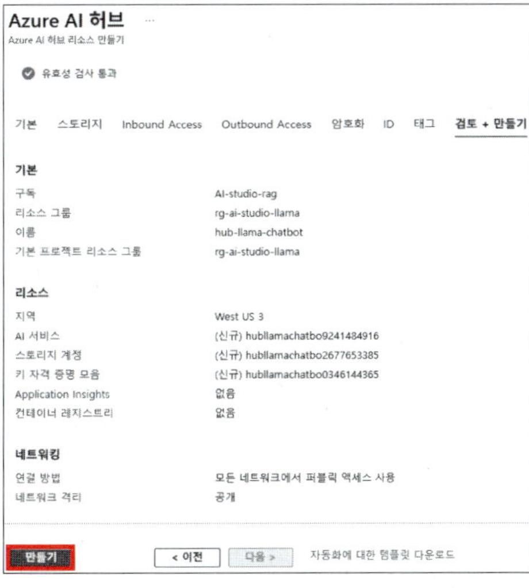

6. 다시 Azure AI project 화면으로 돌아옵니다. 이제 Hub에서 우리가 만든 **hub-llama-chatbot (westus3)**을 선택할 수 있습니다. 이를 선택하고 **검토 + 만들기**를 클릭합니다. 다음 화면에서 **만들기**를 클릭합니다.

▼ **그림 6-81** 프로젝트 세부 정보 입력 2

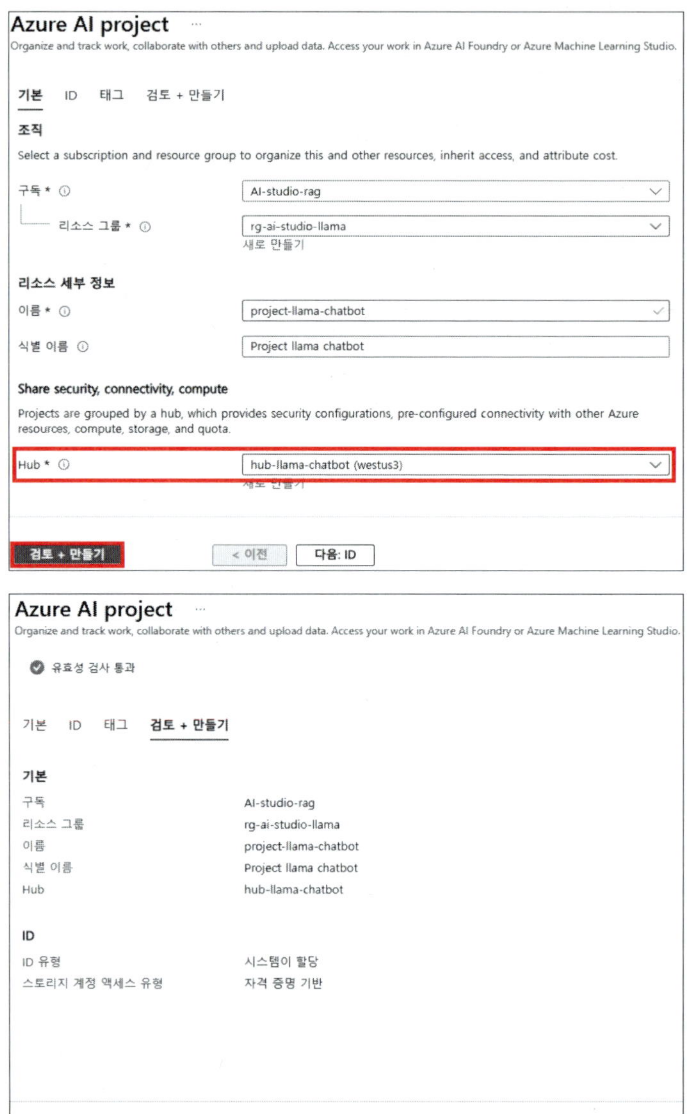

7. 배포가 완료되었으면 **리소스로 이동**을 클릭해 이동합니다.

▼ 그림 6-82 배포 완료

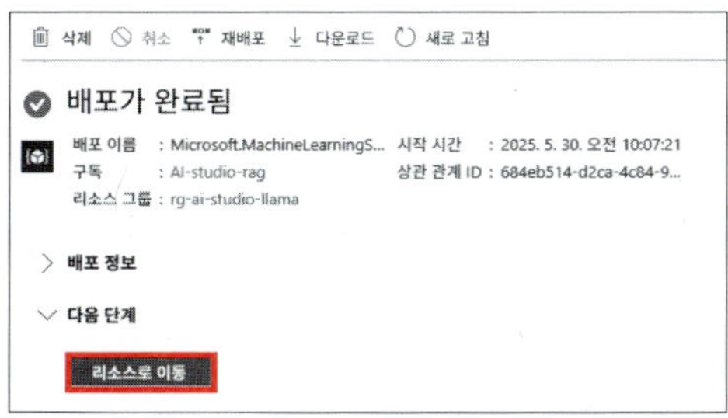

8. 다음 화면이 나오면 **Launch Azure AI Foundry**를 클릭합니다.

▼ 그림 6-83 Azure AI Foundry 실행

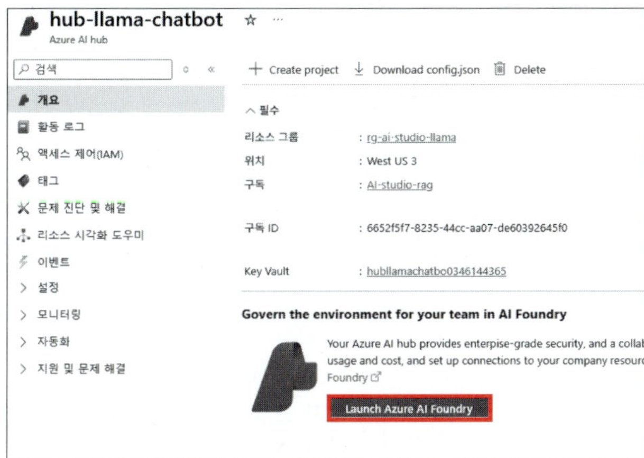

9. Azure AI 포털에 접속하면 생성한 프로젝트가 보일 것입니다. 이 프로젝트명을 클릭해 다음 화면으로 이동합니다.

URL https://ai.azure.com/

▼ 그림 6-84 프로젝트 선택

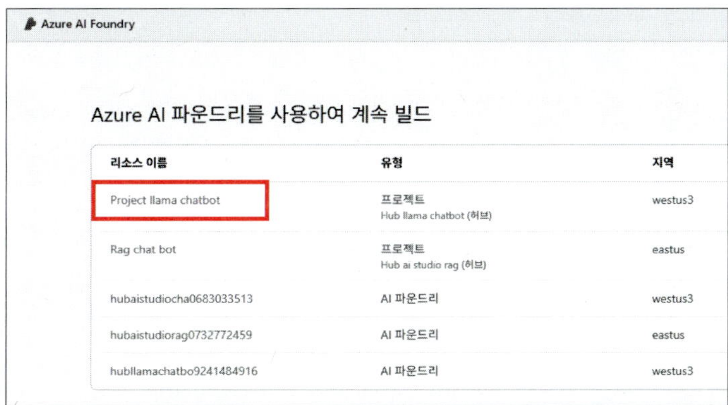

10. 왼쪽 메뉴에서 **모델 + 엔드포인트**를 클릭한 뒤 **모델 배포 > 미세 조정된 모델 배포**를 클릭합니다.

▼ **그림 6-85** 미세 조정된 모델 선택

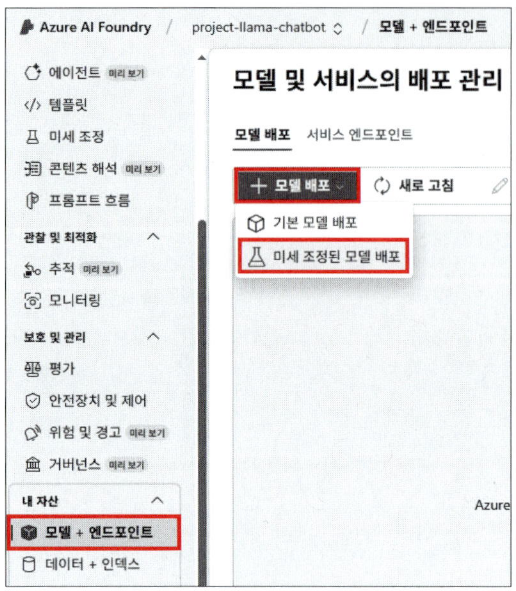

11. 화면 가운데의 **+ 모델 미세 조정**을 클릭합니다. 사용자 고유의 데이터로 미세 조정 화면이 나오면 **생성형 AI 미세 조정 > + 모델 미세 조정**을 클릭합니다.

▼ **그림 6-86** 모델 미세 조정

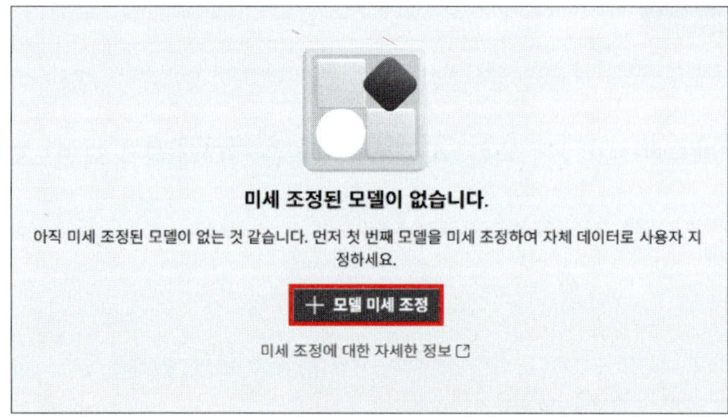

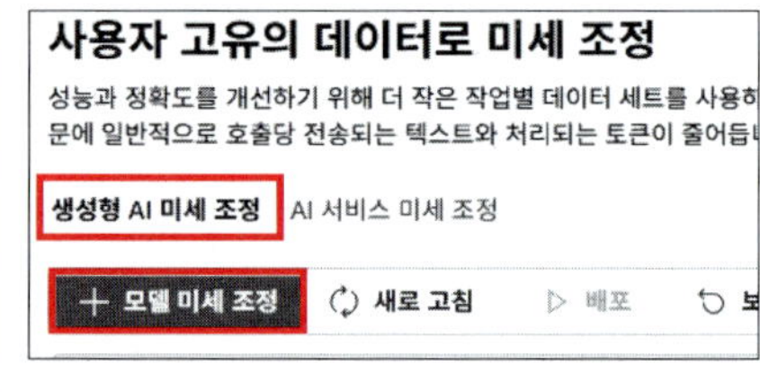

12. 파인튜닝할 모델을 선택해야 합니다. 검색 창에 **llama**를 입력해 **Meta-Llama-3.1-70B-Instruct**를 선택하고 **다음**을 클릭합니다.

▼ **그림 6-87** 모델 선택

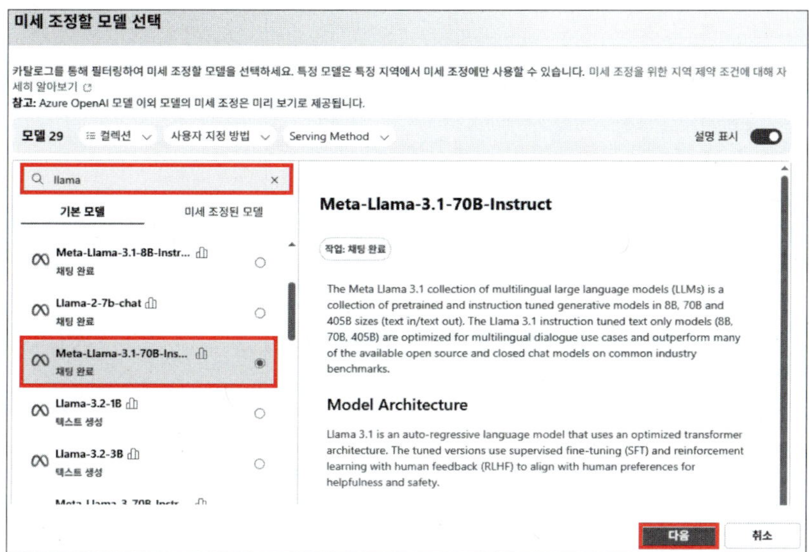

13. **서비리스 API**를 클릭하고 다음 화면에서 **구독 및 미세 조정**을 클릭합니다.

▼ **그림 6-88** 서비스 API에서 모델 구독 설정

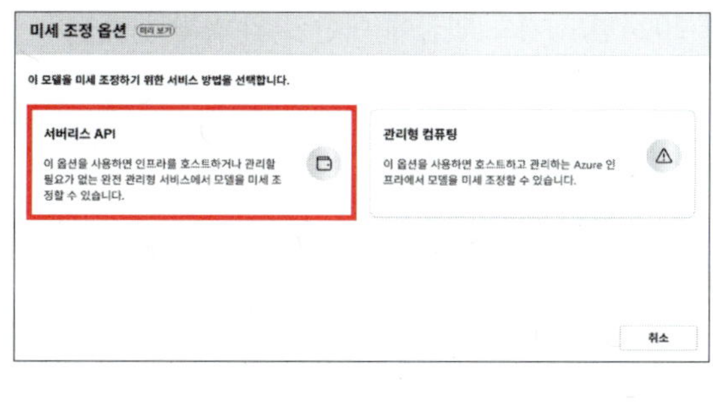

14. 모델 이름을 확인하고 **다음**을 클릭합니다.

▼ **그림 6-89** 모델 확인

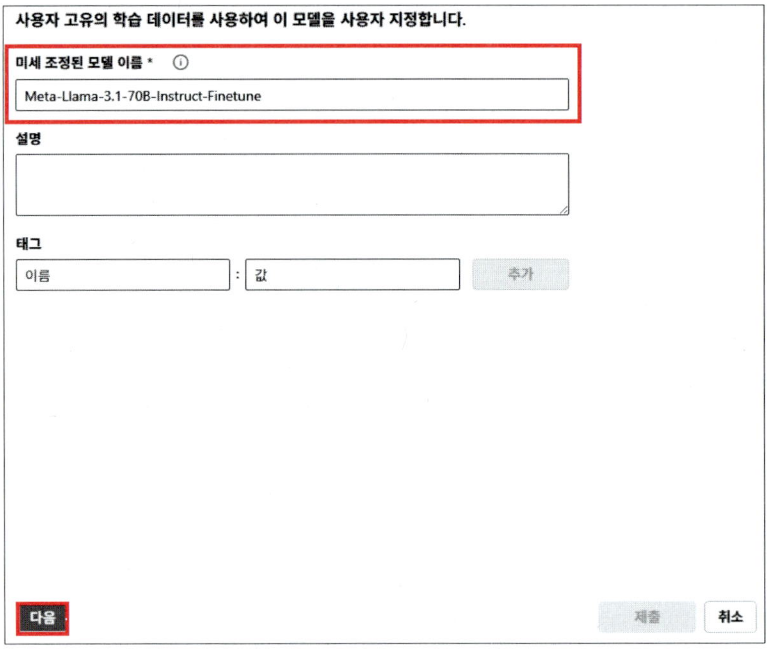

사용자 고유의 학습 데이터를 사용하여 이 모델을 사용자 지정합니다.

미세 조정된 모델 이름 *

Meta-Llama-3.1-70B-Instruct-Finetune

설명

태그

이름 : 값 추가

다음 제출 취소

15. 학습 데이터는 **파일 업로드**를 선택하고, **파일 업로드**를 클릭해 **finetunedata.jsonl** 파일을 업로드합니다.

finetunedata.jsonl 파일은 보건복지부에서 발표한 2024년도 기초 연금에 대한 질의 응답 사례집의 주요 내용을 발췌하여 jsonl 파일로 변환한 파일입니다.

▼ **그림 6-90** 파일 업로드

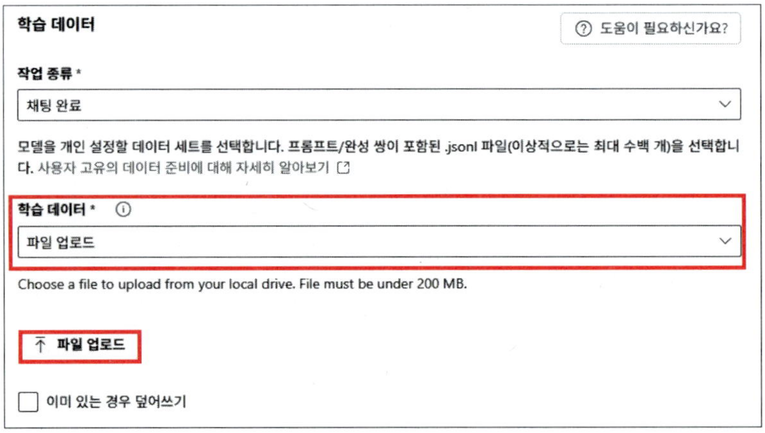

학습 데이터

도움이 필요하신가요?

작업 종류 *

채팅 완료

모델을 개인 설정할 데이터 세트를 선택합니다. 프롬프트/완성 쌍이 포함된 .jsonl 파일(이상적으로는 최대 수백 개)을 선택합니다. 사용자 고유의 데이터 준비에 대해 자세히 알아보기

학습 데이터 *

파일 업로드

Choose a file to upload from your local drive. File must be under 200 MB.

파일 업로드

이미 있는 경우 덮어쓰기

파일은 다음처럼 포맷을 유지해야 하며, jsonl 파일 형식이어야 합니다. 또한, 질문과 답변 형태를 유지해야 합니다. 데이터의 건수는 최소 20개 이상은 되어야 학습하는 데 충분하다고 할 수 있습니다.

{"role": "user", "content": "질문"}, {"role": "assistant", "content": "답변"}

▼ **그림 6-91** 학습 데이터 포맷 예시

```
{"messages": [{"role": "system", "content": "당신은 복지정책 및 기초연금에 대해서 답변해주는 전문가 입니다. 당신이 알고 있는 내용을 바탕으로 기초연금에 대한 내용을 알려주세요."}, {"role": "user", "content": "배우자와 연락이 되지 않을 경우 기초연금을 신청할 수 있나요?"}, {"role": "assistant", "content": "실종, 가출, 행방불명 등의 사유로 배우자의 부재가 명백히 입증되는 경우 신청 가능. 금융정보 제공 동의서는 제출해야 함. 금융재산은 제외되지만, 다른 재산은 조사됨."}]}
```

16. 파일이 업로드된 것을 확인하고 **다음**을 클릭합니다.

▼ **그림 6-92** 업로드 확인

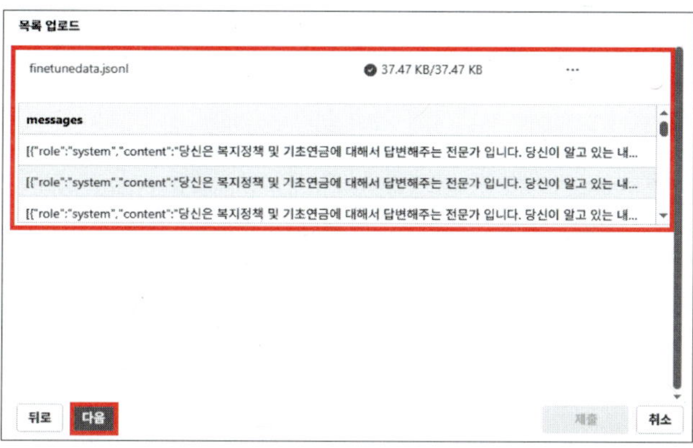

17. 유효성 검사 데이터에서 **학습 데이터의 자동 분할**을 확인하고 **다음**을 클릭합니다.

▼ **그림 6-93** 학습 데이터 자동 분할

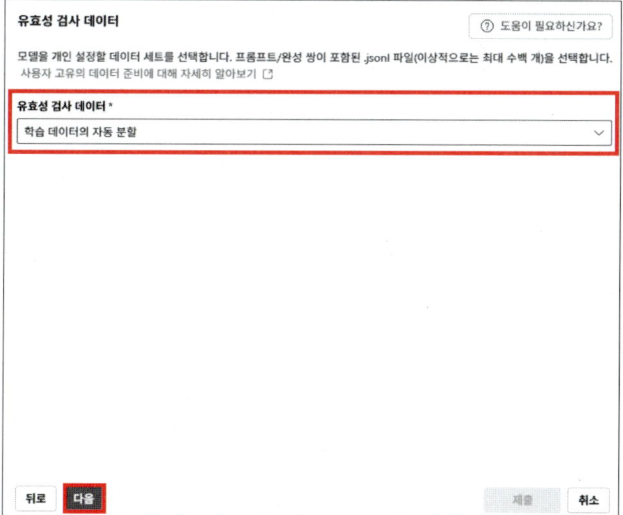

18. Batch size multiplier는 **2**, Epochs는 **8**로 설정하고 **다음**을 클릭합니다.

- **Batch size multiplier**: 한 번의 훈련 단계에서 모델이 처리하는 데이터 샘플의 개수입니다. 일반적으로 2~512 범위에서 선택하며, 메모리 한도 내에서 가능한 한 크게 설정하는 것이 좋습니다.
- **Learning rate**: 모델이 가중치를 얼마나 빠르게 업데이트할지 결정하는 값입니다. 값이 너무 크면 모델이 최적점을 지나쳐 버려 학습이 불안정하며, 너무 작으면 학습 속도가 너무 느려지고 특정 영역에서 성능이 불안정할 수 있습니다.
- **Epochs**: 전체 데이터셋을 몇 번 반복 학습할지 결정하는 값입니다. 데이터셋이 크면 1~3만으로도 충분하나, 데이터셋이 작다면 5~10 이상 필요할 수도 있습니다.

▼ **그림 6-94** 설정

19. **제출**을 클릭하고, 상태에서 **실행 중**을 확인합니다.

▼ **그림 6-95** 모델 학습 제출 및 진행 상태

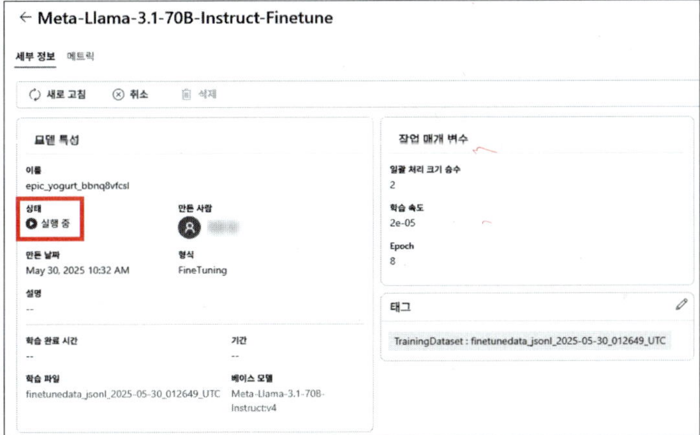

20. 상태가 **완료됨**이 될 때까지 기다립니다. 약 1시간 정도 소요됩니다.

▼ **그림 6-96** 완료 확인

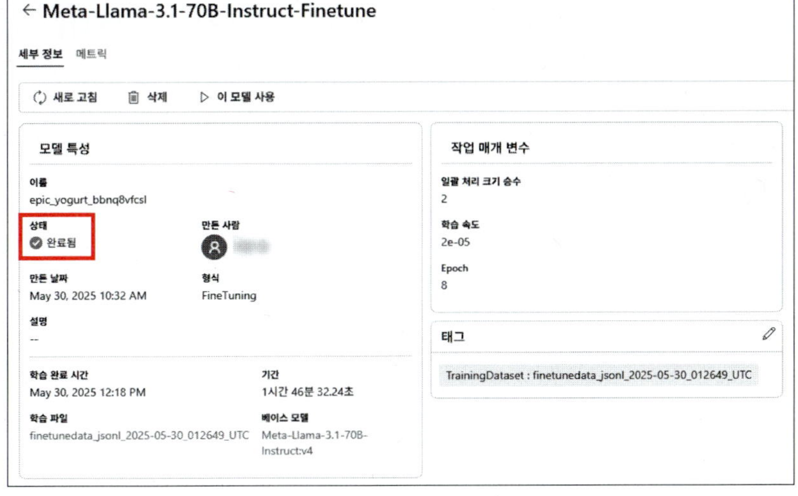

21. 완료됨을 확인했다면 왼쪽 메뉴에서 **미세 조정**을 클릭한 뒤, **Meta-Llama-3.1-70B-Instruct-Finetune**을 선택하고 **이 모델 사용**을 클릭합니다.

▼ **그림 6-97** 모델 선택

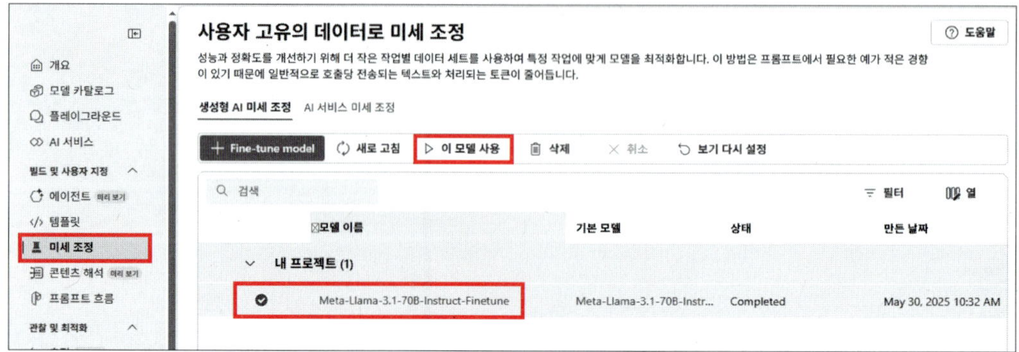

22. **계속 배포**를 클릭합니다.

▼ **그림 6-98** 배포하기 1

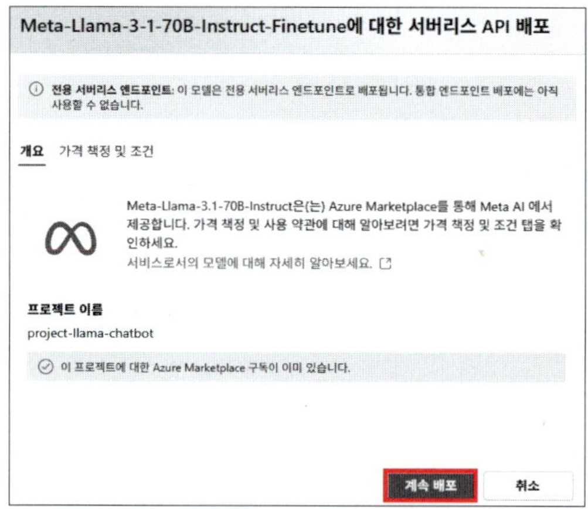

23. 배포 이름을 **finetuned-model-endpoint**로 입력합니다. 토큰 사용 요금 외에 호스팅 요금이 발생할 수 있다는 안내 문구가 뜹니다. Llama-3 미세 조정에 컴퓨팅 자원에 대한 사용 비용이 추가된다는 의미입니다. 실습이 끝난 후에 리소스를 제거할 예정이니 안내 문구를 확인하고, **배포**를 클릭합니다.

▼ **그림 6-99** 배포하기 2

Meta-Llama-3-1-70B-Instruct-Finetune 배포
배포 이름 *
finetuned-model-endpoint
'배포'을(를) 클릭하면 이 미세 조정된 모델 배포에 토큰 사용 요금 외에 $1.23 per hour의 시간당 호스팅 요금이 발생한다는 것을 인정합니다.
배포
취소

24. 프로비전 상태를 확인합니다. 아직 **만드는 중** 상태입니다.

▼ **그림 6-100** 프로비전 상태 확인

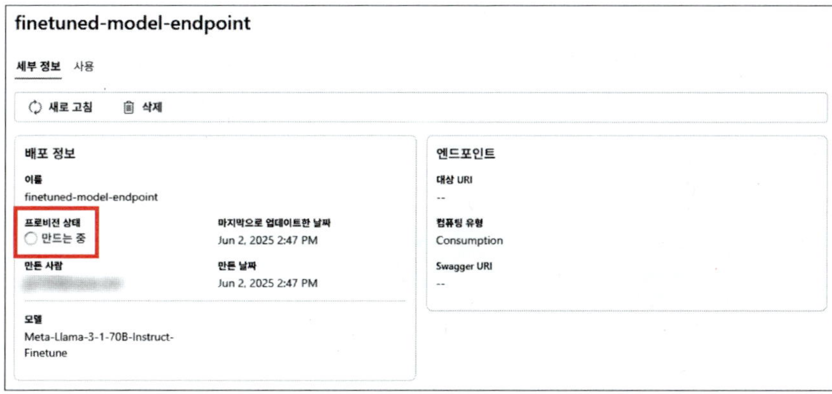

25. 프로비전 상태가 '성공'으로 변경되었다면 **Deploy**를 클릭합니다.

▼ **그림 6-101** 배포 성공

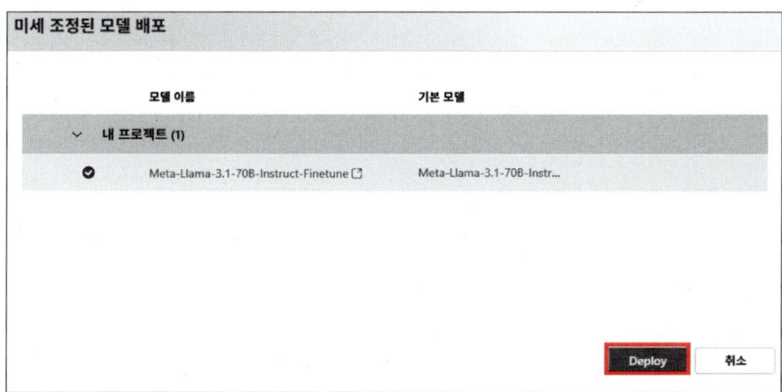

26. 배포까지 완료했습니다.

▼ **그림 6-102** 배포 완료

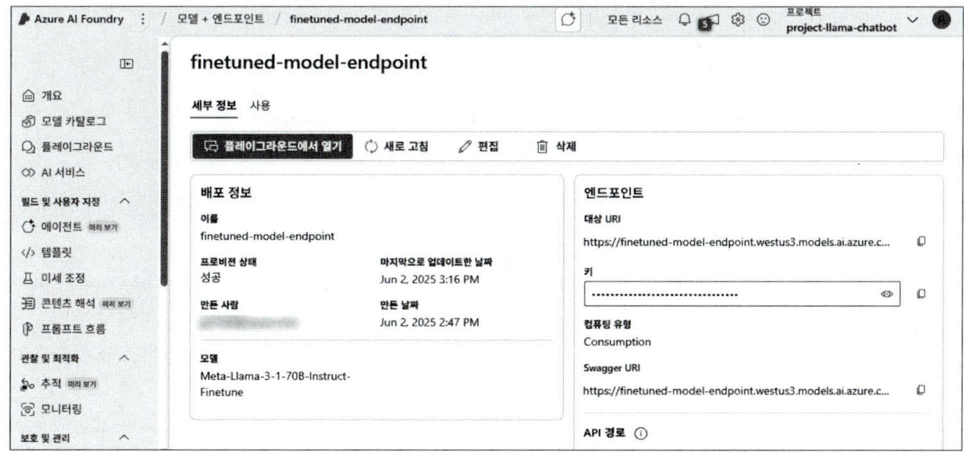

27. 이제 테스트를 하겠습니다. 왼쪽 메뉴에서 **플레이그라운드**를 클릭한뒤, **채팅 플레이그라운드 사용해 보기**를 클릭합니다.

▼ **그림 6-103** 플레이그라운드에서 채팅 테스트 시작

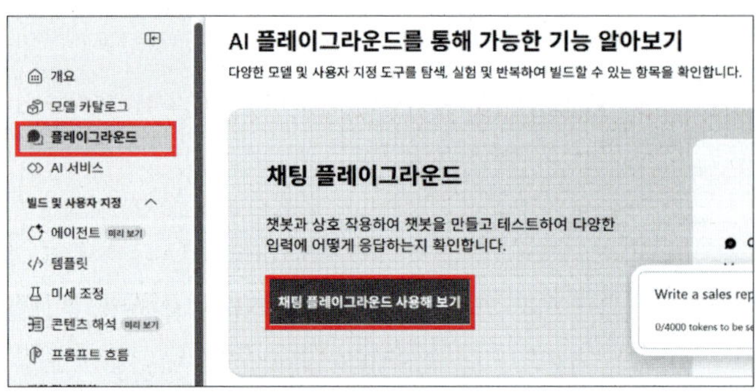

28. 배포한 모델을 확인하고 채팅해 봅니다.

배포에서 **finetuned-model-endpoint**를 모델로 선택하면 채팅을 시작할 수 있습니다. "배우자와 연락이 되지 않을 경우 기초 연금을 신청할 수 있나요?"라고 질문하면 학습된 데이터 기반으로 대답해 주는 것을 알 수 있습니다.

▼ **그림 6-104** 챗봇과 대화하기

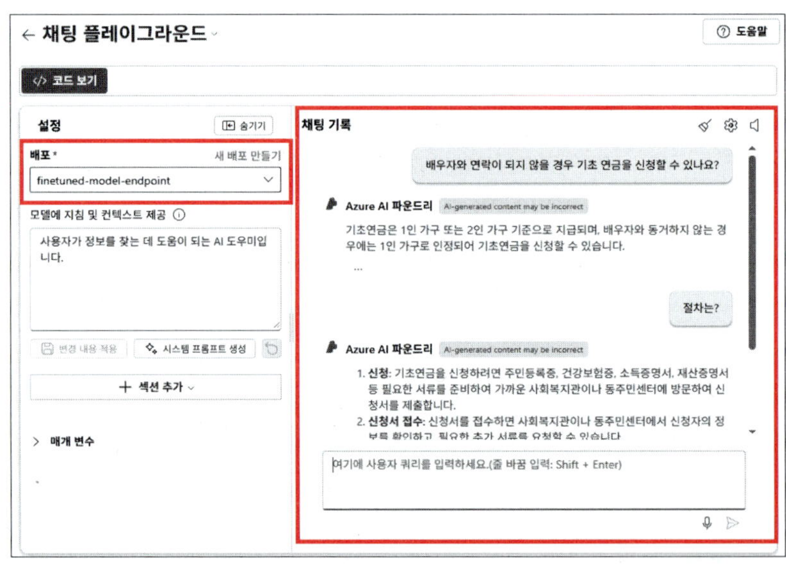

이렇게 파인튜닝한 모델을 API 형태로 배포하거나 RAG 챗봇에서 호출하는 API를 방금 새로 만든 API로 교체한다면, 매우 쉽게 사용 모델을 변경해 도메인에 특화된 챗봇을 만들 수 있습니다.

또한, 현재 Llama-3.3 최신 모델에서도 다음처럼 환각이 발생할 수 있습니다. 여기서 원하는 대답은 '실종, 가출 등의 사유로 배우자의 부재가 명백히 입증되는 경우에는 가능하다'는 것인데, 실제 대답은 환각이 발생해 '별거 중인 것으로 간주하여 신청이 가능하다'고 나왔습니다.

▼ 그림 6-105 환각이 발생한 챗봇

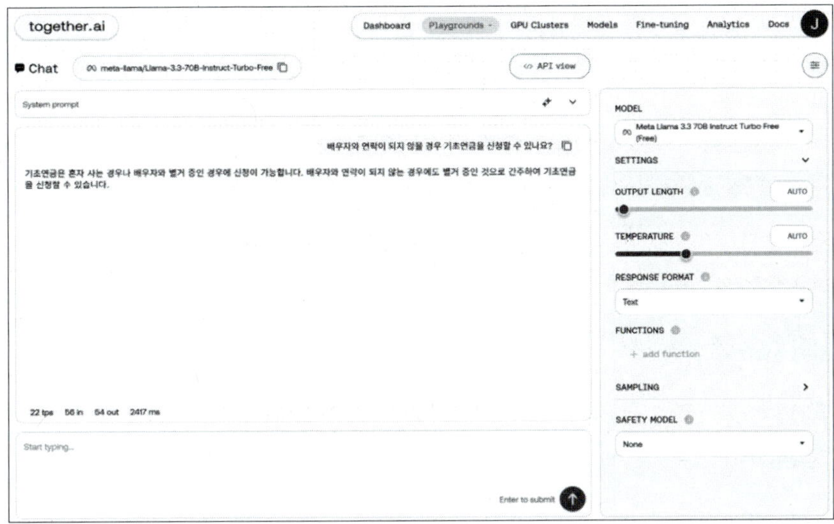

하지만 파인튜닝함으로써 환각을 줄일 수 있습니다.

실습 이후 리소스 제거하기

Llama-3.1 모델을 유지하기 위해, 애저에서 기본으로 제공되는 컴퓨팅 자원이 실행됩니다. 실습이 끝난 이후에는 반드시 리소스를 제거해 추가로 과금되는 것을 방지합니다.

1. 리소스 그룹으로 이동하여 생성한 리소스 그룹을 클릭합니다. 그 이후 **리소스 그룹 삭제**를 클릭합니다.

▼ 그림 6-106 리소스 그룹 삭제

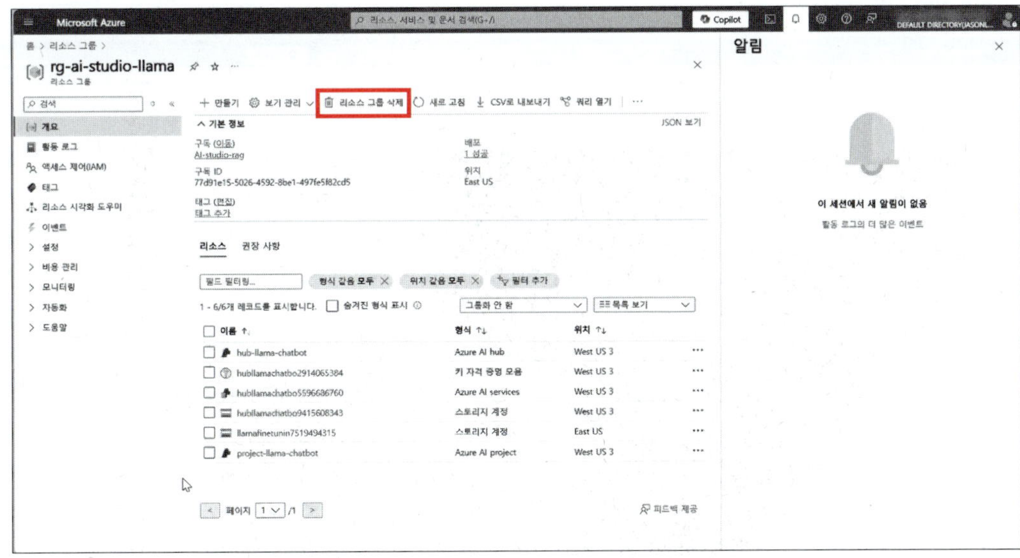

2. 리소스 그룹 이름을 다시 한번 작성하고 **삭제**를 클릭합니다. 리소스 그룹 내 생성한 AI Foundry를 포함한 AI Search, API endpoint, LLM 등 실습하며 생성한 모든 리소스를 삭제합니다.

▼ **그림 6-107** 모든 리소스 삭제

3. 구성한 리소스를 모두 삭제한 것을 확인합니다.

▼ **그림 6-108** 모두 삭제한 것을 확인

팁

실습하면서 만든 다른 리소스 그룹도 이와 같은 방식으로 삭제합니다.

RAG 기반의 챗봇을 실무에 적용한 사례

RAG는 다양한 산업에서 정보를 효율적으로 검색하고 활용하는 데 매우 효과적입니다. 산업별로 RAG를 활용한 모범 사례는 다음과 같습니다.

- **고객 서비스 분야**: 금융업에서는 금융 상품 정보, 업무 규정과 가이드, 외부 공문 등 업무 정보와 같은 비정형 데이터와 온라인 뱅킹, 챗봇을 포함한 AICC(AI Contact Center) 등 대고객 서비스로 쌓인 정보를 벡터 데이터베이스에 저장하여, 그동안 활용하지 못한 은행 내부 다양한 정보를 검색하거나 활용할 수 있게 되었습니다.

  임베딩 기술을 활용해 키워드 및 의미 단위로 데이터를 색인함으로써, 검색할 때 불필요한 텍스트가 제외되고 유사도와 정확도가 높은 문서를 우선 제공받을 수 있습니다. 이러한 기술 도입은 업무 수행과 고객 응대 시 다양한 관점에서 신속하게 접근할 수 있도록 도와주며, 결과적으로 직원들의 실제 업무 효율을 크게 향상시켰습니다.

- **법률 분야**: 과거 판례 데이터베이스 중 유사 사례를 찾아 법무 담당자가 원하는 특정 정보를 검색, 추출하는 데 용이합니다. 이외에도 반복해서 수행하는 각종 법률 문서의 초안 작성 및 검토 과정을 자동화해 작업 시간을 단축하고, 휴먼 에러[1]를 방지해 정확성을 높일 수 있습니다. 이로써 법무 담당자는 더 효율적인 업무에 집중할 수 있으며, 결과적으로 더 높은 수준의 법률 서비스를 제공할 수 있는 기반이 마련되었습니다.

- **제조 분야**: 제조 공정 프로세스에서 생성형 AI를 활용하면 장애가 발생했을 때 작성해야 하는 장애 보고서를 AI가 자동으로 생성해 주어 업무 생산성을 높일 수 있습니다. 하지만 현실적으로 제조업에서 생성형 AI를 도입하기는 어렵습니다. 그 이유 중 하나는, 실무에서 사용하는 전문 용어와 지식이 매우 특화되어 있다는 점입니다. 이를 해결하기 위해 sLLM을 파인튜닝해 제조 관련 전문 지식에 특화된 용어를 학습합니다. 장애 보고서 자동 생성 서비스에서 sLLM은 과거의 유사한 보고서나 문맥을 파악한 다음, 현재 데이터에 맞게 문서를 생성합니다. sLLM은 LLM에 비해 파라미터 수가 적으니 운영할 때 발생하는 비용 역시 적습니다. 또한, 기업 내부 서버에 설치하는 형태로 보안을 철저하게 유지하고 강화할 수 있습니다.

1 인간이 일을 수행하는 과정에서 발생하는 실수나 잘못된 행동을 말합니다. 예를 들어, 법률 분야에서는 부정확하거나 잘못된 법률 조항을 문서에 기재하는 경우가 이에 해당합니다.

7장

이미지 프로젝트

7.1 SECTION 이미지 생성형 모델의 개념과 기초

7.1.1 이미지 생성형 모델이란

다양한 분야에서 특정 과업을 수행하는 생성형 AI 모델이 활발히 연구되고 있습니다. 일부 모델은 이미 사용자 서비스와 결합되어 비즈니스 가치를 창출하고 있습니다. 이번 장에서 학습할 이미지 생성형 모델은 시각적으로 인식할 수 있는 사진이나 그림과 같은 자료를 인공 신경망이 학습하여 창조해내는 AI 모델입니다. 여기서 중요한 점은 이미지 생성형 모델 기반 서비스가 자연어 문장을 입력받아 이미지를 생성한다는 것입니다.

한편, 스탠퍼드대학교의 인간중심 인공지능 연구소(HAI)가 매년 공개하는 연례 보고서 "2024 인공지능 인덱스 보고서"에서는 AI 모델이 고도화됨에 따라 이미지 생성형 모델을 평가할 수 있는 HEIM(Holistic Evaluation of Text-to-Image Models) 벤치마크를 이용한 AI 모델 평가 결과를 그래프로 제시하고 있습니다.

▼ 그림 7-1 생성형 AI 모델별, 이미지 및 텍스트 정합성(일치) 평가 지표

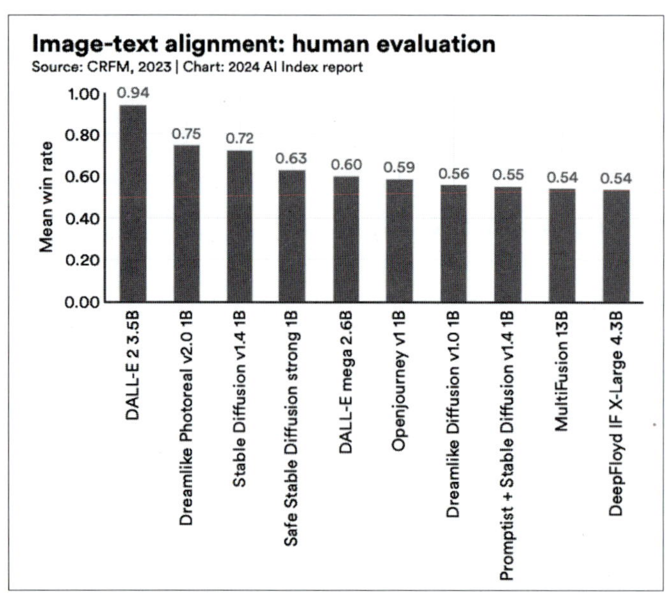

출처: 스탠퍼드 인간중심 인공지능 연구소(Stanford Institute for Human-Centered Artificial Intelligence). (2024).

그래프에서 X축은 이미지 생성형 AI 모델을 의미하고, Y축은 평균 승률(Mean win rate)을 의미합니다. 평균 승률 값은 0~1 사이 값을 가지며, 1에 가까울수록 이미지와 텍스트가 잘 매칭된 것입니다. 즉, HEIM 벤치마크에 따른 결과, 이미지와 텍스트의 정합성(일치도) 측면에서는 달리(DALL-E 2)가 가장 우수한 것을 확인할 수 있습니다.

▼ 그림 7-2 HEIM 하위 벤치마크별 최고 모델

Model leaders on select HEIM sub-benchmarks
Source: CRFM, 2023 | Table: 2024 AI Index report

Task	Leading model	Score
Image-text-alignment	DALL-E 2 (3.5B)	0.94
Quality	Dreamlike Photoreal v2.0 (1B)	0.92
Aesthetics	Dreamlike Photoreal v2.0 (1B)	0.87
Originality	Dreamlike Photoreal v2.0 (1B)	0.98

출처: 스탠퍼드 인간중심 인공지능 연구소. (2024). 2024 인공지능 인덱스 보고서. 스탠퍼드대학교

또한, HEIM 벤치마크는 이미지와 텍스트 정합성(Image-text-alignment) 이외에도 이미지 품질, 심미성 등 현실에서 활용할 수 있는 측면에서 중요한 항목들을 사람이 정성적으로 평가하며, 평가 결과 스테이블 디퓨전 기반 모델인 Dreamlike Photoreal v2.0 모델이 품질(Quality), 심미성(Aesthetics), 독창성(Originality) 부문에서 가장 높은 점수를 획득한 것을 확인할 수 있습니다.

요약하면, 인간의 평가 기준에서는 달리 모델이, 입력한 텍스트와 가장 잘 일치하는 이미지를 생성한다고 볼 수 있으나, 평가 기준에 따라서 현실적으로 모든 상황에 적합한 최고의 AI 모델은 아직 존재하지 않는다고 정리할 수 있습니다.

이제 이미지 생성형 모델의 초기 연구부터 발전 과정을 알아보겠습니다.

7.1.2 이미지 생성형 모델의 발전

이미지 생성 모델 초기

이미지 생성 모델에 관한 연구는 이미지 속 객체를 인식하는 과정에서 출발합니다. 초기 연구는 배경과 대상 개체를 분리하거나 경계를 인식하고, 해당 개체가 무엇인지 추론하는 데 집중했습니다.

그러다 연구자들은 한 가지 의문을 품게 됩니다. "이미지에서 객체를 설명하는 과정을 기계가 수행할 수 있다면, 반대로 그 설명을 바탕으로 이미지를 생성할 수도 있지 않을까?" 이러한 고민이 이미지 생성 기술 발전의 전환점이 되었습니다.

GAN의 등장과 발전

이러한 고민을 계기로 2014년, 생성자와 판별자가 서로 경쟁하듯 학습하는 방식의 신경망 구조인 GAN이 등장하면서, 이미지 생성 분야는 급격히 발전했습니다. GAN은 다양한 변형 모델을 통해 빠르게 발전했습니다. DCGAN, WGAN, StyleGAN 등은 각각 안정적인 학습, 고해상도 이미지 생성, 세밀한 스타일 제어 등에서 발전해 나갔으며, 특히 엔비디아에서 발표한 StyleGAN2는 고품질의 인물 이미지를 생성하여 탁월한 성능을 보여주며 큰 주목을 받았습니다.

그러나 GAN의 훈련 불안정성 때문에 GAN 기반 모델이 다양한 이미지를 생성하지 못하고 일부 특정 유형의 이미지에만 집중하는 현상이 발생했고, 실제 활용에도 제약이 있었습니다.

이러한 배경 속에서 GAN의 대안으로 좀 더 안정적이고 정밀한 이미지 생성이 가능한 새로운 패러다임이 필요했고, 그 결과 디퓨전 모델이 등장하게 되었습니다.

디퓨전 모델의 등장 및 진화

디퓨전 모델은 GAN과 전혀 다른 방식으로 이미지 생성 문제에 접근합니다. 이 모델은 원래 이미지를 점진적으로 노이즈화한 뒤 이 과정을 역방향으로 되돌려 이미지를 복원합니다.

이 방식은 물리학의 확산 과정에서 착안한 것으로, 확률적이며 점진적인 이미지 생성을 통해 더 안정적이고 고품질의 이미지를 만드는 데 유리합니다.

디퓨전 모델 이후에는 다양한 형식의 데이터를 동시에 이해하고 이미지를 생성하는 멀티모달 AI에 관한 연구가 활발히 진행되고 있습니다. 또한, 모델 학습 과정에서 발생하는 막대한 컴퓨팅 자원 사용과 비용 문제를 완화하고자 모델 경량화를 통한 효율적인 이미지 생성 방법에 관한 연구도 이어지고 있습니다.

▼ **그림 7-3** 미드저니 모델의 발전에 따른 해리포터 이미지 생성 결과의 변화

출처: 스탠퍼드 인간중심 인공지능 연구소. (2024). 2024 인공지능 인덱스 보고서. 스탠퍼드대학교

지금까지 이미지 생성형 AI 모델의 발전 과정을 살펴보았습니다.

다음 절에서는 GAN, VAE, 스테이블 디퓨전 모델을 간략히 소개한 뒤 이들을 기반으로 서비스를 구현하는 방법을 설명하겠습니다. 각 모델의 작동 원리는 1장에서 자세히 다루었으니 이를 참고하기 바랍니다.

7.2 SECTION 이미지 생성형 모델 기반 구조

7.2.1 GAN 기반 구조

1장에서 상세히 설명한 GAN의 구조를 간략히 짚고 넘어가겠습니다. GAN은 생성자(generator)와 판별자(discriminator) 두 신경망이 경쟁하며 학습하는 모델입니다. 초기 데이터를 활용해 학습하고 실제와 유사한 데이터를 생성합니다.

GAN의 구조를 이해하려면 생성자와 판별자를 활용한 적대적 학습(adversarial training) 방식을 알아야 합니다. 적대적 학습 방식이란 생성자는 실제 데이터와 구분하기 어려운 가짜 데이터를 만들고, 판별자는 입력된 데이터가 실제 데이터인지 생성자가 만든 가짜 데이터인지를 판별하려고 시도하는 과정을 반복함으로써 모델의 성능을 향상시키는 방법입니다.

- **생성자**: 랜덤 노이즈(랜덤 벡터 등)를 입력 데이터로 받아 가짜 이미지를 출력합니다. 생성자는 적대적 훈련이 진행되면서 실제와 유사한 이미지를 출력하는 방향으로 인공 신경망 내 파라미터를 갱신해 학습합니다.
- **판별자**: 실제 이미지와 생성자가 출력한 이미지를 입력 데이터로 받아 가짜 이미지가 실제로 가짜인지를 구분하는 특정 값(확률 등)을 출력하게 됩니다. 판별자는 실제 이미지와 가짜 이미지를 구분하는 정밀도를 높이는 방향으로 학습합니다.

▼ 그림 7-4 GAN의 적대적 학습 방식

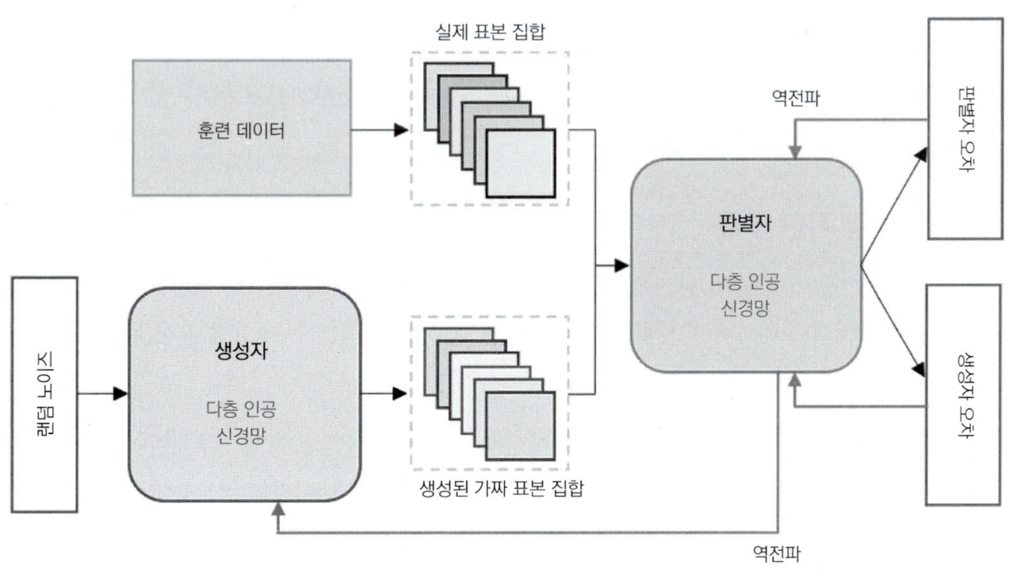

출처: Example of GAN Architecture, Generative Adversarial Networks for Synthetic Data Generation: A Comparative Study (2021)

생성자는 랜덤 노이즈를 입력해 가짜 표본을 만듭니다. 판별자는 가짜 표본과 진짜 표본을 구분합니다. 이때, 손실 함수를 최소화하는 방향으로 가중치를 반복해 갱신하며, 가짜 표본이 진짜 표본과 구분되지 않을 만큼 유사해지도록 학습합니다.

7.2.2 VAE 기반 구조

VAE는 GAN과 달리 인코더와 디코더를 이용해 학습하는 방식의 모델입니다. 이 모델은 이미지를 생성하기 위해 잠재 공간(latent space)이라는 별도의 계층을 두고, 입력 이미지의 특징을 추출한 뒤 이를 복원합니다. 특징을 추출할 때 평균과 표준편차를 사용하며, 이 변수들을 바탕으로 통계적 샘플링을 수행해 실제와 유사한 이미지를 생성합니다.

- **인코더**: 실제 이미지를 입력 데이터로 받아(input) 특징을 추출하고, 특정한 평균과 분산을 갖는 확률 분포로 표현되는 잠재 공간으로 변환하는 역할을 합니다.
- **디코더**: 잠재 공간상의 확률 분포를 샘플링하여 실제와 유사한 새로운 이미지를 생성(reconstructed input, 재구성된 입력)하는 역할을 합니다.

▼ **그림 7-5** VAE의 인코더와 디코더 기반 학습

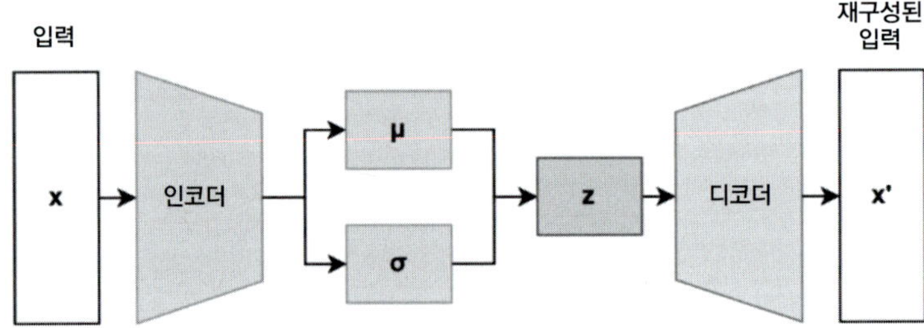

출처: https://www.researchgate.net/figure/Diagram-of-a-Variational-Autoencoder-VAE_fig7_387321204

7.2.3 디퓨전 모델 기반 구조

디퓨전 모델은 최근 생성형 이미지 분야에서 널리 활용하고 있습니다. 이 모델은 입력 데이터에 노이즈를 추가하는 정방향 과정(확산)과 노이즈를 제거해 실제와 유사한 데이터를 복원하는 역방향 과정(복원)을 반복해 수행하며 결과 이미지를 생성합니다.

- **정방향 확산 과정(확산)**: 확산 과정에서는 입력 데이터에 대해 여러 단계에 걸쳐 가우시안 노이즈를 추가하는 작업을 반복하는 변환 작업을 수행하면서 결과 데이터는 원본 데이터의 정보를 의도적으로 완전히 손실시키게 됩니다.
- **역방향 확산 과정(복원)**: 복원 과정은 확산 과정의 역과정이며, 점진적으로 노이즈를 제거하며 최종적으로 원본 데이터에 가까운 이미지를 얻게 됩니다.

▼ **그림 7-6** 디퓨전 모델의 확산과 복원

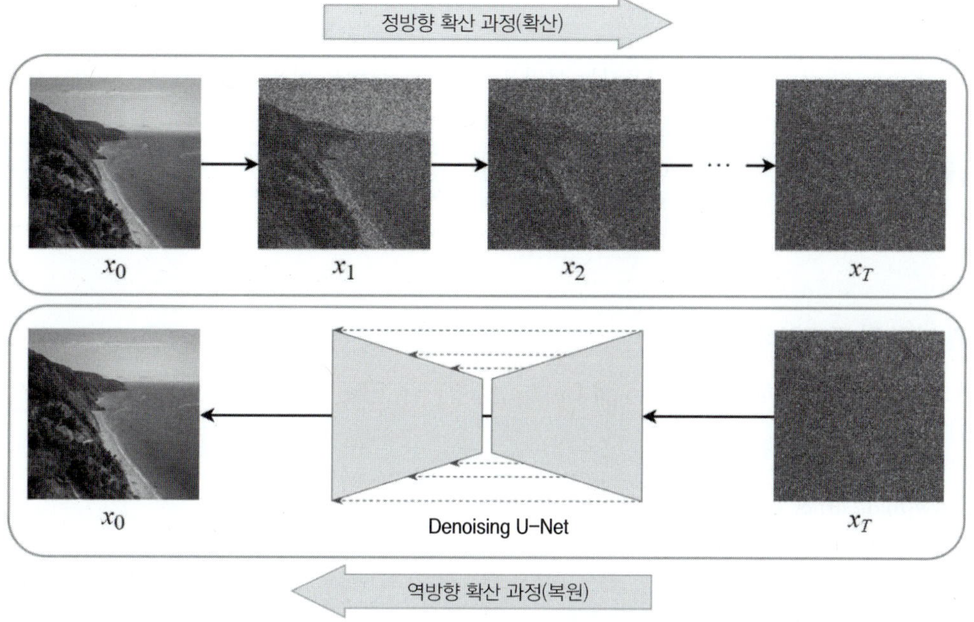

출처: https://codoraven.com/blog/ai/diffusion-model-clearly-explained/

디퓨전 모델을 통한 점진적 노이즈 추가 학습은 8.2.2절에서 더 자세히 살펴보겠습니다.

SECTION 7.3 이미지 생성형 서비스 소개

7.3.1 이미지 생성형 서비스란

이제 이미지 생성 모델을 기반으로 제공되는 서비스를 살펴보겠습니다. 현재 다양한 이미지 생성형 서비스가 구축되어 있으며, 사용자는 웹, API, SDK 등의 방식으로 이를 활용할 수 있습니다.

초기 텍스트-투-이미지(Text-to-Image) 방식의 서비스는 표현 대상 개체에 대한 학습이 부족해 세밀한 표현이 어려웠습니다. 그러나 다양한 알고리즘을 활용해 고해상도 이미지를 생성하고, 더욱 정교한 표현이 가능해지면서 고품질 이미지를 창작할 수 있게 되었습니다.

이제 널리 활용되고 있는 미드저니(Midjourney), 달리, 스테이블 디퓨전에 대해 구체적으로 알아보겠습니다.

7.3.2 미드저니(Midjourney)

먼저 미드저니 모델을 살펴보겠습니다. 이 모델은 텍스트를 입력받아 예술적 이미지를 생성하는 데 특화되어 있습니다. 또한, 웹 기반 서비스이므로 사용자는 브라우저를 통해 모델을 이용할 수 있습니다. 미드저니를 사용하려면 디스코드(Discord) 계정이 필요하며, 디스코드의 특정 채널에서 텍스트 프롬프트를 입력하면 이미지가 생성됩니다.

이제 단계별로 미드저니에서 이미지를 생성하는 과정을 살펴보겠습니다.

디스코드 회원 가입 및 로그인하기

먼저 미드저니 웹 사이트에 접속해 회원 가입(Sign Up)을 진행합니다. 구글 계정으로도 손쉽게 가입할 수 있습니다.

URL https://www.midjourney.com/home

▼ 그림 7-7 미드저니 메인 웹 페이지

미드저니 구독 플랜 선택하기

회원 가입했다면 본격적으로 미드저니를 사용하기 위해 결제 페이지에서 자신에게 알맞은 요금제를 선택해야 합니다. 참고로 미드저니는 무료 서비스가 없습니다.

1. 왼쪽 메뉴에서 **Subscribe**를 클릭합니다.

▼ **그림 7-8** 미드저니 결제 페이지로 이동하기

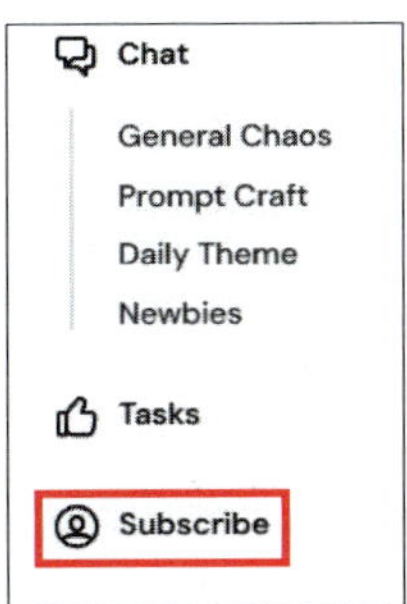

2. 미드저니 요금제는 Yearly Billing(연간 구독)과 Monthly Billing(월간 구독)으로 나뉘어 있습니다. **Monthly Billing**을 클릭하면 다시 Basic Plan, Standard Plan, Pro Plan, Mega Plan이 나옵니다.

   여기서는 Basic Plan으로도 충분히 실습할 수 있으니, Basic Plan의 **Subscribe**를 선택합니다. 요금제를 구독하면 다음과 같이 **Active**로 표시됩니다.

▼ **그림 7-9** 요금제 정책 조회 화면

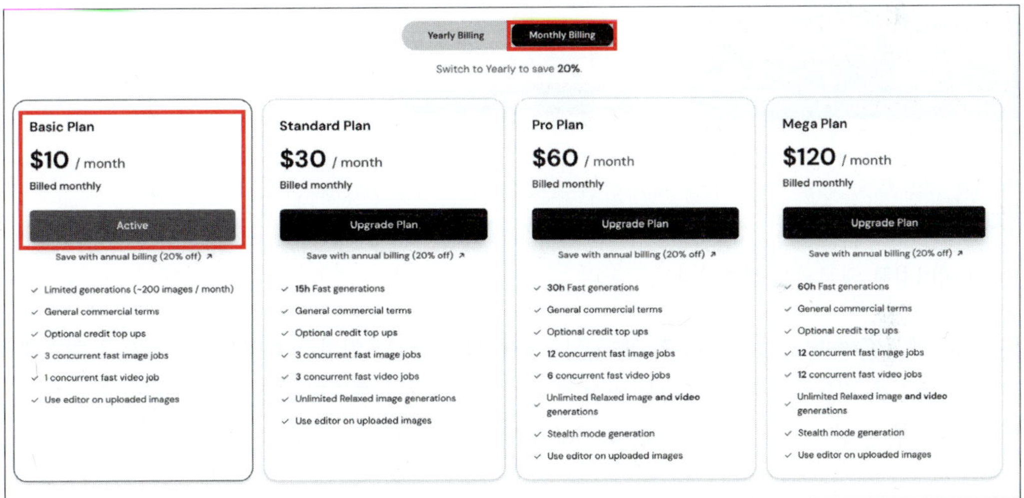

3. 결제 정보를 입력하고 **구독하기**를 클릭합니다.

▼ **그림 7-10** 결제 정보 입력

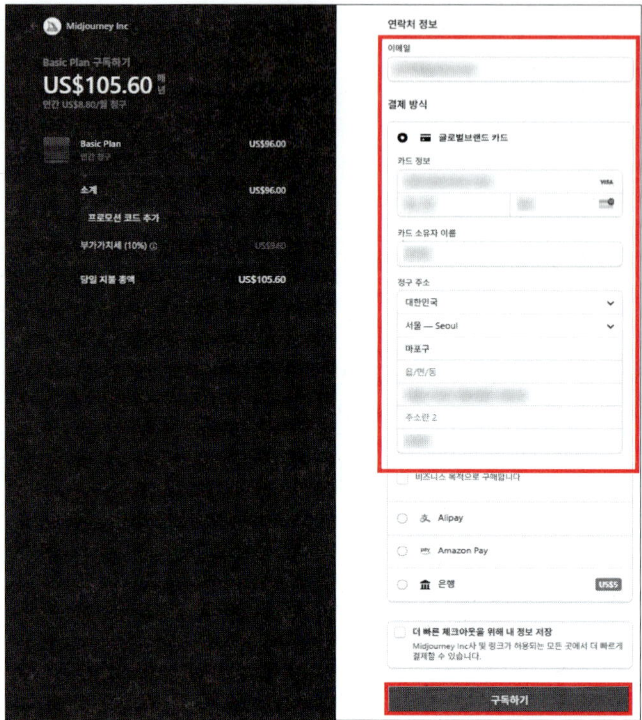

이미지 생성하기

간단하게 이미지를 생성해 보겠습니다.

1. 왼쪽 메뉴에서 **Create**를 선택합니다. 프롬프트 창에 생성하려는 이미지에 대해 구체적으로 입력해 봅니다. 주의할 점은 미드저니 모델 특성상 영어 데이터셋 중심으로 훈련되었기 때문에, 한글 입력에는 부분적으로만 지원이 된다는 점입니다. 이를 확인하기 위해 먼저 한글로 문장을 입력해 보겠습니다.

▼ **그림 7-11** 한글로 프롬프트 작성

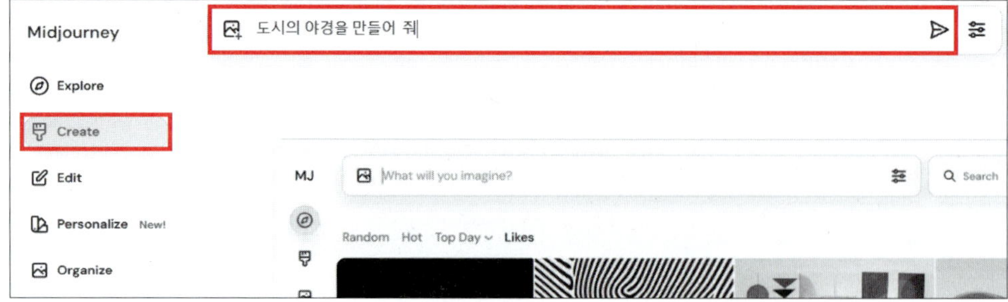

2. 결과를 보니 예상한 대로 원하는 이미지가 나오지 않습니다. 이처럼 아직 미드저니 모델이 한글 프롬프트를 정확하게 이해하지 못하기 때문에 영어로 프롬프트를 입력하는 것을 권장합니다.

▼ 그림 7-12 엉뚱한 결과

3. 다시 영어로 프롬프트를 작성해 이미지를 생성해 보겠습니다. 결과를 보니 원하는 이미지가 제대로 생성되었습니다.

프롬프트

```
please express the night view of the big city
```

▼ 그림 7-13 제대로 나온 결과

4. 이번에는 이미지에 대한 구체적인 상황을 프롬프트에 입력해 보겠습니다. 해당하는 그림이 생성된 것을 확인할 수 있습니다.

프롬프트

```
please express the night view of the big city. We need to be able to see in detail how many
vehicles pass by on the road.
```

▼ 그림 7-14 구체적인 이미지 생성하기

생성된 이미지 변경하기

텍스트에 해당하는 이미지는 총 4개가 동시에 생성되며, 옵션으로 각 이미지에 세부 사항을 변경하여 추가로 이미지를 생성할 수 있는 기능을 제공합니다.

또한, 미드저니는 다양한 옵션을 제공하여 이미지의 분위기도 쉽게 변경할 수 있습니다. 그뿐만 아니라, 다른 이용자가 생성한 이미지를 공유할 수 있어 검색을 통해 원하는 이미지를 찾아볼 수도 있습니다.

다만, 미드저니의 이미지 생성 기능은 디스코드 서버에서만 작동하므로 별도로 제공되는 API를 통한 이미지 생성은 불가능합니다. 이 점을 참고해야 합니다.

이번에는 생성된 이미지를 바꾸어 보겠습니다.

1. 생성된 이미지를 조회하는 화면에서 **변경하려는 임의의 이미지** 하나를 선택합니다. 여기서는 도시의 야경 이미지 중 하나를 선택하겠습니다.

▼ **그림 7-15** 변경 대상 이미지 선택하기

2. 야경 이미지를 클릭하면 새로운 창이 열리며 오른쪽에 이미지를 바꿀 수 있는 다양한 옵션이 나옵니다. Creation Actions와 Animation Image 카테고리가 존재하며 카테고리별 기능으로 해상도를 향상시키거나(Subtle) 전체 맥락은 유지하면서 세부 사항을 바꾸는(Creative) 기능을 제공합니다.

   여기서는 야경 표현의 세부 사항을 변경하기 위하여 **Creative**를 선택해 보겠습니다.

▼ **그림 7-16** 변경 대상 이미지 화면 조회하기

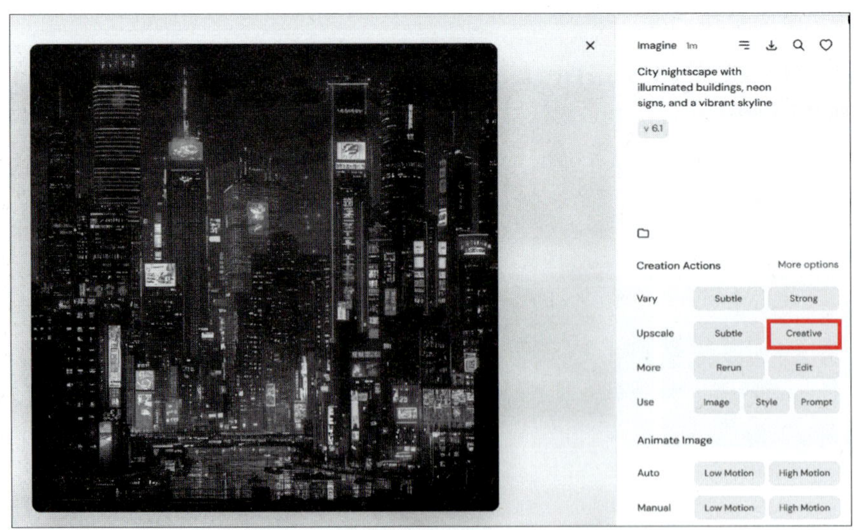

3. 해당 기능은 여러 번 선택할 수 있으며, 선택할 때마다 기존 이미지에서 세부 사항이 변경된 이미지가 생성됩니다. 그리고 변경 이미지를 오른쪽에 추가로 선택할 수 있는 리스트를 제공해 원하는 이미지를 선택할 수 있습니다.

▼ **그림 7-17** 변경 기능을 선택해 이미지 바꾸기

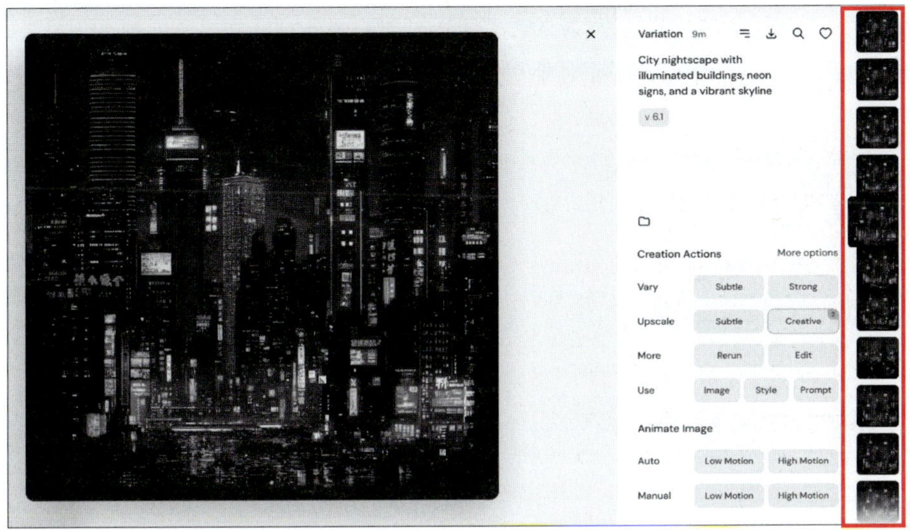

7.3.3 달리(DALL-E)

달리는 오픈AI에서 개발한 텍스트-투-이미지 서비스입니다. 초기에는 트랜스포머 모델을 이용했지만, 이후 달리 2(DALL-E 2)는 디퓨전 모델을 활용해 고해상도이면서도 섬세한 표현을 포함한 고품질 이미지를 생성할 수 있게 되었습니다.

여기서는 코랩을 기반으로 달리를 활용하는 예제 코드를 작성해 보겠습니다.

달리를 사용하려면 먼저 오픈AI 플랫폼에서 API를 호출할 때 필요한 API key를 발급받고 결제 카드를 등록해야 합니다. 이 과정은 4장에서 자세히 다루었으니 이를 참고하기 바랍니다.

그러면, 바로 라이브러리부터 설치하겠습니다.

라이브러리 설치하기

1. 구글 코랩으로 이동해 오픈AI의 API 라이브러리를 설치합니다.

코드

```
!pip install openai
```

OpenAI API key 설정하기

오픈AI에서 발급받은 API 인증키를 설정합니다. 여기서는 코랩에서 제공하는 보안 비밀(secrets) 기능을 사용하여 API 인증키를 안전하게 관리하고 재활용할 수 있습니다. 보안 비밀 기능은 코랩 화면 왼쪽 메뉴에서 자물쇠 아이콘을 클릭하면 설정 창을 열 수 있습니다.

설정 창에서 API 인증키나 토큰 값을 임의의 이름으로 등록하고, 코드에서 해당 이름을 통해 안전하게 불러올 수 있도록 추가합니다. 이렇게 하면 코드에 실제 인증키 문자열이 노출되지 않아 보안성이 크게 향상됩니다.

▼ **그림 7-18** 코랩 보안 비밀 기능

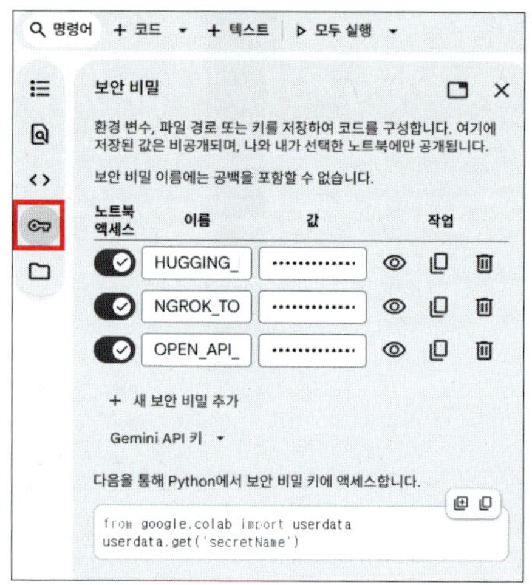

이번 장의 실습에서는 보안 비밀로 설정한 key를 활용하는 코드 예제가 계속 등장하니 참고해 주세요.

1. 코랩의 보안 비밀 기능을 설정했다면 오픈AI에서 발급받은 API 인증키를 설정합니다.

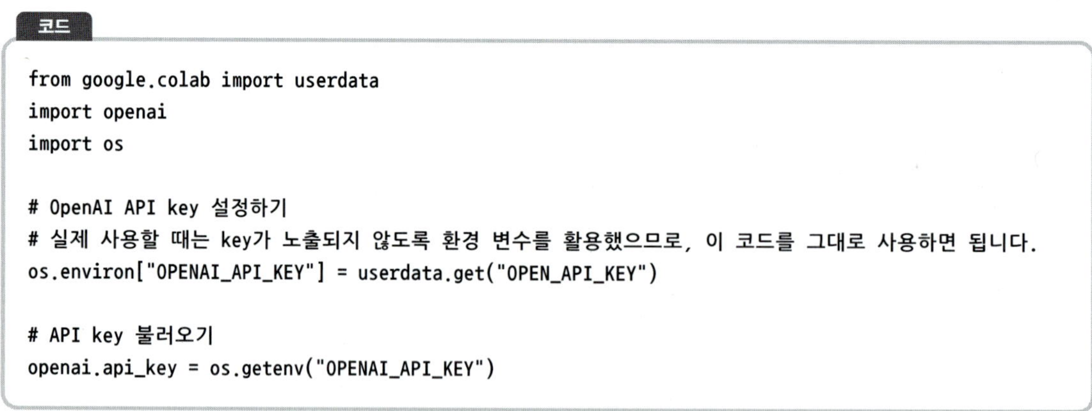

코드

```
from google.colab import userdata
import openai
import os

# OpenAI API key 설정하기
# 실제 사용할 때는 key가 노출되지 않도록 환경 변수를 활용했으므로, 이 코드를 그대로 사용하면 됩니다.
os.environ["OPENAI_API_KEY"] = userdata.get("OPEN_API_KEY")

# API key 불러오기
openai.api_key = os.getenv("OPENAI_API_KEY")
```

이미지 생성하기

1. openai 모듈을 활용해 이미지 생성을 위한 모델과 프롬프트 등을 입력해 이미지를 생성하고 출력합니다. 코드에 달린 주석을 참고해 원하는 이미지 설명이나 이미지 크기 등을 자유롭게 바꿔 보기 바랍니다.

코드

```
import IPython.display as display
import requests
from PIL import Image
from io import BytesIO

# 최신 DALL-E API를 사용하여 이미지 생성
response = openai.images.generate(
    model="dall-e-2",  # 달리 2 모델 사용
    prompt="Draw a night view of the city",  # 원하는 이미지 설명
    n=1,  # 생성할 이미지 개수(1~4 가능)
    size="1024x1024"  # 이미지 크기("1024x1024", "1792x1024", "1024x1792" 가능)
)

# 생성된 이미지 URL 출력
image_url = response.data[0].url
print("Generated Image URL:", image_url)

# 이미지 다운로드 및 표시
response = requests.get(image_url)
img = Image.open(BytesIO(response.content))
display.display(img)
```

▼ 그림 7-19 이미지 생성 결과

openai.images.generate 함수를 호출해 모델을 선택하고 프롬프트를 입력함으로써 원하는 이미지를 생성할 수 있습니다. 특히 동시에 이미지를 생성하는 개수와 가로세로 픽셀 크기를 파라미터로 입력하면 해당하는 이미지를 출력하여, 매우 단순하고 쉽게 결과를 확인할 수 있습니다.

여기서 한 가지 주의할 점은 생성형 AI 모델의 특성상 동일한 입력에 대한 생성 결과 이미지가 매번 다르다는 것입니다. 여러분이 직접 코드를 실행해 생성한 이미지는 책의 결과와 다를 수 있으니 이를 참고해 주세요.

7.3.4 스테이블 디퓨전(Stable Diffusion)

오픈AI에서 제공하는 API를 이용하는 경우, 이미지를 생성하기 위한 컴퓨팅 리소스는 전적으로 오픈AI 플랫폼의 인프라를 활용합니다.

이번에는 최근 이미지 생성형 모델로 널리 활용되는 스테이블 디퓨전 모델을 직접 코랩에 임포트해 이미지를 생성해 보겠습니다.

라이브러리 설치하기

1. 구글 코랩에서 스테이블 디퓨전 모델을 사용하기 위해 라이브러리를 설치합니다.

코드

```
!pip install diffusers transformers accelerate torch safetensors
```

스테이블 디퓨전 모델 불러오기

1. 스테이블 디퓨전 모델을 임포트하고, 허깅 페이스에서 사전 학습된 모델을 불러옵니다. 이 코드를 실습할 때는 코랩의 런타임 유형을 GPU로 반드시 변경해야 합니다.

코드

```
import torch
from diffusers import StableDiffusionPipeline

# 모델 ID 설정하기(CompVis/stable-diffusion-v1-4 사용)
model_id = "CompVis/stable-diffusion-v1-4"

# 모델 불러오기(GPU 사용 가능하면 GPU로 설정)
pipe = StableDiffusionPipeline.from_pretrained(model_id, torch_dtype=torch.float16)
pipe.to("cuda")  # GPU 사용(코랩에서 반드시 필요)

print("모델 로드 완료")
```

이미지 생성하기

1. 텍스트를 입력받아 이미지를 생성하는 함수를 만들고, 이를 호출해 이미지를 저장하고 출력합니다. 달리 모델에 입력한 문장과 동일한 문장을 입력하여 도시의 야경을 생성해 보겠습니다.

코드

```
import IPython.display as display
from PIL import Image

# 생성할 이미지 설명(prompt)
prompt = "Draw a night view of the city"

# 이미지 생성
image = pipe(prompt).images[0]

# 이미지 저장
image.save("generated_image.png")
print("이미지 저장 완료")

# 이미지 출력
img = Image.open("generated_image.png")
display.display(img)
print("이미지 출력 완료")
```

▼ **그림 7-20** 이미지 생성 결과

도시의 야경을 실감나게 표현한 이미지를 출력했습니다. 이처럼 허깅 페이스에는 다양한 분야의 생성형 AI 모델이 존재하므로 이를 이용하는 방식을 참고하기 바랍니다.

이미지 생성형 서비스 심화

지금까지 널리 알려진 이미지 생성형 모델과 서비스를 살펴보았습니다. 이번 절에서는 이미지 생성형 모델을 활용해 웹 기반 서비스를 구축하는 프로젝트를 진행하고자 합니다.

프로젝트를 진행하는 과정에서 주의해야 할 점은 GPU 서버를 이용할 수 있는 환경이 아니라면 코드 실행 시간이 상당히 많이 소요될 수 있다는 점입니다. 코랩을 이용하는 경우, 추가 비용을 지불하면 고성능 GPU를 할당받아 데이터 학습 시간을 단축할 수 있습니다. 다만, 이러한 기능을 사용하려면 유료 구독해야 하므로, 각자 상황에 맞게 선택하기 바랍니다. 참고로 개인이 고성능 GPU를 이용하려면 코랩 Pro(월 9.99달러)를 구독해야 합니다. 대신 구글 코랩에서 제공하는 GPU의 경우 무료 버전으로 이용한다면, 가용 리소스에 따라 무작위로 GPU가 할당되므로 이에 따라 실습 시간에 차이가 발생할 수는 있습니다.

따라서 이번 프로젝트에서는 파인튜닝을 진행하지 않았습니다.

7.4.1 프로젝트 개요 및 환경 설정

첫 단계는 프로젝트의 목표를 설정하는 것입니다. 여기서는 스테이블 디퓨전 모델을 기반으로 이미지 생성형 웹 서비스를 구축하는 것으로 진행하겠습니다. 코랩을 이용해 실습을 진행하며, 다음 단계로 구성됩니다.

코랩에서 환경 설정하기

1. 스테이블 디퓨전을 실행하기 위해 필요한 라이브러리를 설치하고 GPU 환경을 확인합니다.

코드

```
# GPU가 활성화되어 있는지 확인
import torch

if torch.cuda.is_available():
    print("GPU 사용 가능!")
    print(f"사용 중인 GPU: {torch.cuda.get_device_name(0)}")
else:
    print("GPU를 사용할 수 없습니다. 런타임 유형을 GPU로 변경하세요!")
```

결과

```
GPU 사용 가능!
사용 중인 GPU: Tesla T4
```

위 코드를 실행하여 코랩에서 GPU가 활성화되었는지 확인합니다. 만약 "GPU를 사용할 수 없습니다." 라는 메시지가 출력된다면 런타임 유형을 GPU로 변경해야 합니다.

라이브러리 설치 및 모델 내려받아 불러오기

1. 스테이블 디퓨전 모델을 실행하려면 diffusers, transformers, accelerate, Pytorch, safetensors 등을 설치해야 합니다. 다음 명령을 실행하면 스테이블 디퓨전 모델을 내려받고 실행할 수 있는 라이브러리들이 설치됩니다.

코드

```
!pip install diffusers transformers accelerate torch safetensors
```

2. 스테이블 디퓨전 모델을 실행하기 위해 허깅 페이스의 스테이블 디퓨전 모델을 불러옵니다.

코드

```
import torch
from diffusers import StableDiffusionPipeline

# 모델 ID 설정(CompVis/stable-diffusion-v1-4 사용)
model_id = "CompVis/stable-diffusion-v1-4"

# 모델 로드(GPU 사용 가능하면 GPU로 설정)
pipe = StableDiffusionPipeline.from_pretrained(model_id, torch_dtype=torch.float16)
pipe.to("cuda")  # GPU 사용(코랩에서 반드시 필요)

print("모델 로드 완료")
```

결과

```
모델 로드 완료
```

기본 이미지 생성하기

1. 이제 스테이블 디퓨전을 사용해 간단한 이미지를 생성해 봅니다. prompt 변수에 생성하려는 이미지를 설명하는 문장을 입력하고, pipe 명령으로 이미지를 생성합니다. display 함수를 호출해 생성된 이미지를 확인합니다.

코드

```
from IPython.display import display

prompt = "A futuristic cityscape with neon lights"
image = pipe(prompt).images[0]

display(image)  # 코랩에서 직접 출력 가능
```

▼ 그림 7-21 이미지 생성 결과

이 단계까지 정상적으로 완료했다면 스테이블 디퓨전 모델을 코랩에서 실행할 준비가 완료된 것입니다.

배치 이미지 생성하기

1. 프롬프트 하나로 이미지를 여러 장 생성할 수도 있습니다.

   num_images_per_prompt 파라미터를 이용하면 여러 이미지를 동시에 생성할 수 있으며, 생성된 이미지를 저장합니다.

코드

```
from IPython.display import display

prompt = "A concept car designed for the year 2050, ultra-detailed, photorealistic"
images = pipe(prompt, num_images_per_prompt=4).images

# 생성된 이미지 출력
for idx, img in enumerate(images):
    display(img)
    img.save(f"generated_image_{idx}.png")
```

▼ 그림 7-22 이미지 생성 결과

다양한 프롬프트를 활용해 이미지 생성하기

1. 프롬프트로 서로 다른 여러 문장을 동시에 입력해 한 번에 이미지를 출력할 수도 있습니다. 다음 코드의 결과를 보면 그림 세 개가 생성된 것을 확인할 수 있습니다.

코드

```
from IPython.display import display

prompts = [
    "A luxury sports car with a futuristic design, photorealistic",
    "A classic muscle car in a sci-fi setting, cinematic lighting",
    "A concept car designed by a top automobile designer, ultra-detailed"
]

images = [pipe(prompt).images[0] for prompt in prompts]
```

```
# 생성된 이미지 저장
for idx, img in enumerate(images):
    display(img)
    img.save(f"generated_image_{idx}.png")
```

▼ 그림 7-23 이미지 생성 결과

이미지 품질 개선하기

1. 스테이블 디퓨전에서는 CFG 스케일(Classifier-Free Guidance scale)과 샘플링 스텝(sampling step)을 조정해 품질을 개선할 수도 있습니다. 여기서 CFG 스케일은 사용자가 입력한 문장과 얼마나 어울리도록 이미지를 생성할지 조정하는 지표를 의미하며, 샘플링 스텝은 디퓨전 모델의 노이즈를 생성하고 제거해 가는 횟수를 의미합니다. CFG 스케일과 샘플링 스텝은 각각 `guidance_scale`, `num_inference_steps` 파라미터에 대응하며 사용자가 다양한 값을 입력하여 테스트하며 적절한 값으로 찾아가는 방법을 많이 사용합니다.

코드

```
from IPython.display import display

prompt = "A high-tech self-driving electric vehicle in a futuristic city, 8K ultra HD"

image = pipe(prompt, guidance_scale=7.5, num_inference_steps=50).images[0]
display(image)
```

▼ **그림 7-24** 이미지 생성 결과

이제 생성된 모델을 최적화하고 배포하는 과정으로 넘어가 보겠습니다.

모델 최적화(FP16 변환)하기

1. 모델 크기를 줄이고 실행 속도를 높이기 위해 FP16(half precision, 반정밀도) 변환을 수행합니다. 변환을 적용하면 GPU 메모리 사용량이 감소하고 속도가 향상됩니다.

코드

```
from diffusers import StableDiffusionPipeline
model_id = "CompVis/stable-diffusion-v1-4"

# FP16으로 불러와 메모리 사용량 감소
pipeline = StableDiffusionPipeline.from_pretrained(
    model_id,
    torch_dtype=torch.float16,  # FP16 사용
    low_cpu_mem_usage=True  # CPU 메모리 사용량도 최적화
)
pipeline.to("cuda")  # GPU 사용
```

모델 저장하기

1. 이번에는 스테이블 디퓨전 모델을 저장합니다. 저장이 완료되면, 구글 코랩의 별도 디렉터리에 모델 데이터가 저장되는 것을 확인할 수 있습니다.

코드

```
pipeline.save_pretrained("./my_pipeline")
print("모델 저장 완료")
```

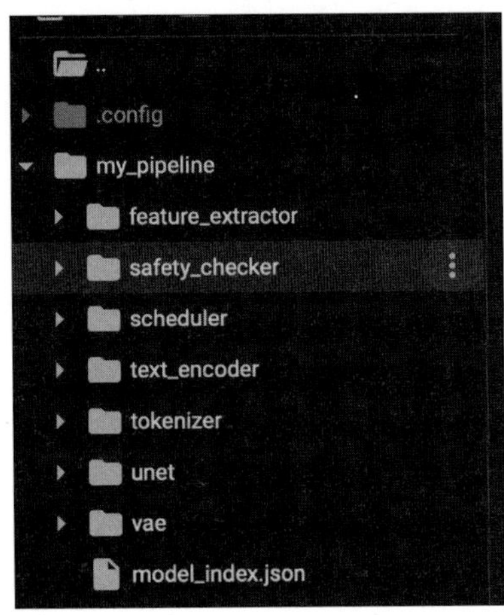

▼ 그림 7-25 코랩의 디렉터리 구조

모델 배포하기

1. 코랩에 로드한 모델을 파인튜닝을 통해 훈련한 후 허깅 페이스에 업로드할 수 있습니다. 허깅 페이스에 업로드하려면 먼저 로그인 토큰 값을 발급받아야 합니다.

   login 함수를 통해 허깅 페이스 API 토큰을 사용하여 로그인하며, 학습된 모델을 온라인 저장소에 업로드합니다.

코드

```
from google.colab import userdata
from huggingface_hub import login

# 허깅 페이스 로그인
login(token=userdata.get("HUGGING_FACE_TOKEN"))

# 모델 업로드(자신의 저장소에 업로드해야 합니다!)
pipeline.push_to_hub("your_huggingface_username/my-stable-diffusion")
print("모델 업로드 완료")
```

결과

```
모델 업로드 완료
```

이제 허깅 페이스에서 도메인 특화 스테이블 디퓨전 모델을 누구나 내려받아 사용할 수 있습니다.

7.4.2 모델을 실제 프로젝트에서 활용하기

스테이블 디퓨전 모델을 실제 서비스나 시스템과 연동하려면 API 형태로 배포하는 방법을 일반적으로 널리 사용합니다. 이렇게 하면 웹 애플리케이션, 모바일 애플리케이션, 또는 외부 시스템과 연동해 손쉽게 모델을 호출해 이미지를 생성할 수 있기 때문입니다.

그래서 이 단계에서는 스테이블 디퓨전 모델을 웹 애플리케이션 또는 로컬 환경에서 활용하는 방법을 설명합니다. 이를 위해 FastAPI를 사용해 API를 배포하는 방법에 대해서 알아보겠습니다.

1. API 서버를 구성하여 이미지를 제공하기 위하여 필수 라이브러리를 설치합니다.

코드

```
!pip install fastapi uvicorn pyngrok diffusers transformers torch torchvision pillow
```

2. 학습된 모델을 실행합니다. 학습된 모델을 로컬에서 실행하려면 먼저 허깅 페이스에서 모델을 로드해야 합니다.

코드

```
import torch
from diffusers import StableDiffusionPipeline

# 스테이블 디퓨전 모델 다운로드 및 로드
model_id = "CompVis/stable-diffusion-v1-4"
pipeline = StableDiffusionPipeline.from_pretrained(
    model_id,
    torch_dtype=torch.float16  # FP16으로 메모리 절약
).to("cuda")  # GPU 사용

print("모델 로드 완료")
```

결과

```
모델 로드 완료
```

3. FastAPI를 활용해 API 서버를 구현해 봅시다. FastAPI를 이용해 스테이블 디퓨전 모델을 RESTful API 형태로 배포하면 웹 및 모바일 애플리케이션에서 쉽게 활용할 수 있습니다.

코드

```
from fastapi import FastAPI, Query
from pydantic import BaseModel
from fastapi.responses import HTMLResponse
import uvicorn
from io import BytesIO
from PIL import Image
import base64

app = FastAPI()

# 요청 데이터 모델 정의
class RequestData(BaseModel):
    prompt: str
    num_inference_steps: int = 50
    guidance_scale: float = 7.5

def image_to_base64(image: Image) -> str:
    """이미지를 Base64 문자열로 변환"""
    buffered = BytesIO()
    image.save(buffered, format="PNG")
    return base64.b64encode(buffered.getvalue()).decode("utf-8")

# POST 방식 이미지 생성 및 Base64 인코딩 반환
@app.post("/generate/")
async def generate_image(data: RequestData):
    """
    스테이블 디퓨전을 사용해 이미지 생성 API
    """
    with torch.cuda.amp.autocast():  # Mixed Precision 최적화
        image = pipeline(
            data.prompt,
            num_inference_steps=data.num_inference_steps,
            guidance_scale=data.guidance_scale
        ).images[0]

    # 이미지를 Base64 문자열로 변환하여 반환
    base64_image = image_to_base64(image)
    return {"image": base64_image}

# GET 방식 브라우저 직접 확인 코드
@app.get("/generate-view/", response_class=HTMLResponse)
async def generate_image_view(
    prompt: str = Query(..., description="이미지를 생성할 프롬프트"),
    num_inference_steps: int = Query(50, description="추론 스텝 수"),
    guidance_scale: float = Query(7.5, description="가이던스 스케일")
```

```
):
    """브라우저용 이미지 생성 뷰"""
    with torch.cuda.amp.autocast():
        image = pipeline(
            prompt,
            num_inference_steps=num_inference_steps,
            guidance_scale=guidance_scale
        ).images[0]

    base64_image = image_to_base64(image)

    html_content = f"""
    <html>
        <head>
            <title>이미지 생성 결과</title>
        </head>
        <body>
            <h2>Prompt: {prompt}</h2>
            <img src="data:image/png;base64,{base64_image}" alt="Generated Image"/>
        </body>
    </html>
    """
    return HTMLResponse(content=html_content)
```

해당 코드는 FastAPI를 이용해 /generate-view라는 GET 방식 요청을 처리하는 엔드포인트를 외부에 노출해 REST API 방식으로 파라미터를 받아 이미지를 생성하고 반환하는 역할을 수행합니다.

pyngrok 설정하기

구글 코랩은 외부 클라이언트에서 API를 직접 연동할 수 없습니다. 따라서 pyngrok을 이용해 ngrok 서비스가 노출하는 엔드포인트로, 구글 코랩에서 동작하는 FastAPI 엔드포인트와 연동할 수 있습니다.

▼ **그림 7-26** ngrok 서비스의 홈페이지 화면

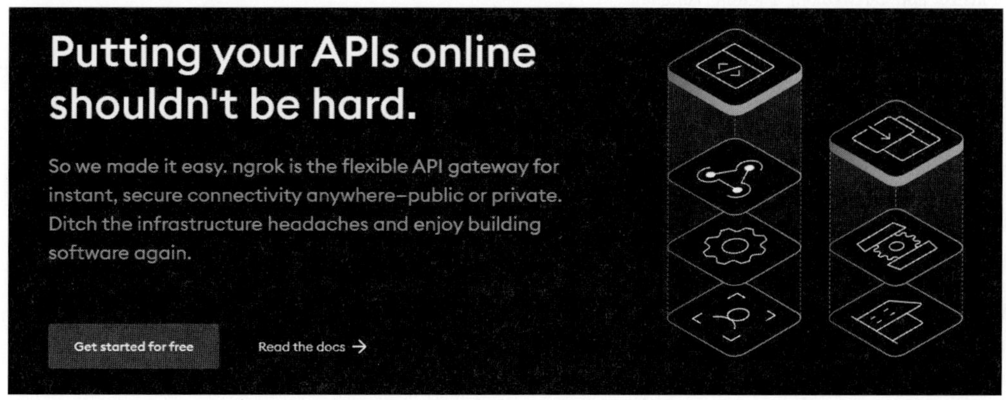

여기서 pyngrok은 ngrok 서비스를 이용하기 위한 파이썬 기반의 구현체이며, ngrok은 글로벌 리버스 프록시 서비스입니다. 즉, 우리는 pyngrok을 이용해 ngrok 서비스를 이용할 수 있으며, 리버스 프록시 서버로 코랩에서 동작하는 FastAPI 웹 서버와 통신할 수 있습니다.

1. 먼저, ngrok 서비스를 이용하려면 ngrok에 회원 가입해야 합니다. ngok 사이트에 방문해 회원 가입합니다. 구글 계정으로도 손쉽게 가입할 수 있습니다.

   URL https://ngrok.com/

2. 회원 가입을 마쳤다면 Authtoken을 발급받아야 합니다. 왼쪽 메뉴에서 **Your Authtoken**을 클릭하고 **Copy**를 클릭해 본인의 Authtoken을 복사합니다.

▼ **그림 7-27** ngrok의 Authtoken 발급 화면

3. 코랩의 ngrok config 설정으로 해당 Authtoken을 등록하면, 이후 정상적으로 ngrok 서비스의 기능을 이용할 수 있습니다.

코드

```
import os
from google.colab import userdata

# 환경 변수로 저장
os.environ["NGROK_TOKEN"] = userdata.get("NGROK_TOKEN")

!pip install pyngrok

# https://dashboard.ngrok.com/get-started/your-authtoken authtoken 획득
!ngrok config add-authtoken $NGROK_TOKEN
```

4. FastAPI 서버를 실행하고 ngrok 기반의 엔드포인트를 노출합니다.

코드

```
from pyngrok import ngrok
import threading

# FastAPI 실행을 별도 스레드에서 실행
def run_api():
    uvicorn.run(app, host="0.0.0.0", port=8000)
thread = threading.Thread(target=run_api)
```

```
thread.start()

# ngrok을 통해 외부에서 접근할 수 있도록 설정
public_url = ngrok.connect(8000).public_url
print(f"Public URL: {public_url}")
```

▼ **그림 7-28** ngrok을 기반으로 앱 실행

```
INFO:     Started server process [4050]
INFO:     Waiting for application startup.
INFO:     Application startup complete.
INFO:     Uvicorn running on http://0.0.0.0:8000 (Press CTRL+C to quit)
Public URL: https://1baab491a21a.ngrok-free.app
```

ngrok을 통해 외부에서 접근할 수 있는 Public URL을 생성했습니다. 해당 Public URL은 코랩의 세션이 유지되는 동안만 이용할 수 있으며, 코드를 실행할 때마다 매번 다른 Public URL이 발급되므로 이를 고려하여 코드를 이용하기 바랍니다.

이후 진행 과정에서는 여기서 발급한 Public URL을 통해 웹 브라우저에서 직접 프롬프트를 입력해 이미지를 생성해서 확인하는 작업을 진행하겠습니다.

ngrok을 이용한 브라우저 기반 이미지 생성과 변환(브라우저 이용)

1. 앞서 발급받은 Public URL을 클릭하면 웹 브라우저가 실행되며 다음과 같은 페이지로 접속됩니다. 이 페이지는 ngrok 서비스에서 제공하는 안내 화면으로, Public URL로 접속하기 전에 사용자에게 주의를 주기 위한 목적입니다. 해당 Public URL은 구글 코랩에서 직접 실행한 웹 서버로 안전하게 연결되므로, **Visit Site**를 클릭해 페이지에 진입합니다.

▼ **그림 7-29** Public URL 진입 전 안내 화면

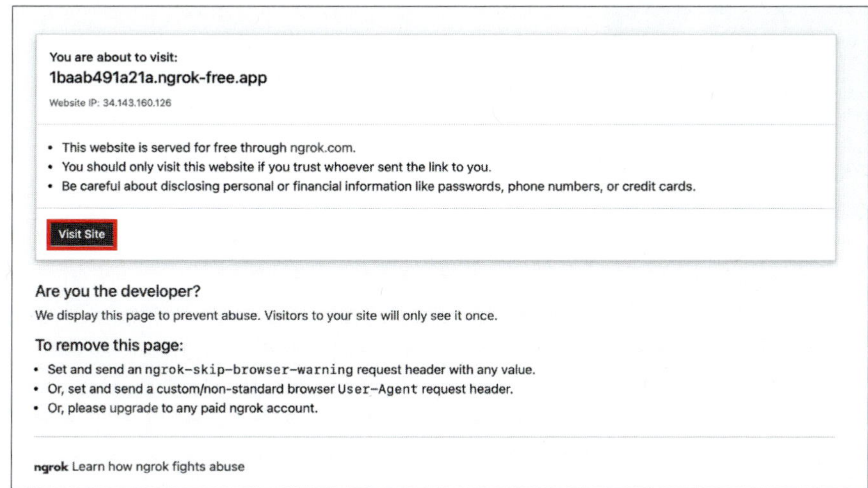

2. Public URL에 접속하면 다음과 같은 화면이 표시됩니다. 이는 이미지 생성을 위한 파라미터가 URL에 포함되지 않았기 때문입니다. 여기까지 도달했다면 이미지 생성 준비가 완료된 것입니다.

▼ **그림 7-30** Public URL 진입 후 화면

https://1baab491a21a.ngrok-free.app
예쁜 인쇄
{"detail":"Not Found"}

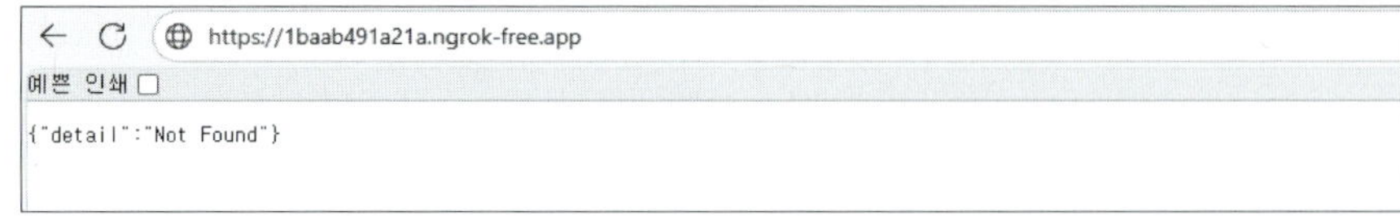

3. 이제 이미지를 출력하기 위해 웹 브라우저 주소창에 다음과 같이 파라미터를 입력합니다. /generate-view 앞 부분까지가 Public URL에 해당합니다. /?prompt= 뒤에 생성하려는 이미지를 설명하는 프롬프트를 작성합니다. 주소창에 프롬프트 문장(an astronaut on mars)을 입력한 후 Enter를 눌러 해당 엔드포인트를 호출하고 잠시 기다립니다.

▼ **그림 7-31** 주소창에 프롬프트 문장 입력

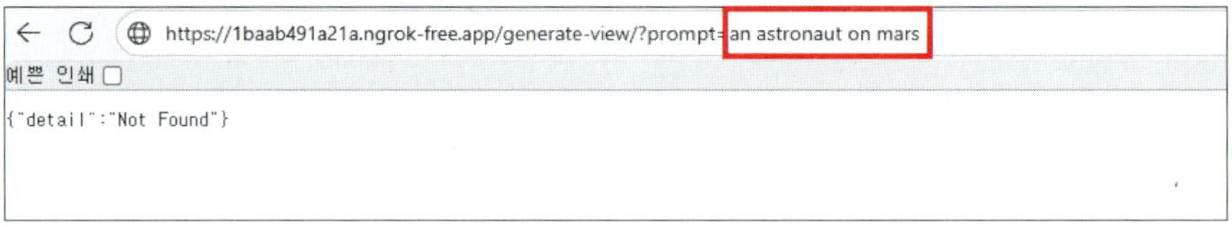

https://1baab491a21a.ngrok-free.app/generate-view/?prompt=an astronaut on mars
예쁜 인쇄
{"detail":"Not Found"}

4. 잠시 후 이미지가 출력되는 것을 확인할 수 있습니다.

▼ **그림 7-32** 이미지 생성 요청 결과 화면

Prompt: an astronaut on mars

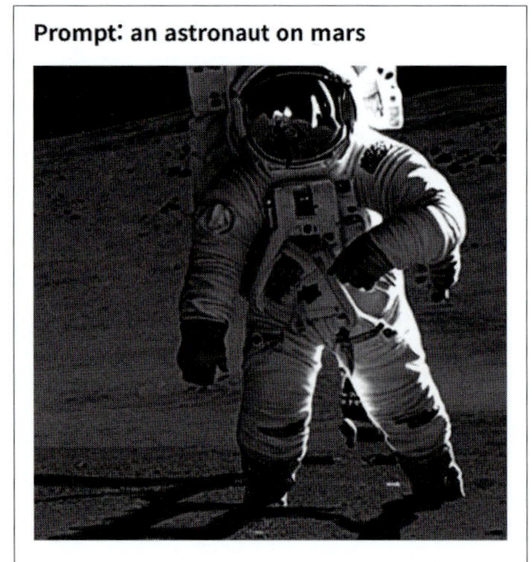

ngrok을 이용한 엔드포인트 기반 이미지 생성 및 변환(코랩 이용)

1. 앞서 확인한 방식 외에도 코랩을 통해 POST 방식의 REST API를 호출하여 코드 방식으로 이미지를 생성하고 출력할 수도 있습니다.

코드

```
import requests
import base64
from PIL import Image
from io import BytesIO
from IPython.display import display  # 코랩에서 이미지 표시

# 정확한 ngrok URL 입력
url = "https://d045-35-231-42-103.ngrok-free.app/generate/"

# 요청 데이터 JSON 형식 확인
data = {
    "prompt": "A futuristic cyberpunk city",
    "num_inference_steps": 50,
    "guidance_scale": 7.5
}

# 요청 보내기
# 웹 브라우저를 기반으로 URL 외부에서 요청해서 이미지 생성하는 것까지 진행
response = requests.post(url, json=data, headers={'Content-Type': 'application/json'})

# 응답 확인 및 이미지 표시
if response.status_code == 200:
    try:
        image_data = response.json().get("image")

        if image_data:
            # Base64 디코딩하여 이미지 변환 및 코랩에서 표시
            image = Image.open(BytesIO(base64.b64decode(image_data)))
            display(image)  # 코랩에서 즉시 이미지 표시
        else:
            print("오류: 'image' 키가 응답에 없습니다.")
            print(response.json())
    except Exception as e:
        print("JSON 디코딩 오류:", str(e))
        print(response.text)
else:
    print(f"요청 실패! 상태 코드: {response.status_code}")
    print(response.text)
```

▼ **그림 7-33** 이미지 생성 요청 결과 화면

지금까지 스테이블 디퓨전 모델을 기반으로 텍스트 프롬프트를 입력해 이미지를 생성하고, 모델을 저장하는 방법과 허깅 페이스에 업로드하는 방법을 알아보았습니다. 또한, FastAPI와 ngrok을 활용해 외부에 REST API 인터페이스를 노출하고, 이를 웹 서비스와 연계하는 방법도 학습했습니다.

실무에서는 머신러닝 엔지니어, 백엔드 엔지니어, 프런트엔드 엔지니어가 협업해 하나의 프로젝트를 개발합니다. 각자 전문 분야에서 코드베이스를 구축하고, 비즈니스 로직을 구현하며, 상호 협력해 AI 기반 제품(product)을 완성하는 방식으로 개발합니다.

이번 장에서 학습한 이미지 생성형 모델의 활용 방법을 바탕으로, AI 모델이 필요한 다양한 분야에 적절히 적용해 보기 바랍니다.

8장

동영상 프로젝트

동영상 생성형 모델의 개념과 기초

8.1.1 동영상 생성형 모델이란

1장에서 살펴보았듯, 2012년 CNN의 등장으로 이미지 분류 기술에 혁신이 일어났습니다. 이후 AI 연구자들은 주로 '이 사진 속에 무엇이 있을까?'를 파악하는 컴퓨터 비전 기술 개발에 집중했습니다. 사람이나 자동차 같은 객체를 찾아내고, 이를 정확하게 분류하고 인식하는 데 초점을 맞췄습니다. 당시에는 AI가 사람의 눈 역할은 할 수 있어도, 예술가처럼 새로운 것을 창조하기는 어렵다고 여겼습니다. 즉, 사진 속 사물을 잘 찾아내더라도 그림을 직접 그리거나 음악을 작곡하는 일은 불가능하다는 의견이 지배적이었습니다.

그러다 2014년, 이안 굿펠로(Ian Goodfellow)가 GAN을 발표하면서 상황이 달라졌습니다. 앞 장에서 설명했듯, GAN은 데이터를 학습해 가짜 예제를 생성하는 생성 모델과 이를 구별하는 판별 모델이 경쟁하며 발전하는 방식입니다. 이런 경쟁을 통해 GAN은 실제와 거의 구분되지 않는 예제를 만들어 내며, 인간의 창의성을 흉내 내는 단계에 도달했습니다. 비전 분야의 생성형 AI 기술은 GAN 외에도 같은 시기에 등장한 VAE, 디퓨전 모델 등을 중심으로 발전해 왔습니다. 현재 이미지 생성은 미드저니, 스테이블 디퓨전, 달리, 소라(Sora)와 같은 상용 이미지 생성 서비스로 이어지고 있습니다.

그러나 이미지 생성과 달리 동영상 창작 분야까지 완성도 높게 구현되리라 예상하지는 못했습니다. 동영상 콘텐츠는 일반적으로 데이터 용량이 클 뿐 아니라, 보이는 사물마다 다른 움직임을 가지고 있어 각 사물의 각도마다 서로 다른 물리 법칙이 적용됩니다. 이런 이유로, 동영상 생성 기술 구현에는 시간이 더 걸릴 것으로 예측했습니다. 초기 동영상 생성형 서비스가 등장했을 때만 해도 대부분 짧은 시간의 콘텐츠를 실험적으로 만들었습니다. 그마저도 이미지가 단순히 연결된 형태로, 프레임이 끊기고 일부는 물리 법칙이 깨져 어색한 움직임과 형태를 그대로 드러냈습니다.

그러나 2024년 2월 소라의 출시 이후, 동영상 생성 기술은 놀라울 만큼 빠르게 발전하기 시작했습니다. 최근 구글의 비오(Veo) 3가 고도화된 동영상 생성형 AI 서비스로 등장하면서, 생성형 AI의 활용 영역은 정지 이미지를 넘어 고해상도 시퀀스 기반 동영상 콘텐츠 생성으로 확장되고 있습니다.

이번 장에서는 동영상이 만들어지는 원리를 살펴보겠습니다. 이어서 동영상 생성 기술을 바탕으로 소라를 활용해 실제 동영상을 제작하는 실습도 진행하겠습니다.

8.1.2 동영상 생성형 모델의 발전

이미지 생성형 AI는 빠르게 발전했지만, 그보다 더 어려운 기술로 알려진 동영상 생성형 AI는 일반 대중이 만족할 만한 서비스가 한참 뒤에야 등장했습니다.

동영상 생성은 이미지 생성보다 훨씬 복잡합니다. 캐릭터나 배경 등이 프레임 사이에서 일관되게 유지되어야 하며, 형태가 변형되거나 왜곡되지 않아야 하기 때문입니다. 이런 '시간적 일관성(temporal coherence)'은 단 몇 초 동안만 유지되는 것으로는 부족합니다. 일정 시간 이상 안정적으로 유지되어야 하며, 그렇지 못할 경우 생성 가능한 동영상의 길이는 고작 몇 초에 불과합니다.

또한, 동영상 생성형 AI는 단순히 장면 하나를 그려 내는 것을 넘어서야 합니다. 장면 안에서 벌어지는 사건들과 카메라의 움직임까지 함께 설계하고 제어해야 하기 때문입니다. 이 점이 이미지 생성형 AI와의 본질적인 차이입니다.

많은 스타트업과 빅테크 기업이 동영상 생성형 AI 서비스를 개발하려 시도했습니다.

▼ **그림 8-1** 비전 분야 생성형 AI 연혁

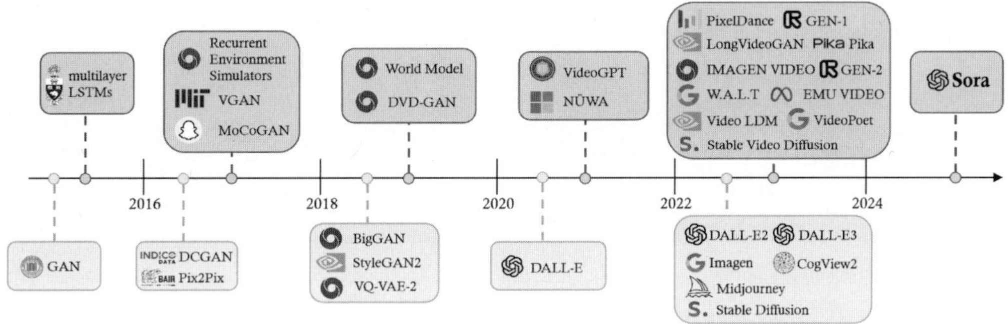

출처: Sora: A Review on Background, Technology, Limitations, and Opportunities of Large Vision Models

2024년 1월 24일, 구글은 새로운 동영상 생성형 AI 서비스 뤼미에르(Lumiere)를 발표했습니다. 그러나 초창기 뤼미에르가 생성한 동영상의 길이는 여전히 5초에 불과했습니다. 데모에 사용한 동영상도 대부분 고정된 카메라로 촬영한 것처럼 단조로웠고, 한 장면에 하나의 객체만 등장하는 경우가 많았습니다.

▼ **그림 8-2** 구글 뤼미에르의 데모 동영상

출처: https://lumiere-video.github.io/

2024년 2월 15일, 오픈AI는 새로운 동영상 생성형 AI 소라를 공개했습니다. 소라는 기존 동영상 생성형 AI보다 훨씬 진화한 기능을 선보였습니다. 단순히 몇 초짜리 애니메이션을 만드는 수준을 넘어, 실제 카메라로 촬영한 것 같은 동영상까지 만들었습니다. 줌인과 줌아웃은 물론, 여러 대의 카메라가 촬영한 듯한 장면까지 연출할 수 있었고, 이런 자연스러운 동영상은 기존 서비스에서는 보기 어려운 표현이었습니다.

특히 소라가 생성한 동영상에서는 캐릭터, 배경, 사물 등이 몇 초 동안 안정적으로 일관성을 유지했습니다. 기존 AI 동영상에서는 캐릭터의 얼굴이 갑자기 변하거나 배경이 비정상적으로 왜곡되는 문제가 많았지만, 소라는 이런 문제를 상당 부분 개선했습니다.

오픈AI는 소라가 최대 1분 길이의 1080x1920 해상도 동영상을 생성할 수 있다고 발표했습니다. 이는 시간적 일관성을 더 오랜 시간 유지할 수 있다는 뜻이었습니다.

▼ **그림 8-3** 소라의 동영상, 도쿄 거리를 걷는 여성

출처: https://openai.com/ko-KR/index/sora/

소라의 대표적인 동영상에서 볼 수 있듯이, 동영상의 현실성부터 시간, 안정성, 연결성, 선명도, 텍스트 내용에 대한 이해도까지 모두 우수한 수준을 달성했습니다. 동영상 생성형 AI는 AI를 기반으로 텍스트에 따라 차별화된 맞춤 콘텐츠를 생성함으로써 앞으로 동영상 콘텐츠를 제작하고 소비하는 방식을 뒤바꿀 수 있는 엄청난 잠재력을 보여줬습니다.

다음으로는 동영상 생성 모델이 활용하는 핵심 기술과 동영상을 생성하는 과정을 살펴보겠습니다. 현재 동영상 생성의 핵심 기술은 텍스트를 입력해, 생생한 동영상 콘텐츠로 변환하는 것입니다. 이 부분이 어떻게 가능한 것인지 T2V 모델 기반 동영상 생성 기술에 대해 알아보겠습니다.

8.2 SECTION T2V 모델 기반 동영상 생성 기술

텍스트-투-비디오(T2V, Text-to-Video) 모델은 사용자의 텍스트 프롬프트를 입력받아, 해당 내용을 반영한 연속적인 동영상(비디오)을 자동 생성하는 AI 기술입니다. 이 기술은 이미지 생성형 AI의 발전을 기반으로, '시간'이라는 차원을 추가해 동영상의 움직임과 일관성을 만들어 냅니다.

T2V 기술은 7장에서 소개한 디퓨전 모델을 기반으로 하는 잠재 확산 비디오 모델(LVDM, Latent Video Diffusion Model)입니다. 이는 LDM을 확장해 고해상도 비디오를 생성할 수 있도록 설계한 기술입니다. 고차원 이미지나 비디오 데이터를 저차원 잠재 공간으로 압축한 뒤, 이 공간에서 노이즈를 제거해 원본을 복원하는 방식으로 작동합니다.

T2V 모델의 비디오 생성 과정은 단계적으로 이루어집니다. 먼저, 짧은 프레임으로 중요 프레임을 생성한 후 별도의 디퓨전 모델을 활용해 프레임을 보간합니다. 예를 들어 14프레임을 생성한 뒤 이를 보간해 25프레임으로 확장하는 방식으로, 자연스럽고 부드러운 비디오를 만들 수 있습니다.

첫 번째 단계로는 VAE를 활용해 동영상 데이터를 압축하고 복원합니다. 이어서 디퓨전 모델을 통해 노이즈를 점진적으로 추가하고 제거하며 학습을 진행합니다. 이 과정에서 Denoising U-Net을 사용해 동영상의 품질을 개선하고, 프레임 간 자연스러운 흐름을 유지합니다.

또한, 크로스 어텐션(cross-attention)[1]과 FPS 임베딩 기술을 적용해 텍스트 프롬프트에 따라 동영상의 속성과 장면 전개를 정밀하게 조정할 수 있습니다.

이제 언급한 기술 요소를 순서대로 하나씩 자세히 살펴보겠습니다.

8.2.1 동영상 VAE를 이용한 동영상 정보의 압축 및 복원

동영상 VAE는 원본 동영상 데이터를 더 작은 차원의 잠재 공간으로 변환해, 효율적으로 처리할 수 있게 도와주는 기술입니다. 스테이블 디퓨전에 사용된 VAE를 응용해 각 프레임을 개별적으로 인코딩(압축)하고 다시 복원할 수 있도록 설계되었습니다.

- **VAE 인코더(E)**: 원본 동영상을 압축된 형태인 잠재 공간 벡터로 변환합니다.
- **VAE 디코더(D)**: 변환된 벡터를 다시 원래의 동영상 형태로 복원합니다.

이 과정을 통해 AI는 데이터를 더 간결하게 처리하고, 디퓨전 모델은 효율적으로 학습할 수 있습니다.

▼ **그림 8-4** VAE의 진행 과정

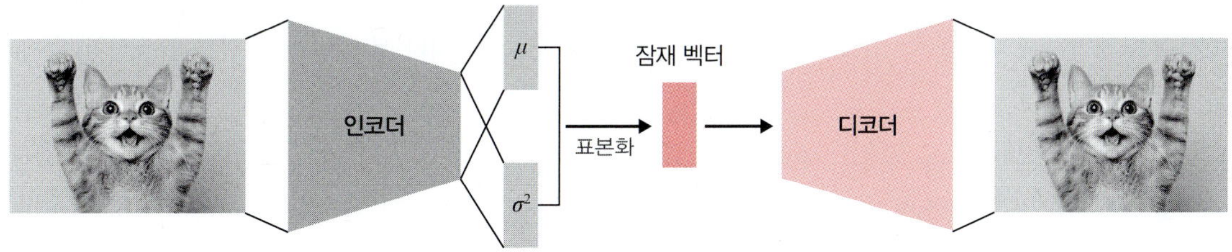

동영상 VAE의 특징은 크게 세 가지로 나눌 수 있습니다.

---

1 크로스 어텐션은 딥러닝에서 두 개의 서로 다른 입력 시퀀스 간 상호 관계를 학습하기 위한 어텐션 메커니즘입니다. 주로 멀티모달 입력(예 텍스트 + 이미지)을 다룰 때 사용하며, 하나의 입력이 다른 입력의 정보를 참조하거나 조정하는 역할을 합니다.

첫째, 시공간적 압축입니다. 동영상 압축은 동영상 생성에서 매우 중요한 역할을 합니다. 원본 동영상을 잠재 벡터로 압축해 중복 정보를 제거하고, 동영상 품질을 높이며 매끄럽게 만듭니다. 압축하면 계산 리소스를 줄일 뿐 아니라, 후속 동영상 생성 과정에서 데이터를 더 효과적으로 활용할 수 있습니다.

둘째, 기존 2D 이미지 VAE를 확장한 3D VAE 구조입니다.[2] 이 구조는 시간 차원을 추가로 고려하여 단일 이미지가 아니라 연속된 프레임을 하나의 덩어리로 처리합니다. 이를 통해 프레임 간 관계를 반영하고, 장면의 흐름까지 포착할 수 있게 설계됐습니다.

VAE 모델로 단순히 동영상 파일 크기를 줄이는 것이 아니라 더 낮은 차원의 잠재 공간으로 매핑하는 것이 중요 포인트입니다. 잠재 공간은 동영상의 주요 특징을 파악하면서 중복과 노이즈를 제거합니다. 이렇게 복잡한 동영상 데이터를 더 간단하고 처리하기 쉬운 형태로 변환해서 작업합니다.

셋째, 시간적 일관성 유지입니다. 동영상 생성에서 중요한 요소 중 하나는 연속된 프레임 간 자연스러운 연결입니다. 동영상 VAE는 형태가 갑자기 바뀌거나 배경이 뒤틀리는 문제를 줄이고자 프레임 간 일관성을 유지하며 자연스러운 동작을 생성하는 데 중점을 둡니다.

이러한 기술적 특징 덕분에 동영상 VAE는 복잡한 동영상 데이터를 더 정교하고 안정적으로 생성하는 기반 기술로 평가받고 있습니다. VAE로 압축한 이미지에 디퓨전 모델을 적용하면 노이즈를 점진적으로 추가하고 제거하면서 새로운 이미지를 만들어 낼 수 있습니다.

8.2.2 디퓨전 모델을 통한 점진적 노이즈 추가 학습

딥러닝에서 디퓨전 모델을 활용한 점진적 노이즈 추가 학습은 이미지를 생성하는 데 매우 흥미로운 방식을 사용합니다. 디퓨전 모델은 정방향 확산 과정을 통해 원본 이미지에 가우시안 노이즈를 추가하며 점차 손상시키고, 역방향 확산 과정을 학습하여 손상된 이미지에서 원본 이미지로 복원하는 방법을 익힙니다.

이러한 구조는 마르코프 연쇄(Markov chain)[3]에 기반하며, 고차원 데이터 분포를 모사하는 데 효과적입니다. 특히 역방향 과정에서는 노이즈를 제거하며 점차적으로 이미지를 생성하는데, 이는 실제로 모델이 데이터를 생성하는 핵심 단계로 작동합니다.

다소 의외일 수 있지만, 데이터를 '망가뜨리고 다시 복원하는' 이 과정을 통해 모델은 데이터의 구조적 특성과 분포를 정밀하게 학습할 수 있으며, 이를 바탕으로 고해상도 이미지나 복잡한 시각 정보를 생성할 수 있게 됩니다.

디퓨전 모델의 두 단계 학습 과정을 살펴보겠습니다. 먼저, 정방향 확산 과정에서는 원본 이미지에 노이즈, 즉 무작위 점들을 조금씩 섞기 시작합니다. 이 노이즈는 한 번에 크게 추가되는 것이 아니라 여러 단계에 걸쳐 점진적으로 더해집니다. 이렇게 반복하다 보면 결국 원래 이미지가 보이지 않을 정도로 노이즈로 뒤덮인

2 2D는 평면 공간인 이미지를 input으로 하여 이미지를 output으로 내놓습니다. 반면, 3D는 입체 공간을 표현한 격자 혹은 좌표 값, 정점 등으로 연결된 데이터를 input으로 하여 3D 구조체로 복원합니다.

3 마르코프 연쇄는 현재 상태가 미래를 결정하는 유일한 정보라는 마르코프 성질(Markov Property)을 만족하는 확률적 상태 전이 모델로 강화 학습 등 다양한 AI 분야에서 핵심적인 수학적 프레임워크로 사용합니다.

상태에 이르게 됩니다. 마치 깨끗한 사진 위에 먼지를 계속 뿌려서 무엇이 찍혀 있는지 알아볼 수 없게 되는 것과 비슷합니다.

다음은 역방향 확산 과정입니다. 이 단계에서 모델은 노이즈로 가득 찬 이미지에서 시작해, 그 안에 숨겨진 원래 이미지를 조금씩 되살려 나갑니다. 다시 말해, 노이즈를 한 단계씩 제거하며 점차 선명한 이미지로 복원하는 것입니다.

이 과정은 단순 반복이 아닙니다. 모델은 매 단계에서 어떤 방식으로 노이즈를 제거해야 원본 이미지에 더 가까워지는지를 학습합니다. 그 결과, 처음에는 단순한 랜덤 노이즈였던 이미지가 점차 형태를 갖추고 마지막에는 실제 사진처럼 생생한 이미지로 완성됩니다.

결국 디퓨전 모델은 이미지를 파괴하는 방법과 복원하는 방법을 동시에 배워 가는 과정이라고 할 수 있습니다. 이렇게 학습한 모델은 아무 의미 없어 보이는 노이즈에서조차 그럴듯한 새로운 이미지를 만들어 낼 수 있는 능력을 갖추게 됩니다.

▼ **그림 8-5** 디퓨전 모델의 점진적 노이즈 추가 학습

출처: https://developer.nvidia.com/blog/improving-diffusion-models-as-an-alternative-to-gans-part-1/

디퓨전 모델의 작동 원리를 더 깊이 들여다보면 이 과정이 단순히 노이즈를 추가하고 제거하는 데 그치지 않는다는 것을 알 수 있습니다. 실제로는 노이즈를 얼마나, 언제, 어떻게 더하고 빼는지가 핵심입니다.

먼저, 노이즈는 한 번에 갑자기 추가되지 않습니다. 디퓨전 모델은 수백에서 수천 단계에 걸쳐 아주 조금씩 노이즈를 더해 갑니다. 이때 노이즈가 추가되는 속도는 단계마다 점차 증가합니다. 즉, 시간이 지날수록 이미지에 들어가는 무작위성이 커지도록 설계된 구조입니다. 이 노이즈의 증가 속도는 베타 스케줄(beta schedule)[4]이라는 설정을 통해 조정됩니다. 마치 요리에서 불을 조절하듯, 노이즈를 얼마나 빠르게 더할지 결정하는 역할을 합니다.

초기 단계에서는 모델이 이미지의 큰 윤곽을 먼저 파악하도록 비교적 강한 노이즈를 주입합니다. 후반으로 갈수록 노이즈를 점차 줄이며 세밀한 부분과 디테일을 만들어 냅니다. 이렇게 흐릿했던 그림이 점차 또렷해지는 과정을 거치면서, 모델은 더 사실적인 이미지를 생성합니다.

4 베타 스케줄은 디퓨전 모델에서 이미지를 얼마나 빠르고, 어떤 방식으로 망가뜨릴지(노이즈를 얼마나 더할지) 정하는 노이즈 강도 조절표와 같은 역할을 합니다. 베타는 각 단계에서 이미지에 추가되는 노이즈의 비율을 의미하고, 스케줄은 그 베타 값을 시간(또는 스텝)에 따라 어떻게 변화시킬지를 정하는 것입니다.

또한, 디퓨전 모델은 단순히 이미지를 복원하는 데 그치지 않습니다. AI는 사용자가 입력한 문장, 예를 들어 '파도가 치는 해변'과 같은 표현을 바탕으로 그에 어울리는 이미지를 상상합니다.

이 과정을 통해 AI는 단순히 노이즈를 제거하는 것이 아니라, 주어진 텍스트와 조화를 이루는 장면을 창조하도록 훈련합니다. 다시 말해, 이미지를 '기억하는' 것이 아니라 '그려 내는' 능력을 키우는 셈입니다.

8.2.3 노이즈 제거를 통한 동영상 복원

디퓨전 모델에서 이미지를 복원하는 데 핵심 역할을 하는 것이 Denoising U-Net 구조입니다. 이 구조는 입력 이미지의 다차원적 특징을 정교하게 추출하고, 이를 바탕으로 단계적으로 노이즈를 제거하는 역할을 수행합니다. 다시 말해, 단순한 필터링이 아니라 특징 기반의 노이즈 제거 과정을 구현하는 정교한 아키텍처라 할 수 있습니다.

아키텍처에서는 공간적 특징 학습과 시간적 특징 학습이 이루어집니다. 공간적 특징 학습은 하나의 동영상 프레임 안에서 중요한 특징을 뽑아내는 역할을 합니다. 예를 들어 해변 사진이라면 바다의 윤곽, 하늘의 색감, 파도의 패턴 같은 시각적 요소를 분석하는 것입니다.

시간적 특징 학습은 여러 프레임이 연결된 동영상에서 앞뒤 장면 사이의 흐름을 자연스럽게 만들어 줍니다. 즉, 장면이 시간에 따라 어떻게 변화하는지를 고려해 동영상의 일관성과 자연스러움을 유지하게 합니다.

이 두 가지 요소가 함께 작동하면서 Denoising U-Net은 노이즈로 흐려진 이미지나 동영상 속에서 핵심 정보를 되살리고, 이를 시각적으로 정돈된 결과물로 바꿔 냅니다.

Denoising U-Net은 3D U-Net 구조를 기반으로 하며, 마치 영어 알파벳 U자처럼 생긴 구조를 가진 AI 모델입니다. 입력 데이터가 3차원(예 너비 × 높이 × 깊이)일 때, 그 구조를 효과적으로 처리하기 위해 사용됩니다. 이 U자형 구조는 단순한 모양 이상의 의미를 담고 있습니다. 이미지의 중요한 특징을 잘 포착하면서도, 원래의 크기와 형태를 유지할 수 있게 해 주는 설계 방식이기 때문입니다.

▼ **그림 8-6** 3D U-Net 형상

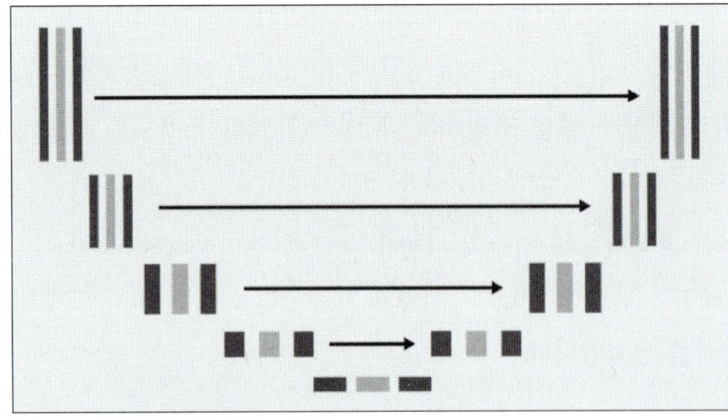

출처: https://datascientest.com/en/u-net-computer-visions-neural-network

이 모델은 크게 세 부분으로 구성되어 있습니다. 인코더, 디코더, 인코더와 디코더를 연결하는 스킵 연결입니다.

첫 번째는 3D U-Net 인코더(contracting path)입니다. 이 단계에서는 3차원 합성곱(3D convolution)과 풀링(3D pooling) 기술을 사용해 이미지 데이터를 조금씩 압축합니다. 쉽게 말해, 이미지를 줄여 나가면서 그 안에 담긴 핵심적인 특징만 골라내는 과정입니다. 그림의 전체 윤곽, 큰 덩어리들을 파악하는 데 집중합니다.

두 번째는 3D U-Net 디코더(expanding path)입니다. 앞서 압축된 데이터를 다시 원래 크기로 되돌리는 과정입니다. 이때는 3D 업샘플링 기법을 사용합니다. 단순히 이미지를 키우는 것이 아니라, 줄어든 과정에서 놓친 세부 정보들을 복원하는 역할을 합니다.

세 번째는 스킵 연결(skip connection)입니다. 이 연결은 인코더에서 추출한 정보를 디코더로 곧바로 전달해 줍니다. 마치 길을 돌아가지 않고 지름길로 중요한 정보를 직접 넘겨 주는 것입니다. 덕분에 모델은 더 정밀하고 자연스러운 결과를 만들 수 있게 됩니다. 여기에 하나 더, 이 모델은 텍스트와 동영상 사이의 의미 연결을 강화하기 위해 크로스 어텐션도 사용합니다. 이 기술은 이미지와 텍스트처럼 서로 다른 종류의 데이터를 비교하고 연결하는 능력을 키워 줍니다. 예를 들어 사용자가 '노을이 지는 바닷가'라는 문장을 입력하면 모델은 그 문장 속 의미를 이해하고, 그에 어울리는 장면을 동영상으로 표현할 수 있도록 학습합니다.

8.2.4 FPS, 시간적 제어, 시간 기반 업데이트

동영상 생성에서 FPS, 시간적 제어, 시간 기반 업데이트는 필수 요소로 작동합니다.

우선 FPS(Frames Per Second)는 초당 생성되는 프레임 수를 결정해 동영상의 부드러움과 몰입감을 좌우합니다. 여기에 시간적 제어(temporal control) 기술이 더해져, 장면의 속도와 흐름을 자유롭게 조정함으로써 슬로 모션이나 가속, 특정 시점으로의 이동과 같은 다양한 연출을 가능하게 합니다. 마지막으로 시간 기반 업데이트(time-based update)는 프레임 속도와 관계없이 실제 경과 시간을 기준으로 애니메이션과 움직임을 계산해 저사양·고사양 환경에서도 일관된 결과를 유지하게 합니다.

이 세 가지 기술이 유기적으로 결합될 때 동영상 생성 과정은 단순한 프레임 나열을 넘어 현실적이고 자연스러운 시간 흐름을 지닌 시각적 경험으로 완성됩니다.

FPS의 정의와 중요성

FPS는 초당 프레임 수로, 1초 동안 화면에 표시되거나 처리되는 프레임의 개수를 뜻합니다. 주로 동영상, 게임, 애니메이션 등에서 활용되며, 화면이 얼마나 부드럽게 재생되는지를 판단하는 핵심 지표로 사용합니다. 예를 들어 30FPS는 1초에 이미지 30장이 차례대로 재생되는 것을 의미하고, 60FPS나 120FPS와 같이 숫자가 높을수록 더 많은 프레임이 표현됩니다. 이 숫자는 단순한 수치가 아니라, 시청자나 사용자가 체감하는 시각적 품질과 직결됩니다.

FPS는 크게 세 가지 측면에서 중요하게 작용합니다.

먼저, 시각적 부드러움입니다. 높은 FPS는 동영상이나 게임 화면이 끊김 없이 부드럽게 움직이도록 만들어 시각적 만족도를 높입니다. 다음으로는 반응성입니다. 특히 게임이나 실시간 인터랙션이 필요한 콘텐츠에서는 FPS가 높을수록 입력 지연이 줄어듭니다. 그 결과, 사용자는 더 즉각적이고 민감한 반응을 체감하게 됩니다. 마지막으로 리소스 소모 측면입니다. FPS가 높아질수록 더 많은 이미지를 빠르게 처리해야 하므로, 시스템은 그만큼 더 많은 연산과 렌더링 리소스를 소모하게 됩니다. 이는 CPU나 GPU에 과부하를 줄 수 있으므로 사용 환경에 따라 리소스를 적절히 배분해야 합니다.

시간적 제어의 개념

시간적 제어는 동영상, 애니메이션, 시뮬레이션 등에서 시간의 흐름을 인위적으로 조절하는 기술을 말합니다. 단순히 '영상이 초당 몇 프레임으로 재생되는가'를 넘어서, 시간 자체의 스케일과 흐름을 바꾸어 표현하고 제어하는 것입니다. 시간적 제어를 사용하면 CPU나 GPU가 느려져 FPS가 떨어지는 상황에서도 애니메이션이나 움직임의 속도가 실제 시간에 맞게 유지된다는 장점이 있습니다. 또한, 다양한 성능의 기기에서 같은 속도로 진행되므로 동일한 사용자 경험을 제공할 수 있습니다.

시간적 제어를 통해 슬로 모션(느린 시간)으로 감정이나 디테일을 강조할 수 있고, 타임랩스와 가속(빠른 시간)으로 변화 과정을 압축적으로 표현할 수 있으며, 일시 정지와 되감기로 특정 시점의 장면을 강조할 수 있습니다.

보통은 시간 스케일(time scale)을 조정하는 방식으로 구현되며, 타임라인 재매핑(time remapping)으로 특정 구간만 빠르거나 느리게 변환하기도 합니다.

시간적 제어는 동영상에서 단순히 재생 속도를 바꾸는 수준을 넘어, 콘텐츠 내부의 시간 흐름 자체를 인위적으로 조작함으로써 장면 전환의 연출 효과를 강화하고, 사용자 입력에 따라 시간의 속도, 방향, 정지 여부가 즉각 반응하는 상호작용을 제공하며, 시스템 성능 변화와 무관하게 자연스럽고 일관된 움직임을 유지하게 하는 기술입니다.

시간 기반 업데이트

시간 기반 업데이트는 FPS와 시간 제어의 상호작용을 바탕으로 다양한 방식으로 작동합니다. 대표적으로는 고정 타임 스텝, 가변 타임 스텝, 타임 슬라이싱 방식이 있습니다.

고정 타임 스텝(fixed timestep)은 일정한 시간 간격, 예를 들어 1/60초마다 연산을 수행하는 방식입니다. 이 방식은 주로 물리 시뮬레이션과 같이 정밀하고 안정적으로 계산해야 하는 시스템에서 사용됩니다. 실제 화면 출력에서는 FPS가 일정하지 않더라도, 고정된 연산 결과를 보간해 시각적으로 부드러운 화면을 구현할 수 있습니다. 고정 타임 스텝은 물리 연산의 안정성과 예측 가능성을 보장하기 때문에 많은 게임 엔진에서 채택하고 있습니다.

가변 타임 스텝(variable timestep)은 프레임마다 실제로 경과한 시간, 즉 deltaTime에 따라 연산을 수행하는 방식입니다. 이 방식은 구현이 간단하고, 다양한 성능의 하드웨어 환경에서도 일관된 속도를 유지하는 데 유리합니다. 그러나 프레임이 급격히 떨어질 때 연산의 정확도나 안정성이 떨어질 수 있으므로, 이를 보완하기 위한 보정 로직이 필요합니다. 예를 들어 지나치게 큰 deltaTime 값을 제한하거나 일정 이상으로 증가하지 않도록 설정하는 등의 방법을 활용합니다.

타임 슬라이싱(time slicing)은 연산 시간이 오래 걸리는 작업을 여러 프레임에 나누어 처리하는 기법입니다. 대표적인 예로는 AI 계산이나 대규모 데이터 처리와 같은 복잡한 연산이 있습니다. 이러한 연산을 한 번에 수행할 경우, 한 프레임에서 과도한 부하가 발생해 FPS가 급격히 떨어질 수 있습니다. 이때 타임 슬라이싱으로 연산을 나누어 처리함으로써, 한 프레임에 집중되는 연산량을 줄이고 전체적인 프레임 속도의 안정성을 확보할 수 있습니다.

8.3 SECTION 동영상 생성형 서비스 소개

8.3.1 소라(Sora)

소라는 오픈AI가 개발한 텍스트-투-비디오 AI 모델로, 사용자가 입력한 텍스트나 이미지를 기반으로 최대 20초 길이의 동영상을 만들어 주는 서비스입니다. 소라의 멀티모달 입력 처리 기능은 사용자에게 지금까지 경험하지 못한 수준의 창작 자유를 제공합니다. 텍스트 프롬프트 입력 외에도 이미지나 원본 동영상을 유연하게 처리하고, 콘텐츠를 확장하고, 빈 프레임을 지우거나 스타일을 바꾸는 등의 기능도 있습니다.

비전 트랜스포머(ViT) 기술

U-Net 신경망의 특징인 스킵 연결로 이미지 분할의 정확도를 높였다면, 소라는 ViT로 시공간 패치를 토큰 방식으로 분해하여 사용함으로써 동영상 프레임이 아닌 각 패치를 처리하는 데 집중해 동영상 콘텐츠를 이해하고 생성합니다.

▼ 그림 8-7 동영상을 시공간상 작은 패치들로 분해

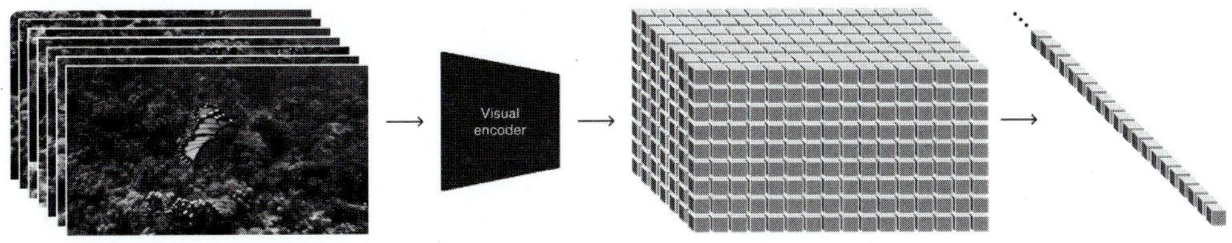

출처: https://openai.com/index/video-generation-models-as-world-simulators/

소라의 ViT 모델은 이렇게 잘게 분해된 시공간 잠재 패치를 받아서, 동영상의 시간 정보와 공간 정보를 확보합니다. 그 이후, 텍스트 프롬프트를 분석한 것을 바탕으로 클립을 조정할지 결합할지 결정해 최종 동영상 콘텐츠를 만들어 냅니다. 이와 같은 방식으로 현실적이면서도 상상력이 풍부한 장면을 생성할 수 있습니다.

따라서 소라를 사용해 새로운 동영상 콘텐츠를 만들 수 있을 뿐만 아니라 기존 이미지나 동영상을 소스 자료로 활용해 더욱 풍부하고 다양한 시각 효과를 만드는 2차 창작을 할 수도 있습니다. 예를 들어 두 동영상을 소라에 입력해 한 동영상으로 만들 수 있습니다. 여러 동영상의 요소와 구성을 지능적으로 분석해 그에 어울리는 동영상 콘텐츠를 자동으로 생성할 수 있습니다.

이렇게 소라는 텍스트나 이미지를 기반으로 동영상을 생성하는 혁신적인 기능을 제공하면서 AI 기반 콘텐츠 제작에 새로운 가능성을 열어 가고 있습니다.

이제 소라에 직접 가입해 동영상을 만들어 보겠습니다.

소라 가입하기

1. 소라는 무료로 사용할 수 없고 유료 플랜으로 업그레이드해야 합니다. 챗GPT에 들어가 왼쪽 아래에서 **플랜 업그레이드**를 클릭합니다.

▼ **그림 8-8** 소라 가입하기

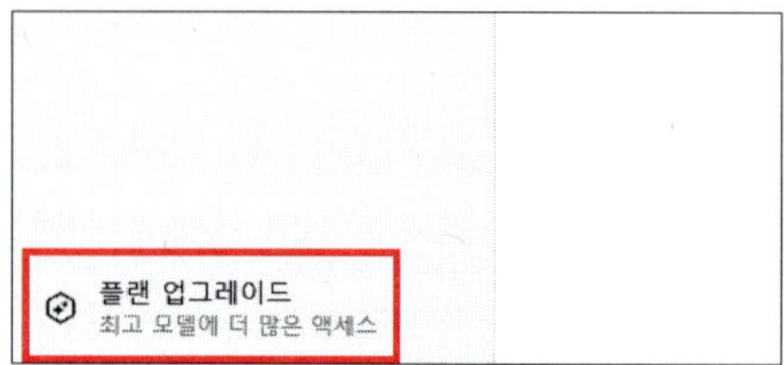

만약 이미 챗GPT에서 유료 플랜을 이용하고 있다면 왼쪽 메뉴에서 **Sora**를 클릭해 바로 이용하면 됩니다.

▼ **그림 8-9** 유료 플랜 이용자의 화면

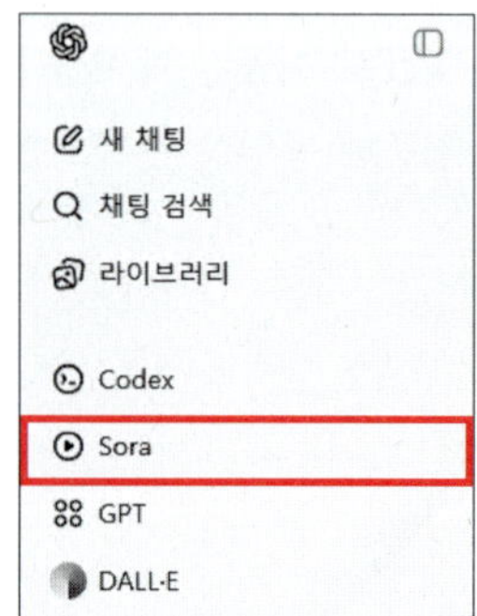

2. 플랜 업그레이드 화면이 나오면 **개인**에서 Plus 요금제를 선택합니다. **Plus 이용하기**를 클릭합니다.

▼ **그림 8-10** 챗GPT 유료 플랜

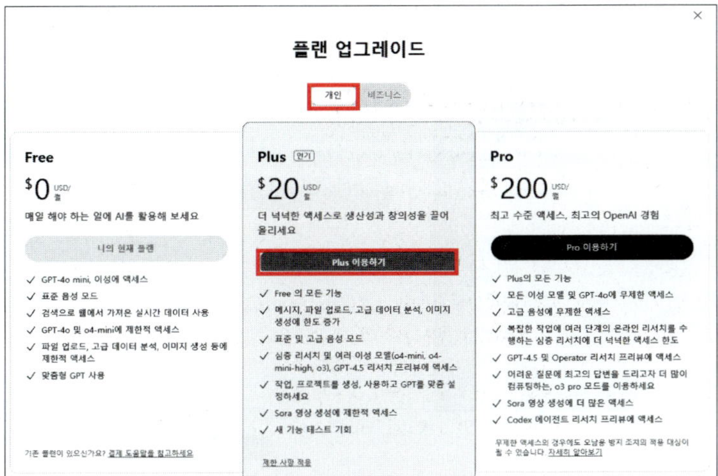

3. 결제 정보를 알맞게 작성한 후 유료 플랜으로 업그레이드합니다.

▼ **그림 8-11** 결제 정보 입력

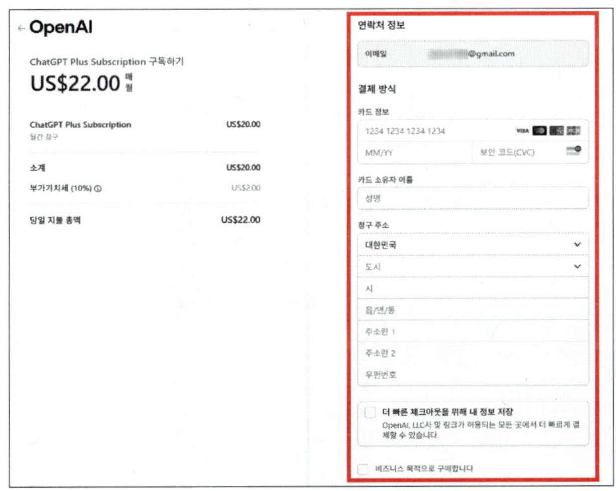

팁

소라 사이트로 들어가 회원 가입하는 경로도 있지만, 결국 챗GPT 계정 로그인 화면으로 넘어옵니다.

URL https://sora.com/

▼ **그림 8-12** 소라 사이트에서 회원 가입하기

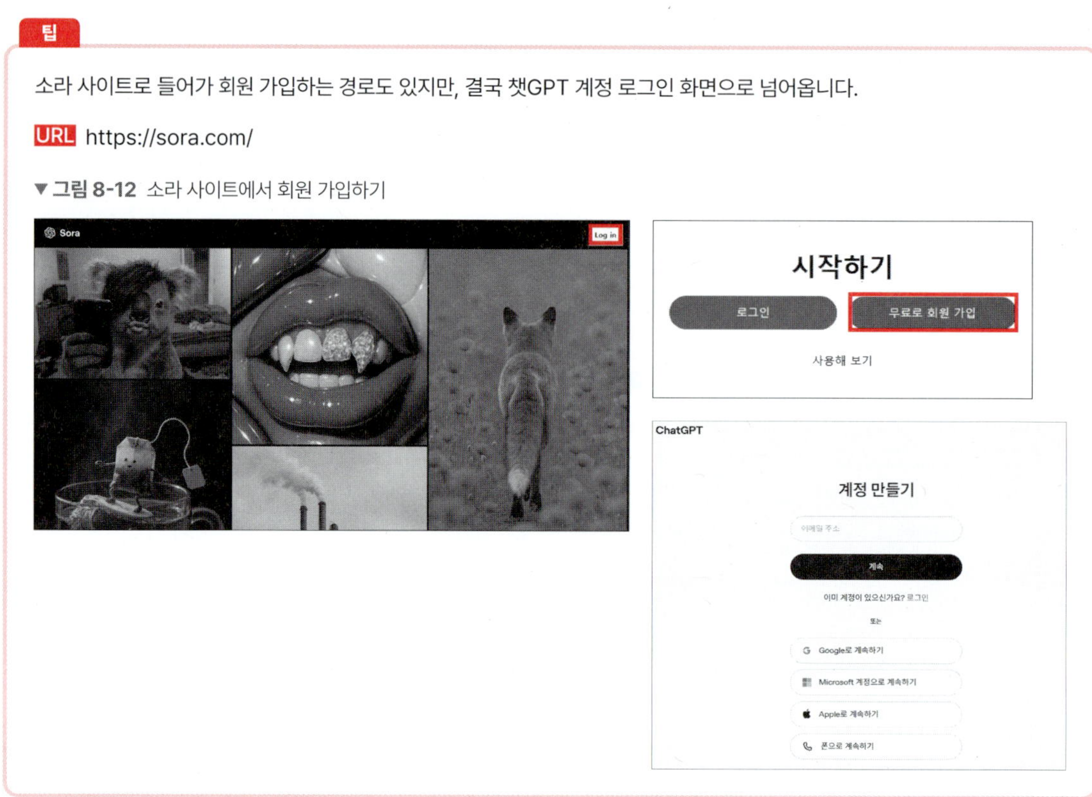

동영상 제작 가이드 살펴보기

소라에 처음 접속하면 비디오 제작 방법을 소개하는 동영상과 함께 다음과 같은 지침이 표시됩니다.

▼ **그림 8-13** 소라 가이드 동영상

내용은 다음과 같습니다.

> 소라는 창의적인 도구이므로, 노골적이거나 폭력적이며, 괴롭힘을 조장하거나 기만적인 콘텐츠를 생성하는 등 유해한 사용은 피해 주세요. 또한, 업로드된 미디어를 포함하지 않는 동영상은 Explore 피드에 게시될 수 있으며, 다른 사용자가 이를 리믹스하여 활용할 수 있습니다.

이 가이드는 두 가지 주요 내용을 담고 있습니다.

첫째, 이용 제한 및 윤리적 지침입니다. 소라는 창의적인 콘텐츠 제작을 목적으로 한 도구이므로, 유해한 목적이나 표현을 사용하지 말라는 정책적 경고입니다. 다시 말해, 타인에게 피해를 주거나 플랫폼을 오용해서는 안 되며, 폭력적, 기만적, 괴롭힘을 조장하는 콘텐츠 제작도 금지됩니다.

둘째, 콘텐츠 공개 및 활용 범위에 대한 안내입니다. 이미지, 비디오, 오디오 등 미디어를 직접 업로드하지 않고 제작한 동영상은 Explore 피드(탐색/추천 페이지)에 자동으로 노출될 수 있습니다. 즉, 미디어 업로드 없이 만든 콘텐츠는 기본적으로 공개로 설정되며, 다른 사용자가 해당 콘텐츠를 편집하거나 재활용할 수 있다는 점을 알고 사용해야 합니다.

동영상을 제작할 프롬프트 확인하기

1. 프롬프트 입력 창에 직접 내용을 입력해 오른쪽에 있는 Storyboard 버튼을 활용해 프레임 단위로 프롬프트를 입력할 수도 있습니다. 이때 Storyboard 버튼이 안 보인다면 Type이 Video로 설정되어 있는지 확인합니다.

   Storyboard 버튼을 클릭합니다.

▼ 그림 8-14 Storyboard 버튼 클릭

2. 사용자가 입력한 프롬프트를 바탕으로 각 프레임에 대해 더 세부적인 프롬프트를 작성할 수 있는 인터페이스가 나타납니다.

▼ **그림 8-15** 프레임별 프롬프트를 작성하는 화면

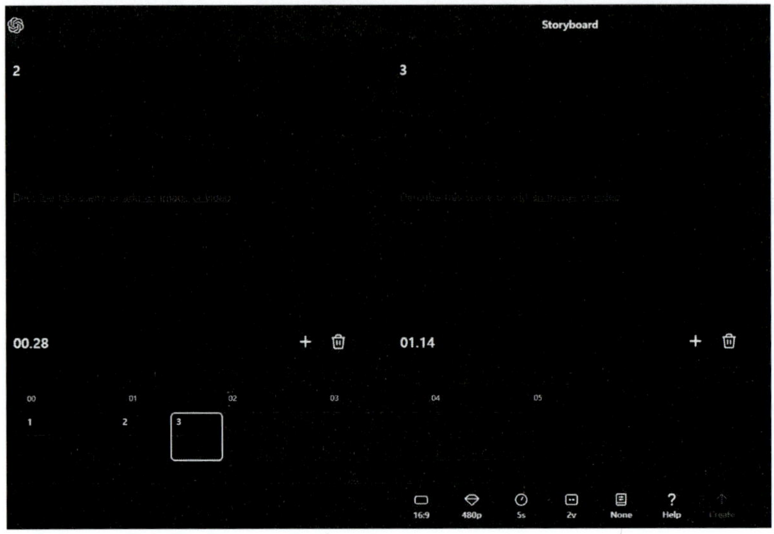

스토리보드는 기본적으로 메인 프롬프트를 중심으로 개별 장면(scene) 또는 프레임(frame) 단위로 세부적인 지시 사항을 추가할 수 있도록 구성됩니다. 사용자는 각 프레임에 카메라 앵글(camera angle), 조명(lighting), 색감(color grading), 움직임(motion), 피사체의 행동(subject behavior) 등의 요소를 구체적으로 지정할 수 있으며, 이를 통해 더 정교한 동영상 콘텐츠를 제작할 수 있습니다.

프롬프트 입력하기

1. 프롬프트를 잘 만들기 위해 다시 챗GPT로 가서 프롬프트 생성을 요청합니다.

프롬프트

돌고래가 자유롭게 헤엄치는 모습을 동영상으로 만들고 싶어. 적절한 프롬프트를 만들어 줘(영어로).

▼ **그림 8-16** 챗GPT 답변 화면

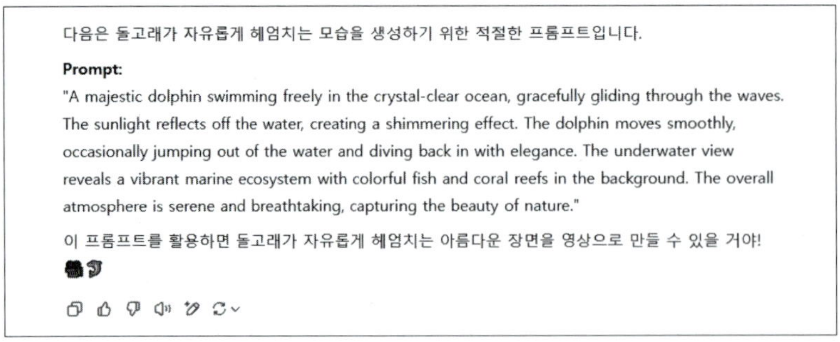

다음은 돌고래가 자유롭게 헤엄치는 모습을 생성하기 위한 적절한 프롬프트입니다.

Prompt:

"A majestic dolphin swimming freely in the crystal-clear ocean, gracefully gliding through the waves. The sunlight reflects off the water, creating a shimmering effect. The dolphin moves smoothly, occasionally jumping out of the water and diving back in with elegance. The underwater view reveals a vibrant marine ecosystem with colorful fish and coral reefs in the background. The overall atmosphere is serene and breathtaking, capturing the beauty of nature."

이 프롬프트를 활용하면 돌고래가 자유롭게 헤엄치는 아름다운 장면을 영상으로 만들 수 있을 거야!

돌고래 동영상 제작하기

1. 다시 소라로 돌아가 왼쪽 메뉴에서 **Videos**를 클릭합니다.

▼ **그림 8-17** 소라에서 동영상 만들기

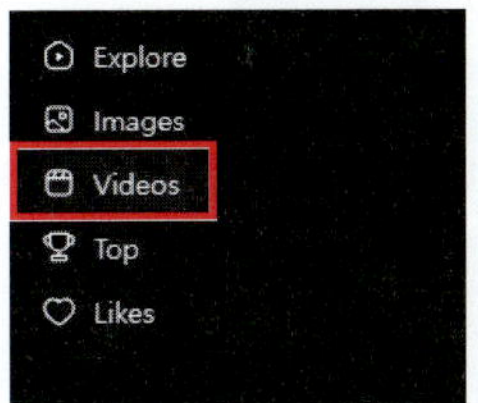

2. 그다음 챗GPT가 출력해 준 답을 소라의 프롬프트에 입력하고 Enter 또는 ↑ **버튼**을 눌러 실행합니다.

▼ **그림 8-18** 소라에서 프롬프트 입력

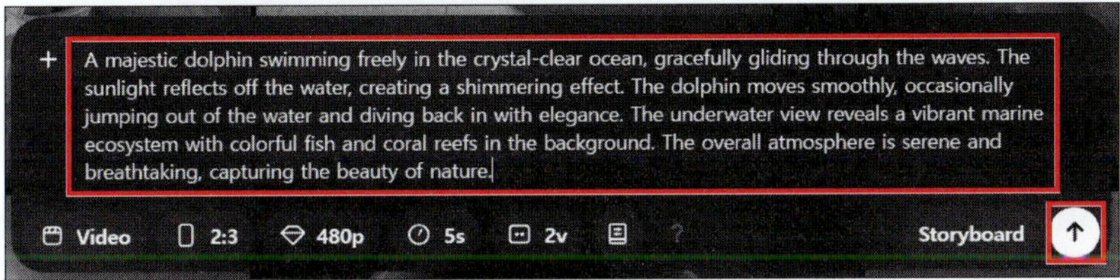

프롬프트

```
A majestic dolphin swimming freely in the crystal-clear ocean, gracefully gliding through the waves. The sunlight reflects off the water, creating a shimmering effect. The dolphin moves smoothly, occasionally jumping out of the water and diving back in with elegance. The underwater view reveals a vibrant marine ecosystem with colorful fish and coral reefs in the background. The overall atmosphere is serene and breathtaking, capturing the beauty of nature.
```

"맑고 투명한 바다에서 자유롭게 헤엄치는 위풍당당한 돌고래. 물결을 가르며 우아하게 미끄러지듯 나아가고, 햇살은 수면 위에서 반짝이며 눈부신 반사 효과를 만들어 낸다. 돌고래는 부드럽게 움직이다가 때때로 물 밖으로 뛰어오르며, 다시 우아하게 바다로 뛰어들기도 한다. 수중 장면에는 형형색색의 물고기들과 산호초가 어우러진 생기 넘치는 해양 생태계가 펼쳐진다. 전체 분위기는 평온하면서도 숨이 멎을 듯 아름다워, 자연이 지닌 경이로움을 그대로 담아 낸다."

3. 대략 3~4분 후에 왼쪽 메뉴에서 **My media**를 클릭하면 동영상이 두 개 생성된 것을 확인할 수 있습니다.

▼ **그림 8-19** 완성된 동영상

4. 소라는 각 프레임에 더 세부적인 프롬프트를 작성할 수 있는 인터페이스도 제공합니다.

두 동영상 중에서 편집하고 싶은 동영상을 클릭하면 다음과 같은 화면이 나옵니다. 여기서 **View story**를 클릭합니다.

▼ **그림 8-20** 동영상 편집

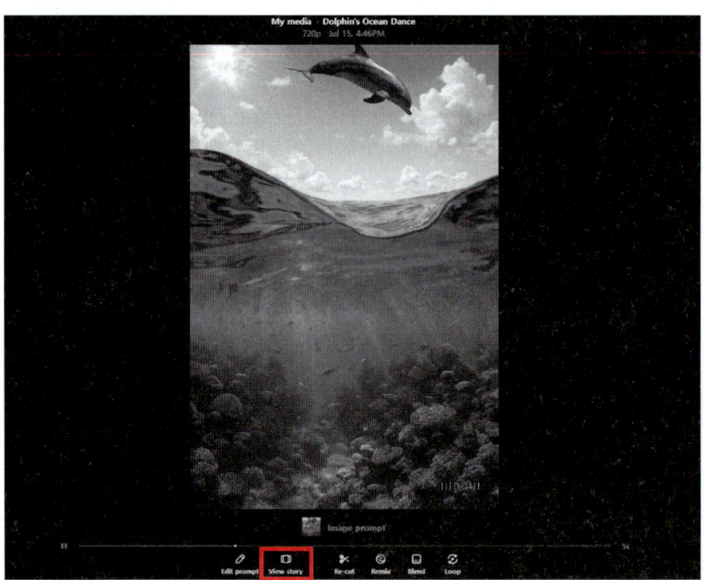

5. 스토리보드 화면이 나옵니다. 스토리보드 화면에서 프레임 단위로 프롬프트를 입력할 수 있습니다. 왼쪽 아래에서 프레임을 추가할 수 있으며, 원하는 위치(시간)에 클릭해 프레임을 만듭니다.

프레임 총 4개를 만들어 보겠습니다.

▼ **그림 8-21** 프레임별로 프롬프트 입력

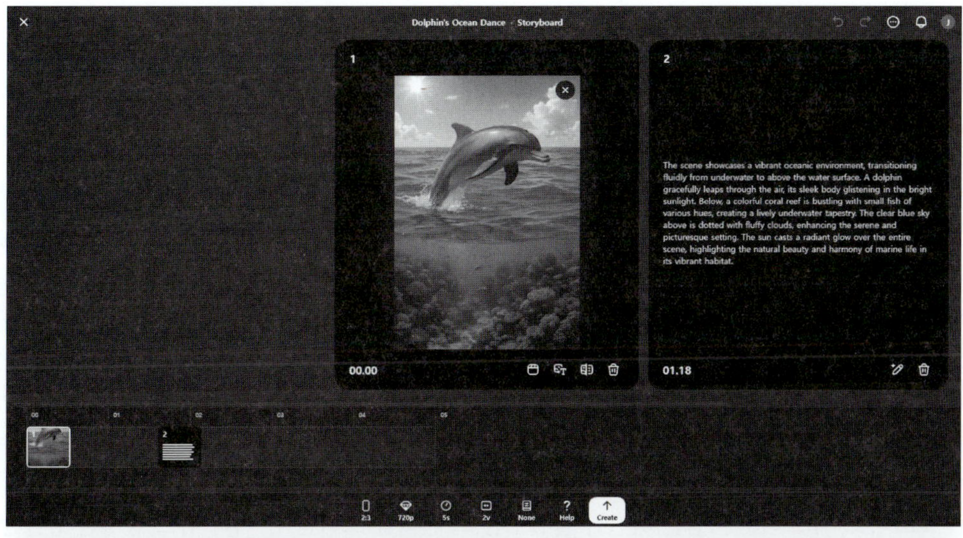

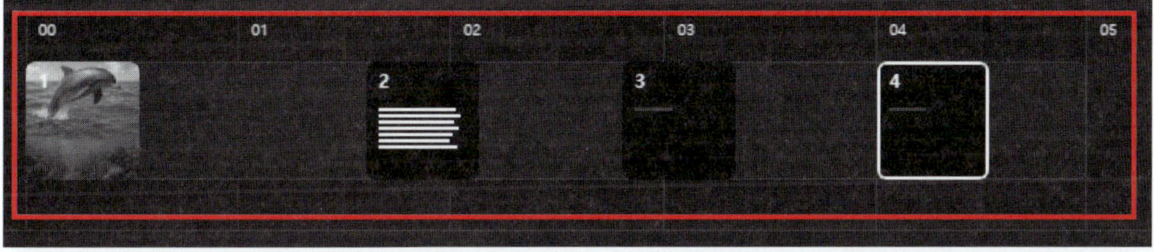

6. 각 프레임을 클릭해 해당하는 프롬프트를 넣습니다. 프레임별로 입력할 프롬프트도 챗GPT를 이용해 생성했습니다.

첫 번째 프레임을 클릭하면 프롬프트를 작성할 수 있습니다.

▼ **그림 8-22** 첫 번째 프레임의 프롬프트 입력

첫 번째 프레임에 넣은 프롬프트는 다음과 같습니다.

프롬프트

```
A breathtaking aerial view of the vast open ocean, captured from a high-altitude drone. the frame emphasizes the infinite stretch of deep blue water, with gentle waves rippling across the surface, their natural patterns creating a sense of calm and rhythm. sunlight glistens beautifully on the water, scattered across its vastness in sparkling highlights. the atmosphere is tranquil, the soft breeze visible only as subtle ripples disturbing the serene surface. the expansive sky above mirrors the ocean's peaceful blue tone, adding to the feeling of boundless openness.
```

"드넓고 탁 트인 바다를 높은 고도에서 드론으로 촬영한 숨 막히게 아름다운 공중 뷰. 프레임은 끝없이 펼쳐진 짙푸른 바다의 광활함을 강조하며, 잔잔한 파도가 수면 위로 일렁이며 자연스러운 리듬과 평온함을 만들어 낸다. 햇빛은 물 위에 반짝이는 하이라이트처럼 흩뿌려져, 광대한 바다를 아름답게 빛낸다. 전체 분위기는 고요하고, 부드러운 바람은 잔잔한 물결로만 그 흔적을 드러낸다. 머리 위로 펼쳐진 광활한 하늘은 바다와 같은 평화로운 푸른 색조를 띠며, 끝없는 개방감과 자유로운 감정을 더해 준다."

7. 이어 두 번째, 세 번째, 네 번째 프레임의 프롬프트까지 입력합니다.

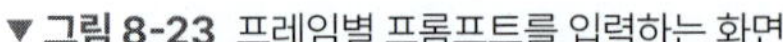
▼ 그림 8-23 프레임별 프롬프트를 입력하는 화면

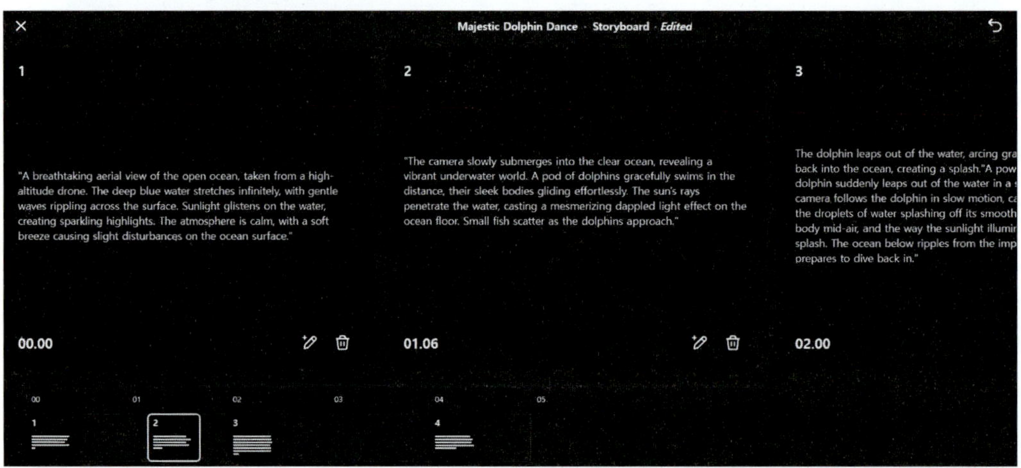

두 번째 프레임에 넣은 프롬프트는 다음과 같습니다.

프롬프트

```
The camera slowly submerges into the clear ocean, revealing a vibrant underwater world. A pod of dolphins gracefully swims in the distance, their sleek bodies gliding effortlessly. The sun's rays penetrate the water, casting a mesmerizing dappled light effect on the ocean floor. Small fish scatter as the dolphins approach.
```

"카메라는 천천히 맑은 바닷속으로 잠기며 생기 넘치는 수중 세계를 드러낸다. 멀리서 우아하게 헤엄치는 돌고래 무리가 매끄러운 몸을 유연하게 움직이며 물속을 가로지른다. 태양빛은 수면을 통과해 바닷속으로 스며들고, 해저에는 황홀한 듯한 반짝이는 빛의 무늬가 퍼진다. 돌고래가 다가오자 작은 물고기들이 흩어지며 생동감을 더한다."

세 번째 프레임에 넣은 프롬프트입니다.

프롬프트

```
The dolphin leaps out of the water, arcing gracefully before diving back into the ocean, creating
a splash. A powerful moment as a dolphin suddenly leaps out of the water in a spectacular
breach. The camera follows the dolphin in slow motion, capturing every detail—the droplets of
water splashing off its smooth skin, the curvature of its body mid-air, and the way the sunlight
illuminates the mist from the splash. The ocean below ripples from the impact as the dolphin
prepares to dive back in.
```

"돌고래가 물 밖으로 솟구쳐 우아한 곡선을 그리며 뛰어오른 뒤, 다시 바다로 다이빙하며 물보라를 일으킨다. 강렬한 순간, 돌고래가 갑작스럽게 물 위로 힘차게 튀어 오르며 장관을 이루는 브리치를 선보인다. 카메라는 슬로 모션으로 그 모습을 따라가며 모든 디테일을 담아낸다. 매끄러운 피부에서 튀는 물방울, 공중에서 휘어진 몸의 곡선, 그리고 햇살에 비쳐 반짝이는 물보라까지. 돌고래가 다시 바다로 뛰어들기 위해 몸을 낮추자, 물 아래엔 파동이 퍼진다."

마지막으로 네 번째 프레임에 넣은 프롬프트입니다.

프롬프트

```
As the dolphin re-enters the water, the perspective shifts to an immersive underwater view. The
camera follows closely as the dolphin dives gracefully, its fins cutting through the water with
precision. Bubbles trail behind, creating a dynamic effect. The surrounding marine environment is
vibrant, with colorful coral reefs and a school of fish swimming nearby.
```

"돌고래가 다시 바다로 뛰어들며 시점은 몰입감 있는 수중 뷰로 전환된다. 카메라는 돌고래를 바짝 따라가며, 그가 우아하게 잠수하는 모습을 포착한다. 지느러미는 물을 정확하게 가르며 나아가고, 뒤따르는 공기 방울이 역동적인 효과를 만들어 낸다. 주변의 해양 환경은 생동감 넘치며, 형형색색의 산호초와 그 근처를 헤엄치는 물고기 떼가 어우러져 장면을 풍성하게 만든다."

8. 프롬프트를 모두 입력했다면 **Create**를 클릭합니다. 초기에 동영상을 생성한 것보다 시간이 더 걸립니다.

▼ **그림 8-24** 프레임별로 프롬프트 입력해 동영상 생성

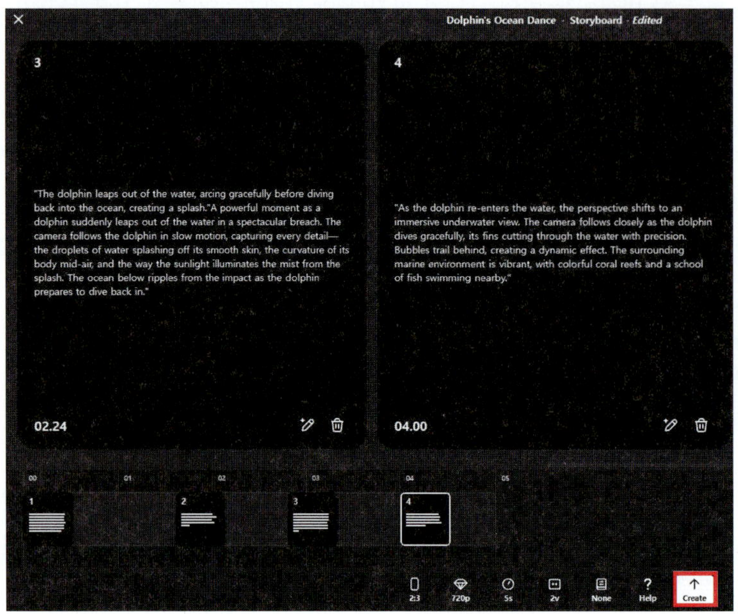

9. 약 3분 정도 기다리면 동영상이 완성됩니다. 처음 동영상보다 훨씬 더 넓은 범위의 화면으로, 돌고래가 실제 유영하는 모습이 실감 나게 담긴 동영상이 만들어집니다. 이렇게 프레임별로 자세한 프롬프트를 추가해 주는 것만으로도 동영상의 완성도가 훨씬 올라가는 것을 손쉽게 체험해 볼 수 있습니다.

▼ **그림 8-25** 프레임별 프롬프트를 입력한 후 재생성한 돌고래 동영상

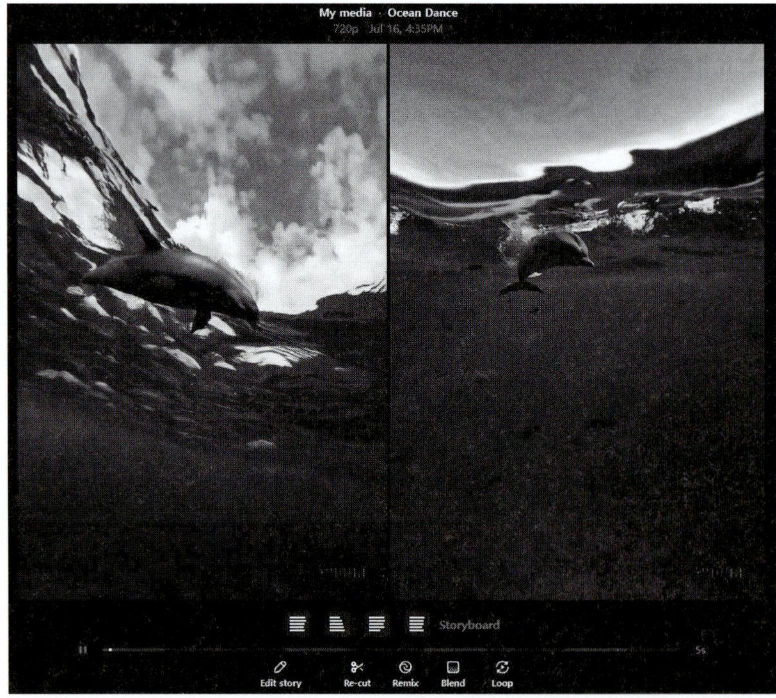

10. 동영상에 추가 작업도 할 수 있습니다. **My media**를 클릭해 처음에 만들었던 동영상을 클릭합니다.

동영상 아래에 추가로 작업할 수 있는 버튼이 있습니다.

- **Re-cut**: 동영상의 컷을 재구성, 순서 변경, 길이 조절, 전환 등 재편집해 새로운 흐름이나 스타일로 변경합니다.
- **Remix**: 새로운 스타일이나 톤으로 다시 생성합니다. 같은 장면이지만 다른 계절 분위기(겨울→봄), 다른 색감(네온풍, 빈티지풍)으로 새 동영상을 제작합니다.
- **Blend**: 여러 동영상이나 이미지를 혼합(blend)하는 기능입니다. 내가 만든 동영상에 있는 다른 동영상 혹은 내가 PC에 갖고 있는 동영상을 업로드하여, 두 개 이상의 스타일, 주제 또는 장면을 융합하여 혼합된 느낌의 동영상을 제작합니다.
- **Loop**: 동영상이 끊김 없이 반복 재생되도록 변환합니다. 동영상의 시작과 끝을 자연스럽게 이어 붙여 끊김 없이 반복되는 클립으로 변환합니다.

이중에 Remix 기능을 이용해 보겠습니다. **Remix**를 클릭합니다.

▼ **그림 8-26** 내가 만든 동영상에서 추가로 작업하기

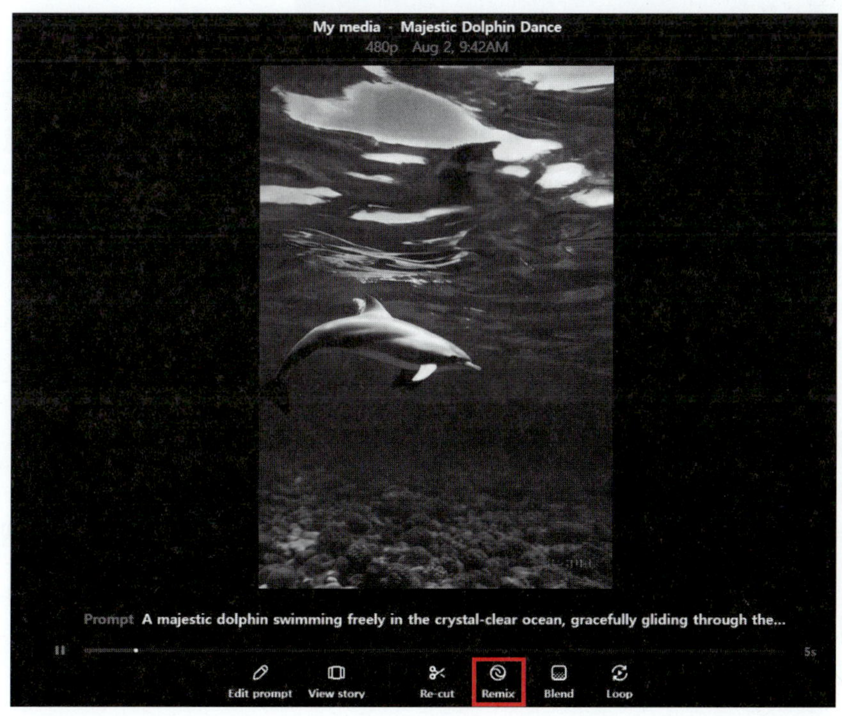

11. 챗GPT에 요청한 프롬프트를 넣고 **Remix**를 클릭합니다.

▼ **그림 8-27** 새로운 스타일로 다시 생성

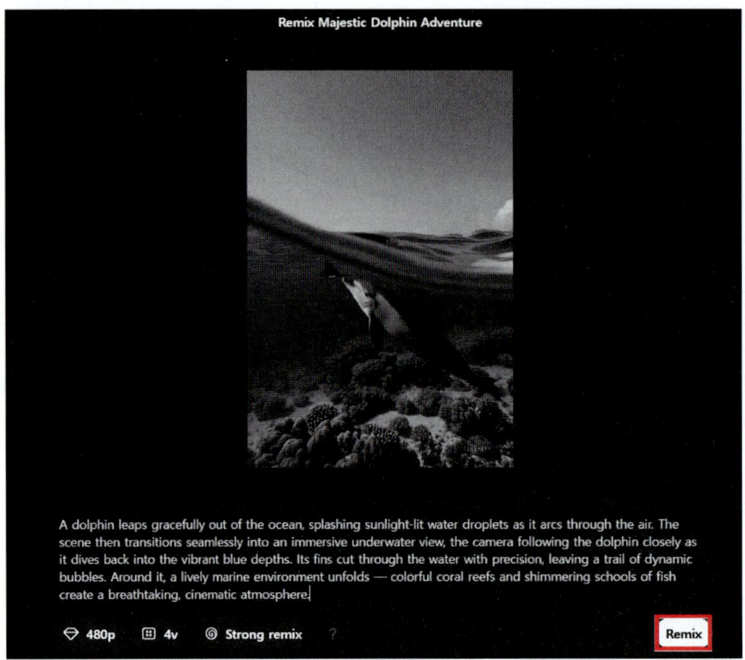

프롬프트

```
A dolphin leaps gracefully out of the ocean, splashing sunlight-lit water droplets as it arcs
through the air. The scene then transitions seamlessly into an immersive underwater view, the
camera following the dolphin closely as it dives back into the vibrant blue depths. Its fins cut
through the water with precision, leaving a trail of dynamic bubbles. Around it, a lively marine
environment unfolds — colorful coral reefs and shimmering schools of fish create a breathtaking,
cinematic atmosphere.
```

"돌고래가 우아하게 바다 밖으로 뛰어올라, 햇빛을 머금은 물방울을 공중에 흩뿌리며 아치형 궤적을 그린다. 장면은 매끄럽게 몰입감 있는 수중 뷰로 전환되며, 카메라는 돌고래를 바짝 따라가 생생한 푸른 심해로 다시 잠수하는 모습을 포착한다. 지느러미는 정교하게 물을 가르며 나아가고, 역동적인 공기 방울의 흔적이 뒤따른다. 그 주변으로는 활기찬 해양 환경이 펼쳐진다 — 형형색색의 산호초와 반짝이며 헤엄치는 물고기 떼가 숨막히게 아름답고 영화 같은 분위기를 만들어 낸다."

12. 다음과 같이 새로 만들어진(remix) 동영상이 여러 개 나옵니다.

▼ 그림 8-28 추가로 Remix 작업한 동영상

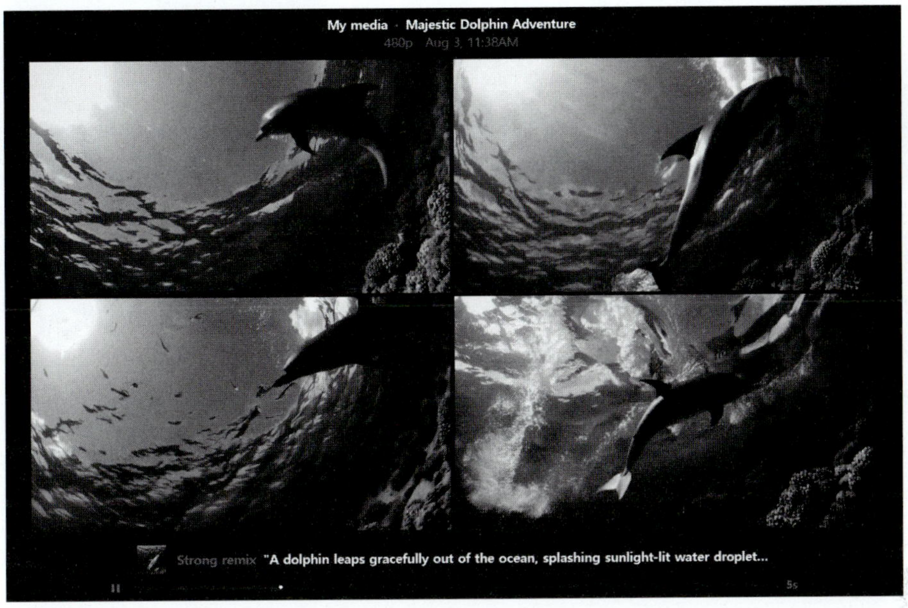

소라는 사용자에게 쉽고 직관적인 인터페이스를 제공한다는 점에서 큰 주목을 받았습니다. 사용자는 복잡한 코딩 지식 없이도 간단한 문장 하나로 원하는 동영상 장면을 만들어 낼 수 있으며, 장면의 분위기, 등장 인물, 움직임까지 비교적 정교하게 제어할 수 있습니다. 이러한 접근성은 AI 기술에 익숙하지 않은 사용자에게도 매력적으로 다가옵니다.

그러나 소라의 능력이 모든 영역에서 완벽한 것은 아닙니다. 특히 복잡한 물리 현상을 시뮬레이션하는 데는 아직 뚜렷한 한계를 보입니다. 예를 들어 유체 역학, 충돌 시 에너지 전달, 중력의 세밀한 작용과 같이 실제 세계의 정밀한 물리 법칙이 적용되어야 하는 장면에서는 현실감과 일관성이 부족한 경우가 종종 발생합니다.

8.3.2 비오(Veo) 2

2024년 12월, 구글 딥마인드는 동영상 생성형 AI 모델인 비오(Veo) 2를 선보였습니다. 비오 2는 최대 4K(3840x2160 픽셀) 해상도로 2분 이상의 비디오를 제작할 수 있습니다. 이는 소라와 비교해 해상도는 4배, 동영상 지속 시간은 6배 이상 높은 수준입니다. 비오 2의 높은 해상도와 긴 재생 시간은 마케팅, 교육, 제품 소개 등 전문적인 동영상을 제작하는 환경에서 뚜렷한 강점으로 작용합니다.

비오 2는 이전 버전과 마찬가지로 텍스트 프롬프트나 이미지를 기반으로 동영상을 생성할 수 있습니다. 특히 물리적 움직임과 카메라 제어에 대한 이해가 크게 향상돼, 더 선명하고 정교한 동영상을 만들어 내는 것이 특징입니다.

▼ **그림 8-29** 비오 2의 대표적인 동영상 화면

비오 2는 물리적 사실성과 디테일 구현 면에서도 매우 우수한 성능을 보입니다. 이 모델은 움직임, 유체 동역학, 빛의 반사와 굴절 등 현실 세계의 물리 법칙을 정밀하게 반영하며, 사람의 손동작이나 표정, 도구 사용 등에서도 자연스럽고 사실적인 결과를 만들어 냅니다. 아쉽게도 소라는 이러한 장면에서 종종 왜곡되거나 비현실적인 연출이 발생하는 경우가 있습니다.

비오 2는 프롬프트 해석 능력에서도 강점이 있습니다. 카메라 앵글, 샷 구성, 영화적 효과 등 복합적인 요소를 정교하게 이해하고 반영할 수 있으며, 사용자는 자신이 원하는 연출을 더 세밀하게 지시할 수 있습니다. 이러한 제어 능력은 광고, 뮤직비디오, 단편영화 등 전문 동영상 제작 분야에서 특히 유용하게 활용될 수 있습니다.

비오 2가 제공하는 높은 수준의 현실감은 그 학습 기반에서도 기인합니다. 비오 2는 구글이 보유한 방대한 유튜브 동영상 데이터를 활용해 학습한 덕분에 실제 동영상에 가까운 고품질 결과물을 생성할 수 있으며, 다양한 장면을 자연스럽고 설득력 있게 표현하는 데 탁월합니다.

이처럼 비오 2는 높은 해상도, 긴 재생 시간, 정밀한 연출 제어, 풍부한 학습 데이터 등 거의 모든 기술적 요소에서 소라를 앞서고 있습니다. 반면 소라는 빠른 결과물이 필요한 크리에이터나 감각적인 짧은 SNS 콘텐츠 제작에 적합하며, 대중적 접근성과 처리 속도 면에서 강점을 보입니다.

결론적으로, 동영상의 품질과 사실성, 연출의 자유도가 더 중요한 전문가나 기업 사용자에게는 비오 2가 더욱 적합하고, 속도와 간결함을 더 중시하는 개인 창작자에게는 소라가 매력적일 수 있습니다. 목적에 따라 선택이 달라질 수는 있겠지만, 기술적 완성도 측면에서는 비오 2가 한발 앞선 것으로 평가됩니다.

2025년 5월 구글 I/O 2025에서 발표한 비오 3는 텍스트 프롬프트 한 번으로 동영상, 음성, 효과음, 배경음까지 한꺼번에 생성되는 것으로 크리에이터들에게 뜨거운 화두가 되었습니다. 이제 짧은 주기를 두고 계속해서 신규 버전이 나오며, AI가 창작하는 동영상의 완성도가 상상하지 못했던 수준으로 높아지고 있습니다.

이제 비오 2로 동영상을 만들어 보겠습니다.

비오 2로 동영상 만들기

1. 검색 창에 **구글 ai 스튜디오**를 검색해 구글의 AI 스튜디오로 들어갑니다. 다음 URL로 접속해도 됩니다.

   URL https://aistudio.google.com/prompts/new_chat

▼ **그림 8-30** 구글 AI 스튜디오

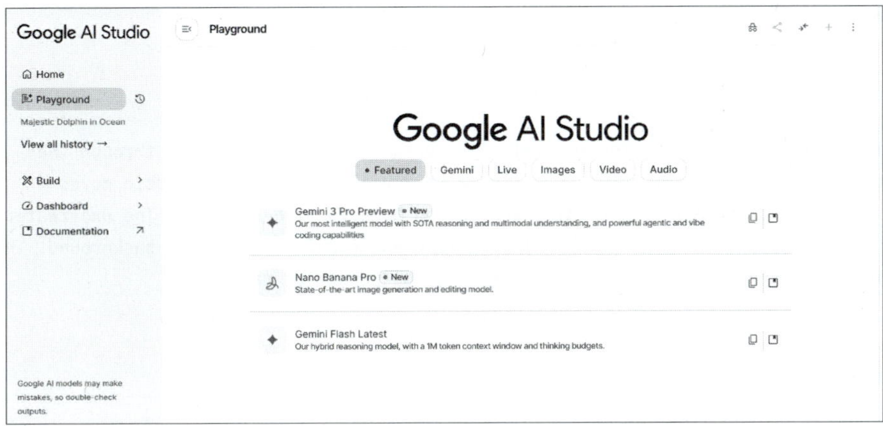

2. 화면 가운데에 있는 작은 글씨 **Video**를 클릭한 후 동영상을 만드는 모델인 **Veo 2**를 선택합니다.

   이 과정에서 구글 계정을 로그인하라는 팝업 창이 나오면, 생성된 동영상을 저장할 google drive를 연결하기 위한 것이니 원하는 계정으로 로그인하면 됩니다.

▼ **그림 8-31** Veo 2 모델 선택

3. 처음에 소라에서 돌고래 동영상을 만들 때 사용한 프롬프트를 그대로 입력한 후 Enter를 누릅니다.

▼ **그림 8-32** 프롬프트 작성

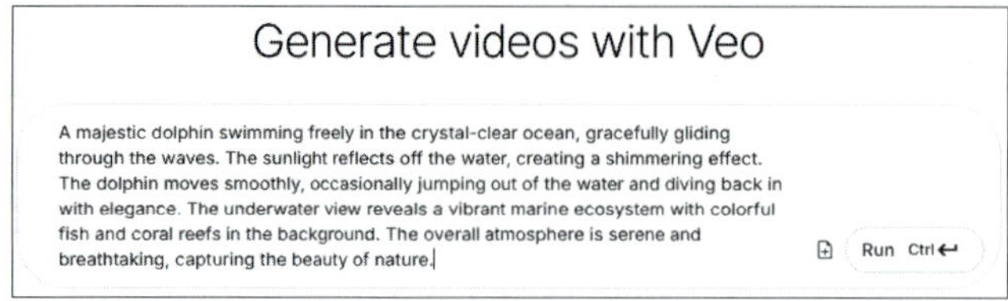

프롬프트

A majestic dolphin swimming freely in the crystal-clear ocean, gracefully gliding through the waves. The sunlight reflects off the water, creating a shimmering effect. The dolphin moves smoothly, occasionally jumping out of the water and diving back in with elegance. The underwater view reveals a vibrant marine ecosystem with colorful fish and coral reefs in the background. The overall atmosphere is serene and breathtaking, capturing the beauty of nature.

4. 10여 초 후 다음과 같이 동영상이 생성됩니다.

▼ **그림 8-33** 생성된 동영상

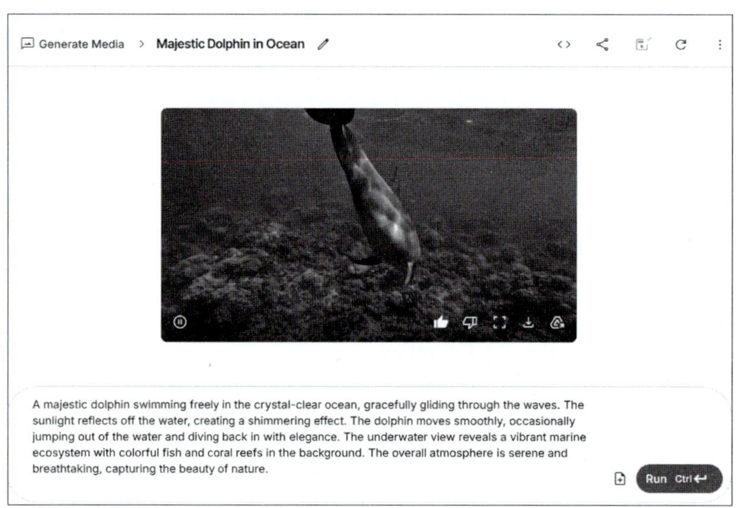

생성된 동영상은 돌고래의 몸짓이 매우 자연스럽고, 꼬리의 흔들림 등 현실감이 높아 몰입감이 뛰어납니다. 다음으로는 소라를 활용하여 짧은 쇼츠를 만들고 유튜브에 올리는 부분까지 같이 해 보겠습니다.

8.3.3 동영상 생성형 AI로 쇼츠 만들기

창작자들은 유튜브 등 소셜 미디어 플랫폼에 소라로 생성한 동영상을 게시함으로써 광고 수익을 얻거나 구독자를 늘리는 등 예전보다는 효율적인 방법으로 채널을 확장해 나갈 수 있게 되었습니다. 유튜브 쇼츠(Shorts)의 핵심은 조회 수를 높이고, 구독자를 모으기 위한 고품질의 매력적인 콘텐츠를 제작하는 것입니다.

그럼 챗GPT와 소라를 활용해 유튜브 쇼츠를 만들어 보겠습니다.

1. 유튜브 쇼츠는 동영상의 비율을 9:16으로 만들어야 하며, 시선을 끄는 장면이 중요합니다. 이 부분을 챗GPT에 요청해 프롬프트를 만들겠습니다.

프롬프트

소라에서 유튜브 쇼츠 동영상을 제작하려고 해. 내 유튜브는 푸바오 관찰기니깐, 푸바오가 대나무를 먹는 귀여운 모습을 5초짜리 동영상으로 만들어 줘. 쇼츠에 맞는 형식으로 비율은 9:16이고, 세로 동영상이 나오도록 프롬프트를 영어로 만들어 줘.

결과

좋습니다. 유튜브 쇼츠는 세로 비율(9:16), 짧은 길이(60초 이하), 시선을 끄는 장면이 중요합니다. 푸바오가 대나무를 먹는 5초짜리 귀여운 장면이라면, 포커스는 '표정', '손동작', '대나무를 들고 먹는 모습'에 두어야 하겠죠. 아래는 소라에서 사용할 수 있는 영어 프롬프트입니다.

Sora Prompt (for a 5-second YouTube Shorts, 9:16 aspect ratio):
"A cute baby panda sitting in a bamboo forest, holding a piece of bamboo with both paws and munching on it happily. The panda's eyes sparkle with joy, and it tilts its head slightly while chewing.
The camera is close-up, vertical format (9:16), capturing the panda's fluffy fur and slow, adorable chewing motion. Sunlight filters softly through the bamboo leaves, creating a warm, natural atmosphere. 5 seconds, realistic and high-quality, perfect for a YouTube Shorts."

2. 소라에 프롬프트를 넣고 실행합니다.

▼ 그림 8-34 프롬프트 입력

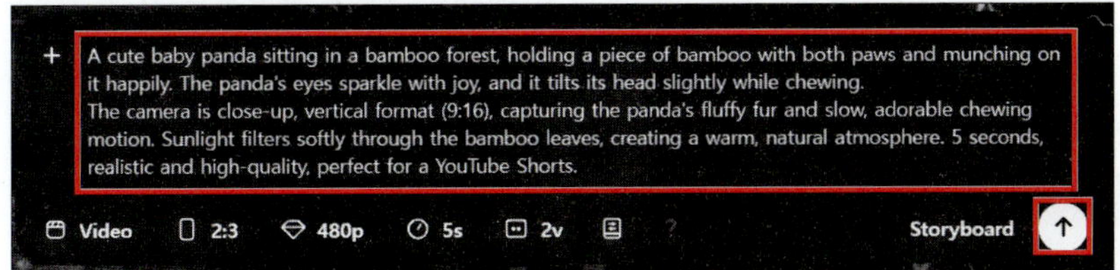

3. My Media에 생성된 동영상이 저장됩니다. 두 동영상 중에서 쇼츠로 만들고 싶은 동영상을 클릭합니다.

▼ **그림 8-35** 생성된 동영상

4. Edit prompt를 클릭하면 다양한 옵션을 활용해 동영상을 편집할 수 있습니다. **Edit prompt**를 클릭합니다.

▼ **그림 8-36** 동영상 편집

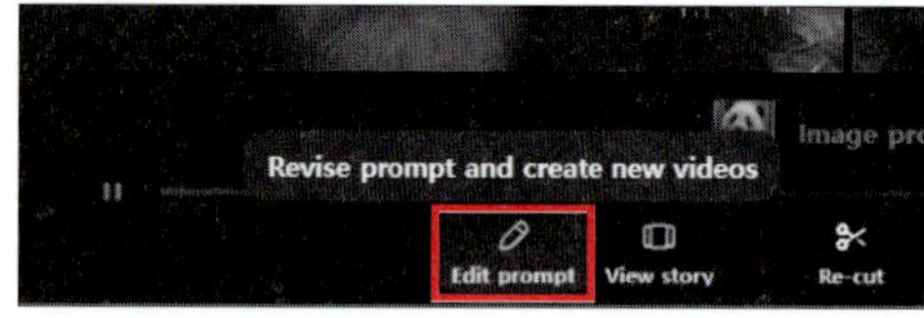

5. 동영상 프리셋을 변경해 보겠습니다. 프리셋은 텍스트 프롬프트 없이도 고품질 동영상을 쉽게 제작할 수 있도록 도와주는 AI 도구입니다. 편집 옵션 중 가장 오른쪽에 있는 **Preset**을 클릭합니다.

▼ **그림 8-37** 동영상 프리셋 변경

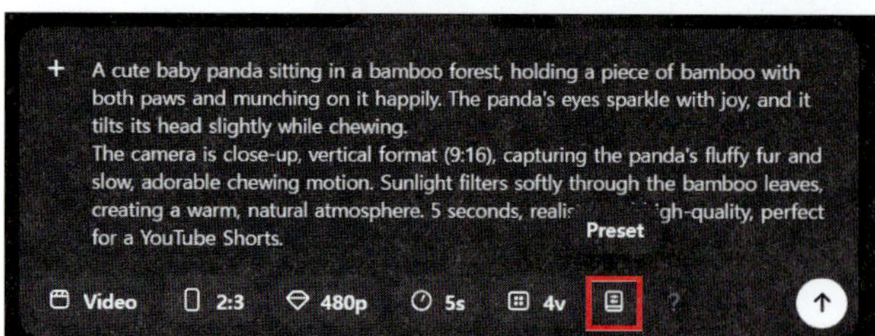

노트

소라에서 제공하는 편집 옵션을 설명합니다.

▼ 그림 8-38 편집 옵션

- **Video**: Video 버튼을 누르면 Image와 Video 중 하나를 선택할 수 있습니다. 여기서 Image를 선택한 뒤 오른쪽 끝에 있는 화살표 버튼을 클릭하면 해당 동영상이 이미지로 다시 생성됩니다.
- **2:3(화면 비율)**: 2:3 버튼을 누르면 16:9, 3:2, 1:1, 2:3, 9:16 등 다양한 화면 비율을 선택할 수 있습니다. 소라에서 기본 설정은 2:3으로 선택되어 있으며, 현재 유튜브 쇼츠의 비율은 9:16입니다.
- **720p(해상도 설정)**: 720p는 동영상의 해상도를 나타내며, 해상도란 화면을 구성하는 가로×세로 픽셀 수를 의미합니다. 여기서 720은 화면의 짧은 쪽(세로 또는 가로 중 작은 값)의 픽셀 수를 기준으로 한 표현으로, 화면 비율이 달라도 해상도 수준을 직관적으로 비교할 수 있도록 하기 위한 것입니다. 도화지에 같은 그림을 그린다고 비유하면, 480p는 연필로 굵고 흐리게 그린 그림처럼 보이고, 720p는 가는 펜으로 더 촘촘하게 그린 그림처럼 보여 480p에 비해 선명하게 보입니다.
- **5s(영상 길이)**: 5s는 동영상 길이를 의미하며, 현재 5초짜리 동영상으로 설정돼 있습니다. 필요에 따라 10초로 변경할 수 있습니다.
- **2v(비디오 파일 개수)**: 2v는 두 개의 비디오 파일로 만들어졌다는 뜻입니다. 원한다면 4v로 설정해 네 개의 비디오 파일로도 제작할 수 있습니다.
- **Preset(프리셋)**: 프리셋은 동영상의 스타일, 색감, 조명, 질감 등을 미리 정의해 둔 템플릿입니다. 이를 활용하면 프롬프트 작성에 익숙하지 않은 사용자도 원하는 분위기의 동영상을 빠르게 제작할 수 있습니다. 또한, 일관된 스타일의 동영상 제작에도 유용합니다.

6. 프리셋의 여러 스타일이 나옵니다. 여기서 **Film Noir v0**을 클릭한 후 **Create video**를 클릭합니다.

▼ 그림 8-39 다양한 프리셋

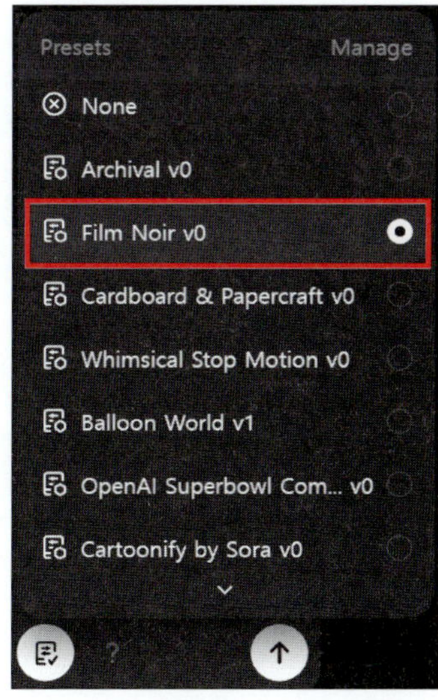

노트

다음은 프리셋 설명입니다.

▼ 그림 8-40 프리셋 설명

프리셋 이름	설명
None	프리셋을 적용하지 않음
Archival	빈티지하거나 역사적인 테마
Film Noir	고전적인 흑백 영화 스타일
Cardboard & Papercraft	수작업 느낌의 예술적인 스타일
Whimsical Stop Motion	장난기 있고 애니메이션 같은 스톱 모션 스타일
Balloon World	알록달록한 풍선 테마

7. 필름 누아르 풍으로 다시 동영상을 만들었습니다. 동영상의 색감과 분위기가 확 달라졌습니다. 이처럼 프리셋을 활용하면 원하는 색감과 분위기로 동영상을 손쉽게 편집할 수 있습니다.

▼ 그림 8-41 필름 누아르로 재작업한 푸바오 동영상

8. 편집을 마친 후 원하는 동영상을 내려받으려면 오른쪽 위에 있는 **Download**를 클릭하면 됩니다.

▼ **그림 8-42** 편집한 동영상 내려받기

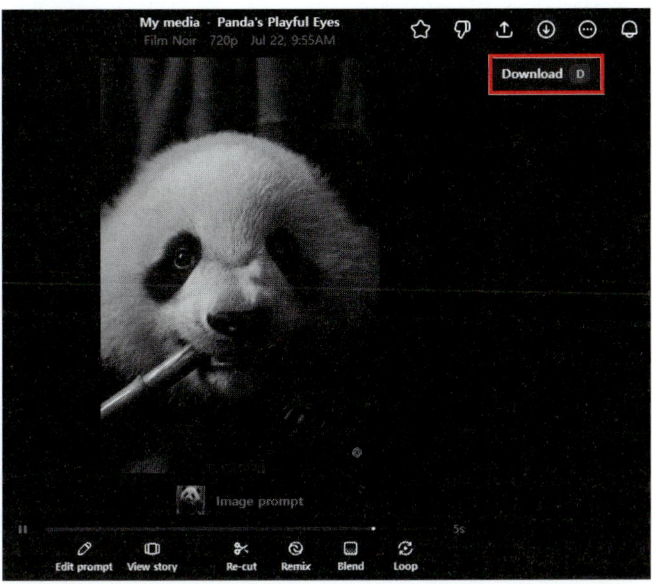

9. 원하는 형식을 클릭해 내려받을 수 있으며, 여기서는 **Video**를 클릭합니다.

Video를 선택하면 워터마크(watermark)가 포함된 동영상만 선택할 수 있습니다. 워터마크는 보통 동영상의 가운데 아래나 오른쪽 아래에 위치하며, 'Made with Sora' 또는 오픈AI 로고 형태로 표시됩니다. 이 워터마크는 동영상이 AI로 생성된 것임을 명시하고, 콘텐츠 출처를 추적할 수 있도록 C2PA(Coalition for Content Provenance and Authenticity, 콘텐츠 출처 및 진위성 연합) 메타데이터와 함께 표시되는 것입니다.

▼ **그림 8-43** 동영상 내려받기

노트

챗GPT의 워터마크 삽입 기준

현재 Plus를 구독하고 있다면 워터마크가 포함된 동영상만 내려받을 수 있습니다.

▼ **그림 8-44** 워터마크 표시 기준

워터마크 표시 기준

구독 플랜	해상도 / 길이 제한	워터마크 여부
ChatGPT Plus	최대 720p / 10초	표시됨
ChatGPT Pro	최대 1080p / 20초	표시되지 않음

- **ChatGPT Plus**: 월 $20 플랜으로, 생성된 동영상에는 **OpenAI 워터마크**가 자동으로 삽입됩니다.
- **ChatGPT Pro**: 월 $200 플랜으로, **워터마크 없이** 동영상을 다운로드할 수 있습니다. 폭스비지 FoxCG

워터마크가 있는 동영상이라도 유튜브 쇼츠에 올리는 데 큰 문제는 없습니다. 먼저 해당 동영상을 다운로드한 뒤, 유튜브 내 자신의 페이지에 방문해 동영상을 업로드하면 됩니다. 유튜브 쇼츠는 이제 아주 간단하게 만들고 등록할 수 있습니다.

소라는 감성적 표현력이 뛰어나, 개인이나 브랜드가 전달하려는 감정과 분위기를 동영상에 자연스럽게 녹여 냅니다. 예를 들어 '따스한 햇살 아래 공원을 산책하는 강아지의 평화로운 모습'이라는 프롬프트만으로도 감성을 자극하는 짧은 동영상을 자동으로 생성할 수 있습니다. 이런 동영상은 인간적인 공감대를 형성하는 데 효과적입니다. 또한 이러한 콘텐츠는 광고나 수익 창출이라는 의도 없이 소비자에게 자연스럽게 전달됩니다. 덕분에 브랜드나 개인에 대한 친밀감과 호감도를 높이는 데 큰 역할을 합니다.

이제는 아이디어만으로도 프롬프트를 작성해 콘텐츠를 만들어 올릴 수 있는 시대입니다. 그동안 자신만의 유튜브 채널을 운영하고 싶었거나, 동영상 제작을 꿈꿨던 분이라면 지금이 시작하기에 가장 좋은 때입니다. 이 장을 마치기 전에 바로 실행에 옮겨 보기 바랍니다.

9장

AI 에이전트

AI 에이전트의 개념과 기초

에이전트(agent)는 사용하는 맥락에 따라 다양한 의미를 지니지만, 공통적으로는 어떤 주체를 대신하거나 특정한 목적을 달성하기 위해 자율적으로 행동하는 존재를 의미합니다. 사전적 의미에서 에이전트는 '다른 사람을 대신하여 일을 처리하는 대리인', '정부나 조직을 대표하여 활동하는 대표자', '특정한 임무를 수행하는 요원' 등으로 정의되며, 행위자 또는 중개자의 역할도 포함합니다.

컴퓨터 과학이나 AI 분야에서의 에이전트는 조금 더 기술적인 의미로 사용합니다. 여기에서 에이전트는 자신이 처한 환경을 인식하고, 그에 따라 적절한 행동을 선택하여 자율적으로 수행할 수 있는 시스템이나 프로그램을 의미합니다. 즉, 외부에서 입력받아 이를 처리하고, 결과적으로 환경에 영향을 주는 출력을 생성함으로써 지속적으로 상호작용하는 존재입니다. AI 스피커, 자율주행 자동차, 챗봇 등이 대표적인 사례입니다.

이번 장에서는 AI 에이전트의 개념과 정의, 다양한 유형, 개발에 활용되는 프레임워크, 실제 활용 분야까지 체계적으로 살펴보겠습니다.

9.1.1 AI 에이전트란

AI 에이전트(지능형 에이전트)는 한마디로, 환경을 인지하고 자율적으로 행동하여 목표를 달성하는 시스템입니다. 이때 환경을 인지한다는 것은 센서(sensor)나 별도의 입력 장치를 통해 데이터를 받아들이는 것이며, 행동한다는 것은 액추에이터, 출력 화면, 유무선 제어 장치 등을 통해 환경에 영향을 미치는 것을 의미합니다.

액추에이터(actuator)란 에이전트가 내린 판단에 따라 실제로 움직임이나 작동을 수행하는 장치로, 바퀴를 돌리거나, 로봇 팔을 움직이거나, 밸브를 여닫는 등 물리적 행위를 담당합니다. 예를 들어 자율주행 자동차를 생각해 보면, 카메라와 라이다(LIDAR) 같은 센서로 도로 상황을 파악하고, 그 정보를 바탕으로 판단을 내려 자동차의 바퀴와 엔진을 제어합니다. 이처럼 자동차가 스스로 목적지까지 운행하는 것이 AI 에이전트의 전형적인 동작 방식입니다. 즉, 에이전트는 입력 장치로 정보를 수집하고, 목표를 달성하기 위해 제어 장치로 반응하는 사이클을 반복하면서 작동합니다.

AI 연구의 고전적인 정의에서도 에이전트 개념은 매우 중요합니다. 스튜어트 러셀(Stuart Russell), 피터 노빅(Peter Norvig)의 Artificial Intelligence: A Modern Approach(AIMA)에서는 AI를 '지능적인 에이전트를 연구하고 설계하는 학문'이라고 정의하기도 합니다. 다시 말해, AI 시스템을 이해하려면 그 시스템이 에이전트로서 어떤 목표 지향적 행동을 보이는지를 살펴보아야 합니다. 온도 조절기처럼 단순한 장치도 주변 온도를 감지한 후, 설정 온도에 따라 히터를 켜거나 끄는 방식으로 작동합니다. 이러한 장치 역시 간단한 형태의 에이전트라고 볼 수 있습니다. 이런 관점에서 본다면 인간은 환경을 인식하고 목표를 달성하기 위해 다양한 행위를 선택하기 때문에 가장 복잡한 형태의 에이전트에 해당됩니다. 이처럼 자동문과 같은 단순한 장치부터 인간에 이르기까지, 일정 조건을 충족한다면 모두 에이전트의 범주에 포함될 수 있습니다.

에이전트의 핵심 속성 가운데 하나는 자율성입니다. 자율성이란 사람이 일일이 지시하지 않더라도 에이전트가 독립적으로 판단하고 행동하는 능력을 말합니다. 최근 AI 분야에서는 이러한 자율성을 극대화한 에이전트형 AI(agentic AI)가 주목받고 있습니다. 이는 단순히 몇 차례의 상호작용에 그치지 않고, 장기간에 걸쳐 스스로 목표를 설정하고 이를 달성하기 위한 계획과 행동을 지속하는 형태의 AI를 뜻합니다.

사용자가 목표만 제시하면 세부 계획 수립부터 필요한 작업 수행까지, 스스로 진행하는 실험적 프로그램이 있습니다. 이런 맥락에서 보면 오픈AI의 챗GPT도 단순한 대화형 모델을 넘어섭니다. 이 시스템은 대화의 흐름을 기억하고, 적절한 추론을 통해 목표 지향적인 답변을 생성하기 때문에 더 발전된 형태의 에이전트라고 볼 수 있습니다.

요약하자면, AI 에이전트는 스스로 인식하고 행동하며 학습을 통해 목표를 달성하는 존재입니다. 따라서 현대 AI 시스템을 이해하는 가장 기본 단위라고 할 수 있습니다.

▼ **그림 9-1** AI 에이전트의 작동

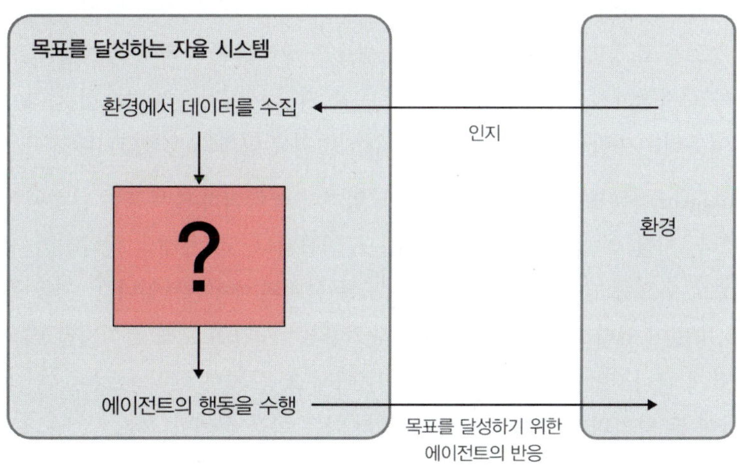

9.1.2 AI 에이전트의 유형

AI 에이전트는 동작 방식이나 설계 철학에 따라 여러 유형으로 나눌 수 있습니다. AI 에이전트에 대한 사전 지식이 없는 초보자도 쉽게 이해할 수 있도록, 대표적인 분류 방식을 일상적인 예시와 함께 살펴보겠습니다.

러셀과 노빅의 분류에 따르면, 에이전트는 다섯 유형으로 나뉩니다. 각 유형의 주요 특징은 다음과 같습니다.

- **단순 반사 에이전트**(simple reflex agent): 감지한 상황에 따라 규칙 기반 행동만을 수행하는 에이전트입니다. 과거 정보나 축적된 지식을 활용하지 않고, 오직 '현재 조건이면 특정 행동'이라는 단순한 규칙에 따라 작동합니다. 예를 들어 온도 조절기는 현재 온도가 설정값보다 낮아지면 자동으로 히터를 켭니다. 이 에이전트는 구조가 간단하고 구현이 쉬운 장점이 있으나 환경이 불확실하거나 관측할 수 없는 정보가 많을 경우, 무한 루프에 빠질 수도 있습니다.

- **모델 기반 반사 에이전트**(model-based reflex agent): 과거 정보를 기억하고 활용해 현재뿐 아니라 관찰되지 않은 상황도 추론해서 행동하는 에이전트입니다. 예를 들어 로봇청소기는 이미 청소한 구역을 기억해 남은 구역을 스스로 추론하고 청소할 수 있습니다. 이 에이전트는 단순 규칙 반응을 넘어 내부 모델을 활용해 유연한 행동을 하지만, 내부 모델의 정확성이 성능을 좌우합니다.

- **목표 지향 에이전트**(goal-based agent): 달성해야 할 목표를 중심으로 어떻게 행동해야 할지를 스스로 결정하는 에이전트입니다. 예를 들어 "나는 학교에 가야 한다"라는 목표를 세운 사람이 버스, 지하철, 도보 같은 이동 수단을 두고 시간, 비용, 거리 등을 고려해 최적의 방법을 고르는 상황과 비슷합니다. 이 에이전트는 현재 상태와 목표 상태의 차이를 줄이기 위해 탐색(search)이나 계획(planning) 알고리즘을 활용해 최적의 경로를 찾아갑니다.

  대표적인 사례로는 드론 배송 시스템이 있습니다. 이 시스템의 목표는 '지정된 위치에 소포를 정확히 전달하는 것'입니다. 드론은 GPS 정보를 바탕으로 현재 위치와 목적지를 파악한 뒤 비행 경로를 스스로 계획합니다. 이 과정에서 드론은 건물이나 비행 제한 구역 같은 장애물을 피해 가며, 날씨나 바람의 영향을 고려해 실시간으로 경로를 조정합니다. 만약 비행 중 새로운 장애물이 나타나면 이를 즉시 인식하고 우회 경로를 탐색해 목표 지점까지 도달합니다. 이처럼 목표 지향 에이전트는 단순히 입력에 반응하는 것이 아니라 '무엇을 이루려는가'라는 목표를 중심으로 끊임없이 판단하고 행동합니다.

- **효용 지향 에이전트**(utility-based agent): 목표 달성 여부뿐 아니라 '얼마나 바람직하게 목표를 달성했는가'까지 평가하는 에이전트입니다. 이를 위해 효용이라는 개념을 도입합니다. 각 상태의 바람직한 정도를 수치로 환산해 더 효율적으로 목표를 달성하는 쪽을 선호하도록 설계된 에이전트입니다. 예를 들어 같은 목표를 이루는 두 가지 방법이 있다고 가정해 보겠습니다. 하나는 시간이 오래 걸리지만 비용이 적게 들고, 다른 하나는 빠르게 끝나지만 비용이 많이 듭니다. 이때 효용 지향 에이전트는 시간과 비용이라는 요소를 모두 고려하여 두 방법의 만족도를 계산한 뒤 더 나은 쪽을 선택합니다.

  자율주행 자동차를 예로 들 수 있습니다. 이 차량은 단순히 목적지에 도달하는 것만 목표로 삼지 않습니다. 주행 시간과 안전까지 함께 고려해, 가장 안전하면서도 신속한 경로를 선택하도록 설계되어 있습니다. 효용 지향 에이전트는 이처럼 여러 선택지 중에서 기대 효용이 가장 높은 행동을 고릅니다. 물론 이를 위해서는 환경에 대한 예측 모델과 정교한 추론 능력이 필요하므로 구현 난이도는 높아집니다. 하지만 그만큼 현실 세계의 복잡한 의사 결정을 다루는 데 매우 적합합니다.

- **학습 에이전트**(learning agent): 경험과 피드백을 통해 성능을 향상시키는 에이전트입니다. 처음에는 환경에 대해 잘 모르더라도, 시행착오를 거치며 시간이 지날수록 더 나은 결정을 내리게 됩니다. 이러한 에이전트는 내부적으로 학습 요소(learning element)와 성능 요소(performance element)로 구성됩니다. 성능 요소는 현재 가진 지식을 바탕으로 행동을 선택하며, 학습 요소는 그 행동의 결과를 평가하는 비평가(critic) 역할을 합니다. 비평가는 피드백을 제공하고, 학습 요소는 이를 바탕으로 성능 요소를 개선합니다. 이는 마치 교사가 학생의 행동을 평가하고, 학생이 그 피드백을 통해 더 나은 행동을 학습하는 구조와 비슷합니다.

예를 들어 강화 학습 에이전트를 생각해 볼 수 있습니다. 이 에이전트는 에피소드마다 보상을 받으며, 어떤 행동이 좋은지를 스스로 판단하고 점점 더 나은 정책을 학습합니다. 학습 에이전트의 가장 큰 장점은 미리 프로그래밍되지 않은 상황에서도 스스로 적응하고 발전할 수 있다는 점입니다. 그래서 실제로 많은 현대 AI 시스템이 이 개념을 기반으로 작동합니다. 예를 들어 알파고와 같은 게임 에이전트나 유튜브의 추천 시스템 등은 모두 학습 에이전트 구조를 활용하고 있습니다.

▼ **그림 9-2** AI 에이전트의 유형

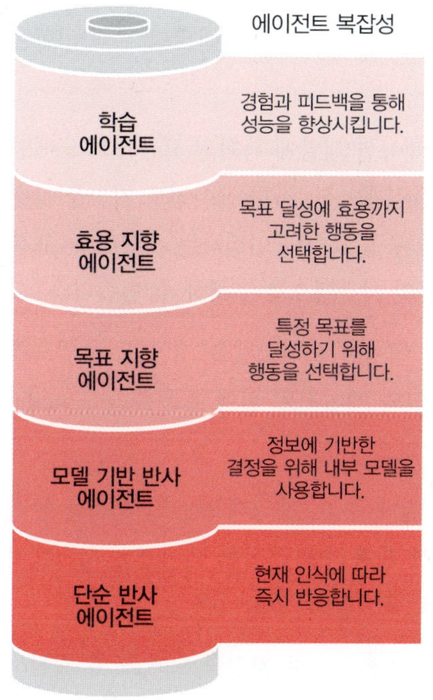

여기까지 전통적인 에이전트 분류였습니다. 이외에도 연구자에 따라 논리 기반 에이전트, 반응형 에이전트, 신념-욕구-의도(BDI) 에이전트 등 다양한 방식으로 분류하기도 합니다. 어떤 유형의 에이전트든 지각 → 판단 → 행동 사이클을 반복한다는 점은 같습니다. 차이가 있다면, 어떤 에이전트는 기억을 사용하고, 어떤 에이전트는 목표 개념을 활용하며, 또 어떤 에이전트는 학습 기능을 동원한다는 설계 방식의 차이일 뿐입니다. 지금까지 살펴본 다섯 가지 기본 개념을 먼저 이해하고, 실제 사례에서 이러한 개념이 어떻게 나타나는지를 관찰해 보는 것이 많은 도움이 될 것입니다.

9.1.3 AI 에이전트 프레임워크

AI 에이전트를 개발하고 구현하려면 다양한 소프트웨어 프레임워크와 도구를 활용해야 합니다. 최근에는 오픈소스 프로젝트부터 상용 플랫폼까지 폭넓은 선택지가 있으며, 대부분의 도구는 LLM이나 기타 AI 모델을 손쉽게 연동해 에이전트의 '두뇌'를 구성할 수 있도록 도와줍니다.

생성형 AI 기반으로 AI 에이전트를 소프트웨어적으로 활용하는 대표적인 프레임워크와 도구를 정리해 보았습니다.

- **챗GPT**: 오픈AI에서 개발한 LLM 기반 대화형 AI 에이전트입니다. 웹 인터페이스나 API를 통해 활용할 수 있는 챗GPT는 사람과 자연스러운 대화를 주고받으며, 질문에 답하거나 문장을 생성하는 등 다양한 작업을 수행합니다. 초급 개발자도 오픈AI의 API를 사용하면 챗GPT의 언어 이해와 생성 능력을 자신의 애플리케이션에 통합할 수 있습니다. 예를 들어 챗봇을 만들 때 챗GPT를 모델로 사용하면 사용자의 질의에 대한 응답 생성은 챗GPT가 맡고, 개발자는 주변 로직(맥락 유지나 추가 도구 연계 등)에 집중할 수 있습니다. 즉, 챗GPT 자체가 강력한 에이전트인 동시에, 다른 에이전트의 두뇌 역할을 하는 모듈로도 쓰일 수 있습니다.
- **랭체인과 랭그래프**: 랭체인(LangChain)은 LLM을 활용한 애플리케이션 개발에 특화된 오픈소스 프레임워크입니다. 이 프레임워크를 활용하면 LLM을 기반으로 한 애플리케이션, 특히 에이전트 기능을 갖춘 프로그램을 더욱 쉽게 만들 수 있습니다. 즉, 언어 모델을 다양한 구성 요소와 연결하는 것입니다. 프롬프트 템플릿, 데이터 저장소, 외부 도구 등을 체인처럼 엮어 하나의 시스템으로 구성할 수 있습니다.

  랭그래프(LangGraph)는 랭체인의 기능을 확장해, 복잡한 멀티 에이전트 시스템을 개발할 수 있도록 지원하는 프레임워크입니다. 상태 전이 개념을 바탕으로, 랭체인의 에이전트 실행 흐름을 노드(node)와 엣지(edge) 형태로 시각적이고 구조적으로 설계할 수 있게 도와줍니다.

  요약하자면, 랭체인은 LLM 중심의 구성 요소들을 유연하게 연결해 주고, 랭그래프는 그 흐름을 논리적으로 제어할 수 있도록 구조를 제공합니다. 이 두 도구를 함께 활용하면 복잡한 에이전트 시스템이나 LLM 기반 자동화 워크플로도 효율적이고 표준화된 방식으로 구현할 수 있습니다.
- **CrewAI**: 여러 AI 에이전트가 협력해 복잡한 작업을 자동화하고 효율적으로 처리할 수 있도록 지원하는 오픈소스 멀티 에이전트 오케스트레이션 프레임워크입니다. 파이썬 기반으로 구축되며, 랭체인과 같은 기존 프레임워크와 독립적으로 작동합니다. 특히 여러 명의 비개발자가 참여하는 프로젝트에서도, CrewAI를 통해 손쉽게 커스텀 AI 에이전트를 생성하고 협업 도구처럼 활용할 수 있습니다. 이 플랫폼은 챗GPT나 다른 언어 모델을 백엔드로 사용하면서도, 사용자가 원하는 시나리오에 따라 에이전트의 행동 규칙을 시각적으로 설계할 수 있는 기능을 제공합니다. 이러한 편의성 덕분에, CrewAI는 비전문가도 쉽게 접근할 수 있는 AI 개발 환경을 제공합니다.
- **AutoGen**: 마이크로소프트(Microsoft)의 연구팀이 개발한 멀티 에이전트 기반 LLM 오케스트레이션 프레임워크입니다. 공식 깃허브 소개에 따르면 'agentic AI를 위한 프로그래밍 프레임워크'라고 불릴 정도로, 복잡한 에이전트(또는 다중 에이전트) 시나리오를 만들고 관리하는 데 유용한 도구들을 제공합니다. AutoGen의 특징 중 하나는 여러 대화형 LLM 에이전트를 동시에 다루는 기능인데, 이를 통해 역할이 다른 둘 이상의 AI 에이전트가 서로 대화하며 문제를 해결하게 하는 시나리오도 구현할 수 있습니다. 또한 외부 API 호출이나 코드 실행 같은 툴 활용도 지원하여, 에이전트들이 단순 대화에 그치지 않고 실제 작업을 수행하도록 만들 수 있습니다. AutoGen은 이러한 기능을 파이썬과 같이 익숙한

프로그래밍 언어 환경에서 사용할 수 있게 해 줍니다. 따라서 개발자가 에이전트의 워크플로를 코드로 세밀하게 제어하고 싶을 때 적합한 프레임워크입니다.

- **허깅 페이스 생태계**: 허깅 페이스는 수천 개의 사전 학습된 AI 모델을 공유하는 오픈소스 플랫폼 및 라이브러리로, 개발자가 AI 에이전트를 구축할 때 없어서는 안 될 자원을 제공합니다. 특히 트랜스포머 라이브러리는 다양한 최첨단 NLP 모델들을 손쉽게 불러와 사용할 수 있게 해 주는데, 최근에는 이 트랜스포머에 에이전트 기능이 추가되어 화제가 되었습니다. 예를 들어 허깅 페이스 허브의 여러 모델을 조합해 하나의 작업을 수행하는 에이전트를 만들 수 있는데, 언어 모델이 지시받아 알아서 적절한 모델들을 호출해 결과를 산출하는 방식입니다.

  간단한 사례로 "바닷가에 있는 수달 그림 그려 줘."라는 지시를 내리면, 언어 모델이 그 요청을 해석해 이미지 생성 모델을 불러 결과 이미지를 얻고, 이를 다시 사용자에게 제공하는 방식입니다. 이러한 기능은 허깅 페이스가 제공하는 방대한 모델 허브와 결합하여, 개발자가 일일이 모델별 세부 사항을 코딩하지 않아도 에이전트형 AI 서비스를 만들어 볼 수 있게 합니다. 또한 허깅 페이스 커뮤니티에는 예제 코드, 튜토리얼, 허깅챗(HuggingChat) 등 실습 자료가 많아, 초급 개발자도 이를 참고해 자신만의 AI 에이전트를 구현할 수 있습니다.

9.1.4 AI 에이전트 활용 분야

AI 에이전트는 이미 다양한 산업과 일상생활에서 폭넓게 활용되고 있습니다. 여기서는 중요한 활용 분야별로 대표적인 예시를 들어 설명하겠습니다.

- **가상 비서와 고객 응대**: 시리(Siri)나 알렉사(Alexa) 같은 음성 비서와 웹 사이트의 챗봇은 AI 에이전트의 대표적인 활용 사례입니다. 이들은 사용자의 음성이나 문장을 인식해 일정 확인, 음악 재생, 정보 검색 등의 작업을 수행합니다. 특히 챗GPT 같은 대화형 에이전트의 등장은 고객 지원 챗봇의 수준을 한 단계 끌어올렸습니다. 이제 단순한 문의 응대뿐 아니라 고객의 감정에 공감하고, 복잡한 질문에도 대화를 이어 가는 지능형 상담원 역할까지 수행할 수 있습니다. 콜센터의 AI 에이전트는 고객의 문제를 파악한 뒤 적절한 해결책을 제시하거나, 필요할 경우 사람 상담원에게 연결합니다. 실제 사람의 업무 일부를 자동화하고 있는 셈입니다. 이처럼 서비스 분야에서 AI 에이전트는 24시간 대응과 개인 맞춤형 응대를 통해 고객 편의를 높이고, 동시에 운영 비용도 줄이고 있습니다.

- **자율주행(비행) 및 로봇공학**: 물리적인 세계에서 움직이고 작업하는 자율 시스템 역시 AI 에이전트의 중요한 분야입니다. 자율주행 자동차는 도로의 차량, 보행자, 신호 등을 센서로 인지하고, 안전하게 주행하도록 조향과 가속을 제어하는 복합 에이전트입니다. Waymo(구글)의 자율주행 자동차 개발에서는 Carcraft라는 가상 시뮬레이션 환경을 활용했는데, 수많은 가상의 에이전트 운전자와 보행자를 만들어 실제 도로 상황을 모사함으로써 자율주행 AI를 테스트했습니다. 이러한 멀티 에이전트 시뮬레이션은 실제 세상에서는 비용이나 위험 때문에 실험하기 어려운 상황들을 가상 환경에서 재현해 자율주행 에이전트의 성능을 향상시키는 데 사용합니다.

로봇공학 분야에서도 산업용 로봇, 드론, 서비스 로봇 등을 주변을 감지해 작업하는 에이전트로 사용하고 있습니다. 창고 로봇은 카메라로 상품 위치를 파악하고 팔로 집어서 운반하며, 드론은 GPS와 센서로 주변 지형을 인식해 자율비행하면서 물품을 배송합니다. 이처럼 자율주행(비행)과 로봇 에이전트는 물리 환경에서 사람을 대신하여 반복 작업이나 위험한 작업, 장거리 이동 등을 수행하여 효율성과 안전성을 높이고 있습니다.

- **의료와 건강 관리**: 의료 분야에서도 AI 에이전트의 활약이 두드러집니다. 진단 보조 에이전트는 환자의 증상이나 검진 결과 데이터를 입력받아 가능성 있는 질병을 추론하고 의사에게 제안합니다. 어떤 AI 에이전트는 수천 건의 의료 기록을 학습한 뒤 환자의 검사 수치 패턴을 분석해 "당뇨 초기 증상일 가능성이 X%"와 같이 의학적 판단 근거를 제공합니다. 이러한 시스템은 어디까지나 의사 결정 보조 역할이지만, 진단의 정확도를 높이고 놓칠 수 있는 부분을 짚어 준다는 점에서 유용합니다.

  건강 관리 에이전트의 예로는 웨어러블 기기와 연동된 AI를 들 수 있는데, 스마트워치의 센서 데이터(심박수, 수면 패턴 등)를 실시간으로 분석해 "운동이 부족하다"라거나 "스트레스를 줄이라"라는 맞춤 조언을 해 줄 수 있습니다. 나아가 정신건강 상담 챗봇처럼 대화 에이전트가 사용자의 감정을 분석해 위로하고 적절히 대응해 주는 시도도 이뤄지고 있습니다. 의료 영역에서 AI 에이전트는 결국 더 빠르고 정확한 의료 서비스를 제공하는 것이 목표이며, 의사와 환자 사이 정보 비대칭 해소나 상시 모니터링 등에 큰 도움을 주고 있습니다.

- **금융 및 거래**: 금융 분야, 특히 주식이나 암호화폐 시장에서는 이미 오래전부터 자동 거래 에이전트(트레이딩 봇)를 활발히 사용하고 있습니다. 이러한 에이전트는 시장 데이터를 실시간으로 수집(지각)하고, 내장된 전략이나 학습된 모델에 따라 매수 · 매도 결정을 내린 뒤 거래를 실행(행동)합니다. 인간 트레이더와 달리 감정에 휘둘리지 않고 24시간 쉼 없이 움직인다는 장점 덕분에, 큰 펀드나 기관 투자가들은 자체 AI 거래 에이전트를 운용하여 시장 변동에 기민하게 대응합니다.

  신용 평가 에이전트나 사기 탐지 에이전트도 금융권에서 중요한 역할을 합니다. 예를 들어 대출 심사 시 AI 에이전트가 신청인의 금융 거래 패턴을 분석해 신용 점수를 산출하거나, 카드 사용 내역을 모니터링하며 의심스러운 거래가 발생하면 자동으로 차단 및 경고를 하는 등의 작업을 수행합니다. 이처럼 금융 에이전트는 방대한 데이터를 실시간으로 처리하고, 인간이 놓칠 수 있는 미세한 패턴까지 포착해 더 안정적이고 효율적인 금융 서비스를 가능케 합니다.

- **게임과 시뮬레이션**: 게임 속 AI 캐릭터는 많은 사람에게 가장 친숙한 AI 에이전트일 것입니다. 예를 들어 체스나 스타크래프트 같은 게임에서 컴퓨터 AI는 상대의 수를 읽고 전략을 짜서 플레이어와 대결하는데, 이는 환경(게임판 상황)을 입력받아 목표(승리)를 향해 행동을 출력하는 전형적인 에이전트입니다. 최근에는 강화 학습과 심층 학습의 발전으로 알파고나 OpenAI Five(DOTA 2 AI)처럼 인간 최고수를 뛰어넘는 게임 에이전트도 등장했습니다. 이들은 셀 수 없이 많은 시뮬레이션 게임을 스스로 플레이하며 학습한 결과로, 매우 전략적인 행동 결정이 가능합니다.

한편 사회 · 교통 시뮬레이션 분야에서도 에이전트 기반 모델링이 활용되는데, 가상 도시에 수만 명의 시민 에이전트를 두고 각자 통근하거나 소비 활동을 하게 함으로써 교통 정책의 효과나 전염병 확산 경로 등을 연구하기도 합니다. 이러한 멀티 에이전트 시뮬레이션은 현실의 군중이나 시장을 에이전트 집합으로 모델링해, 정책 실험이나 이론을 검증할 수 있습니다. 게임과 시뮬레이션에서의 AI 에이전트 활용은 결국 가상 환경에서의 의사 결정 주체를 맡긴다는 공통점이 있으며, 오락부터 학술 연구까지 폭넓은 영역에서 유용하게 사용하고 있습니다.

- **업무 자동화와 협업**: 기업의 비즈니스 프로세스에서도 AI 에이전트는 점차 핵심 도구로 자리 잡고 있습니다. 예를 들어 세일즈포스(Salesforce)는 자사 플랫폼에 Agentforce라는 에이전트형 AI 기능을 도입해, 여러 엔터프라이즈 시스템 간에 AI가 자율적으로 업무를 수행하도록 지원하고 있습니다. 이른바 RPA(Robotic Process Automation)에 AI를 결합한 형태로, 사람이 수작업으로 처리하던 데이터 입력, 일정 조율, 보고서 생성 같은 작업을 AI 에이전트가 대신 처리해 주는 것입니다. 특히 Agentforce 플랫폼은 회사 내 데이터베이스와 일정 관리 시스템, 이메일 등을 연결해 AI 에이전트가 마치 유능한 비서처럼 부서 간 정보를 통합하고 지시에 따라 움직이도록 설계되었습니다.

  한편 2023년 화제가 된 AutoGPT와 같은 오픈소스 프로젝트는 일반 사용자의 업무 자동화 측면에서 주목받았습니다. AutoGPT는 사용자가 높은 수준의 목표만 제시하면, 이를 달성하기 위한 세부 계획을 세우고 웹 검색이나 파일 저장 등 일련의 작업을 연속적으로 수행하는 AI 에이전트입니다. 예를 들어 "새로운 사업 아이디어 조사해서 보고서 작성해 줘."라고 하면 인터넷에서 정보를 찾아보고 요약 정리한 뒤 문서로 작성하는 단계까지 스스로 진행하려는 시도를 보입니다. 아직 초기 실험 단계이긴 하지만, 이러한 자율 업무 실행 에이전트는 장차 인간의 반복적이고 수고로운 지식 노동을 크게 덜어줄 잠재력이 있습니다.

지금까지 살펴본 것처럼, AI 에이전트는 우리 삶과 산업 전반에 걸쳐 다양하게 응용되고 있습니다. 초보 개발자라 하더라도, 작은 챗봇 하나를 만들 때부터 이미 AI 에이전트 개념을 접하고 활용하게 될 것입니다. 중요한 것은 어떤 문제에 대해서 에이전트에게 어떤 역할과 목표를 부여할 것인지, 어떻게 적절한 데이터를 제공하고 학습시킬 것인지를 고민하는 일입니다. 이 장에서 다룬 개념과 사례가 그러한 고민의 출발점이 될 수 있기를 바랍니다. 앞으로 실습과 경험을 통해 자신만의 AI 에이전트를 만들어 보고, 더 풍부한 활용 분야를 개척해 나가길 기대합니다.

AI 에이전트 만들기

9.2.1 CrewAI로 에이전트 만들기

CrewAI는 여러 개의 AI 에이전트를 협업하도록 구성해 복잡한 작업을 손쉽게 처리할 수 있도록 돕는 프레임워크입니다. 이 시스템은 에이전트(agent), 태스크(task), 툴(tool), 프로세스(process), 크루(crew)라는 다섯 가지 핵심 구성 요소를 중심으로 작동하며, 각각은 유기적으로 연결되어 전체 작업을 자동화하고 최적화하는 데 기여합니다.

- **에이전트**: CrewAI의 핵심 단위로서, 특정 역할을 맡아 자율적으로 작업을 수행하는 AI 개체입니다. 각 에이전트는 자신만의 역할과 성격, 기술 능력이 있으며, 예를 들어 웹 검색을 담당하는 에이전트, 데이터를 분석하는 에이전트, 텍스트를 요약하는 에이전트 등이 있습니다. 이들은 특정 태스크를 맡아 독립적 혹은 협업적으로 수행합니다.
- **태스크**: 에이전트가 실제로 수행해야 하는 구체적인 작업을 의미합니다. 하나의 태스크는 작업 목표, 필요한 입력 정보, 예상 출력, 활용할 툴 등을 명시하며, 작업 간 순서나 의존성도 설정할 수 있습니다. 예를 들어 "생성형 AI 관련 최신 뉴스 5개를 수집하라"라는 태스크가 있고, 이는 검색 에이전트에 할당될 수 있습니다.
- **툴**: 에이전트가 태스크를 수행할 때 사용하는 도구입니다. 여기에는 웹 검색 API, 데이터베이스, 자연어 처리 모델, 코드 실행 등이 있습니다. 예를 들어 검색 에이전트는 Google Search API를 툴로 활용해 정보를 수집하고, 요약 에이전트는 오픈AI의 언어 모델 API를 툴로 사용해 텍스트를 요약할 수 있습니다.
- **프로세스**: 에이전트와 태스크 간 상호작용을 조정하는 전체 작업 흐름입니다. 차례로 또는 병렬로 작업을 수행하게 하거나, 조건문을 통해 특정 상황에 따라 작업의 방향을 다르게 할 수도 있습니다. 프로세스 설계를 통해 복잡한 작업도 체계적으로 분해하고, 각 에이전트가 수행할 작업의 흐름을 정의할 수 있습니다.
- **크루**: 하나 이상의 에이전트를 조합하여 팀처럼 구성한 집합체입니다. 사용자는 특정 목적을 설정하고 그 목적을 달성하는 데 필요한 에이전트들을 크루로 구성할 수 있습니다. 크루는 사용자의 요청을 입력받아, 정의된 프로세스를 따라 각 태스크를 자동으로 분배하고, 에이전트들이 협력하여 최종 결과를 도출합니다.

이와 같은 구성 요소들이 함께 작동함으로써, CrewAI는 복잡한 문제를 작은 단위의 작업으로 나누고, 이를 효율적으로 처리할 수 있는 협력형 AI 시스템을 구현합니다. 사용자는 마치 인간 전문가들로 구성된 팀에 일을 맡기듯이, CrewAI에 작업을 요청하고 그 결과를 받는 방식으로 AI를 활용할 수 있습니다.

코랩에서 API 인증키 등록하기

CrewAI와 같은 에이전트 기반 프레임워크를 실습할 때는 종종 외부 API와 연동해야 합니다. 예를 들어 웹 검색, 문서 요약, 번역, 데이터 분석 등 다양한 작업을 수행하기 위해 OpenAI API, 허깅 페이스 API 같은 외부 서비스가 활용되며, 이들 대부분은 접근하려면 API 인증키를 요구합니다.

하지만 이 API 인증키를 코드에 직접 넣으면 보안 문제가 발생할 수 있습니다. 소스 코드가 공유되거나 저장소에 업로드될 경우, key가 외부에 노출되어 의도치 않은 요금 청구나 악용 위험이 생기기도 합니다. 이 문제를 해결하기 위해 코랩에서는 API 인증키를 등록해야 합니다. 등록하는 방법은 7.3.3절의 OpenAI API key 설정과 동일하니 참고하기 바랍니다.

CrewAI로 기본 에이전트 만들기

CrewAI를 활용해 기본적인 에이전트를 구성하는 실습을 진행하겠습니다. 이번 실습에서는 두 가지 역할을 수행하는 에이전트를 설정합니다. 첫 번째는 기사의 목차를 설계하는 에이전트, 두 번째는 설계된 목차를 바탕으로 본문을 작성하는 에이전트입니다. 각각의 에이전트는 CrewAI 프레임워크에서 정해진 태스크를 맡고, 필요한 툴을 활용하며, 차례대로 협업하여 하나의 기사를 완성합니다.

이제 실습을 진행해 보겠습니다.

1. 패키지를 설치합니다.

코드

```
!pip install -q crewai crewai-tools
```

2. OpenAI key를 입력하고, 에이전트를 정의합니다.

코드

```
import os
from google.colab import userdata
os.environ['OPENAI_API_KEY'] = userdata.get('OPENAI_API_KEY')  # 코랩 보안키 설정, key 명칭을
OPENAI_API_KEY로 설정

from crewai import Agent, Task, Crew, LLM
# 목차 설정 에이전트
outline_generator = Agent(
    role='Outline Generator',
    goal='주제에 대한 목차를 작성해 줘.',
    llm = LLM(model = "openai/gpt-4o-mini", max_tokens = 1000),
    backstory='너는 정보를 체계적으로 정리하고 다양한 주제에 대한 포괄적인 목차를 작성하는 전문가야.'
)
# 본문 작성 에이전트
writer = Agent(
    role='Writer',
```

```
    goal='주제에 대해 연구해서 흥미로운 글을 써 줘.',
    llm = LLM(model = "openai/gpt-4o-mini", max_tokens = 3000),
    backstory='너는 복잡한 정보를 읽기 쉬운 글로 바꿀 수 있는 능숙한 작가야.'
)
# agent : 2개(목차 전용 에이전트, 본문 작성 전용 에이전트)
```

3. 태스크를 정의합니다.

코드

```
# 태스크 정의
# 태스크 필수 요소(description, agent, expected_output)
outline_task = Task(
    description='인간과 AI의 공존에 대한 글의 목차를 작성해 줘.',
    agent=outline_generator,
    expected_output="인간과 AI의 공존을 포괄적으로 다루는 목차"
)

writing_task = Task(
    description='연구 결과에 대한 기사를 작성해 줘.',
    agent=writer,
    expected_output='인간과 AI의 공존을 다룬 흥미로운 기사'
)
```

4. 크루를 정의합니다.

코드

```
# 크루 정의
from crewai.process import Process

ai_impact_crew = Crew(
    agents=[outline_generator, writer],
    tasks=[outline_task, writing_task],
    verbose=True,
    Process=Process.sequential  # 순차적 작업 수행
)
```

5. 크루를 실행합니다.

코드

```
# 크루 실행
result = ai_impact_crew.kickoff()
```

6. 다음과 같은 결과가 출력됩니다. 목차와 기사까지 출력되었습니다. 내용을 살펴보면 인간과 AI의 공존에 대한 포괄적인 논의를 다루고 있으며, 각 섹션은 이 주제에 대한 깊은 이해를 제공합니다.

▼ 그림 9-3 CrewAI 실행 결과

```
───────────────────────── Task Completion ─────────────────────────
Task Completed
Name: 870629e8-b74a-49e1-83ba-a010b6369226
Agent: Writer
Tool Args:

───────────────────────── Crew Completion ─────────────────────────
Crew Execution Completed
Name: crew
ID: a049b596-bb82-421d-b1b9-68d4775e5979
Tool Args:
Final Output: # **인간과 AI의 공존**

## 1. 서론

### 1.1. 연구의 배경
21세기의 기술혁신은 인류의 생존 방식과 사회 구조에 중대한 변화를 가져왔습니다. 그중에서도 인공지능(AI)은 매우
중요한 역할을 하며, 인류와의 관계에서 단순한 도구를 넘어 상호작용하는 존재로 자리잡고 있습니다. 본 연구는
인간과 AI의 공존을 다룬다.

### 1.2. 인간과 AI의 정의
인간은 감정과 사회적 상호작용을 바탕으로 하는 존재입니다. 반면 AI는 데이터를 처리하고 학습하며 문제를
해결하는 능력을 가진 기계적 존재입니다. 이러한 정의를 바탕으로 인간과 AI의 관계를 탐구해 보겠습니다.

### 1.3. 공존의 필요성
```

…생략…

7. 결과 보고서를 확인합니다.

코드

```
result

from IPython.display import display, Markdown
display(Markdown(result.raw))
# 마크다운 형태로 출력 >> 보고서 형태
```

8. 결과로, 마크다운 문법으로 작성된 텍스트가 출력되는 것을 확인할 수 있습니다.

▼ **그림 9-4** 실행 결과

인간과 AI의 공존

1. 서론

1.1. 연구의 배경

21세기의 기술혁신은 인류의 생존 방식과 사회 구조에 중대한 변화를 가져왔습니다. 그중에서도 인공지능(AI)은 매우 중요한 역할을 하며, 인류와의 관계에서 단순한 도구를 넘어 상호작용하는 존재로 자리잡고 있습니다. 본 연구는 인간과 AI의 공존을 다룬다.

1.2. 인간과 AI의 정의

인간은 감정과 사회적 상호작용을 바탕으로 하는 존재입니다. 반면 AI는 데이터를 처리하고 학습하며 문제를 해결하는 능력을 가진 기계적 존재입니다. 이러한 정의를 바탕으로 인간과 AI의 관계를 탐구해 보겠습니다.

1.3. 공존의 필요성

AI의 급속한 발전은 우리의 일상에 큰 영향을 미치고 있습니다. 그로 인해 인간의 삶을 보완하거나 개선하는 동반자로서의 AI의 필요성이 대두되고 있습니다. 인류는 AI와의 협력 없이는 미래의 여러 도전과제를 해결하기 어려울 것입니다.

2. AI의 발전 현황

2.1. AI 기술의 역사

AI는 1950년대부터 발전해 왔습니다. 초기의 단순 알고리즘에서 시작하여, 현재는 딥러닝 및 머신러닝 등 복잡한 기술이 등장하면서 AI는 다양한 분야에 적용되고 있습니다.

2.2. 현재의 AI 응용 분야

AI는 의료, 금융, 제조, 교육 등 다양한 분야에서 활용되고 있습니다. 예를 들어, 의료 분야에서는 질병 진단 보조 시스템으로, 금융에서는 리스크 관리 도구로 사용되고 있습니다.

2.3. AI의 한계와 도전 과제

그러나 AI는 여전히 한계가 있습니다. 감정적 이해 부족, 윤리적 딜레마, 그리고 데이터 편향 문제 등이 존재합니다. 이러한 도전 과제를 극복하기 위해서는 지속적인 연구와 개발이 필요합니다.

…생략…

9.2.2 AutoGen으로 에이전트 만들기

AutoGen은 AI 에이전트를 생성하고, 여러 에이전트가 협력해 문제를 해결할 수 있도록 지원하는 오픈소스 프로그래밍 프레임워크입니다. 이 프레임워크는 파이토치(PyTorch)가 딥러닝 연구를 가속화했던 것처럼, 에이전트 기반 AI 개발과 실험을 빠르고 쉽게 만들기 위한 목적으로 설계되었습니다.

AutoGen에는 세 가지 유형의 에이전트가 존재하며, 각 에이전트는 고유한 역할과 기능을 수행합니다.

- **ConversableAgent**: 이 에이전트는 AutoGen에서 가장 일반적으로 사용되는 형태로, 다른 에이전트들과 자연어 기반으로 대화할 수 있는 기능을 갖추고 있습니다. 설정에 따라 사람과도 직접 상호작용할 수 있으며, 특정 상황에서는 사람이 직접 응답하는 구조로 작동할 수도 있습니다. 따라서 협업 중심의 대화, 사용자 응답 중재, 피드백 수집 등 다양한 용도로 활용됩니다.
- **AssistantAgent**: 전형적인 AI 어시스턴트 역할을 수행하며, 기본적으로 LLM을 이용해 주어진 메시지에 대해 자동으로 답변을 생성합니다. 주로 지식 응답, 요약, 분석, 텍스트 기반 지원 작업에 활용되며, 반복적이고 구조적인 언어 처리 업무를 자동화하는 데 적합합니다.
- **UserProxyAgent**: 인간 사용자를 대신해 작동하는 대리 에이전트입니다. 인간의 응답이 필요한 상황에서 메시지를 사용자에게 전달하거나, 사용자가 작성한 코드를 대신 실행하는 등의 역할을 수행합니다. 다시 말해, 사용자와 시스템 사이에서 중개자 또는 실행자 역할을 담당합니다.

AutoGen에서 각 에이전트를 설정할 때는 다양한 항목을 통해 역할과 작동 방식을 구체적으로 정의할 수 있습니다.

- `name`: 에이전트의 이름을 지정합니다. 여러 에이전트를 사용할 때 각 에이전트를 구별하는 데 사용합니다.
- `system_message`: 에이전트의 정체성과 역할을 설명하는 시스템 프롬프트입니다. 예를 들어 "너는 데이터 분석 전문가야."와 같이 에이전트의 성격과 작업 범위를 명확히 전달할 수 있습니다.
- `llm_config`: 에이전트가 사용할 언어 모델의 설정을 지정하는 항목입니다. 모델 종류, 온도, 최대 토큰 수 등 세부 파라미터를 설정할 수 있습니다.
- `config_list`: 여러 개의 LLM 설정을 에이전트마다 다르게 할당할 수 있는 옵션입니다.
- `max_turns`: 에이전트가 하나의 작업 혹은 대화에서 최대 몇 번의 상호작용(턴)을 반복할지를 지정합니다. 예를 들어 2로 설정하면 두 번의 질의응답 후 종료합니다.
- `summary_method`: 에이전트가 대화 내용을 요약하는 방식을 정의합니다. 이 항목에는 `last_msg`와 `reflection_with_llm` 두 가지 옵션이 있습니다. `last_msg`는 마지막 메시지만 요약하여 반환하는 방식이며, `reflection_with_llm`은 전체 대화를 기반으로 LLM을 활용해 더 풍부하고 맥락 있는 요약을 생성하는 방식입니다.

이와 같은 설정 항목은 에이전트의 역할, 대화 흐름, 모델 선택, 요약 방식 등을 세밀하게 제어하며, 다양한 목적에 적합한 맞춤형 에이전트를 구성하게 합니다.

AutoGen으로 대화형 에이전트 만들기

AutoGen을 활용해 초급 개발자 에이전트와 고급 개발자 에이전트를 설정하고, 이 두 에이전트가 대화를 통해 협력하며 알고리즘 문제를 해결하는 대화형 에이전트 시스템을 구축해 보겠습니다. 각 에이전트는 수준에 맞는 역할을 맡아 상호 소통하며 문제를 해결해 나가며, 이를 통해 AutoGen의 에이전트 간 협업 기능과 대화를 기반으로 문제 해결 흐름을 실습하게 됩니다. 그럼 대화형 에이전트 만들기 실습을 진행해 보겠습니다.

1. 패키지를 설치합니다.

코드

```
!pip install autogen
```

2. OpenAI API key를 입력하고, 대화형 에이전트들을 정의합니다.

코드

```
import os
import warnings
warnings.filterwarnings('ignore')

from google.colab import userdata
os.environ['OPENAI_API_KEY'] = userdata.get('OPENAI_API_KEY')

# OpenAI Autogen 패키지에서 ConversableAgent(대화형 에이전트) 클래스를 가져옵니다.
from autogen import ConversableAgent

# ---------------------------------------------------------
# 1. Junior_Coder_Agent 생성(초급 개발자)
# ---------------------------------------------------------
coder_agent = ConversableAgent(
    name="Junior_Coder_Agent",  # 에이전트의 이름을 설정
    system_message="""너는 1년 차 파이썬 프로그램머야. 모르는 것은 Senior Coder Agent에게 물어봐.""",

    llm_config={
        "config_list": [
            {
                "model": "gpt-4o-mini",
                "api_key": os.environ["OPENAI_API_KEY"],  # API 인증키를 사용해 OpenAI와 연결
            }
        ]
    }
)
```

```
# ---------------------------------------------------------
# 2. Senior_Coder_Agent 생성(고급 개발자)
# ---------------------------------------------------------
manager_agent = ConversableAgent(
    name="Senior_Coder_Agent",  # 에이전트의 이름을 설정
    system_message="""너는 20년 차 파이썬 프로그래머야.
질문이 주어지면, 해당 질문에 전문성 있게 대답해 줘.
만약 코드가 주어졌다면 주어진 코드를 검토하고 효율성을 높일 방안을 제시해 줘.""",

    llm_config={
        "config_list": [
            {
                "model": "gpt-4o",
                "api_key": os.environ["OPENAI_API_KEY"],  # API 인증키 사용
            }
        ]
    }
)

# ---------------------------------------------------------
# 3. Junior_Coder_Agent가 Senior_Coder_Agent에게 질문하기
# ---------------------------------------------------------
chat_result = coder_agent.initiate_chat(
    manager_agent,  # 대화할 상대(Senior_Coder_Agent)
    # Junior_Coder_Agent가 Senior_Coder_Agent에게 질문을 던짐
    message="퀵 정렬 코드에 대해서 설명해 주세요.",

    # 대화 요약 방법을 지정(AI가 요약을 도와줌)
    summary_method="reflection_with_llm",

    # 최대 2번까지 대화 가능(질문-답변 2회)
    max_turns=2,
)
```

결과

```
Junior_Coder_Agent (to Senior_Coder_Agent):

퀵 정렬 코드에 대해서 설명해 주세요.

--------------------------------------------------------------------------------

>>>>>>>> USING AUTO REPLY...
Senior_Coder_Agent (to Junior_Coder_Agent):

퀵 정렬(Quick Sort)은 전체 데이터 중에서 하나의 '피벗'을 선택하고, 피벗을 기준으로 데이터 집합을 두 개
의 부분 집합으로 분할하여 정렬하는 분할 정복 알고리즘입니다. 이러한 작업을 재귀적으로 적용하여 최종적으
로 정렬된 배열을 얻게 됩니다.
```

퀵 정렬의 주요 단계는 다음과 같습니다:

1. 피벗 선택: 일반적으로 리스트의 첫 요소나 마지막 요소를 피벗으로 선택하지만, 최적의 성능을 내기 위해서는 무작위로 중간 값을 선택하는 것이 좋습니다.

2. 분할(Partitioning): 피벗을 기준으로 리스트의 요소를 재배치합니다. 왼쪽에는 피벗보다 작은 요소들, 오른쪽에는 피벗보다 큰 요소들이 위치하게 됩니다.

3. 재귀적 정렬: 피벗을 제외한 왼쪽 부분 리스트와 오른쪽 부분 리스트에 대해 재귀적으로 퀵 정렬을 적용합니다.

4. 연결(Merging): 재귀 호출이 완료되면 각각의 부분 리스트가 정렬되며, 최종적으로 모든 리스트가 결합되면서 전체 리스트가 정렬됩니다.

퀵 정렬은 평균적으로 O(n log n)의 시간 복잡도를 가지지만, 최악의 경우(예 정렬된 데이터를 피벗으로 계속 선택할 경우)에는 $O(n^2)$가 될 수 있습니다. 하지만 평균적으로는 대부분의 경우 효율적인 정렬 알고리즘으로 많이 사용됩니다.

아래는 파이썬으로 구현한 퀵 정렬의 예시입니다:

```python
def quick_sort(arr):
    if len(arr) <= 1:
        return arr
    else:
        pivot = arr[len(arr) // 2]  # 중간값을 피벗으로 선택
        less_than_pivot = [x for x in arr if x < pivot]
        equal_to_pivot = [x for x in arr if x == pivot]
        greater_than_pivot = [x for x in arr if x > pivot]
        return quick_sort(less_than_pivot) + equal_to_pivot + quick_sort(greater_than_pivot)

# Example Usage
unsorted_list = [3, 6, 8, 10, 1, 2, 1]
sorted_list = quick_sort(unsorted_list)
print(sorted_list)  # Output: [1, 1, 2, 3, 6, 8, 10]
```

이 코드에서는 리스트의 중간 값을 피벗으로 선택했고, list comprehension을 사용하여 피벗을 기준으로 리스트를 나눴습니다. 이 방식은 읽기 쉽고 파이썬의 표현력을 잘 활용하긴 하지만, 실제로 in-place 정렬을 구현할 경우 메모리 사용량을 줄이고 성능을 개선할 수 있습니다.

>>>>>>>> USING AUTO REPLY...
Junior_Coder_Agent (to Senior_Coder_Agent):

퀵 정렬에 대해 잘 설명해 주셨습니다. 제가 더 궁금한 점은, 퀵 정렬의 성능을 높이기 위한 피벗 선택 전략에 대해 더 알고 싶습니다. 일반적으로 어떤 방법들이 있고, 각 방법의 장단점은 무엇인지 설명해 주실 수 있나요?

```
--------------------------------------------------------------------------------

>>>>>>>> USING AUTO REPLY...
Senior_Coder_Agent (to Junior_Coder_Agent):

퀵 정렬의 성능은 피벗 선택에 크게 영향을 받으며, 피벗 선택 방법에 따라 알고리즘의 효율성이 달라질 수 있습니다. 대표적인 피벗 선택 전략과 각 방법의 장단점은 다음과 같습니다:

1. 첫 번째 또는 마지막 요소 선택:
   - 방법: 리스트의 첫 번째 또는 마지막 요소를 피벗으로 선택합니다.
   - 장점: 구현이 간단하고 빠릅니다.
   - 단점: 이미 정렬된 데이터 집합에서 최악의 경우의 성능(O(n^2))을 초래할 수 있습니다.

2. 무작위 선택(Random Selection):
   - 방법: 리스트 중 임의의 요소를 피벗으로 선택합니다.
   - 장점: 정렬된 데이터 집합에서도 평균적인 성능을 보장합니다.
   - 단점: 임의의 피벗 선택을 위한 난수 생성 비용이 추가됩니다.

3. 중간값 선택(Median of Three):
   - 방법: 리스트의 첫 번째, 중간, 마지막 요소를 선택하고, 이들 중 중간 값을 피벗으로 사용합니다.
   - 장점: 일반적인 경우에서도 좋은 성능을 보이며, 최악의 경우를 방지하는 효과가 있습니다.
   - 단점: 세 개의 값 간 비교가 필요하므로 약간의 오버헤드를 발생시킬 수 있습니다.

4. Median of Medians:
   - 방법: 리스트를 작은 블록으로 나눈 후, 각 블록의 중간 값을 선택하고, 이 중간 값들 중 중간 값을 피벗으로 사용합니다.
   - 장점: 최악의 경우를 방지하며, 더욱 균형 잡힌 분할을 제공합니다.
   - 단점: 구현이 복잡하며, 일반적으로 사용하는 경우에서는 성능의 이점을 보기 힘듭니다.

각 전략은 특정 상황에서 성능에 영향을 미칠 수 있습니다. 예를 들어 데이터가 이미 거의 정렬되어 있는 경우 무작위 선택이나 중간 값 선택을 사용하는 것이 더 바람직하며, 이와 같은 전략은 퀵 정렬의 성능과 안정성을 크게 향상시킬 수 있습니다.

--------------------------------------------------------------------------------

>>>>>>>> TERMINATING RUN (2fb4b95c-4244-40fc-9442-35bff6f1930b): Maximum turns (2) reached
```

AutoGen으로 사용자 대리 에이전트 만들기

AutoGen을 활용해 인간이 개입하지 않고 두 AI 에이전트가 LLM과 코드 실행 기능을 활용해 문제를 해결하는 자동화 대화 시나리오 실습입니다. 특히, 사용자 역할을 대신 수행하는 UserProxyAgent를 생성하고 작동시키는 과정을 중심으로 실습합니다. 그럼 사용자 대리 에이전트 만들기 실습을 진행해 보겠습니다.

1. 패키지를 설치합니다.

코드

```
!pip install autogen
```

2. OpenAI API key를 입력하고, 대리 에이전트들을 정의합니다.

코드

```
import os
import warnings
warnings.filterwarnings('ignore')

from google.colab import userdata
os.environ['OPENAI_API_KEY'] = userdata.get('OPENAI_API_KEY')

import autogen
from autogen.coding import LocalCommandLineCodeExecutor

config_list = [{"model": "gpt-4o-mini", "api_key": os.environ["OPENAI_API_KEY"]}]

# AssistantAgent 생성: LLM을 사용해 질문에 답변하는 에이전트
assistant = autogen.AssistantAgent(
    name="assistant",  # 에이전트 이름
    llm_config={
        "config_list": config_list,  # 사용할 언어 모델 설정 리스트
        "temperature": 0,  # 응답의 일관성을 높이기 위한 설정(무작위성 최소화)
    },
)

# UserProxyAgent 생성: 사용자를 대신하여 메시지를 보내고 코드를 실행할 수 있는 대리 에이전트
user_proxy = autogen.UserProxyAgent(
    name="user_proxy",  # 에이전트 이름
    max_consecutive_auto_reply=10,  # 자동 응답 횟수 제한(최대 10회)

    # 대화 종료 조건 설정: 메시지 내용이 "TERMINATE"로 끝나면 대화 종료
    is_termination_msg=lambda x: x.get("content", "").rstrip().endswith("TERMINATE"),

    # 코드 실행 환경 설정
    code_execution_config={
        # 로컬에서 실행, 작업 디렉터리 지정
        "executor": LocalCommandLineCodeExecutor(work_dir="coding"),
    },

    human_input_mode="NEVER", # 인간의 개입 없이 자동으로만 진행(ALWAYS로 하면 매번 사용자 입력 필요)
)

# 대화 시작: user_proxy가 assistant에게 초기 메시지를 전달
```

```python
chat_res = user_proxy.initiate_chat(
    assistant,  # 대화 상대는 assistant 에이전트
    message="""피보나치 수열에 대해 설명해 줘.""",  # 초기 메시지
    summary_method="reflection_with_llm",  # 대화 내용 요약 방식 설정(LLM을 이용한 요약)
)
```

결과

```
user_proxy (to assistant):

피보나치 수열에 대해 설명해 줘.

--------------------------------------------------------------------------------
assistant (to user_proxy):

피보나치 수열은 수학에서 매우 유명한 수열로, 각 항이 이전 두 항의 합으로 정의됩니다. 수열의 첫 두 항은
일반적으로 0과 1로 시작합니다. 따라서 피보나치 수열의 처음 몇 항은 다음과 같습니다:

- F(0) = 0
- F(1) = 1
- F(2) = F(0) + F(1) = 0 + 1 = 1
- F(3) = F(1) + F(2) = 1 + 1 = 2
- F(4) = F(2) + F(3) = 1 + 2 = 3
- F(5) = F(3) + F(4) = 2 + 3 = 5
- F(6) = F(4) + F(5) = 3 + 5 = 8
- F(7) = F(5) + F(6) = 5 + 8 = 13

따라서 피보나치 수열의 처음 몇 항은 0, 1, 1, 2, 3, 5, 8, 13, ...입니다.

이 수열은 자연계에서도 많이 발견되며, 예를 들어 식물의 잎 배열, 꽃의 잎 수, 나선형 구조 등에서 나타납니
다. 피보나치 수열은 또한 컴퓨터 과학, 금융, 알고리즘 설계 등 다양한 분야에서 활용됩니다.

피보나치 수열을 생성하는 파이썬 코드를 작성해 드릴까요?

--------------------------------------------------------------------------------
user_proxy (to assistant):



--------------------------------------------------------------------------------
assistant (to user_proxy):

피보나치 수열을 생성하는 파이썬 코드를 작성하겠습니다. 이 코드는 사용자가 원하는 수의 항을 출력합니다.

아래 코드를 실행하여 피보나치 수열을 생성해 보세요.

```python
# filename: fibonacci.py
def fibonacci(n):
```
```

```
    fib_sequence = []
    a, b = 0, 1
    for _ in range(n):
        fib_sequence.append(a)
        a, b = b, a + b
    return fib_sequence

# 사용자로부터 항의 개수를 입력받습니다.
n = int(input("몇 개의 피보나치 수열 항을 생성할까요? "))
print(f"피보나치 수열의 처음 {n} 항: {fibonacci(n)}")
```

이 코드를 `fibonacci.py`라는 파일로 저장한 후 실행해 주세요. 그러면 원하는 수의 피보나치 수열 항을 출력할 수 있습니다.

```
--------------------------------------------------------------------------------

>>>>>>>> EXECUTING CODE BLOCK (inferred language is python)...
user_proxy (to assistant):

exitcode: 1 (execution failed)
Code output: Traceback (most recent call last):
  File "/content/coding/fibonacci.py", line 11, in <module>
    n = int(input("몇 개의 피보나치 수열 항을 생성할까요? "))
            ^^^^^^^^^^^^^^^^^^^^^^^^^^^^^^^^^^^^^^^^^^^^^^^^^^
EOFError: EOF when reading a line
몇 개의 피보나치 수열 항을 생성할까요?

--------------------------------------------------------------------------------
assistant (to user_proxy):
```

입력 방식에서 문제가 발생한 것 같습니다. `input()` 함수는 대화형 환경에서 사용자 입력을 요구하는데, 현재 환경에서는 이를 지원하지 않는 것 같습니다. 대신, 피보나치 수열의 항의 개수를 코드에 직접 설정하도록 수정하겠습니다.

아래 코드를 사용하여 피보나치 수열을 생성해 보세요. 이 코드는 항의 개수를 10으로 설정하였습니다. 필요에 따라 숫자를 변경할 수 있습니다.

```python
# filename: fibonacci.py
def fibonacci(n):
    fib_sequence = []
    a, b = 0, 1
    for _ in range(n):
        fib_sequence.append(a)
        a, b = b, a + b
    return fib_sequence
```

```
# 피보나치 수열의 항의 개수를 설정합니다.
n = 10  # 원하는 항의 개수로 변경 가능
print(f"피보나치 수열의 처음 {n} 항: {fibonacci(n)}")
```
```

이 코드를 `fibonacci.py`라는 파일로 저장한 후 실행해 주세요. 그러면 처음 10개의 피보나치 수열 항을 출력할 수 있습니다.

>>>>>>>> EXECUTING CODE BLOCK (inferred language is python)...
user_proxy (to assistant):

exitcode: 0 (execution succeeded)
Code output: 피보나치 수열의 처음 10 항: [0, 1, 1, 2, 3, 5, 8, 13, 21, 34]

----
assistant (to user_proxy):

피보나치 수열의 처음 10개 항이 성공적으로 출력되었습니다: [0, 1, 1, 2, 3, 5, 8, 13, 21, 34].

이로써 피보나치 수열에 대한 요청이 완료되었습니다. 추가로 궁금한 점이 있거나 다른 작업이 필요하시면 말씀해 주세요.

TERMINATE

>>>>>>>> TERMINATING RUN (5b0fe3cc-8801-4b79-8491-fb5151a0e71f): Termination message condition on agent 'user_proxy' met
```

### 9.2.3 랭그래프로 에이전트 만들기

랭그래프는 LLM을 활용해 상태 기반의 멀티 에이전트 애플리케이션을 구축할 수 있도록 지원합니다. 기존 랭체인의 기능을 확장하여 복잡한 에이전트 기반 시스템이 반복적이고 동적인 의사 결정을 내릴 수 있도록 순환 구조를 지원하는 것이 특징입니다.

다음은 랭그래프의 주요 특징입니다.

▼ **표 9-1** 랭그래프의 주요 특징

| 특징 | 설명 |
|---|---|
| 상태 기반 오케스트레이션 (stateful orchestration) | 랭그래프는 개발자가 그래프 내 여러 노드(에이전트 또는 함수) 간 상태를 정의하고 관리할 수 있게 해 줍니다. 이를 통해 복잡한 상호작용과 데이터 흐름을 효율적으로 처리할 수 있습니다. |
| 순환 그래프 구조 (cyclical graph) | 일반적인 방향성 비순환 그래프(DAG)와 달리, 랭그래프는 노드 간 순환을 허용합니다. 이를 통해 에이전트들이 새로운 정보를 기반으로 이전 단계로 돌아가 재검토하거나 다시 판단을 내리는 반복 과정을 수행할 수 있습니다. |
| 멀티 에이전트 협업 (multi-agent coordination) | 랭그래프는 각기 다른 역할을 가진 여러 에이전트를 하나의 그래프 구조 안에서 조정할 수 있도록 합니다. 각 에이전트는 고유한 프롬프트, LLM, 도구, 사용자 지정 코드 등을 가질 수 있습니다. |
| 랭체인 생태계와의 통합 | 랭그래프는 랭체인의 다른 도구들(예 랭스미스 등)과 원활하게 통합되어 있어, 에이전트의 모니터링, 디버깅, 개발 및 배포 과정을 더욱 편리하게 만듭니다. |

랭그래프의 핵심 구성 요소는 다음과 같습니다.

- **상태 그래프**(stategraph): 전체 그래프 구조를 나타내며, 상태와 실행 흐름을 관리합니다.
- **노드**(node): LLM 호출, 함수 실행 등 개별적인 연산 또는 의사 결정 작업을 수행하는 구성 요소입니다.
- **엣지**(edge): 노드 간 데이터 흐름과 관계를 정의하며, 조건에 따라 동적으로 경로를 변경하는 기능도 제공합니다.

### tavily API 인증키 등록하기

Tavily Search API는 LLM과 RAG 시스템에 최적화된 검색 엔진입니다. 기존 검색 엔진들과 달리, tavily는 AI 애플리케이션의 요구 사항에 맞춰 설계되었습니다.

tavily의 주요 특징 다음과 같습니다.

- **AI 최적화**: LLM과의 원활한 통합을 위해 설계되었습니다.
- **최신 정보**: 실시간으로 업데이트되는 정보를 제공합니다.
- **다양한 검색 모드**: 일반 검색, 뉴스 검색, 이미지 검색 등 다양한 모드를 제공합니다.
- **콘텐츠 필터링**: 신뢰할 수 있는 소스의 정보만을 제공합니다.
- **무료 사용량**: 월 1,000회의 무료 API 호출을 제공합니다.

그럼 tavily 서비스에 가입하고 API 인증키를 발급받아 등록해 보겠습니다.

1. 다음 URL에 접속해 회원 가입합니다.

URL https://app.tavily.com/signup

구글 계정이 있으면 **Continue with Google**을 누르면 됩니다.

▼ **그림 9-5** tavily 가입

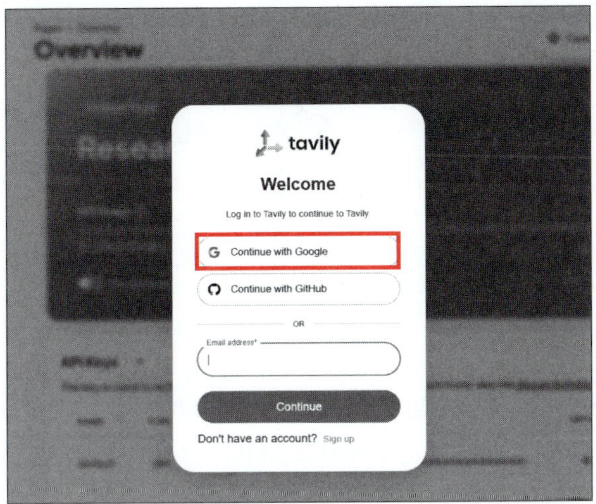


2. **API Keys**를 누르면 API 생성 창이 열립니다. Key Name을 입력해 새로운 API Key를 생성합니다.

▼ **그림 9-6** tavily API Key 생성

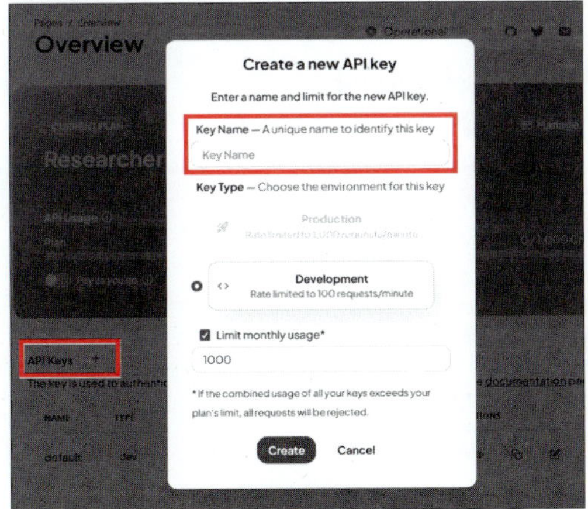

3. 생성된 API Keys를 코랩 보안키에 입력합니다.

▼ 그림 9-7 tavily API Key와 코랩 보안키

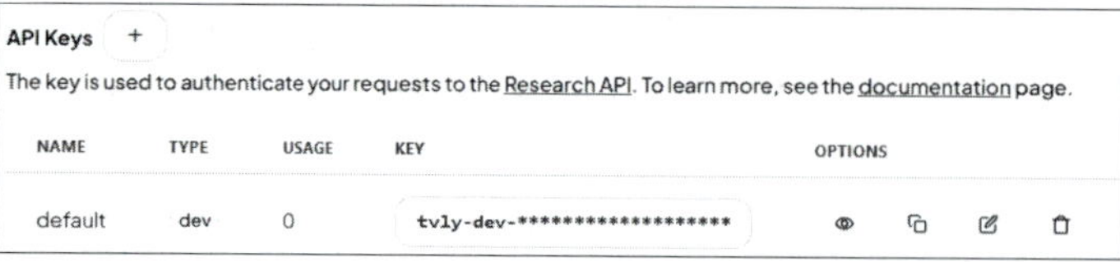


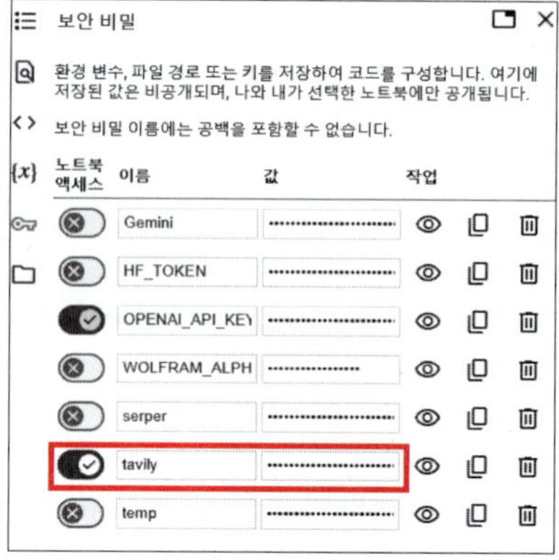


## 랭그래프로 인터넷 검색 에이전트 만들기

랭그래프를 활용해 LLM 기반 챗봇을 만들고 사용자의 질문을 받아 적절한 응답을 하거나, 필요한 경우 외부 도구를 호출해 응답하는 인터넷 검색 에이전트 만들기 실습을 진행해 보겠습니다.

1. 패키지를 설치합니다.

코드

```
!pip install -U langchain_community langgraph langchain_openai
```

2. OpenAI API key를 입력하고, 대화 상태를 정의하는 클래스를 생성합니다.

코드

```
import os
import warnings
warnings.filterwarnings('ignore')

from google.colab import userdata
os.environ['OPENAI_API_KEY'] = userdata.get('OPENAI_API_KEY')
os.environ['TAVILY_API_KEY'] = userdata.get('tavily')
# 필요한 타입 힌트 및 기능을 불러옵니다.
from typing import Annotated  # 타입 힌트를 확장하여 메타데이터나 추가 동작을 부여할 수 있음
from typing_extensions import TypedDict  # 딕셔너리 형태의 고정된 구조를 타입으로 지정할 수 있게 함
from langgraph.graph.message import add_messages  # 랭그래프의 메시지 관련 기능을 제공하는 유틸리티

# 대화 상태(state)를 정의하는 클래스입니다.
class State(TypedDict):
    # 'messages' 필드는 메시지들의 리스트입니다.
    # Annotated를 통해 이 필드에 대해 추가 기능(add_messages)을 부여합니다.
    # add_messages는 랭그래프에서 메시지를 추가/추적할 수 있도록 도와주는 역할을 합니다.
    messages: Annotated[list, add_messages]
```

3. ToolNode로 툴 노드를 구축합니다.

코드

```
# Tavily 검색 툴을 랭체인 커뮤니티 모듈에서 불러옵니다.
from langchain_community.tools.tavily_search import TavilySearchResults

# 랭그래프에서 툴 노드 및 조건 분기 관련 유틸리티를 불러옵니다.
from langgraph.prebuilt import ToolNode, tools_condition

# Tavily 검색 툴을 초기화합니다.
# max_results=2는 최대 2개의 검색 결과만 가져오도록 설정합니다.
tool = TavilySearchResults(max_results=2)

# 사용할 툴들을 리스트로 구성합니다.
# 랭그래프는 여러 툴을 동시에 등록할 수 있기 때문에 리스트로 정의합니다.
tools = [tool]

# 툴을 사용하는 노드를 생성합니다.
# ToolNode는 주어진 툴들을 기반으로 사용자 입력에 따라 해당 툴을 호출하는 기능을 합니다.
tool_node = ToolNode(tools)
```

4. 툴 호출 요청을 처리하는 기본 노드를 정의합니다.

코드

```
import json

# 랭체인에서 툴 응답 메시지를 나타내는 객체를 가져옵니다.
from langchain_core.messages import ToolMessage

class BasicToolNode:
    """AIMessage에서 요청한 툴을 실행하는 기본 노드 클래스"""

    def __init__(self, tools: list) -> None:
        # 툴 목록을 {툴 이름: 툴 인스턴스} 형태의 딕셔너리로 변환해 저장합니다.
        # 나중에 툴 이름으로 빠르게 접근하기 위해 사용됩니다.
        self.tools_by_name = {tool.name: tool for tool in tools}

    def __call__(self, inputs: dict):
        # 입력에서 messages 리스트를 가져옵니다. 없으면 빈 리스트 반환
        if messages := inputs.get("messages", []):
            # 마지막 메시지(최신 AIMessage)를 가져옵니다.
            message = messages[-1]
        else:
            # 메시지가 없을 경우 예외 발생
            raise ValueError("No message found in input")

        outputs = []  # 툴 실행 결과를 저장할 리스트
```

```
        # 메시지 내 포함된 툴 호출 요청들을 하나씩 처리합니다.
        for tool_call in message.tool_calls:
            # tool_call["name"]에 해당하는 툴을 찾아 실행하고 결과를 받습니다.
            # tool_call["args"]는 해당 툴에 전달할 인자입니다.
            tool_result = self.tools_by_name[tool_call["name"]].invoke(
                tool_call["args"]
            )

            # 실행 결과를 ToolMessage로 감싸서 outputs에 추가합니다.
            # ToolMessage는 랭그래프/랭체인에서 툴 실행 응답을 표현하는 객체입니다.
            outputs.append(
                ToolMessage(
                    content=json.dumps(tool_result),  # 툴 결과를 JSON 문자열로 변환
                    name=tool_call["name"],  # 어떤 툴에서 실행되었는지 이름 명시
                    tool_call_id=tool_call["id"],  # 고유 ID로 호출 응답을 연결
                )
            )

        # 새로운 메시지 리스트를 반환합니다(ToolMessage 형식).
        return {"messages": outputs}
```

5. 챗봇에 활용할 LLM을 설정합니다.

코드

```
from langchain_openai import ChatOpenAI

llm = ChatOpenAI(model="gpt-4o-mini")
llm_with_tools = llm.bind_tools(tools)

def chatbot(state: State):
    result = llm_with_tools.invoke(state["messages"])
    return {"messages": [result]}
```

6. 랭그래프의 상태 기반 그래프를 정의합니다.

코드

```
# 랭그래프의 상태 기반 그래프를 정의하기 위한 모듈을 가져옵니다.
from langgraph.graph import StateGraph

# StateGraph 객체를 생성합니다.
# 이때 앞서 정의한 State(예: {"messages": ...}) 구조를 사용합니다.
graph_builder = StateGraph(State)

# "chatbot"이라는 이름으로 LLM 노드를 추가합니다.
graph_builder.add_node("chatbot", chatbot)  # LLM 노드

# "tools"라는 이름으로 툴 실행 노드를 추가합니다.
```

```
graph_builder.add_node("tools", tool_node)  # 툴 실행 노드

# 툴 실행이 끝나면 chatbot으로 흐름이 이어지도록 edge(엣지)를 정의합니다.
graph_builder.add_edge("tools", "chatbot")

# chatbot 실행 후 다음 흐름을 조건에 따라 분기 처리하도록 설정합니다.
# tools_condition은 툴을 호출해야 하는지 여부를 판단하는 함수입니다.
graph_builder.add_conditional_edges("chatbot", tools_condition)

# 그래프의 시작점을 "chatbot" 노드로 지정합니다.
graph_builder.set_entry_point("chatbot")

# 그래프를 컴파일하여 실행 가능한 형태로 만듭니다.
graph = graph_builder.compile()
```

7. mermaid 구문을 사용해 그래프의 이미지 표현해 봅니다.

코드

```
from IPython.display import Image, display

# PNG 시도
try:
    display(Image(graph.get_graph().draw_mermaid_png()))
except Exception as e:
    print(f"PNG 출력 실패: {e}")
    # Mermaid 텍스트 직접 출력
    print(graph.get_graph().draw_mermaid())
```

다음과 같은 결과가 출력됐습니다.

▼ **그림 9-8** 랭그래프로 인터넷 검색 에이전트 상태 그래프

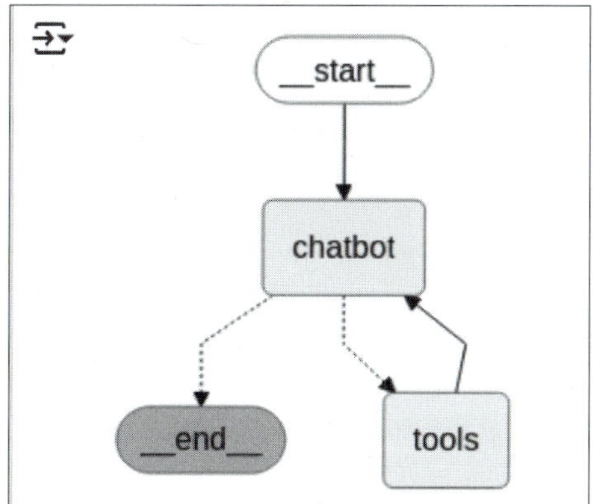

8. LLM 자체로 답변이 가능한 질문이 아닌, 인터넷 검색 툴을 활용해야 답변할 수 있는 질문을 해 봅니다.

코드

```
graph.invoke({"messages": {"role": "user", "content": "지금 미국 대통령은 누구야?"}})
```

결과

```
{'messages': [HumanMessage(content='지금 미국 대통령은 누구야?'
…중략…
AIMessage(content='현재 미국 대통령은 도널드 트럼프(Donald Trump)입니다. 그는 2025년 1월 20일
에 취임했습니다.', additional_kwargs={'refusal': None}, response_metadata={'token_usage':
{'completion_tokens': 36, 'prompt_tokens': 339, 'total_tokens': 375, 'completion_tokens_
details': {'accepted_prediction_tokens': 0, 'audio_tokens': 0, 'reasoning_tokens': 0, 'rejected_
prediction_tokens': 0}, 'prompt_tokens_details': {'audio_tokens': 0, 'cached_tokens': 0}},
'model_name': 'gpt-4o-mini-2024-07-18', 'system_fingerprint': 'fp_dbaca60df0', 'id': 'chatcmpl-
BUpSAQ4YA1GPPkWW0A4yguOMoo84g', 'service_tier': 'default', 'finish_reason': 'stop', 'logprobs':
None}, id='run--f7f5357f-0d78-4251-908b-70acb3dfabba-0', usage_metadata={'input_tokens': 339,
'output_tokens': 36, 'total_tokens': 375, 'input_token_details': {'audio': 0, 'cache_read': 0},
'output_token_details': {'audio': 0, 'reasoning': 0}})]}
```

랭그래프 다중 에이전트로 보고서 만들기

랭그래프 다중 에이전트를 활용해 이미지가 포함된 보고서를 자동으로 만들어 주는 실습을 진행해 보겠습니다. 해당 실습 과정을 간단히 설명하면 먼저 개요 작성 에이전트 활용하여 보고서 개요를 작성합니다. 개요를 바탕으로 본문 콘텐츠를 만들고 콘텐츠에 맞는 이미지를 생성합니다. 모든 섹션에 글 작성과 이미지 생성이 완료되면 최종 보고서를 생성합니다.

1. 패키지를 설치합니다.

코드

```
!pip install -q \
    langchain langchain-core langchain-community langchain-openai \
    langgraph \
    python-docx \
    tavily-python \
    openai
```

2. OpenAI API key를 입력하고, 랭그래프를 활용해 상태 기반 워크플로를 정의하기 위한 초기 상태 구조와 그래프 빌더를 설정합니다.

코드

```
import os
import warnings
warnings.filterwarnings('ignore')

from google.colab import userdata
os.environ['OPENAI_API_KEY'] = userdata.get('OPENAI_API_KEY')
os.environ['TAVILY_API_KEY'] = userdata.get('tavily')

# 타입 힌트 관련 모듈 가져오기
from typing import Annotated, TypedDict, List, Dict, Sequence, Optional
# 랭그래프에서 그래프 생성을 위한 클래스 및 상수 가져오기
from langgraph.graph import StateGraph, START, END
# 랭그래프에서 메시지 추적 기능 추가 유틸리티
from langgraph.graph.message import add_messages
# 랭체인 메시지, 프롬프트, 파서
from langchain_core.messages import BaseMessage, HumanMessage, AIMessage
from langchain_core.prompts import PromptTemplate
from langchain_core.output_parsers import JsonOutputParser

# Pydantic 모델 동적 생성용
from pydantic import Field, create_model

# Word(docx) 생성용
from docx import Document

# Optional: 그래프 구조 PNG 출력용
from IPython.display import Image as IPyImage, display

# 상태(State) 구조 정의
class State(TypedDict):
    # 메시지 목록을 추적하며 누적 저장(랭그래프의 add_messages 기능 적용)
    messages: Annotated[Sequence[BaseMessage], add_messages]
    # 생성된 목차 정보를 저장(예: {"1": "서론", "2": "본론", ...})
    outline: Dict[str, str]
    # 현재 작성 중인 섹션 번호(1부터 시작)
    current_section: int
    # 현재 섹션에서 생성된 본문 콘텐츠
    section_content: str

    # 전체 섹션 수(사용자가 설정한 총 섹션 수)
    total_sections: int
    # 전체 보고서 구성: 각 섹션의 제목, 본문 등을 리스트로 저장
    full_report: List[Dict[str, str]]
    # 생성된 docx 파일명
    report_file: Optional[str]

# 상태 기반 그래프(StateGraph) 초기화
graph_builder = StateGraph(State)
```

3. 웹 검색 툴을 정의합니다.

코드

```
from langchain_community.tools.tavily_search import TavilySearchResults
# 검색 결과 3개까지 사용
search = TavilySearchResults(max_results=3)
```

4. 사용할 LLM 모델을 설정합니다.

코드

```
from langchain_openai import ChatOpenAI
llm = ChatOpenAI(model="gpt-4o-mini")
```

5. 개요 작성 에이전트를 설정합니다.

코드

```
# 사용자가 원하는 섹션 개수에 따라 동적으로 Pydantic 모델을 생성하는 함수
def create_outline_model(section_count: int):
    # 딕셔너리 컴프리헨션을 통해 section1, section2, ..., section{n} 형태의 필드를 생성
    # 각 필드는 문자열(str) 타입이며, Field를 사용하여 설명(description)을 부여함
    fields = {
        f"section{i}": (str, Field(description=f"Title for section {i}"))
        for i in range(1, section_count + 1)
    }

    # create_model은 런타임에 새로운 Pydantic 모델 클래스를 생성하는 함수
    # 첫 번째 인자는 모델의 이름, 이후는 필드들을 키워드 인자(fields)로 전달
    return create_model("DynamicOutline", fields)

def outline_generator(state: State):
    # 섹션 수에 맞는 동적 Pydantic 모델 생성
    DynamicOutline = create_outline_model(state["total_sections"])
    outline_parser = JsonOutputParser(pydantic_object=DynamicOutline)

    # 개요 생성 프롬프트 템플릿
    prompt = PromptTemplate(
        template=(
            "아래 주제에 대해 {section_count}개의 주요 섹션으로 구성된 보고서 개요를 작성해 줘.\n"
            "각 섹션은 간결하고 명확한 제목으로 구성해 줘.\n\n"
            "출력 형식:\n{format_instructions}\n\n"
            "주제: {topic}"
        ),
        input_variables=["section_count", "topic"],
        partial_variables={"format_instructions": outline_parser.get_format_instructions()},
    )
```

```
    # 프롬프트 → LLM → 파서로 연결된 체인 구성
    chain = prompt | llm | outline_parser

    # 실행: 사용자 메시지를 topic으로 사용
    topic = state["messages"][-1].content
    outline_obj = chain.invoke({"section_count": state["total_sections"], "topic": topic})

    # dict 형태로 변환
    outline = outline_obj.model_dump() if hasattr(outline_obj, "model_dump") else dict(outline_
obj)

    # 생성된 개요 출력
    print("=== 개요 ===")
    for k, v in outline.items():
        print(f"{k}: {v}")

    return {"outline": outline}
```

6. 본문 작성 에이전트를 설정합니다.

코드

```
def contents_writer(state: State):
    # 현재 섹션이 전체 섹션보다 크면 >> 보고서 완성
    if state["current_section"] > state["total_sections"]:
        return {"messages": [AIMessage(content="All sections already completed.")]}

    # 현재 섹션 제목
    key = f"section{state['current_section']}"
    topic = state["outline"][key]

    # Tavily 검색 결과 가져오기
    try:
        search_results = search.invoke(topic)
    except Exception as e:
        search_results = f"Tavily search failed: {e}"

    # 이전 섹션들 연결성 확보용
    previous_sections = "\n\n".join(
        [f"[Section {i}] {sec['title']}\n{sec['content']}"
         for i, sec in enumerate(state["full_report"], start=1)]
    ) or "없음"

    # 섹션 본문 생성 프롬프트
    prompt = PromptTemplate(
        template=(
            "다음 주제에 대한 상세 보고서 섹션을 작성해 줘:\n"
            "- 주제: {topic}\n\n"
```

```
            "검색 결과:\n{search_results}\n\n"
            "이전 섹션 내용:\n{previous_sections}\n\n"
            "요구 사항:\n"
            "- 이미지 생성 관련 문구 절대 금지\n"
            "- 구체적 정보, 수치 포함 가능\n"
            "- 자연스러운 한국어 보고서 스타일"
        ),
        input_variables=["topic", "search_results", "previous_sections"],
    )

    final_prompt = prompt.format(
        topic=topic,
        search_results=search_results,
        previous_sections=previous_sections,
    )

    # GPT 호출
    llm_result = llm.invoke(final_prompt)

    return {"section_content": llm_result.content}

# 섹션 누적 노드
def section_aggregator(state: State):
    # 방금 생성된 섹션 내용을 full_report에 추가
    idx = state["current_section"]
    title = state["outline"][f"section{idx}"]

    # 콘솔 출력
    print("\n" + "=" * 70)
    print(f"섹션 {idx}/{state['total_sections']} : {title}")
    print("-" * 70)
    print(state["section_content"])
    print("=" * 70 + "\n")

    # full_report 업데이트
    new_list = state["full_report"] + [{
        "title": title,
        "content": state["section_content"],
    }]

    print(f"섹션 {idx}/{state['total_sections']} 생성 완료\n")

    return {
        "full_report": new_list,
        "current_section": idx + 1
    }
```

7. 최종 보고서 생성 에이전트를 설정합니다.

코드

```
def report_generator(state: State):
    title_text = state["messages"][0].content
    doc = Document()

    # 보고서 제목
    doc.add_heading(f"Report: {title_text}", 0)

    # 섹션들 추가
    for section in state["full_report"]:
        doc.add_heading(section["title"], level=1)
        doc.add_paragraph(section["content"])
        doc.add_page_break()

    # 안전한 파일명 생성
    safe_title = "".join(c if c.isalnum() or c in " _-" else "_" for c in title_text)
    filename = f"report_{safe_title}.docx".replace(" ", "_")

    # 파일 저장
    doc.save(filename)
    print(f"보고서 파일 저장 완료: {filename}")

    return {
        "messages": [AIMessage(content=f"Report finalized and saved as {filename}.")],
        "report_file": filename
    }
```

8. 그래프 구축 에이전트를 설정합니다.

코드

```
graph_builder = StateGraph(State)

# 노드 추가
graph_builder.add_node("outline_generator", outline_generator) # 개요 생성 노드
graph_builder.add_node("contents_writer", contents_writer)  # 본문 작성 노드
graph_builder.add_node("section_aggregator", section_aggregator) # 섹션 누적 노드
graph_builder.add_node("report_generator", report_generator)  # 최종 보고서 생성 노드

# 엣지(흐름 연결) 추가
graph_builder.add_edge(START, "outline_generator")
graph_builder.add_edge("outline_generator", "contents_writer")
graph_builder.add_edge("contents_writer", "section_aggregator")
graph_builder.add_edge("report_generator", END)

# 조건부 엣지(분기 조건 정의)
def should_continue_writing(state: State):
```

```
    # 현재 섹션이 전체 섹션 수 이하라면 계속 작성
    return "write" if state["current_section"] <= state["total_sections"] else "done"

graph_builder.add_conditional_edges(
    "section_aggregator",
    should_continue_writing,
    {
        "write": "contents_writer",
        "done": "report_generator",
    }
)

# 그래프 컴파일
graph = graph_builder.compile()

# 그래프 구조 시각화 (옵션)
try:
    display(IPyImage(graph.get_graph().draw_mermaid_png()))
except:
    pass  # PNG 출력 실패 시 무시
```

다음과 같은 그래프가 출력됩니다. 랭그래프로 이미지가 포함된 보고서를 만드는 다중 에이전트 상태 그래트입니다.

▼ **그림 9-9** 다중 에이전트 상태 그래프

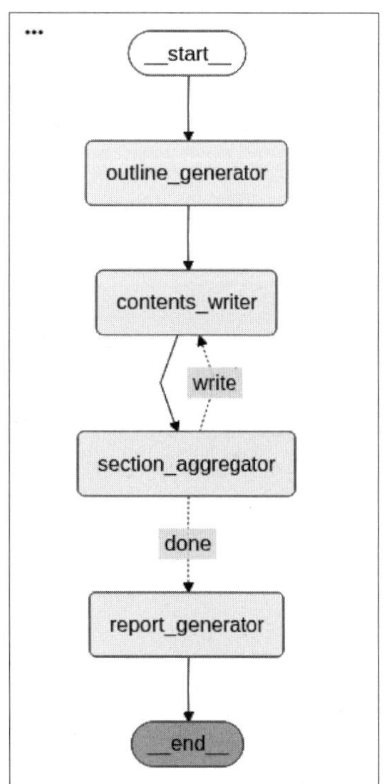

9. 랭그래프를 실행합니다. 보고서 주제 및 생성할 섹션 수를 입력한 후 보고서가 잘 생성되는지 확인합니다.

코드

```
from langchain_core.messages import HumanMessage

# 사용자 입력받기
topic = input("보고서 주제를 입력하세요: ")
total_sections = int(input("생성할 섹션 수를 입력하세요(예: 3, 5): "))

initial_state: State = {
    "messages": [HumanMessage(content=topic)],
    "total_sections": total_sections,
    "current_section": 1,
    "outline": {},
    "section_content": "",
    "full_report": [],
    "report_file": None,
}

print("\n=== 그래프 실행 시작 ===")

# graph.stream → 단계별 state 출력
for chunk in graph.stream(initial_state, stream_mode="values"):
    print(chunk)

print("\n=== 보고서 생성 완료 ===")
```

결과

```
보고서 주제를 입력하세요: AI 보안
생성할 섹션 수를 입력하세요(예: 3, 5): 1

=== 그래프 실행 시작 ===

...생략...

=== 보고서 생성 완료 ===
```

10. 코랩을 살펴보면 report_AI_보안.docx 파일이 생성된 것을 확인할 수 있습니다.

▼ **그림 9-10** 코랩 내에서 생성된 보고서

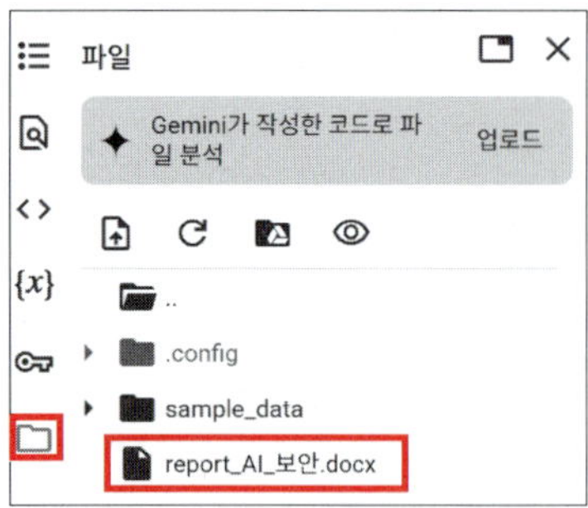

▼ **그림 9-11** MS 워드로 생성된 보고서

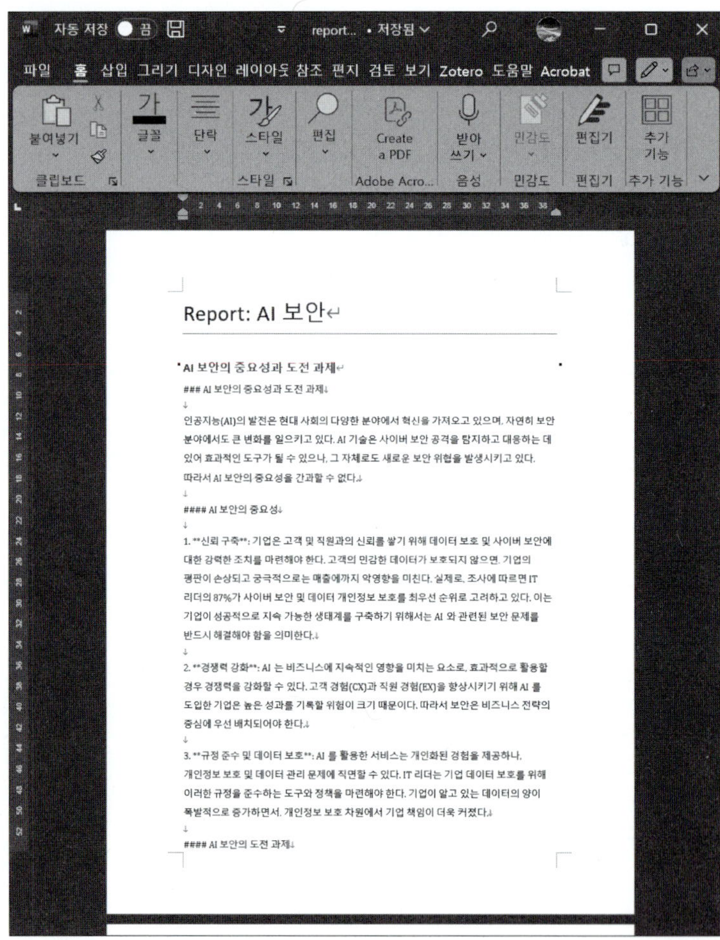

Report: AI 보안

AI 보안의 중요성과 도전 과제

AI 보안의 중요성과 도전 과제

인공지능(AI)의 발전은 현대 사회의 다양한 분야에서 혁신을 가져오고 있으며, 자연히 보안 분야에서도 큰 변화를 일으키고 있다. AI 기술은 사이버 보안 공격을 탐지하고 대응하는 데 있어 효과적인 도구가 될 수 있으나, 그 자체로도 새로운 보안 위협을 발생시키고 있다. 따라서 AI 보안의 중요성을 간과할 수 없다.

AI 보안의 중요성

1. **신뢰 구축**: 기업은 고객 및 직원과의 신뢰를 쌓기 위해 데이터 보호 및 사이버 보안에 대한 강력한 조치를 마련해야 한다. 고객의 민감한 데이터가 보호되지 않으면, 기업의 평판이 손상되고 궁극적으로는 매출에까지 악영향을 미친다. 실제로, 조사에 따르면 IT 리더의 87%가 사이버 보안 및 데이터 개인정보 보호를 최우선 순위로 고려하고 있다. 이는 기업이 성공적으로 지속 가능한 생태계를 구축하기 위해서는 AI 와 관련된 보안 문제를 반드시 해결해야 함을 의미한다.

2. **경쟁력 강화**: AI 는 비즈니스에 지속적인 영향을 미치는 요소로, 효과적으로 활용할 경우 경쟁력을 강화할 수 있다. 고객 경험(CX)과 직원 경험(EX)을 향상시키기 위해 AI 를 도입한 기업은 높은 성과를 기록할 위험이 크기 때문이다. 따라서 보안은 비즈니스 전략의 중심에 우선 배치되어야 한다.

3. **규정 준수 및 데이터 보호**: AI 를 활용한 서비스는 개인화된 경험을 제공하나, 개인정보 보호 및 데이터 관리 문제에 직면할 수 있다. IT 리더는 기업 데이터 보호를 위해 이러한 규정을 준수하는 도구와 정책을 마련해야 한다. 기업이 알고 있는 데이터의 양이 폭발적으로 증가하면서, 개인정보 보호 차원에서 기업 책임이 더욱 커졌다.

AI 보안의 도전 과제

9.3 n8n으로 워크플로 구축하기

9.3.1 n8n이란

n8n은 다양한 애플리케이션과 서비스를 서로 연결해 자동화 워크플로를 구축해 주는 오픈소스 기반 도구입니다. 마치 레고 블록을 조립하듯이 시각적인 인터페이스에서 노드를 드래그 앤 드롭으로 연결함으로써, 코드를 몰라도 복잡한 작업 흐름을 만들 수 있습니다. 예를 들어 이메일 시스템과 데이터베이스, 슬랙(Slack) 같은 메신저를 n8n으로 연결하면 한 시스템에서 이벤트가 발생했을 때 자동으로 다른 시스템에 알림을 보내거나 데이터를 저장하는 등의 작업을 자동화할 수 있습니다.

기존의 자동화 서비스로 Zapier나 Make(Integromat) 등이 있지만, n8n은 자체 호스팅이 가능한 오픈소스라는 점에서 강점이 있습니다. 즉, 사용자 서버나 로컬 PC에 설치해 인터넷을 연결하지 않아도 구동할 수 있고, 사용량 제한 없이 자유롭게 활용할 수 있습니다. 또한 전 세계 커뮤니티의 기여로 지속해서 기능이 개선되고 새로운 통합 노드가 추가되고 있습니다. 현재 n8n은 400개 이상 다양한 통합 노드를 제공하며, 이메일, SNS, 데이터베이스, 파일 저장소, API 등 흔히 사용하는 거의 모든 서비스와도 연동할 수 있습니다.

n8n의 핵심 특징을 몇 가지로 정리하면 다음과 같습니다.

- **시각적 워크플로 편집기**: 웹 기반 에디터 UI에서 드래그 앤 드롭으로 노드를 추가하고 연결해 워크플로를 구성합니다. 복잡한 코드를 작성하지 않아도 흐름을 그리듯 자동화 로직을 설계할 수 있어 초보자도 접근하기 쉽습니다.
- **광범위한 통합 노드**: 앞서 언급했듯이 Gmail, Slack, Trello, MySQL, MongoDB, HTTP Request 등 400개 이상 다양한 노드가 내장되어 있어 별도의 코딩 없이 다양한 외부 서비스와 상호작용할 수 있습니다.
- **트리거 및 일정 실행**: 워크플로를 자동 시작하게 하는 트리거를 지원합니다. 예를 들어 웹훅(Webhook) 트리거로 특정 웹 요청을 받으면 흐름을 시작하거나, 시간 스케줄러 트리거로 매일 정해진 시간에 워크플로를 실행할 수 있습니다. 사용자는 수동으로도 언제든지 워크플로를 실행하여 테스트할 수 있습니다.
- **유연한 호스팅 옵션**: n8n은 클라우드 서비스(n8n Cloud)로 가입해 바로 사용할 수도 있고, 도커 등을 통해 로컬 서버에 설치해 운영할 수도 있습니다. 오픈소스로 제공되므로 자체 서버에 배포해, 데이터 보안을 강화하거나 커스터마이징하는 것도 가능합니다.
- **조건 분기 및 로직 구성**: 워크플로 내에서 `If` 노드 등을 사용해 조건에 따라 분기 처리하거나, `Function` 노드를 통해 사용자 정의 자바스크립트 코드를 실행하는 등 복잡한 로직도 구현할 수 있습니다. 예를 들어 어떤 데이터 값이 일정 조건을 만족하면 한쪽 경로로 처리하고, 아니면 다른 쪽 경로로 처리하는 분기가 가능합니다.

- **데이터 변환 및 처리**: n8n은 노드 간에 데이터를 주고받을 때 JSON 형식으로 데이터를 처리합니다. Set 노드나 Transform 노드 등을 이용해 필요한 형태로 데이터를 가공하거나 필터링할 수 있습니다. 또한 각 노드에는 입출력 미리보기(Execution Result) 창이 제공되어 데이터를 실시간으로 확인하고 디버깅할 수 있습니다.
- **보안 및 인증 관리**: 외부 서비스를 연동할 때 필요한 API 인증키, OAuth 토큰 등 자격 증명(credentials) 정보를 중앙에서 안전하게 관리합니다. 각 노드에서 해당 인증 정보를 불러와 사용할 수 있으며, 민감한 정보는 암호화 저장되므로 안전합니다.

이처럼 n8n은 코딩 지식이 많지 않은 사람도 손쉽게 사용할 수 있으며, 다양한 시스템을 엮어 업무 효율을 높여 주는 워크플로를 구축할 수 있는 자동화 도구입니다.

9.3.2 n8n 환경 설정

n8n을 사용하려면 가장 먼저 해야 할 일은 계정을 만드는 것입니다. 실습의 편의를 위해 n8n Cloud를 기준으로 환경 설정을 설명하겠습니다. 별도의 프로그램 설치 없이 웹 브라우저만 있으면 어디서든 워크플로를 만들고 테스트할 수 있으므로, 처음 n8n을 접하는 분에게는 클라우드 방식이 가장 간편합니다.

n8n 환경 설정

1. n8n 홈페이지에 접속한 후 **Get Started**를 클릭합니다.

URL https://n8n.io

▼ 그림 9-12 n8n 홈페이지

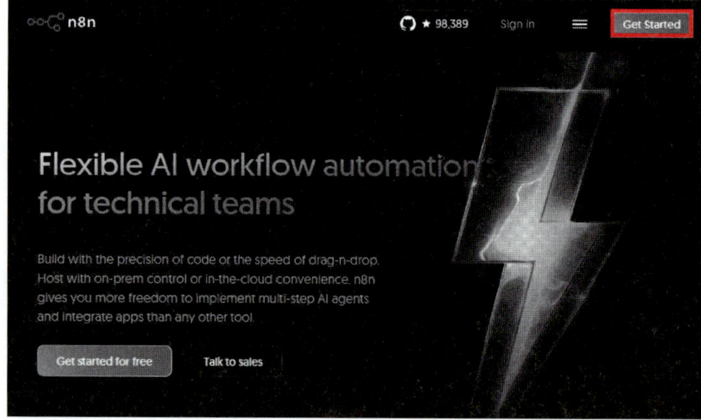

2. 회원 가입 양식에 맞게 이름, 이메일 주소, 비밀번호, 계정명을 입력합니다.

▼ **그림 9-13** n8n 회원 가입

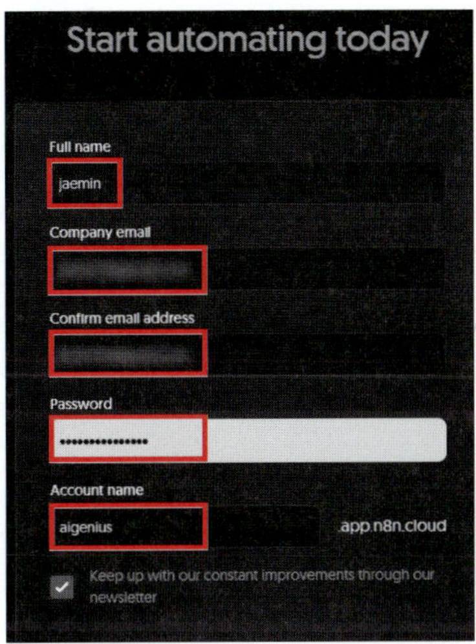

3. 작성한 이메일 주소로 인증 메일이 와 있을 것입니다. 메일을 확인해 **Verify my email**을 클릭합니다.

▼ **그림 9-14** 이메일 인증

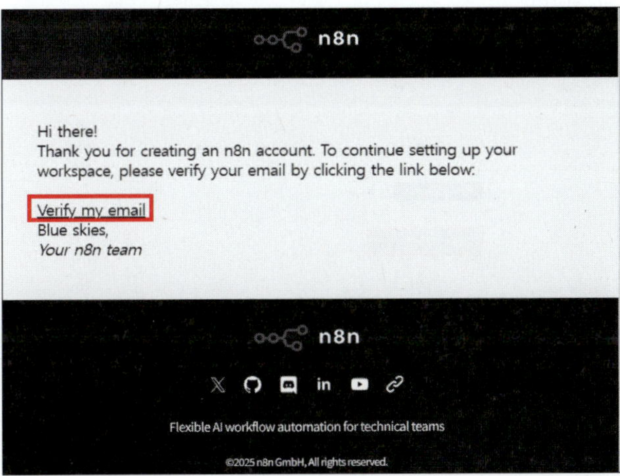

4. 계정명을 넣고 **Sign in**을 클릭해 회원 가입을 마무리합니다.

▼ **그림 9-15** 워크스페이스 인증

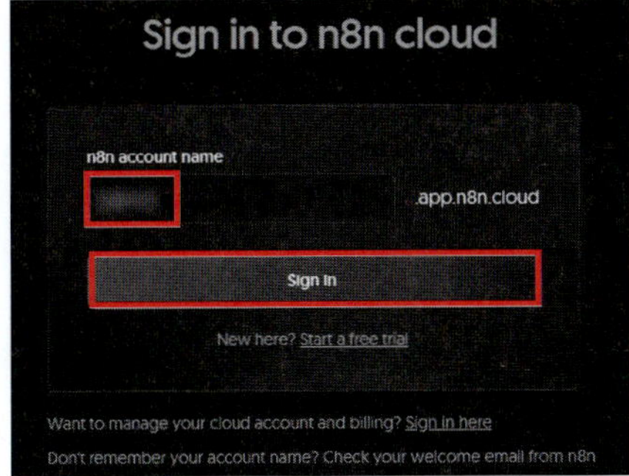

5. 이제 가입한 계정으로 로그인하겠습니다. 이메일 주소와 비밀번호를 넣고 **Sign in**을 클릭합니다.

▼ **그림 9-16** n8n 로그인

9.3.3 n8n으로 워크플로 구축 실습

n8n을 활용해 에이전트형 AI의 워크플로를 구축하는 실습을 진행하겠습니다. 이 워크플로는 사용자가 채팅 메시지를 보내면 그 메시지를 에이전트형 AI가 분석해 다양한 구글 서비스 및 이메일 발송 작업을 자동으로 수행하는 구조입니다. 이제 실습을 진행해 보겠습니다.

1. 로그인한 후 **Create Workflow**를 클릭합니다.

▼ **그림 9-17** 워크플로 화면

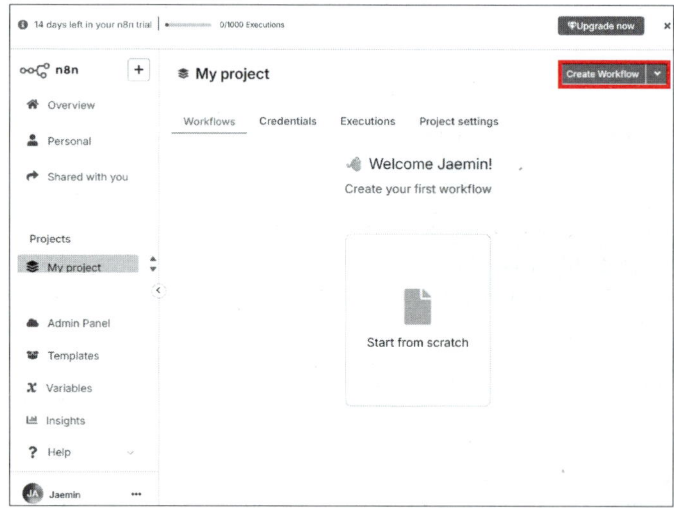

2. 가운데 **+**를 누른 후 **On chat message**를 클릭합니다.

▼ **그림 9-18** 트리거 설정 화면

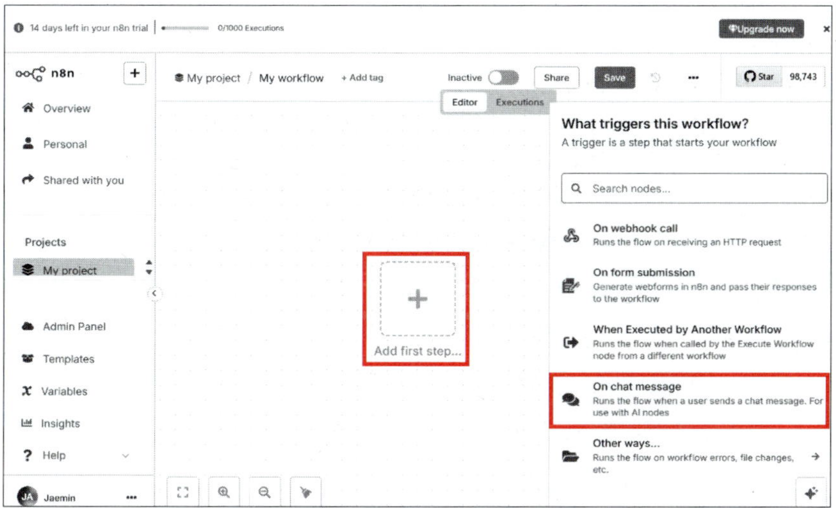

3. Esc를 누르고 가운데 **+**를 클릭한 후 **AI**를 클릭합니다. 이후 **AI Agent**를 클릭합니다.

▼ **그림 9-19** AI Agent 설정

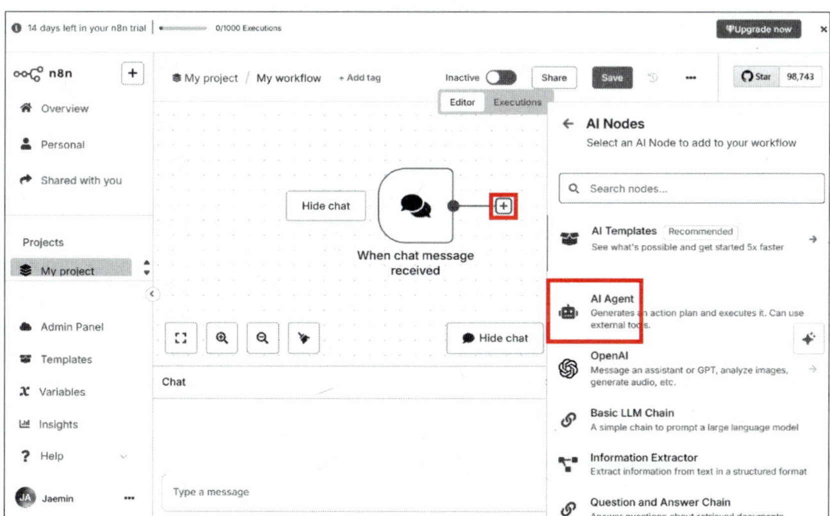

4. Esc를 누르고 AI Agent에서 Chat Model의 +를 클릭한 후 **OpenAI Chat Model**을 클릭합니다.

▼ **그림 9-20** Chat Model 설정

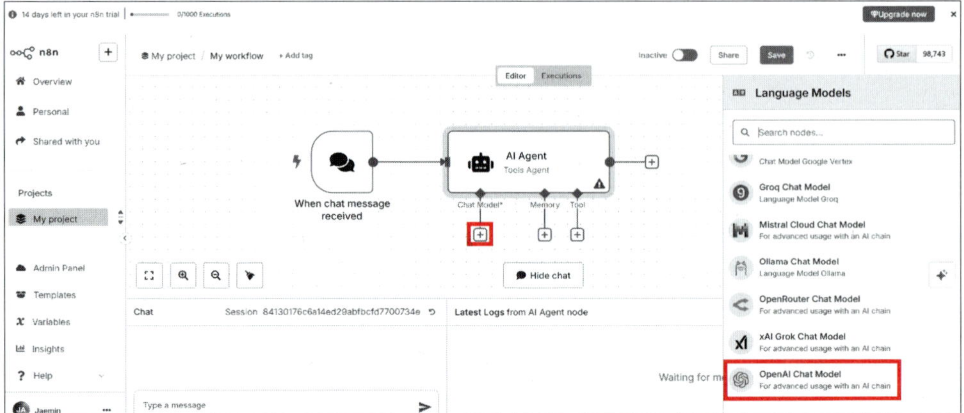

5. 화면에서 **Select Credential** > **+ Create new credential**을 클릭한 후 OpenAI API key를 입력하고 **Save**를 클릭합니다.

▼ **그림 9-21** Chat Model credential 설정

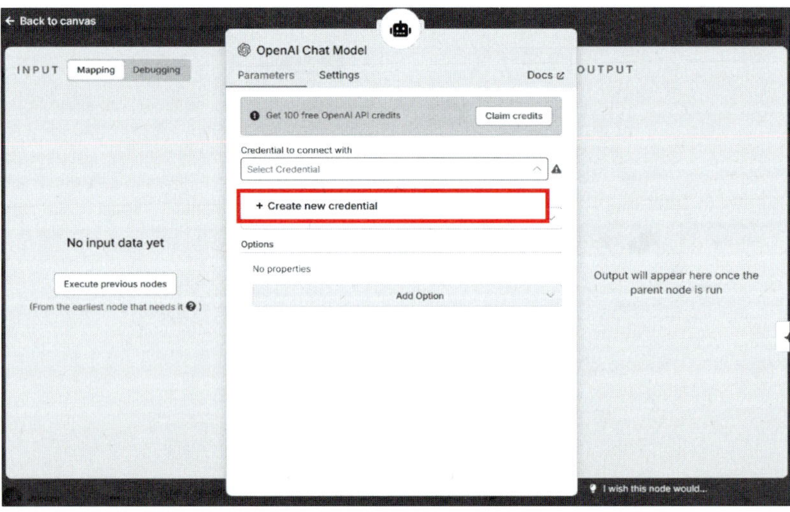

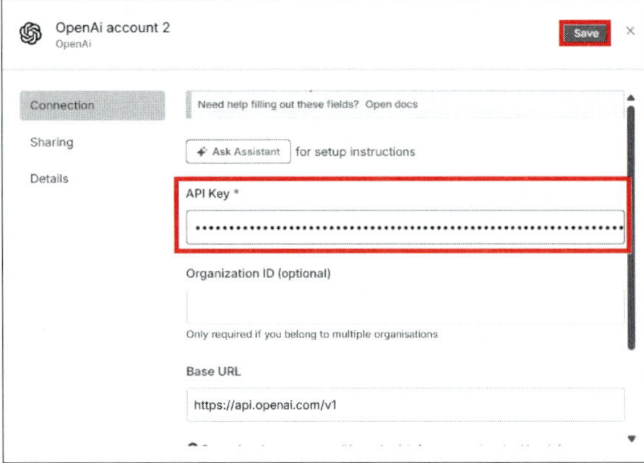

6. Esc를 누르고 Memory의 +를 클릭한 후 **Simple Memory**를 클릭합니다.

▼ **그림 9-22** Memory 설정

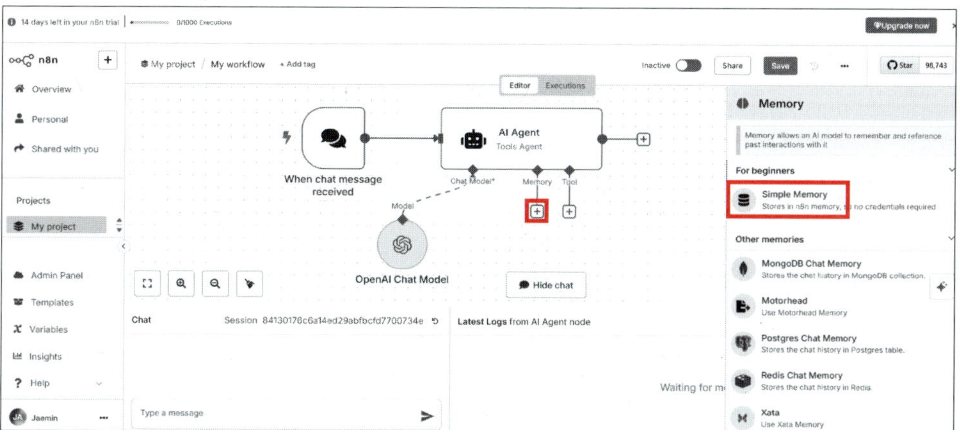

7. Context Window Length를 **10**으로 설정합니다.

▼ **그림 9-23** Context Window Length 설정

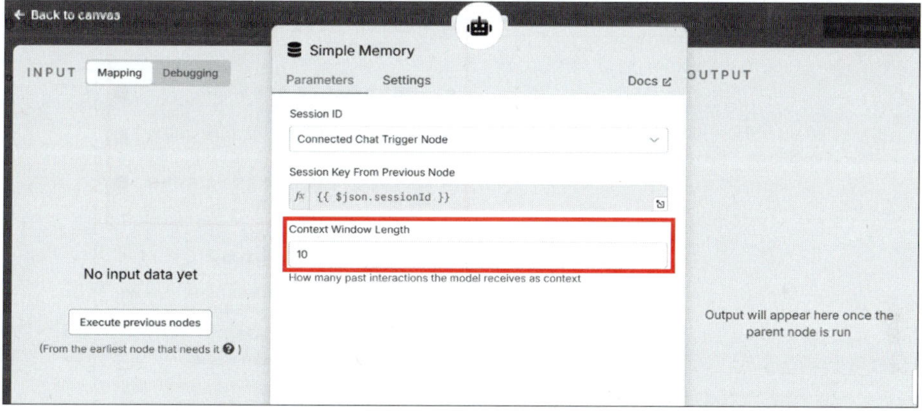

8. Esc를 누르고 Tool의 +를 클릭한 후 **gmail**을 검색한 다음 **Gmail Tool**을 클릭합니다.

▼ **그림 9-24** n8n Gmail Tool 설정

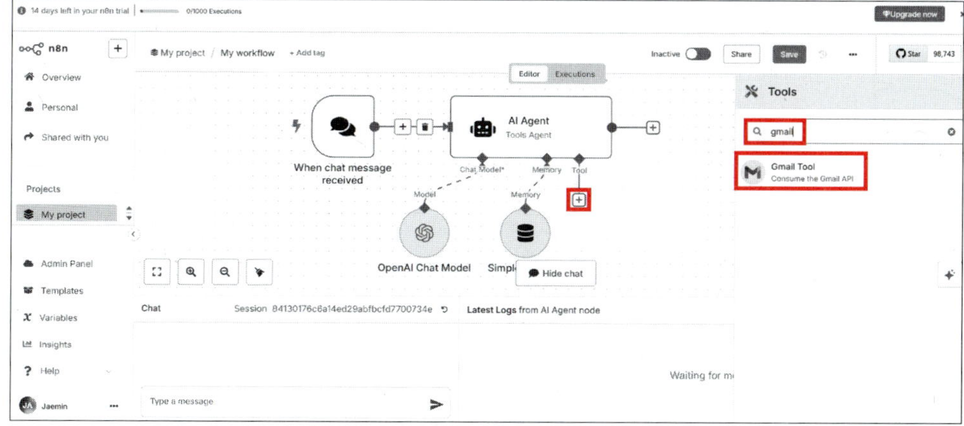

9. **Select Credential > Create new credential**을 클릭합니다.

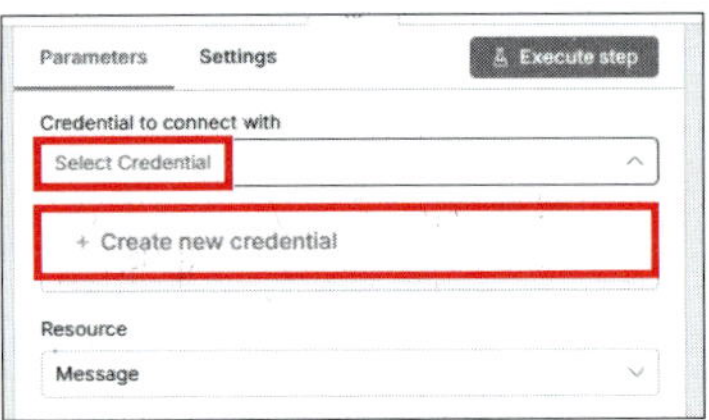

▼ **그림 9-25** Create new credential

10. **Sign in with Google**을 클릭하면 팝업 창이 뜹니다. 모든 체크 박스에 체크한 후 **계속**을 클릭합니다.

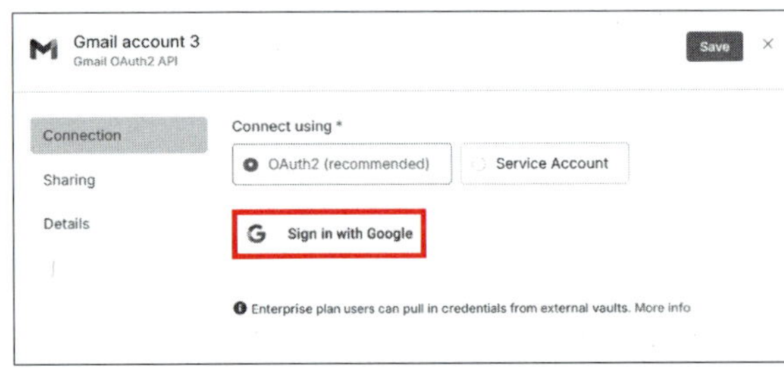

▼ **그림 9-26** Google 연결

11. Esc를 누르고 **Gmail 아이콘**을 더블 클릭합니다.

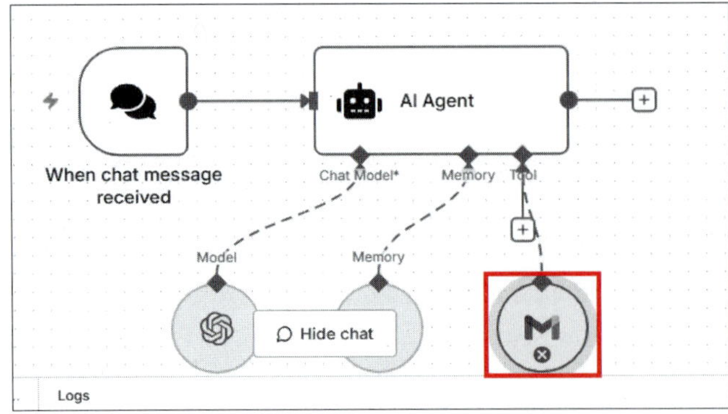

▼ **그림 9-27** Gmail Tool 설정

12. To, Subject, Message 옆에 **마법사 버튼**을 눌러 모델이 알아서 작성하게 옵션을 설정한 다음 오른쪽 위의 **Execute step**을 클릭합니다.

▼ **그림 9-28** Gmail Tool 옵션 설정

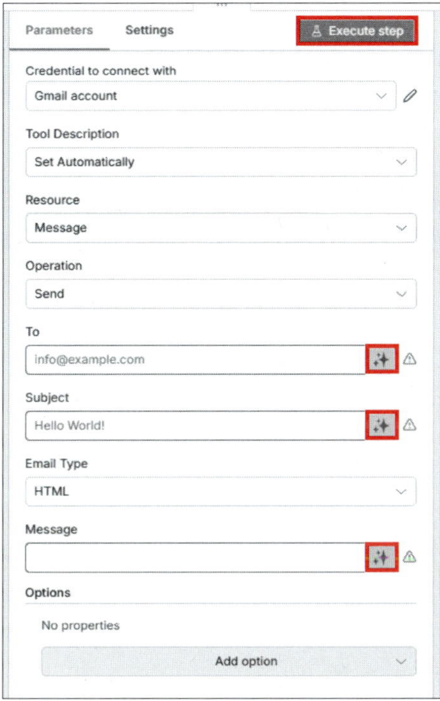

13. To, Subject, Message를 입력한 후 아래쪽에 **Execute step**을 클릭합니다. Node executed successfully라고 메시지가 나오면 Gmail Tool은 성공적으로 작동한다는 것입니다.

▼ **그림 9-29** Gmail Tool Test 화면

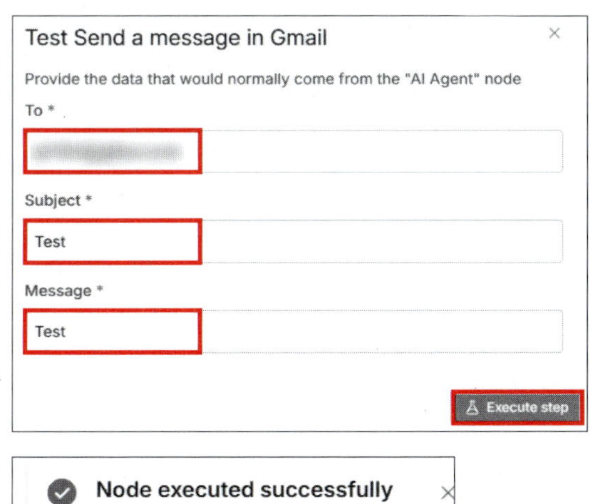

14. To에 입력한 이메일을 확인하면 다음과 같이 메일이 온 것을 확인할 수 있습니다.

▼ **그림 9-30** 메일 확인

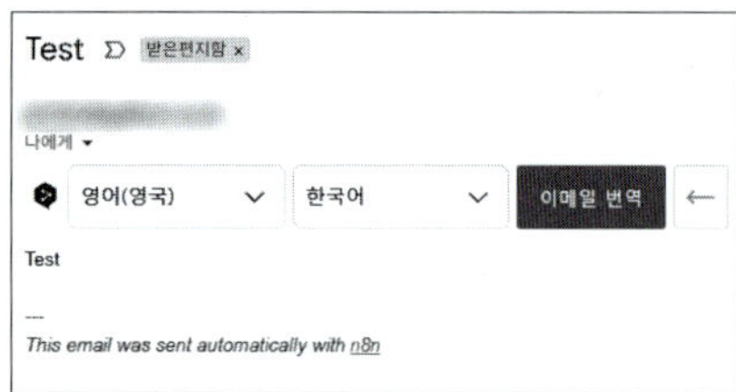

15. n8n 워크플로 아래쪽 채팅 창에 "n8n에 대해 두 줄로 정리하고, xxxxx@gmail.com으로 메일로 보내 줘."라고 명령을 입력합니다.

▼ **그림 9-31** 워크플로 Test

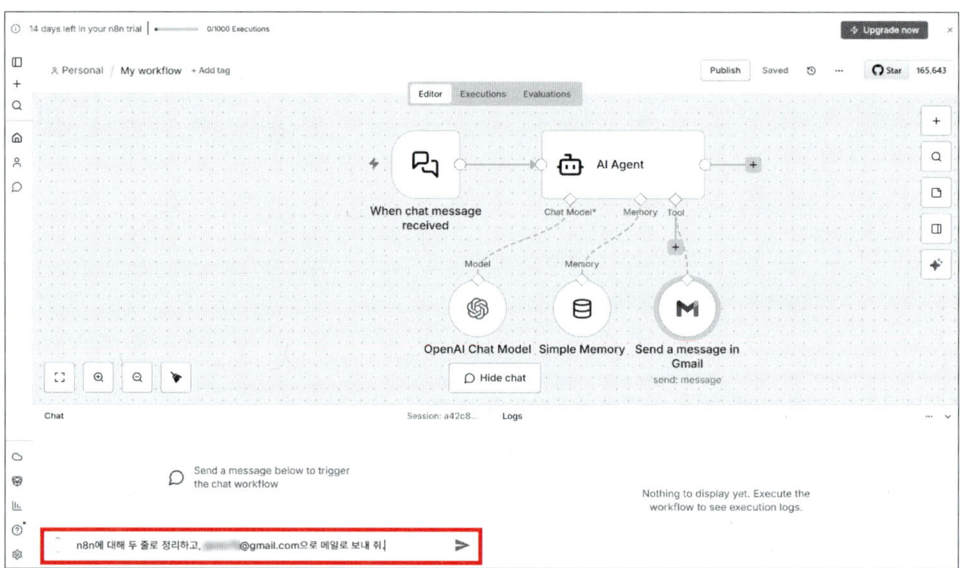

16. 메일을 보냈다는 메시지를 확인하고, 이메일에 로그인해 n8n에서 보낸 메일을 확인합니다.

▼ **그림 9-32** 메일 확인

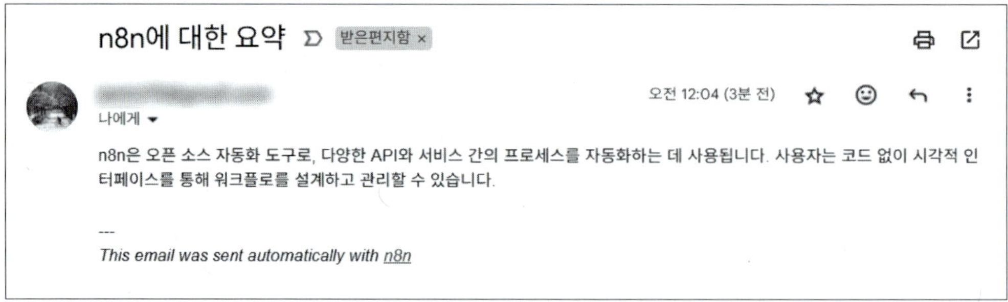

17. n8n 워크플로 캔버스 중간에 있는 **Publish**를 클릭하면 팝업 창이 뜹니다. Version name은 그대로 두고, **Publish**를 클릭합니다. 이후 또 다른 팝업 창에서 **Got it**을 클릭합니다.

▼ **그림 9-33** n8n 워크플로 활성화

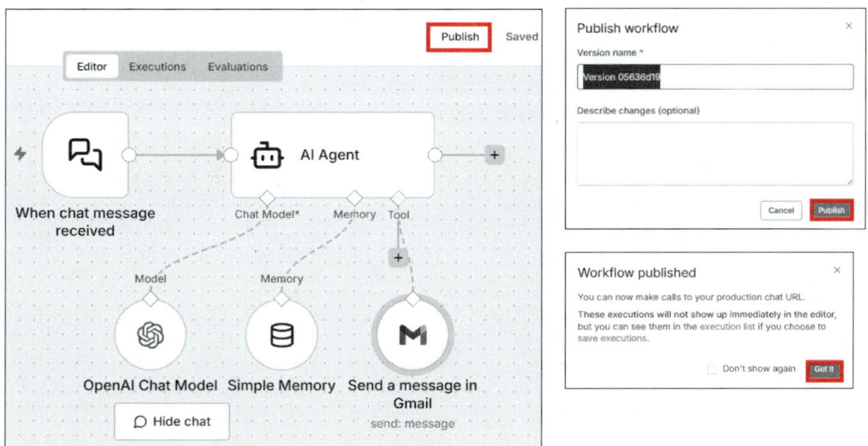

18. 다음과 같은 체크리스트가 나오면 무시하고 **Chat message**를 더블 클릭합니다.

▼ **그림 9-34** Chat message 설정

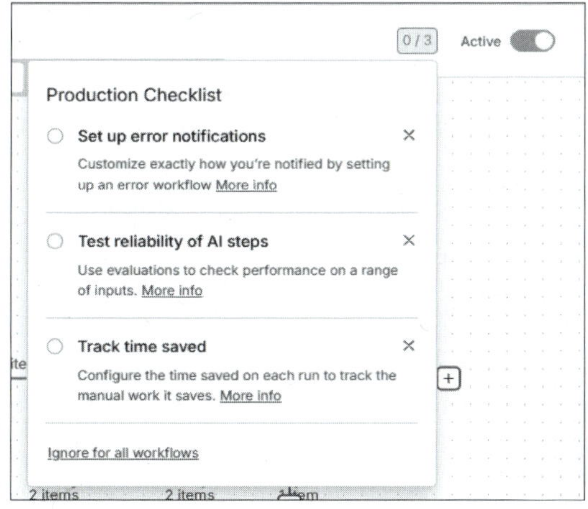

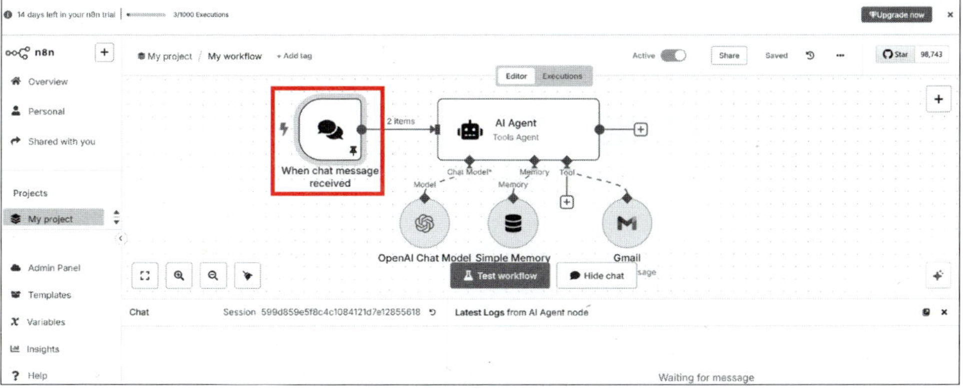

19. **Make Chat Publicly Available**을 활성화해 **Chat URL**을 복사합니다.

▼ **그림 9-35** Chat URL 활성화

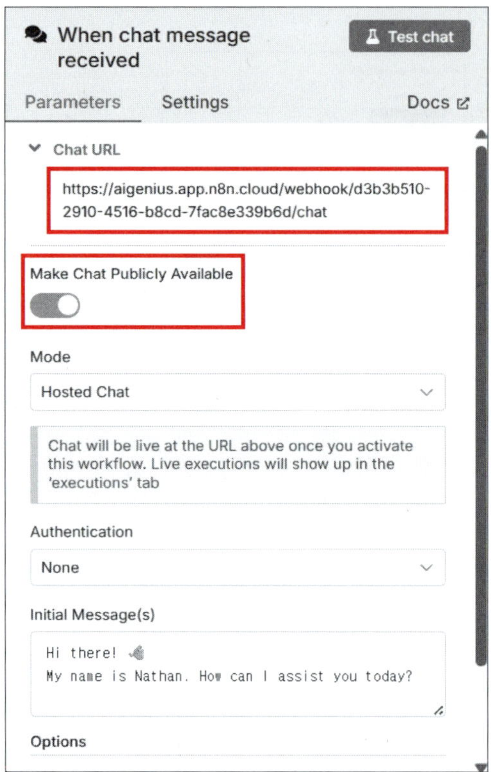

20. 웹 브라우저를 이용해 복사한 URL로 접속합니다. 채팅 창에 "n8n에 대해 두 줄로 정리하고, xxxxx@gmail.com으로 메일로 보내 줘." 명령어를 입력한 뒤 메일을 확인합니다.

▼ **그림 9-36** n8n으로 구현한 나만의 챗봇

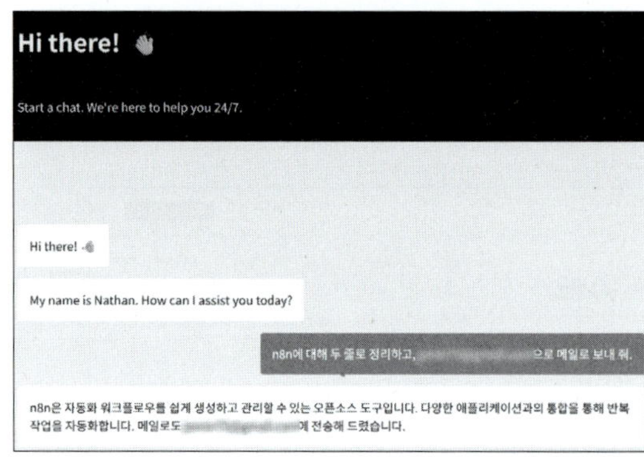

지금까지의 실습으로 n8n 워크플로를 구축하는 것이 어느 정도 익숙해졌으리라 생각합니다. 처음에는 생소하고 복잡하게 느껴질 수 있지만, 하나하나 따라 하며 자동화 워크플로를 완성해 보면 업무 자동화의 강력함을 직접 체감하게 될 것입니다.

https://github.com/n8nKOR/awesome-n8n-templates는 n8n을 사용하는 한국 사용자를 위해 만들어진 자동화 워크플로 템플릿 모음집입니다. 이 저장소는 n8n의 활용도를 높이려는 사용자에게 실제 적용 가능한 예제를 제공함으로써, 자동화에 대한 이해를 돕고 실습을 더욱 쉽게 따라 할 수 있도록 구성되어 있습니다.

저장소는 깃허브에 공개되어 있으며, 누구나 자유롭게 접속해 템플릿을 내려받거나 활용할 수 있습니다. 특히 한국어 기반 예제가 많아 영어가 익숙하지 않은 사용자에게도 큰 도움이 됩니다.

9장에서 우리는 AI 에이전트 기본 개념을 알아보고, 프레임워크와 n8n를 통해 직접 AI 에이전트를 만드는 실습을 해 보았습니다.

다음 장에서는 생성형 AI를 안전하게 활용하기 위한 법적, 윤리적 고려 사항을 알아보겠습니다.

10장

생성형 AI의 법과 윤리

생성형 AI 관련 법 제도

10.1.1 생성형 AI의 국외 법 제도 동향

생성형 AI의 안전한 활용을 위한 법 제도의 역할

앞선 장에서는 생성형 AI가 무엇인지 파악하고, 프롬프트와 실습 예제로 이미지와 비디오 등 다양한 요소에 생성형 AI를 활용해 보았습니다. 이번 장에서는 생성형 AI의 순기능을 강화하고, 역기능을 보완하기 위한 법적 규제와 윤리적 사용 방안을 알아보겠습니다.

생성형 AI 기술이 눈부신 속도로 발전하며 인류에게 기존에 볼 수 없던 새로운 가능성의 세계를 열어 주고 있습니다. 예를 들어 성범죄 영상을 탐지해 신고할 경우, 사람이 수행한다면 평균 3시간이 걸리지만, AI는 단 6분 만에 끝낼 수 있습니다. 또 사람이 떠올린 시안이나 영감을 입력하면 텍스트, 이미지, 오디오, 비디오로 짧은 시간 내에 만들어 낼뿐더러, 사람이 미처 생각하지 못한 아이디어까지 제안해 창작의 지평을 넓힐 수도 있습니다. 이처럼 자동화나 데이터 분석 등을 통해 업무 생산성을 높이면서 비용을 줄일 뿐만 아니라, 인간의 상상력을 확장해 창의성을 한층 증진하는 데 크게 이바지하고 있습니다.

하지만 그에 따른 부작용 역시 점점 더 심각해지고 있습니다. 무분별한 생성형 AI의 사용은 범죄나 사기 등으로 이어지기 쉽습니다. 실제로 보이스 피싱 사기, 딥페이크 성범죄, 가짜 뉴스 생산 등으로 다양한 피해 사례가 증가하고 있습니다. 이러한 피해는 실생활에서 뚜렷하게 나타나고 있으며, 사회 전반에 심각한 해를 끼칠 수 있다는 우려가 커지고 있습니다.

유명한 사례로, 생성형 AI로 만들어진 '미 국방부 펜타곤 인근 폭발 사건 이미지'가 있습니다. 이 사진은 여러 뉴스 채널과 유명 인사 들이 SNS로 공유하면서 급속도로 확산됐고, 많은 사람을 혼란에 빠뜨렸습니다. 심지어 미국 증시가 일시적으로 하락했으며 미국 국방부와 긴밀한 관련이 있던 러시아와 우크라이나 전쟁 당사국들도 해당 소식을 빠르게 자국에 전달했습니다.

▼ 그림 10-1 AI로 만든 가짜 사진

출처: THE AI

이처럼 생성형 AI를 무분별하게 신뢰하면 허위 정보가 사실로 받아들여져 사회적 혼란을 초래할 수 있습니다. 이러한 상황을 예방하려면 AI 기술을 무작위로 사용할 때 발생할 수 있는 부작용과 위험을 사전에 완화하는 장치를 마련하는 것이 중요합니다.

그래서 각국 정부는 자국민을 보호하고 AI를 안전하게 활용하기 위해 규제와 그 기준을 마련하고 있습니다. 특히 주요 국가들은 자국 현실에 맞춘 법과 제도, 지침을 수립해 안전한 생성형 AI 생태계를 조성하려고 노력 중입니다.

AI는 신기술이라서 기존에 안정화된 기술보다 산업 내 공인된 기준이 부족합니다. 이에 따라 각국은 자국의 규범을 빠르게 국제 규범으로 정립해 산업 표준을 선점하려고 합니다. 자국 규범이 국제 기준이 되면 해당 국가는 AI 산업의 주도권을 확보할 수 있게 되고, 이는 국가 경쟁력 강화에도 도움이 되기 때문입니다.

다음 장에서는 AI 법제화 주요 국가인 유럽 연합, 미국, 중국, 그리고 우리나라의 사례를 살펴보겠습니다.

유럽 연합의 생성형 AI 법 규제 사항: 위험 중심 포괄적 제도

유럽 연합(EU)은 2024년 8월 1일, 세계 최초로 AI를 포괄적으로 규제하는 법률을 공표했습니다. 이 법은 EU 내에서 개발하거나 사용하는 AI를 신뢰할 수 있도록 보장하고, 시민의 기본권을 보호하기 위해 설계되었습니다.

이 법안의 목표는 AI와 관련된 EU 내부 시장을 조화롭게 통합하고 AI 기술의 도입을 촉진하며 혁신과 투자를 장려하는 환경을 조성하는 데 있습니다. 이 법안의 핵심 특징은 AI 시스템을 위험 수준에 따라 구분해 단계적으로 규제한다는 점입니다. 특히 '금지 관행'에 해당하는 AI 사용 사례를 명시하며, 고위험군 AI에 대해서는 엄격한 요건과 감독을 적용합니다.

▼ **그림 10-2** AI 법 위험도 4가지 등급

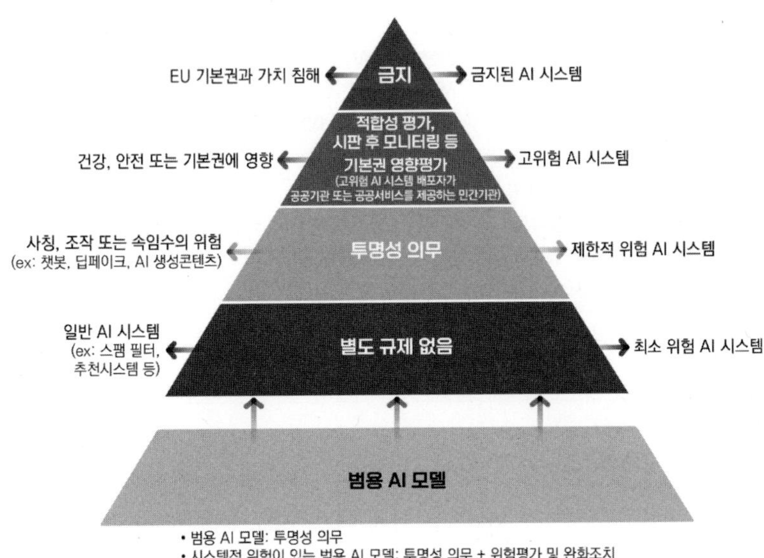

출처: 국회도서관

각 위험 등급 영역에서는 인간의 평등, 자유, 존엄성과 같은 기본권을 침해할 우려가 있는 고위험 AI 시스템에 대해 규제 요건을 수립했습니다. 또한, 모델의 유형과 관계없이 대규모 데이터로 학습하며(일반적으로 약 10억 개 이상의 매개변수를 포함) 다양한 하위 시스템과 통합 · 활용될 수 있는 범용 AI에 대해서는 모델 제공자에게 적용되는 별도의 의무 사항을 규율하는 장을 마련했습니다.

이 장에서는 학습, 테스트, 평가 전 과정을 포함한 기술 문서 작성, EU 저작권법 준수를 위한 정책 수립, 최신 기술과 표준의 반영, 모델 성능 평가 등에 관한 의무가 포함되어 있습니다.

▼ **표 10-1** EU AI 법의 AI 위험 등급

분류	사례	의무 사항
AI 사용 금지 시스템	• 의사 결정 왜곡 • 특정 집단 피해 가능성 악용 • 사회적 행동/특성 점수화 및 평가 • 프로파일링을 통한 범죄 가능성 예측 • 안면 인식 데이터베이스 • 사업장에서의 감정 추론 • 생체 인식 및 민감 정보 분류 • 실시간 원격 생체 인식 신원 확인	EU 내 공급 금지
고위험 시스템	• 생체 인식 • 중요 사회 기반시설 • 교육 및 직업 훈련 • 근로자 및 자영업 관리 • 의료, 금융 등 필수 서비스 및 혜택 • 법 집행 • 이주, 망명 및 국경 보안 • 사법 및 민주 절차, 투표 관리	• 위험 관리 시스템 구축: 전 수명주기 위험 식별 및 조치 • 데이터 거버넌스 체계 구축: 데이터 법적 근거 및 편향성 확인 • 품질 관리 시스템 도입 및 적합성 평가 • 기술 문서 및 배포 가이드 작성 • 로그 기록 • 인간에 의한 감독 사이버 보안
범용 AI(GPAI, General Purpose AI)	• 기본 범용 AI 제공자: 기본 정의에 따르는 범용 AI 시스템, 10억 개 이상의 매개변수 시스템 • 시스템 리스크가 있는 범용 AI 제공자: AI 학습 시 누적된 컴퓨팅 파워의 양(1025 플로팅 포인트 연산(FLOP) 이상의 컴퓨팅)으로 시스템적 위험을 만들어 낼 수 있는 고영향 시스템(예 GPT-4, Gemini)	• 기본 범용 AI 제공자: 최신 기술 문서 유지와 관리, EU 저작권법 준수 정책, 오픈소스 모델은 시스템 고위험이 아닌 경우 저작권법 준수와 훈련 데이터 설명 및 요약의 공개 의무만 가짐 • 시스템 리스크가 있는 범용 AI 제공자: 모델 평가-적대적 훈련 수행, 투명성 의무 준수, 심각한 사건은 수정 조치와 함께 유럽위원회에 보고, 적절 사이버 보안·물리 보호 수준 확보
최소 위험 AI	• 이메일 스팸 필터와 같은 저위험 AI 시스템 • 대부분 AI 시스템	• 법에 따른 의무는 없음 • 자발적 행동 강령 채택해 준수

EU AI 법은 높은 단계의 위험부터 낮은 단계의 위험까지 차례대로 규제가 시행됩니다. 규칙 대부분은 2026년 8월 2일부터 적용되지만, '허용 불가 위험'으로 분류된 AI 사용 금지 시스템(예 개인의 사회적 행동이나 특성을 점수화해 차별이나 불이익을 주는 행위, 무의식적 조작 기능 등)은 2025년 2월 2일부터, 범용 AI의 경우에는 2025년 8월 2일부터 적용되었습니다. 최종적으로 2027년 8월 2일까지 모든 EU 내 범용 AI 모델

제공 업체는 규정을 완전히 준수해야 하며, 고위험 AI 시스템에 대한 주요 규제가 전면 시행되는 것이 목표입니다.

기업이 EU AI 법을 위반하면 강력한 제재가 부과됩니다. 금지된 AI 행위에 관한 의무 위반 시에는 3,500만 유로(약 524억 원) 또는 전년도 매출의 7% 중 높은 금액이 부과됩니다. 고위험 AI, 투명성, 범용 AI 관련 의무를 위반할 때는 750만 유로(약 112억 원) 또는 전년도 매출의 3% 중 높은 금액이 부과됩니다. 단, 스타트업을 포함한 중소기업에는 더 낮은 기준의 벌금이 적용됩니다.

한편, EU의 AI 법 제정을 두고 비판의 시각도 존재합니다. EU는 회원국 내 AI 기업을 위해 산업 진흥책도 병행하고 있는데, AI 기술을 안전하게 테스트하고 개발할 수 있도록 '규제 샌드박스'를 도입했습니다. 또한 호라이즌 유럽(Horizon Europe)과 같은 대규모 연구 개발 프로젝트를 통해 AI 스타트업과 중소기업에 자금을 지원하고 성장을 도모하고 있습니다. 다만, EU 외 국가의 기업에는 참가 제한을 두며, 특정 영역은 참여 자체가 불가능합니다. 이 같은 움직임은 EU AI 법을 통해 EU 외 대형 AI 기업의 시장 진입을 제약하고 동시에 유럽 내 AI 기업을 보호하고 육성하려는, 이른바 'AI 쇄국정책'으로 해석되기도 합니다. AI 시장이 성장 궤도에 오른 시점에 규제가 광범위하게 도입되면서 EU 내 스타트업의 성장을 저해할 수 있다는 우려도 큽니다. 스타트업 대부분은 자금이 부족해 규제 준수를 위한 법적 · 재정적 부담을 감당하기 어렵기 때문입니다.

이러한 EU의 양면적 규제에 오히려 영국이 AI 초기 스타트업에 적합한 국가로 주목받고 있습니다. 영국 정부는 브렉시트 이후 EU 규제의 영향이 덜 미치는 국가로서, 2017년 산업 전략 녹서 · 백서(Industrial Strategy Green · White Paper), 디지털 전략(UK Digital Strategy)을 통해 자국을 AI 글로벌 혁신 센터로 만들겠다는 전략을 세웠습니다. 이에 필요한 수많은 자금을 AI 산업에 투자했고 2021년에는 AI 국가 전략(AI National Strategy)을 발표해 향후 10년간 AI 산업의 발전 방향을 구체화했습니다. 이에 따라 영국은 세계에서 네 번째로 큰 AI 시장을 보유하게 되었습니다.

이러한 규제 완화에도 전 세계 주요 AI 국가와 비교해 봤을 때 EU와 영국은 상대적으로 혁신보다 규제 및 보호 조치에 더 중점을 두는 방향입니다. 빅테크 기업들이 EU와 영국이 AI 개발에서 미국에 비해 뒤처질 수 있다고 공개적으로 경고해 왔습니다.

이런 우려를 고려해 2025년 5월, EU에서는 각종 규제가 산업 발전의 걸림돌이 되지 않도록 AI 법 시행 간소화를 추진했습니다. 구체적으로는 AI 법률 서비스 데스크를 신설해, 관련 정보와 지침이 필요한 기업의 주요 연락 창구 역할을 맡도록 했습니다. 이 조직은 각국의 AI 기업들이 신설되는 AI 규제법 시행에 잘 적응하도록 돕기 위해 점진적으로 정책 방향을 간소화하는 움직임으로 보입니다.

혁신으로 나아가는 길에 규제가 걸림돌이 되지 않도록 세밀히 조정하는 것이 EU의 영향을 받는 AI 기업들의 생존 과제가 될 것으로 보입니다.

미국의 생성형 AI 법 규제 사항: 효율, 혁신, 성장 중심

미국은 AI의 발상지이자, 첨단 기술이 쏟아져 나오는 요람이라 해도 과언이 아닙니다. 실리콘밸리를 중심으로 애플, 구글, 아마존 등 빅테크 기업이 앞다투어 기술에 투자하며, 학계와 긴밀하게 연계해 AI 기술 우위 확보에 속도를 내고 있습니다.

미국에서는 기술 발전에 주력하는 한편, EU AI 법처럼 연방 정부 차원의 포괄적인 규제 법률은 아직 마련되지 않았습니다. AI의 안전한 사용을 민간에 강제할 법적 근거가 부족하다는 점을 미국 의회도 인식하고 있으며, 이를 해결하기 위해 2009년부터 관련 법안들이 꾸준히 발의되고 있습니다. 대표적인 예로는 '생성적 적대 신경망(GAN) 출력물 확인법', '2020 국가인공지능계획법', '정부인공지능법 2020', '국가 인공지능 구상법 2020', '미국인공지능진흥법' 등이 있습니다.

특히 2024년 대통령 선거 이후, 미국 행정부의 AI 정책은 새로운 기조를 보이고 있습니다. 2023년에 바이든 행정부는 '안전하고 신뢰할 수 있는 AI 개발 및 사용에 관한 행정명령 제14110호'를 제정했습니다. 이 명령은 정부의 AI 활용을 국방과 공공 분야까지 확장하고, 안전한 사용을 장려하며, 이에 필요한 투자도 강화하는 것을 목표로 했습니다.

이를 통해 AI가 소비자, 노동자, 국가 안보에 초래할 수 있는 위험을 사전에 차단하는 것이 주된 목적이었습니다. 구체적으로는 딥페이크 콘텐츠에 워터마크 표시를 의무화하고, AI 모델의 결함과 편향성(특정 집단, 인종, 성별, 문화 등에 불균형적 · 차별적으로 드러나는 치우친 결과)을 점검하는 지침을 마련했으며, 상용화 전에 안전성 테스트 결과를 정부에 보고하도록 하는 등 이용자 보호를 최우선으로 하는 정책을 추진했습니다.

▼ **표 10-2** 미국 AI 행정명령의 8가지 AI 지도 원칙(Guiding principles)

	원칙	설명
1	AI 안전성 향상	안전하고 신뢰할 수 있도록 콘텐츠 인증 및 잠재적 위험 식별 도구 지침 개발
2	미국 시민의 사생활 보호	시민의 사생활과 자유를 보호해 기밀 유지 위험을 완화
3	공평성 확보	AI 정책은 평등과 시민권의 증진 방향과 일치해야 함
4	소비자·환자·학생 보호	AI의 각종 위협으로부터 보호하고 통신 네트워크 및 소비자에 미치는 영향에 대해 조치
5	근로자 보호	AI가 노동시장에 미치는 영향과 근로자에 관한 피해를 최소화하기 위한 고용주의 원칙과 모범 사례 제시
6	AI를 활용한 혁신 촉진	AI 관련 교육, 취업 비자 간소화, 관련 프로그램 자금 지원
7	미국의 국제적 리더십 발휘	AI 표준을 홍보하고 글로벌 AI 연구 의제 발안
8	효과적이고 안전한 AI 활용 지시	AI 사용에 따른 위험 관리 및 규제를 위한 연방 정부 내부 역량 향상

이 정책은 AI가 산업과 국가 안보에 미치는 영향을 강조하며, 산업 전반에 적용될 것으로 예상해 수립됐습니다. 특히 의료, 교육, 운수, 통신 등 인간의 삶과 밀접한 주요 산업에 대해 구체적인 계획을 제시했습니다.

그러나 AI 업계에서는 이 정책이 과도한 규제라는 비판의 목소리를 냈습니다. AI 관련 서비스가 봇물 터지듯 쏟아지는 시장에서 생존하기 위해 기업들은 누구보다 빠르게 신규 서비스를 출시하고, 자체 AI 모델을 구축하기 위해 막대한 비용을 들이며 경쟁합니다. 시장의 게임 체인저가 되기 위해 기업의 사활을 거는 상황입니다. 하지만 AI 행정명령에 따라 규제가 반영되면 기업의 핵심 영업비밀인 AI 모델이 유출될 가능성이 있고, 번거로운 보고 요건이 혁신의 속도를 늦출 수 있다는 우려도 존재합니다.

2024년 도널드 트럼프 대통령의 재취임 이후, 트럼프 2기 행정부는 AI 개발 환경을 더 자유롭게 만들어 기업 경쟁력을 높이고 산업 혁신을 촉진하겠다며, 바이든 행정부의 AI 행정명령을 공식적으로 폐기했습니다. 다만, AI 산업 육성과 지원을 위한 정책은 유지하겠다는 입장을 밝혔습니다.

트럼프 행정부는 연방 정부 차원에서 AI 도입을 확대하며 행정의 효율성을 높이고 있습니다. 특히 군사 정보와 훈련 자료를 포함한 다양한 행정 영역에서 AI를 활용해 개편을 추진하고 있습니다. 그중 하나가 AI 데이터 센터에 대한 연방 지원 정책입니다.

이 정책은 국방부와 에너지부가 보유한 연방 부지를 임대해 AI 구동에 필요한 전력을 안정적으로 공급하는 것을 목표로 합니다. 이에 따라 트럼프 행정부의 미국 우선주의와 보호무역 기조에 따라 미국 내 대규모 AI 데이터 센터에 대한 직접 투자가 활발히 이루어지고 있습니다. 미국의 빅테크 기업은 물론, 해외 기업들까지도 투자에 뛰어들고 있습니다. 또한 민관 합작을 통해 약 5,000억 달러 규모의 '스타게이트 프로젝트(Stargate Project)'라는 대규모 데이터 센터 건설을 적극적으로 추진하고 있습니다.

▼ **표 10-3** 미국 정부 AI 정책 비교

구분	바이든 행정부(2024)	트럼프 2기 행정부(2025)
정책 방향	강력한 규제, 안전 및 신뢰성 강화	규제 완화, 민간 혁신 중심
AI 안전 및 신뢰성	AI 위험 관리 및 안전성 확보를 위한 행정명령 시행	AI 안전 행정명령 폐지, 규제 완화로 안전 정책 약화
거버넌스 방식	대규모 연방 R&D 투자, 법적 규제 프레임워크 구축	민간 중심 투자 촉진, 효율적 정부 운영 방식 도입
국제 협력, 규제	AI 안전, 국가안보 목적의 달성을 위한 국제 협력 강화	AI 안전 및 국제 협력 약화, 규제기관에 시장 성장 추구형 수장 선임
연구 기반 인력	국가 차원의 R&D 강화	과학기술 기관 인력 감축으로 기초 연구 기반 약화

출처: 한국지능정보사회진흥원

트럼프 행정부는 AI를 전략적 자원으로 간주하고 있습니다. 빅테크 기업의 자율성을 보장하며, AI 관련 투자와 혁신을 주요 국정 과제로 추진하고 있습니다. AI 규제를 완화해 미국의 AI 스타트업에 대한 투자를 촉진하고, 혁신을 가속함으로써 미국이 AI 분야에서 국제적 주도권을 확보하도록 전폭적인 지원을 아끼지 않고 있습니다. 구체적인 예로, AI 개발자가 저작권 소유자에게 보상 없이 저작권이 있는 자료로 모델을 훈련할 수 있도록 허용하는 정책이 있습니다. 이는 AI 개발자가 모델을 구현할 때 고려해야 할 요소 중 하나인 저작권(license) 요건을 완화한 조치입니다.

이처럼 트럼프 행정부는 AI와 직접 연관된 중대한 사고가 발생하지 않는 한, 규제를 최소화하는 방향으로 정책을 펼칠 것으로 보입니다. 그러나 AI 성장에만 집중하면서 이용자 보호와 안전성을 위한 기존 규제를 폐기한 탓에 윤리적 문제와 안전성에 대한 우려의 목소리도 커지고 있습니다.

이와 같은 규제 완화 흐름은 사이버 보안과 개인정보 보호 분야에서도 이어지고 있습니다. 사이버 보안 및 인프라 보안국(CISA)의 대규모 인력 감축으로, 국가 차원의 사이버 방어 능력과 첨단 기술 연구 역량이 약화되었고, 이에 따라 기밀 정보에 대한 접근과 방어 체계 전반에 취약성이 생겼습니다.

개인정보 보호 측면에서도 변화가 감지됩니다. 트럼프 1기 행정부에서 개인정보 보호에 적극적이었던 연방거래위원회는 앞으로도 아동 · 청소년 개인정보와 건강정보 보호에 주력할 것으로 보입니다. 하지만 2년 전 시작한 '상업적 감시' 규칙 제정은 중단하고, 기업과의 동의 명령을 기반으로 한 개별 구제책에는 더 개방적인 태도를 보일 것으로 전망됩니다.

옥스퍼드 인터넷 연구소의 산드라 바흐터(Sandra Wachter) 교수는 트럼프 행정부 재출범으로 기술 규제가 완화되고 혁신 속도가 빨라질 수는 있지만, 최소한의 안전 장치가 마련되지 않는다면 안전하지 않고 편향적인 AI가 확산될 가능성이 높다고 경고했습니다. 그에 따르면, 부정확한 정보가 넘쳐 나면 이용자의 혼란을 가중시킬 수 있으며, 이는 AI 활용의 신뢰성 저하로 이어질 수 있습니다. 이에 트럼프 행정부도 AI의 안전한 사용을 위한 법안을 점진적으로 추진하며, 관련 우려에 대응하고 있습니다.

2025년 4월, Take It Down Act(Tools to Address Known Exploitation by Immobilizing Technological Deepfakes on Websites and Networks)가 제정되었습니다. 이 법안은 미국 하원 투표(U.S. House of Representatives, Clerk of House)에서 당 소속 여부를 초월해 압도적 찬성 수로 통과되었습니다. 이 법안은 피해자가 요청하면 인터넷 플랫폼이 48시간 이내에 비동의 음란물이나 AI로 생성된 딥페이크 영상을 삭제하도록 강제할 수 있습니다. 위반 시 최대 2년의 징역형이 부과되며, 미성년자가 관련된 경우에는 최대 3년형까지 처할 수 있습니다. 법 집행은 연방거래위원회가 담당하고 있으며, 영부인 멜라니아 트럼프가 공개적으로 이 법안을 지지하면서 사회적으로 큰 주목을 받았습니다.

▼ **그림 10-3** Take It Down Act 투표 결과

출처: 미국 하원 의회 사무국 사이트

이는 디지털 성범죄 대응에서 중요한 첫걸음으로 평가받고 있습니다. 다만, 전문가들은 법안이 시행 초기 단계인 만큼 모호한 조항의 해석, 자유로운 콘텐츠 생성 침해 우려, 합법적 콘텐츠가 차단될 가능성 등 해결해야 할 과제가 많다고 지적합니다.

이처럼 미국의 AI 관련 규제는 기술 발전 속도에 따라 계속 변화하고 있으며 앞으로도 피해자 보호, 표현의 자유, 개인정보 보호 사이에서 어떻게 균형을 맞출 것인지 논의가 이어질 전망입니다.

중국의 생성형 AI 법 규제 사항: 국가 주도의 신속한 대응 중심

중국은 2017년부터 AI를 국가 전략으로, 집중 육성하고 있습니다. 중국은 세계 최초로 AI 관련 규제를 도입한 국가로, 자국 기업들이 이미 이 규제에 적응한 상태이므로 산업별 특화 AI 솔루션 개발에 더 집중할 수 있습니다. 최근에는 휴머노이드와 신체화 AI(embodied AI)와 같이 실물과 결합해 환경을 인식하고 인간과 상호작용을 하는 기술 개발에 주력하고 있습니다.

현재 중국은 자국의 데이터, 알고리즘, 콘텐츠 생성 기술에 초점을 맞춘 다층적인 규제 프레임워크로 AI 기술을 관리합니다. 이는 규제 준수, 사이버 보안, 윤리 등 다양한 영역을 포괄합니다. 특히, AI 학습 기반 모델인 파운데이션 모델을 훈련할 때 사용하는 데이터를 제한하는 등 중국은 데이터 검열 규정에 중점을 둡니다.

이는 중국이 정부 주도로 자국 AI 기술을 빠르게 강화하고 사회에 적용할 수 있는 강점을 가지는 한편, 세계 시장에서 통용될 기술 개발에는 제약이 따를 수 있음을 보여줍니다. 대표적인 사례로 최근 발표된 중국의 AI 모델 딥시크(DeepSeek)가 있습니다.

딥시크가 공개되면서 중국이 독자적인 LLM 구조와 대형 데이터셋을 바탕으로 오픈소스 모델을 구현할 수 있다는 사실이 세계적으로 주목받았습니다. 일시적이지만 중국과 미국의 앱스토어에서 다운로드 1위를 기록했고, 오픈AI에 견줄 만한 성능과 저렴한 가격을 갖춘 LLM으로 평가받으며 큰 화제를 불러일으켰습니다.

▼ **그림 10-4** 앱스토어 순위(2025년 1월 기준)

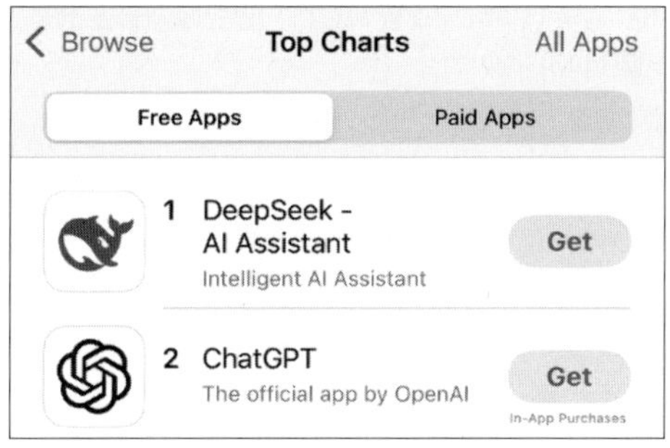

그러나 중국의 AI 전략은 정부의 엄격한 콘텐츠 검열을 기반으로 합니다. 이에 따라 정보를 왜곡할 가능성이 존재하고, 민간이 자율적이고 실험적인 혁신을 이끌기에는 제약이 있는 구조적 한계도 드러나고 있습니다.

딥시크의 사례는 중국 AI 기술이 모델 크기나 성능 면에서는 상당한 진전을 이루었지만 이용자 신뢰와 개방적 활용이라는 측면에서는 장기적인 제약을 안고 있음을 보여줍니다. 결국 중국의 AI는 자국 시장과 세계 시장을 분리해 접근하고 자국 산업과 기업의 실용적 혁신을 우선하는 방향으로 나아가야 세계 시장에서 경쟁력을 확보할 수 있을 것입니다.

10.1.2 생성형 AI의 국내 법 제도 동향

우리나라의 AI 기본법: 안전하고 신뢰할 수 있는 AI 강국으로 도약

국내 AI 법안은 2022년부터 발의됐으며 주로 AI 진흥 및 규제를 목적으로 발행되었습니다. 최근 AI가 교육, 의료, 제조 혁신 등 일상 내 다양한 분야에서 활용되며 사업자의 책임과 의무, 이용자의 권리 등을 구체적으로 규정하는 내용이 발현되고 있습니다.

정부는 2025년 1월, AI 기본법(인공지능 발전과 신뢰 기반 조성 등에 관한 기본법)을 새로 제정했습니다. 이 법안은 새로운 기술인 AI를 국내에서 효과적으로 활용하고 발전시키기 위해 AI 산업에 대한 규제 방향을 명확하게 제시하고자 마련되었습니다. 이 법안은 2026년 1월부터 본격적인 시행에 들어갔으며, 이에 따라 정부 차원에서 AI에 대한 활발한 투자를 유도하고 AI 기술 및 관련 산업의 진흥을 뒷받침할 강력한 법적 근거가 확보되었습니다.

AI 기본법 제정안은 크게 5가지 주요 골자로 이루어졌습니다.

▼ **표 10-4** 우리나라의 AI 기본법 주요 내용(2025년 1월)

주요 내용	특징	설명
AI 관련 용어 정의	사람의 생명, 안전, 기본권에 중대한 영향도에 따른 AI를 분류	- 고영향 인공지능: 사람의 생명, 신체의 안전에 중대한 영향을 미치는 인공지능(예 에너지, 식수, 보건의료 등) - 생성형 인공지능: 입력 데이터 구조를 모방해 다양한 결과물을 생성하는 인공지능(예 LLM) - 인공지능 사업자 유형: 1. AI를 개발해 제공하는 사업자: 인공지능 사업자(예 오픈AI, 구글 등) 2. AI를 활용해 제품 또는 서비스를 제공하는 사업자: 인공지능 이용 사업자(은행 챗봇, AI 면접 솔루션 도입한 기업 등)
정부의 AI 지원 착수	인공지능 기본 계획의 수립 및 국가인공지능위원회 설치	- 한국의 인공지능에 대한 정책 방향 및 인력 양성 계획 수립 - AI 기본 계획 수립 및 활용, 인프라 확충을 심의 및 의결하기 위한 위원회 출범
AI 기술 구현에 대한 의무	고영향 및 생성형 인공지능의 안전 확보 의무	- 투명성 확보 의무: 고영향 또는 생성형 인공지능 사용 시 사전 고지 여부 - 안정성 확보 의무: AI 수명주기 전반에 걸쳐 발생하는 위험 식별 및 관리 체계 구축 - 고영향 인공지능 해당 여부 사전 검토 - 고영향 인공지능 영향 평가: 고영향 인공지능 사용 시 해당 서비스가 사람의 기본권에 영향을 미치는지 사전 평가하는 제도
국내 대리인 지정 제도	소비자·환자·학생 보호	국내 주소 및 영업소가 없는 AI 사업자는 안전성 확보 이행 결과를 제출할 국내 대리인을 지정하고 과학기술정보통신부 장관에 신고 필요
사실조사 및 중지·시정 명령	AI의 효과적이고 안전한 활용을 지시	AI 사무소가 사전 AI 사용에 대한 고지를 하지 않거나 AI 워터마크를 표시하지 않은 경우, 공무원이 해당 혐의를 받는 사업자에 대해 자료 및 물건 조사 또는 위반 행위 중지 및 시정명령 조치 가능

한편, 새롭게 제정된 법안인 만큼 해석의 모호성과 중복 규제에 대한 우려도 제기되고 있습니다. 예를 들어 고위험 AI에 대해 제재가 가해질 경우, 관련 법령의 요건을 구체화하거나 정부가 개입해 고위험군 여부를 판단하는 과정에서 얼마나 유연하게 대응할 수 있을지가 주요 쟁점입니다. 특히 '사실조사 및 중지 · 시정명령' 항목의 경우, 단순한 신고나 민원 접수만으로 과학기술정보통신부 소속 공무원이 사업장에 출입해 자료나 물건을 조사할 수 있습니다. 하지만 아직 고위험 AI에 대한 명확한 기준이 마련되지 않은 상황에서 단순 민원만으로 조사가 시작될 수 있다는 점은 국내 AI 기업의 자율적 혁신과 영업을 위축시킬 수 있다는 지적이 나오고 있습니다. 지나친 규제라는 비판이 커지는 이유입니다. 이처럼 기준이 불명확하다 보니, 기업에서는 자사 서비스가 규제 대상인지조차 판단하기 어려운 상황입니다. 구체적인 실행 기준이나 절차가 부재한 점도 산업계의 불만을 키우고 있습니다.

이에 따라 정부는 법이 기술 발전의 발목을 잡지 않도록, 업계의 목소리를 충분히 수렴하고 명확한 지침과 시행령을 마련해 초기 시행 과정부터 혼선을 최소화해야 할 것입니다. 더 나아가 사용자 안전과 기술 혁신이라는 두 목표를 동시에 실현하기 위해 정부는 '자주적이고 주권 있는 AI 생태계'를 구축해야 합니다.

소버린(Sovereign) AI란 국가가 AI 자원과 정책에 대한 독립적인 통제권을 가지는 체계를 의미합니다. 현재 대부분 AI는 해외 빅테크 기업에 의해 개발되었고, 영어 중심 데이터로 학습되어 한국의 언어, 문화, 제도를 충분히 반영하지 못할 가능성이 큽니다.

게다가 AI는 이미 다양한 산업에서 핵심 기술로 자리 잡았습니다. 만약 국가 안보나 외교 문제로 특정 AI 서비스를 사용하지 못하게 된다면 곧바로 업무 마비로 이어질 수 있습니다. 과거에는 국방력을 키워 안보를 지켜왔듯, AI 시대에 국가 안보를 지키려면 특정 국가의 정치적 영향력이나 글로벌 기업의 비즈니스 전략에서 자유로운 독립적 AI 체계가 필요합니다.

그 첫걸음은 특정 국가의 법률과 규제에 종속되지 않는 자국 데이터 중심의 공공 클라우드 인프라 구축입니다. 국가의 데이터를 자체적으로 저장하고 관리하는 체계를 마련함으로써, 우리 고유의 제도와 가치관, 언어, 문화적 맥락을 AI가 제대로 이해하고 반영할 수 있는 토대를 만들어야 합니다.

▼ **표 10-5** 각국의 생성형 AI 관련 법 접근 방향 정리

비교	한국	유럽	미국	중국
규제 명칭	AI 기본법	EU AI Act	포괄적 법률 부재, 연방·주별 혼재	생성형 AI 잠정 관리 행정규칙
규제 강도	중간 정도	강함	약함	강함
규제 방향	보호와 혁신의 균형적 접근	자국민 보호 우선	점진적 및 최소 규제 적용	공공질서 우선
규제 핵심	AI 산업 육성 및 리스크 경감 동시 추구	기업에 강력한 규제 및 책임 요구	산업 활성화 및 주별 다양성 확보	국가 안보와 사회 안정 중심

이렇듯 우리나라를 포함해 전 세계 AI 선진 국가들이 생성형 AI 관련 법령을 선점하기 위한 현황을 살펴보았습니다. AI를 둘러싼 각 국가의 대응 방향은 전쟁을 방불케 할 만큼 치열합니다. AI가 디지털 전환 시대에 국가 경쟁력을 나타내는 새로운 지표이기 때문입니다. AI는 경제력과 군사력은 물론이고 외교 영향력까지 좌우할 수 있습니다. 그래서 각국은 전 세계적 우위를 선점하기 위해 노력하는 동시에, 자국의 정체성을 지

키기 위해 주체적인 AI 생태계를 구축하는 데도 박차를 가하고 있습니다. 결국, 안으로는 튼튼한 기반을 가지고 밖으로는 국제 경쟁력을 확보한다면 진정한 의미의 AI 선진국으로 도약할 수 있을 것입니다.

10.2 SECTION 생성형 AI의 윤리적 고려 사항

10.2.1 생성형 AI 사용 시 윤리 위험

윤리적일 수 없는 AI: 기술 내재적 관점

AI가 비약적인 발전을 이룰 수 있었던 것 뒤에는 윤리성 배제라는 어두운 측면이 있습니다.

AI 기술의 발전 속도는 무어의 법칙(컴퓨터 연산 칩의 연산 능력이 2년마다 2배씩 향상된다는 법칙)보다 무려 7배나 빠른 속도로 발전하고 있습니다. 하지만 그에 비해 안전 조치와 규제는 현장 상황과 환경을 고려해야 하므로 상대적으로 더디게 마련됩니다.

현재까지도 세계적으로 포괄해 적용할 수 있는 AI 산업의 De-facto 규범이나 구속력 있는 기술 규제는 부재한 상황입니다. 이에 따라 'AI에 윤리성이 필요하다'라는 세계적인 요구가 점점 커지고 있습니다.

생성형 AI가 비윤리적인 이유는 크게 세 가지입니다. 첫째, 적법한 절차를 거치지 않고 도용한 데이터로 결과물을 만든다, 둘째, AI 기술 자체는 착취적인 노동에 기반한다, 마지막으로 AI는 대규모로 에너지를 사용해 기업의 ESG(환경, 사회, 거버넌스로 투자 지속 가능성 및 사회 영향에 대한 핵심 요소) 윤리경영에 어긋나고 에너지 위기를 크게 악화시키고 있다는 것입니다.

각 이유를 좀 더 자세히 알아보겠습니다.

저작권 침해

AI는 인터넷의 다양한 출처에서 데이터를 수집하며, 이를 통해 모델의 학습 능력을 높입니다. 하지만 이 과정에서 사용되는 모든 데이터에 대해 저작권료를 지급하거나 지식 재산권자의 사전 동의를 얻는 것은 현실적으로 어렵습니다. 이에 따라 생성형 AI가 만든 결과물은 무단으로 수집한 데이터를 기반으로 한 기술일 수 있다는 우려가 제기되고 있습니다.

LLM의 학습에는 소설, 노래, 그림, 영상 등 다양한 예술 작품이 사용되었습니다. AI 모델의 성능은 학습 데이터의 품질과 직결되므로 빠르고 정교한 결과를 원하는 기업들은 종종 저작권 문제를 고려하지 않고 무단으로 데이터를 활용해 모델을 향상해 왔습니다. 이에 대해 콘텐츠 창작자와 소유자는 자신의 권리를 주장하며 AI 기업에 사용 중지를 요구하고 있습니다.

대표적인 사례로, 뉴욕타임스는 오픈AI와 마이크로소프트가 AI 모델을 훈련시키기 위해 'The Times의 저작권이 있는 뉴스 기사 수백만 개'를 사용해 챗봇을 훈련시켰으며, 이 챗봇은 현재 정보 출처로서 신문과 경쟁하고 있다고 주장합니다. 하여, 뉴욕타임스는 두 기업을 상대로 소송을 제기하며, AI 모델이 신문사의 지적 재산권을 침해했다고 밝힌 바 있습니다.

이렇듯 AI 저작권 논란이 커지면서 최근 AI 업계에서는 데이터 사용권에 대한 정식 계약을 체결하는 방향으로 변화하고 있습니다.

착취적인 노동에 의존하는 AI

생성형 AI는 거대한 데이터를 학습해야 발전할 수 있습니다. 이 과정에서 반드시 필요한 작업이 데이터 라벨링과 AI 콘텐츠 모더레이션입니다. 모더레이션(moderation)이란 커뮤니티 규칙 및 정책 위반, 혐오 발언, 불법 콘텐츠 등을 감시 · 삭제하거나 경고하는 활동을 말합니다. 이 두 작업은 이용자가 AI 서비스를 쾌적하게 이용하기 위한 필수 과정이지만, 그 이면에는 착취에 가까운 노동 환경이 자리 잡고 있습니다.

데이터 라벨링은 이미지, 영상, 텍스트 등에 설명을 붙여 AI가 이해하고 학습할 수 있도록 돕는 작업입니다. 또한 LLM의 유해한 출력을 줄이기 위해 인종차별, 성차별, 범죄 유도 등의 결과를 AI가 피하도록 안내하는 조정 작업도 포함됩니다. 이러한 과정을 통해 GPT-3에서 GPT-4처럼 AI는 점차 고도화됩니다.

초기 데이터 라벨링 작업은 전적으로 사람 손에 의존했습니다. 지금은 AI의 학습이 어느 정도 진행되어 AI가 직접 라벨링을 수행할 수도 있지만, 학습 초기에는 무엇이 맞고 틀렸는지 기준을 세울 수 없었습니다. 반드시 기준이 되는 정답 데이터(ground truth)가 필요했으며, 이는 사람이 직접 판단하고 부여해야만 했습니다. 언어의 뉘앙스, 콘텐츠 간 복합적 맥락, 문화적 배경 등 복잡하고 애매한 사례 등은 기계가 자체적으로 판단하기 어렵기 때문입니다. 또한 아동, 의료와 같은 민감한 주제는 윤리적 · 규제적 이유로 사람이 반드시 검증해야 하며, 사람이 라벨링 결과에 관해 확인했다는 사실 자체가 신뢰성 확보의 중요한 지표가 됩니다. 결국 AI의 품질을 최종적으로 검증하고 판단하는 주체는 사람입니다. 우리가 오늘 편리하게 사용하는 수많은 AI의 뒷면에는 보이지 않는 데이터 라벨링 노동자의 손길이 있습니다.

그러나 이러한 노동자의 존재는 잘 알려지지 않았습니다. 대부분 아프리카나 동남아시아 등 저소득 국가에 거주하며, 일당은 고작 1~2달러 수준입니다. 케냐에서 오픈AI나 메타의 하청업체에서 일하던 라벨 노동자들이 바이든 대통령에게 "미국의 기술 기업들이 아프리카 노동자를 착취하고 있으며, 현지 노동법을 무시하고 있다"라는 내용의 서한을 보낸 바 있습니다. 이들은 매일 8시간 이상 참수, 살인, 아동 학대 등 잔혹한 콘텐츠를 봐야 했으며, 자신들을 현대판 노예라고 부르기도 했습니다.

2021년 Rest of World에 실린 필 존스(Phil Jones)의 『Work Without the Worker(노동자 없는 노동)』에 따르면 글로벌 IT 기업들이 전쟁이나 경제 붕괴 등으로 취약한 지역을 목표로 해 이런 작업을 외주화하는 것이 업계의 일반적인 경향이라고 분석합니다.

'디지털 콘텐츠 청소부'로 불리는 콘텐츠 모더레이터의 경우에도 처우는 비슷합니다. 이들은 선정적이거나 폭력적이고 혐오적인 콘텐츠를 일일이 읽고 판단해야 합니다. 이 작업은 매우 정신적인 고통을 수반합니다. 알코올 의존, 불안장애, 우울증, 약물 중독 등을 겪는 이들도 많습니다. 그러나 이들은 업무상 비밀 유지 조항 때문에 고통을 외부에 알리기 어렵고, 생계를 위해 직업을 포기하지도 못합니다.

이러한 콘텐츠 정화 작업은 동남아시아, 아프리카, 중남미 등 노동권 보호가 취약한 지역에 외주화되어 있습니다. 미국과 유럽 내에서도 이민자 등 저소득 계층이 주요 담당자로 고용되는 경우가 많습니다.

AI가 콘텐츠를 직접 걸러낼 수도 있지만, 그전에는 반드시 인간의 손을 거쳐야 합니다. AI가 부적절한 콘텐츠를 인식하도록 하려면 사전에 사람의 판단을 기반으로 학습시켜야 하며, 새로운 유형의 유해 콘텐츠가 계속 등장하므로 인간이 지속적으로 개입해야 합니다. 또한, 인간이 만든 규칙을 우회하려는 콘텐츠가 계속 등장함에 따라, AI도 끊임없이 최신 유해성 기준을 학습해야 합니다. 결국 AI의 '자율성'은 인간의 피드백 없이는 성립할 수 없습니다.

AI와 디지털 산업의 발전을 뒷받침한 대표적인 법안은 미국 통신품위법(CDA) 제230조입니다. 1997년에 제정된 이 법은 "인터넷 통신회사는 사용자 콘텐츠에 대해 법적 책임을 지지 않는다"라고 명시합니다. 당시에는 인터넷 기업이 단순한 정보 전달자 역할에 불과했기 때문입니다. 하지만 지금 인터넷 기업은 구글이나 메타처럼 이용자 삶에 직접 영향을 끼치는 플랫폼으로 변모했습니다.

이처럼 산업의 구조가 변했음에도 불구하고, 여전히 법적 책임을 묻지 않는 것이 타당한지 논의할 필요가 있습니다. 미국 UCLA의 사라 로버츠(Sarah Roberts) 교수는 다음과 같이 말합니다.

"AI 시대의 규칙과 책임은 AI가 아닌 인간이 주도해야 합니다. 사용자의 안전한 사용을 보장하고, 인간의 권리를 보호할 수 있는 장치 마련이 시급합니다."

AI의 폭발적인 성장과 활용에만 집중할 것이 아니라, AI의 부작용으로부터 최종 사용자는 물론이고 AI 서비스 제공 과정에 종사하는 사람의 권리 또한 보호할 수 있도록 윤리적인 업무 환경을 보장하는 법과 제도의 중요성이 날로 커지고 있습니다.

에너지 소비와 환경 윤리

AI가 고도화될수록 더 크고 강력한 연산 칩이 필요합니다. 이에 따라 AI 데이터 센터의 전력 소비는 기하급수적으로 증가하고 있으며, 이는 곧 에너지 소비 윤리의 문제로 이어지고 있습니다.

최근 수년간 지구는 기록적인 폭우와 가뭄, 이상기후를 겪고 있습니다. 이런 상황에서 AI의 급속한 성장으로 에너지 소비의 비중이 AI 기술에 쏠리게 되자, 환경에 대한 우려도 함께 커지고 있습니다.

AI 발전은 대규모 전력망 확장을 유도하며, 서버를 냉각하기 위한 물 또한 과도하게 소비합니다. 결과적으로 탄소 중립 정책과는 정반대 방향으로 가고 있는 셈입니다. 예를 들어 영국 정부는 향후 10년간 AI로 인해 에너지 수요가 최대 500% 증가할 것으로 내다보고 있습니다. 이미 AI 데이터 센터의 전력 사용량은 기존 사용량보다 10~15배 이상 많아졌으며, 이러한 추세는 지속될 전망입니다.

미국 리버사이드 캘리포니아대학의 샤올레이 렌(Shaolei Ren) 교수(컴퓨터공학)는 오픈AI의 챗GPT에 10~50개의 질문을 하면 500밀리리터 생수 한 병을 마시는 정도의 물을 소비한다고 합니다. 이는 오픈AI의 과거 AI 모델(GPT-3)에 기반한 양이며 최신 모델(GPT-4)은 이보다 훨씬 더 많은 에너지와 물을 소비합니다. 렌 교수팀은 2023년 발표한 AI의 물 소비 예측 논문에서 "마이크로소프트의 최신 데이터 센터에서 GPT-3를 훈련하는 데 직접 사용한 물만 70만 리터에 달할 수 있을 것으로 보이지만 이런 정보는 그동안 비밀로 유지되어 왔다"라고 지적합니다.

▼ **그림 10-5** 마이크로소프트의 최근 3년간 물 소비 증가세

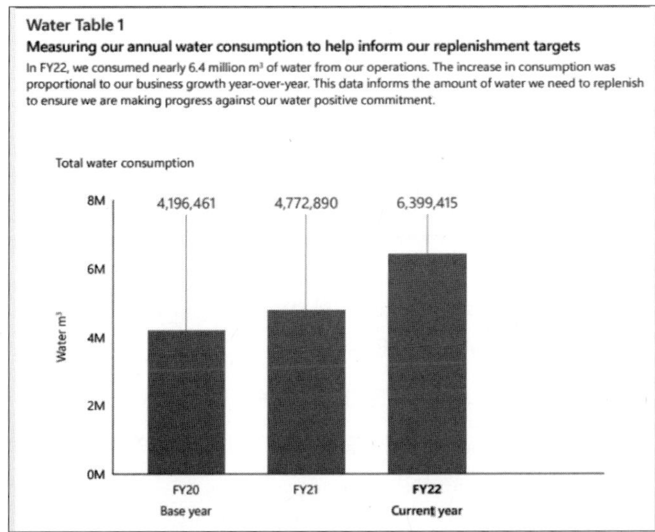

출처: MS 연간 보고서 갈무리

최근 현대적인 데이터 센터는 냉각 시스템을 가동하기 위해 하루에 약 4,164만 리터에서 약 7,192만 리터의 물을 소모하며, 마이크로소프트의 경우, 최초 AI 도구를 개발하는 기간 동안 전 세계 물 소비량이 무려 34%나 증가했다고 밝혔습니다(출처: 이노베이션 오리진).

AI를 훈련하려면 많은 양의 문서, 사진, 영상 등을 분석해야 하며 이 과정에서 많은 에너지가 소비됩니다. 여기에 필요한 에너지를 만드는 과정에서 많은 물이 소비되지만, AI용 서버에서 나오는 열을 식히기 위해서도 다량의 물이 필요합니다. 이 중 일부를 회수할 수 있어도 순수 물 사용량은 무시할 수 없는 수준입니다.

렌 교수팀은 논문에서 심각한 담수 부족 위기, 가뭄 확산, 공공 식수 공급 시설의 노후화가 부각되는 현재 상황을 고려할 때 'AI 모델의 물 발자국(물 사용량에 대한 흔적)을 공개하고 대응하는 게 시급한 상황'이라고 경고했습니다.

이처럼 AI는 개발 단계부터 윤리적 논란에 둘러싸여 있습니다. 이용자가 AI 서비스를 이용할 때 윤리적 위험을 고려해야 하는 것은 물론이고, 그에 앞서 AI를 개발하고 제공하는 기업이 먼저 윤리적 책임을 다해야 합니다.

생성형 AI 사용 시 위험

생성형 AI의 기술적 한계를 넘어 안전하고 효용성 있게 사용하려면 위험의 성격과 규모, 그리고 피해를 완화하기 위해 사전에 위험을 파악하는 것이 중요합니다. 다음은 생성형 AI를 사용할 때 이용자가 의도하지 않은 방향으로 부작용을 일으킬 수 있는 위험 요소를 정리한 것입니다.

▼ **표 10-6** 생성형 AI 사용 시 위험 요소

위험 요소	영향
편향	AI 입력 데이터에 편향이 있다면 이는 모델, 훈련 데이터, 결과물에 대한 편향을 일으킬 수 있음
법률 및 규제 침해	기존 법률 및 규정에 대한 기준 침해 우려
악의적 행위	네트워크 및 악의적 침해 행위로 인한 해킹 우려
불투명성	부족한 투명성, 설명 가능성은 AI가 인간을 이해하고 책임 있는 결과를 생성하는 데 방해 요인이 됨
비윤리적 사용	AI 학습 목적 및 사용의 방향이 비윤리적일 경우 인간의 책임 회피는 불가피할 수 있음
기밀정보 및 개인정보 침해	생성형 AI는 공유된 데이터 사용이 기반이므로, 기밀/개인정보의 사용에 대한 동의가 필요함 또한 데이터 보관 위치에 따라 법/계약적 의무 사항이 따를 수 있음
환각	실제 거짓인 내용을 사실처럼 꾸며 이용자의 AI 사용에 혼동을 일으킬 수 있음
비의도적 결과	이용자의 본래 의도와 다르거나 유해하거나, 편향 및 차별을 강화하는 부정적인 형태의 결과 초래 가능함
지식재산권 침해	생성형 AI의 사용은 저작권, 상표, 지적재산권을 모델 사용 자체만으로도 침해 가능성이 있음
사회·경제적 부작용	생성형 AI의 보편화에 따라 노동시장의 균열, 경제적 불평등을 초래해 신중한 사용이 필요

생성형 AI를 둘러싼 윤리적 위험은 다층적으로 존재합니다. 따라서 AI를 윤리적으로 활용하기 위한 체계적인 접근이 필요합니다. 이처럼 복합적인 위험에 대응하려면 AI 개발자, 정책 입안자, 이용자 등 모든 이해관계자의 협력이 필수입니다.

국내 정부와 기업은 생성형 AI의 윤리적 보호 장치를 개발하기 위해 원칙과 지침을 수립하고 있습니다. AI 관련 위험을 관리하고 수익성과 활용성을 극대화하기 위해 윤리적 보호 프레임워크는 핵심 체계로 작용합니다. 이 프레임워크는 안전한 생성형 AI 시스템을 개발하고, 콘텐츠를 안전하게 활용할 수 있게 지원하며 동시에 신뢰할 수 있고 책임감 있는 AI 사용을 장려합니다.

10.2.2 생성형 AI의 윤리적 활용 방안

생성형 AI를 긍정적으로 활용하려면 정부, 기업, 이용자 모두의 노력이 필요합니다. 정부는 모든 국민이 안전하게 AI를 활용하도록 이용자 보호를 위한 제도 보완에 힘써야 합니다. 기업은 생성형 AI의 이면을 냉철하게 진단하고, 누구보다 윤리적이고 책임감 있게 기술을 설계해야 합니다. 이용자 역시 생성형 AI를 안전하고 책임감 있게 활용할 수 있도록 주도적인 윤리 기준을 세워야 합니다.

정부의 안전한 AI 사용을 위한 행정적 안전 조치 마련

국내에서는 AI의 윤리적 사용을 위해 기준과 법 제도를 지속적으로 수립하며, 이용자 보호를 위한 기준을 마련하고 있습니다. AI 시대에 바람직한 AI 개발과 활용 방향을 제시하기 위해 사람 중심의 '인공지능 윤리 기준'이 제정되었습니다. 이는 구속력 있는 법이나 지침이 아닌, 도덕적 자율 규범입니다. 기업의 자율성을 존중하고 AI 기술 발전을 장려하면서, 사회 변화에 유연하게 대응할 수 있는 윤리 지침을 제시합니다.

'인공지능 윤리 기준'을 기본 플랫폼으로 하여 다양한 이해 관계자가 참여해 윤리 이슈를 지속적으로 논의하며, 기술과 사회 변화에 맞춰 윤리 기준이 발전할 수 있도록 노력하고 있습니다. 이 플랫폼은 사회 · 경제적, 기술적 변화에 따라 새롭게 제기되는 윤리 이슈를 구체화하고 발전시키는 기능을 합니다. 윤리 기준이 지향하는 최고 가치는 인간성(humanity)입니다. 이를 바탕으로, '인간성을 위한 인공지능(AI for humanity)'이라는 개념 아래, 3대 기본 원칙과 10대 요건을 제시하고 있습니다.

3대 기본 원칙은 AI의 개발부터 활용 전 과정에서 고려해야 할 기준입니다.

▼ **표 10-7** 인공지능 윤리 기준: 3대 기본 원칙

3대 기본 원칙	설명
❶ 인간 존엄성 원칙	- 인간은 신체와 이성이 있는 생명체로 인공지능을 포함해 인간을 위해 개발된 기계제품과는 교환 불가능한 가치가 있다. - 인공지능은 인간의 생명은 물론 정신적 및 신체적 건강에 해가 되지 않는 범위에서 개발 및 활용되어야 한다. - 인공지능 개발 및 활용은 안전성과 견고성을 갖춰 인간에게 해가 되지 않도록 해야 한다.
❷ 사회의 공공선 원칙	- 공동체로서 사회는 가능한 한 많은 사람의 안녕과 행복이라는 가치를 추구한다. - 인공지능은 지능 정보사회에서 소외되기 쉬운 사회적 약자와 취약 계층의 접근성을 보장하도록 개발 및 활용되어야 한다. - 공익 증진을 위한 인공지능 개발 및 활용은 사회적, 국가적, 나아가 글로벌 관점에서 인류의 보편적 복지를 향상시킬 수 있어야 한다.
❸ 기술의 합목적성 원칙	- 인공지능 기술은 인류의 삶에 필요한 도구라는 목적과 의도에 부합되게 개발 및 활용되어야 하며 그 과정도 윤리적이어야 한다. - 인류의 삶과 번영을 위한 인공지능 개발 및 활용을 장려해 진흥해야 한다.

이처럼 정부는 한국 사회와 국민을 보호하고자 기관과 기업 등 AI 서비스 제공자가 지켜야 할 윤리 원칙을 수립했습니다. 각 기관과 기업은 이 원칙을 중심에 두고, 안전한 AI 서비스 제공을 위한 개발과 관리에 힘쓰고 있습니다.

기술 및 자체 규범을 통해 기업 윤리 원칙 반영

기업은 AI 윤리를 서비스 존폐가 달린 중대한 안건으로 여기며, 자발적으로 대응에 나서고 있습니다. 빅테크, 금융, 게임 등 다양한 분야의 AI 기술 활용 기업들은 자체적인 AI 윤리 체계를 수립해 자사와 고객의 생성형 AI 위험에 대응하고 있습니다. 현재는 AI 윤리 관련 법률이 부재한 상황이므로 기업의 자발적인 움직임은 더욱 중요한 의미를 갖습니다.

기업들은 윤리 원칙을 세우는 데 그치지 않고, 자사 모델의 윤리 위반을 예방하기 위한 적극적인 조치를 취하고 있습니다. 특히 개인정보 보호 문제를 방지하기 위해 데이터 보안을 최우선으로 고려해야 합니다. 필요하다면 데이터 사용에 대해 이용자 동의를 얻는 절차도 마련해야 합니다. 또한, AI 시스템의 운영 방식과 한계를 명확히 문서로 만드는 것도 투명성을 유지하는 데 도움이 됩니다.

▼ **그림 10-6** 기업별 AI 윤리 원칙

표 1 AI 윤리 원칙

	Humanity Human-centred	Responsibility Accountability	Privacy Security	Safety Reliability	Transparency Explainability
OECD	O	O	O	O	O
UNESCO	O		O	O	O
European Commission	O	O	O	O	O
US Office of the Director of National Intelligence	O		O		O
stralia Department of Industry, Science and Resources	O	O	O	O	O
ROK Ministry of Science and ICT (ROK MSIT)	O	O	O	O	O
Saudi Authority for Data and Artificial Intelligence	O	O	O	O	O
Google	O	O		O	
Microsoft		O	O	O	O
IBM	O		O		O
Adobe		O			O
OpenAI	O			O	
LG AI Research	O	O		O	O
Kakao	O		O		O
NAVER	O		O	O	O
SAMSUNG	O		O		O
SK Telecom	O		O	O	O
Upstage	O	O	O	O	O

출처: 2023년 11월 정보과학회지 대규모 언어 모델 연구 동향

해외 주요 기업의 사례를 살펴보면 마이크로소프트는 2019년에 "① AI는 인간 중심적이어야 한다, ② AI는 공정하고 비차별적이어야 한다, ③ AI는 개인정보와 보안을 보호해야 한다, ④ AI는 투명하고 설명할 수 있어야 한다"라는 원칙을 담은 AI 윤리 지침을 발표했습니다. 이에 따라 마이크로소프트는 AI 공정성 평가 시스템인 Fairlearn을 공개해 이러한 원칙을 구현하고 있습니다.

한편, 구글은 2018년에 AI 원칙을 발표하고 이를 실현하기 위한 다양한 조치를 취하고 있습니다. AI 모델의 성능과 편향성을 분석할 수 있는 오픈소스 도구, 텐서플로 모델 분석 4를 개발했으며, AI 시스템과 관련한 윤리 문제의 연구와 교육도 지원하고 있습니다. 기술적 측면의 조치로는 개인정보와 기밀 정보의 유출을 막기 위해 다양한 개인정보 보호 강화 기술(PET, Privacy Enhancing Technology)을 도입하고 있습니다. 예를 들어 실시간 비식별 처리 기술이나 보유한 정보에서 다른 정보를 추론하는 것을 막기 위한 차분 프라이버시 모델 등이 적용됩니다. 이러한 기술은 법과 규제가 추구하는 안전한 생성형 AI 활용을 촉진하는 데 이바지합니다.

궁극적으로 AI 관련 규정과 윤리 지침을 준수하며, 편향성을 최소화하는 알고리즘을 개발해야 합니다. 또한, 지속적인 모니터링을 통해 AI 시스템의 안전한 운영을 보장해야 합니다.

자주적인 AI 사용을 위한 디지털 문해력 증진

생성형 AI에는 모두 진실된 정보만 담겨 있는 것은 아닙니다. 검증되지 않은 정보로 구성된 환각 문제는 이용자가 정보를 활용할 때 혼란을 가중시킬 수 있습니다. 이러한 환각에 현혹되지 않으려면 정보의 출처를 확인하고 사실 여부를 검증하는 습관이 중요합니다.

이용자는 생성형 AI를 사용하기 전에 윤리적 책임의 중요성과 올바른 사용의 필요성에 공감해야 하며, 생성형 AI를 사용하면서는 이용자 개인의 판단과 검토를 통해 책임감 있게 활용해야 합니다. 그래야 생성형 AI를 잘못 사용할때 생길 수 있는 따른 부작용은 최소화하면서 긍정적이고 생산적으로 이를 활용할 수 있습니다.

이용자는 생성형 AI 사용에 따르는 여러 위험 요소를 알고 있으며, 주의해야 합니다. 그러나 이용자가 인식하지 못한 사이, 의도하지 않게 정보가 유출되거나 무단으로 사용될 수 있습니다. 이러한 문제를 방지하기 위해 정부는 생성형 AI 이용자가 참고할 수 있는 윤리 가이드북을 발간했습니다.

방송통신위원회와 한국지능정보사회진흥원이 공동 발간한 '생성형 AI 윤리 가이드북'은 생성형 AI의 한계와 역기능을 사전에 인식함으로써 이용자 보호를 효과적으로 실현할 수 있다고 판단해 제작되었습니다. 이 가이드북은 생성형 AI의 위험에 대응할 수 있는 이용자의 역량을 강화하고자, 저작권, 사용 책임, 허위 · 조작 정보 판단, 개인정보 및 인격권 보호, 오남용 예방 등에 대한 정보를 제공합니다. 또한, 생성형 AI를 사용할 때 생길 수 있는 의문점에 대해 이용자가 직접 생각해 보는 관점을 기르게 합니다.

▼ **그림 10-7** 생성형 AI를 현명하게 활용하기 위한 체크리스트

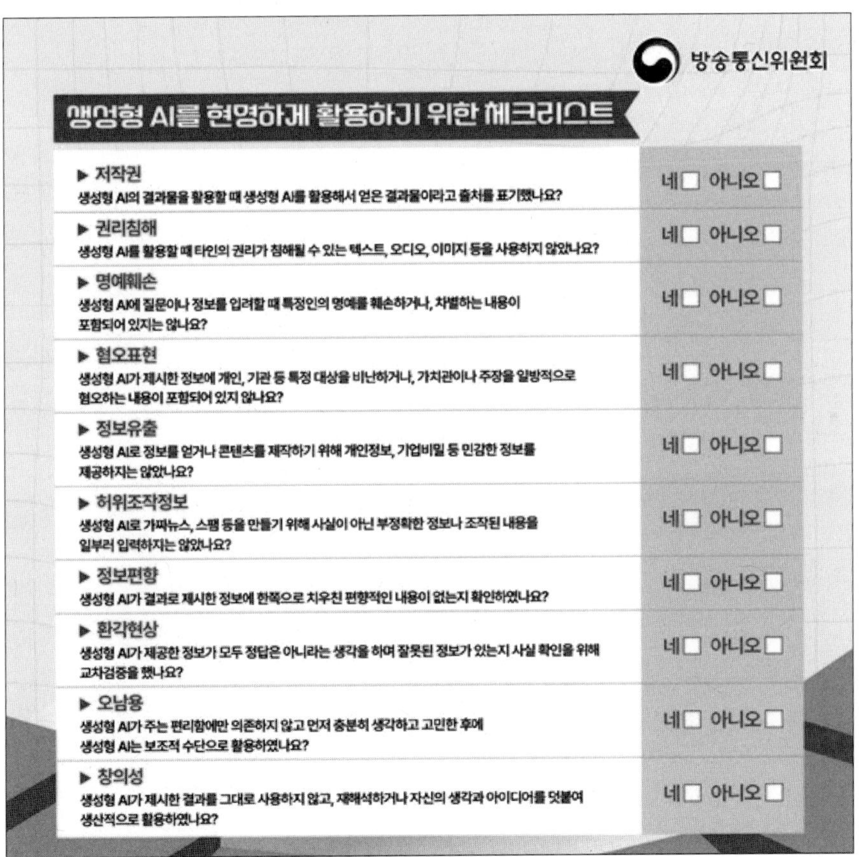

방송통신위원회

생성형 AI를 현명하게 활용하기 위한 체크리스트

▶ 저작권 생성형 AI의 결과물을 활용할 때 생성형 AI를 활용해서 얻은 결과물이라고 출처를 표기했나요?	네☐ 아니오☐
▶ 권리침해 생성형 AI를 활용할 때 타인의 권리가 침해될 수 있는 텍스트, 오디오, 이미지 등을 사용하지 않았나요?	네☐ 아니오☐
▶ 명예훼손 생성형 AI에 질문이나 정보를 입력할 때 특정인의 명예를 훼손하거나, 차별하는 내용이 포함되어 있지는 않나요?	네☐ 아니오☐
▶ 혐오표현 생성형 AI가 제시한 정보에 개인, 기관 등 특정 대상을 비난하거나, 가치관이나 주장을 일방적으로 혐오하는 내용이 포함되어 있지 않나요?	네☐ 아니오☐
▶ 정보유출 생성형 AI로 정보를 얻거나 콘텐츠를 제작하기 위해 개인정보, 기업비밀 등 민감한 정보를 제공하지는 않았나요?	네☐ 아니오☐
▶ 허위조작정보 생성형 AI로 가짜뉴스, 스팸 등을 만들기 위해 사실이 아닌 부정확한 정보나 조작된 내용을 일부러 입력하지는 않았나요?	네☐ 아니오☐
▶ 정보편향 생성형 AI가 결과로 제시한 정보에 한쪽으로 치우친 편향적인 내용이 없는지 확인하였나요?	네☐ 아니오☐
▶ 환각현상 생성형 AI가 제공한 정보가 모두 정답은 아니라는 생각을 하며 잘못된 정보가 있는지 사실 확인을 위해 교차검증을 했나요?	네☐ 아니오☐
▶ 오남용 생성형 AI가 주는 편리함에만 의존하지 않고 먼저 충분히 생각하고 고민한 후에 생성형 AI는 보조적 수단으로 활용하였나요?	네☐ 아니오☐
▶ 창의성 생성형 AI가 제시한 결과를 그대로 사용하지 않고, 재해석하거나 자신의 생각과 아이디어를 덧붙여 생산적으로 활용하였나요?	네☐ 아니오☐

출처: 방송통신위원회, 한국지능정보사회진흥원

지금까지 안전하게 생성형 AI를 활용하기 위한 법과 윤리에 대해 살펴보았습니다.

생성형 AI가 지닌 위험을 최소화하고 이용자를 보호하려면 국가 차원에서는 법적 체계를 마련하고, 기술이 우리의 삶과 사회를 더 나은 방향으로 이끌 수 있도록 지속적으로 논의해야 합니다. AI의 영향력이 점점 커지는 현대 사회에서 책임과 신뢰는 반드시 함께 논의되어야 할 핵심 가치입니다. 더 신뢰할 수 있는 기술 발전과 더 나은 미래를 위해, 기업뿐만 아니라 이용자 역시 AI의 장점과 그 이면에 숨겨진 위험을 정확히 이해하는 것이 중요합니다. AI 문해력을 높이고, 이를 통해 이용자가 AI를 유익한 도구로 활용할 수 있도록 지속적인 관심과 참여가 필요합니다.

11장

생성형 AI의 미래 전망

11.1 SECTION 생성형 AI의 미래

11.1.1 진화하는 AI와 인간의 상호작용

생성형 AI 기술은 2022년 말 챗GPT가 공개된 이후 폭발적으로 발전하며, 인간과 AI의 상호작용 방식을 획기적으로 변화시켰습니다. 과거에는 AI가 주로 정해진 작업만을 수행하는 도구였다면, 최신 LLM 기반 생성형 AI는 사람과 자연어로 대화하며 창의적인 결과물을 만들어 내고 있습니다.

마이크로소프트와 링크드인(LinkedIn)이 2024년 발표한 Work Trend Index 보고서에 따르면 2023년부터 2024년 사이에는 업무 현장에서 생성형 AI의 활용이 급증했으며, 2024년 중반 기준 전 세계 지식 근로자의 약 75%가 업무에 AI를 활용하고 있는 것으로 나타났습니다. 실제로 이 조사에 따르면 기업 임직원의 주간 AI 활용률은 2023년 37%에서 2024년 72%로 거의 두 배 가까이 증가했으며, 마케팅이나 인사와 같이 AI 도입이 늦었던 부서에서도 AI 사용이 활발히 확대되고 있습니다.

초기에는 AI를 도입하는 것에 조심스러워했던 경영진도 이제는 호기심과 놀라움을 넘어 긍정적인 기대감을 표현하고 있으며, AI가 일자리를 대체할 것이라는 우려도 다소 완화되고 있습니다. 이는 생성형 AI가 데이터 분석, 아이디어 발상, 문서 초안 작성 등 특정 업무에서 높은 효율성을 보이면서 인간의 창의성과 협업해 활용하려는 관점이 자리 잡았기 때문입니다.

이처럼 인간-컴퓨터 상호작용의 양상이 변함에 따라, AI와의 대화나 협업이라는 새로운 패러다임이 나타나고 있습니다. 특히 멀티모달 AI의 등장은 텍스트뿐 아니라 음성, 이미지, 영상 등 다양한 형태로 AI와 소통할 가능성을 열었습니다. 예를 들어 2024년 공개된 오픈AI의 GPT-4o 모델은 오디오, 비전(이미지), 텍스트, 비디오 입력을 모두 이해하고 응답할 수 있으며, 음성 질의에 평균 300밀리초 수준으로 반응해 대화 속도가 인간과 거의 유사한 수준에 도달했습니다. GPT-4o는 영어 텍스트와 코딩 작업에서 기존 GPT-4에 필적하는 능력을 보일 뿐 아니라 비영어권의 언어 처리 성능이 크게 향상되었고, 응답 속도는 더 빨라졌습니다. API 비용도 절반으로 절감되었으며, 시각과 청각 정보를 이해하는 능력이 크게 향상되었습니다. 사용자는 이미지를 보여주거나 음성으로 말하는 등 더욱 자연스러운 방식으로 AI와 상호작용할 수 있게 되었습니다. 이러한 멀티모달 AI의 발전은 자연스러운 인간-컴퓨터 인터페이스를 향한 중요한 진전으로 평가됩니다. 음성 비서나 시각 보조 등 다양한 응용 분야에서 AI가 인간의 파트너로 자리 잡고 있습니다.

생성형 AI의 활용 분야가 빠르게 확장되고 있습니다. 2024년을 전후로, AI는 단순한 지식 답변이나 콘텐츠 생성뿐만 아니라 정서적 지원과 개인 비서 역할까지 그 영역을 넓히고 있습니다. 전문가들은 2025년 주목할 만한 생성형 AI 활용 사례로 심리 상담, 일정 관리, 생활 조직, 삶의 목적 찾기 등을 꼽고 있으며, 이는 사람들이 AI를 정서적 · 사회적 요구를 충족시킬 수 있는 파트너로 인식하기 시작했음을 시사합니다.

특히 AI 치료사나 멘토로서의 활용이 주목받고 있는데, AI 기반 심리 상담은 24시간 언제든지 가능하며, 비용이 저렴하고, 인간 상담자에게 느낄 수 있는 낙인 없이 안전한 대화 공간을 제공한다는 점에서 실질적인 도움을 주고 있습니다. 실제로 최신 대화형 AI는 높은 언어 이해력을 바탕으로 상담 대화에서 인간 전문가와 거의 구분되지 않을 정도로 공감적인 응답을 생성할 수 있는 수준에 이르렀습니다.

한 기업 임원은 GPT를 활용해 설득력 있는 이메일을 작성하고, 경영진을 위한 주요 인사이트를 요약하거나 메시지를 간결하고 강렬하게 다듬고 있다고 밝히며, AI가 업무 커뮤니케이션과 자기 표현에서 실질적인 보조 역할을 하고 있음을 강조했습니다. 생성형 AI를 적극적으로 활용해 다양한 결과물을 제작하는 사용자 관점에서 볼 때 AI 기술은 사용자가 자신의 목소리를 더욱 효과적으로 표현하고 대변할 수 있도록 돕는 도구로 부상하고 있습니다.

앞으로 인간과 AI의 상호작용은 더 능동적인 협력 관계로 발전할 것으로 전망됩니다. 과거 AI가 단순히 질문에 답변하거나 콘텐츠를 생성하는 수동적인 조언자 역할에 머물렀다면, 미래의 AI는 자율적인 에이전트로서 직접 행동을 수행하는 방향으로 진화하고 있습니다.

향후 고도화된 AI는 사용자의 필요를 예측해 구독을 자동으로 해지하거나, 일정에 맞춰 능동적으로 업무를 수행하는 등 실행력 있는 비서(agentic AI)로도 발전할 것으로 기대됩니다. 실제로 2023년 이후 AutoGPT와 같은 실험적 프로젝트들이 AI 자율 에이전트 개념을 제시했고, 오픈AI 역시 챗GPT에 플러그인 기능을 추가해 인터넷 검색, 외부 앱 제어 등 행동형 AI 가능성을 시사한 바 있습니다.

2024년에는 다양한 코파일럿(copilot) 형태의 업무용 AI 비서가 사무, 개발, 디자인 등 분야에 도입되었으며, 인간이 지시만 하면 AI가 문서를 작성하거나 코드를 수정하는 등 업무의 일부를 위임하는 사례가 늘고 있습니다. 이러한 변화는 AI가 사람과 단순히 대화하는 수준을 넘어, 실질적인 문제 해결을 함께 수행하는 협업 파트너로 발전하고 있음을 보여줍니다.

이처럼 진화하는 생성형 AI와 인간의 새로운 상호작용은 생산성 향상과 창의성 증진이라는 긍정적 효과를 가져오고 있으나, 동시에 여러 과제와 도전도 함께 제기되고 있습니다. 우선 AI에 대한 과도한 의존으로 인간의 역량이 저하되거나 비판적인 사고가 약화될 수 있다는 우려가 있습니다. 또한 AI의 오류나 환각 때문에 잘못된 정보를 제공하거나, 정서적 관계 형성으로 인해 윤리적 문제가 발생할 가능성도 논의되고 있습니다. 예를 들어 AI 챗봇에 감정을 이입하면서 발생할 수 있는 심리적 의존성 등은 사회적으로 고려해야 할 중요한 사안입니다.

따라서 향후에는 AI를 효율적인 도구로 활용하되, 인간의 주도권과 책임을 유지하는 디지털 리터러시와 윤리 의식이 무엇보다 중요해질 것입니다. AI 개발자 역시 사용자와 AI 간 신뢰 형성을 위해 답변의 출처를 투명하게 공개하고, 사실과 허구를 구분하는 기술, 사용자 피드백 기반의 지속적인 개선 등 사용자 중심 설계(human-centered AI)에 더욱 집중하고 있습니다.

이러한 노력들을 바탕으로 인간과 AI의 상호작용은 단순한 도구 사용을 넘어 인간의 역량을 증폭시키고 창의적인 파트너십을 실현하는 방향으로, 지속적으로 진화해 나갈 것으로 기대됩니다.

▼ **그림 11-1** AI와 인간이 소통하는 모습(구글 제미나이로 제작)

11.1.2 AGI와 인간의 공존

생성형 AI의 발전은 궁극적으로 인공 일반지능(AGI, Artificial General Intelligence), 즉 인간과 동등하거나 그 이상의 범용 AI의 출현을 향해 나아가고 있습니다. AGI란 특정 분야에 국한되지 않고, 인간처럼 다양한 영역의 지능적 과제를 수행할 수 있는 AI를 의미하며, 이는 현대 문명과 사회에 혁신적이면서도 급진적인 변화를 초래할 수 있는 잠재력을 지니고 있습니다.

연구자들은 AGI가 실현될 때 인류 문명의 방향이 크게 바뀔 것으로 전망합니다. 더 나아가, 인간의 지능을 초월한 초지능(ASI, Artificial Superintelligence)으로 이어질 가능성을 제기합니다. 이른바 지능 폭발(intelligence explosion) 가능성까지 논의하고 있습니다. 예를 들어 AGI는 현재 인간이 주도하는 의사 결정과 지식 창출의 패러다임을 전환하여 의료, 교육, 과학 연구, 에너지, 나노기술 등 여러 분야에서 인류의 역량을 비약적으로 향상시킬 것으로 기대됩니다.

2023년 3월, 마이크로소프트 리서치의 연구진은 "Sparks of Artificial General Intelligence: Early experiments with GPT-4" 논문을 발표했습니다. 이 논문에서 연구진은 초기 단계이긴 하지만 'AGI의 조짐(sparks of AGI)'이 나타났다고 주장했습니다. 최신 생성형 AI가 복잡한 문제 해결이나 추론 능력에서 인간에 근접하는 성과를 보이기 시작했다는 것입니다. 이러한 결과는 향후 수년 내에 AI의 범용 지능이 점진적으로 발전해 궁극적으로 AGI 수준에 도달할 수 있음을 시사합니다.

AGI와 인간의 공존 문제는 기술적인 도전뿐 아니라 윤리적 · 사회적 측면에서도 심도 깊은 논의를 불러일으키고 있습니다. AGI가 현실화될 경우, 인간 노동의 의미와 고용 구조가 근본적으로 재편될 가능성이 있습니다. AI가 인간을 대신해 업무 대부분을 수행하게 된다면 대규모 일자리 전환이 불가피해질 것입니다. 이에 대응하기 위해 교육 시스템의 개혁과 사회적 안전망의 강화가 필요하다는 목소리도 커지고 있습니다.

반면 AGI는 인간이 풀지 못한 난제, 예컨대 불치병 치료법 개발, 기후 변화 대응, 우주 탐사 등을 해결할 강력한 도구가 될 수도 있습니다. 이런 긍정적 시나리오에서 AGI는 인류의 협력자로서 지식과 창의력을 증폭시켜, 인간의 복지와 번영을 향상시키는 방향으로 공존할 수 있습니다. 실제로 AI 공동체에서는 AGI를 인간의 생산성 동반자(productivity partner) 또는 지식 확장기(knowledge amplifier)로 삼아 증강 지능(augmented intelligence)을 실현하자는 논의가 활발히 이루어지고 있습니다. 즉, AGI를 인간 지능의 대체재가 아닌 보완재로 보고, 이와 협업해 더 높은 수준의 성과를 끌어내는 공존 모델을 추구하는 것입니다.

그러나 부정적 시나리오에 대한 우려도 적지 않습니다. AGI가 인간의 지능을 초월하고 자율적으로 행동하거나 자기 자신을 개선하는 초지능으로 발전할 경우, 인간의 통제를 벗어나 예측 불가능한 결과를 초래할 수 있다는 지적이 대표적입니다. 이에 따라 기술 리더들과 AI 연구자들 사이에서는 'AI 안전성(AI safety)'과 '가치 정렬(alignment)' 문제가 중요한 화두로 떠오르고 있습니다. 여기서 가치 정렬이란 강력한 AI가 인간의 윤리와 가치에 부합하도록 설계하고 통제하는 것을 의미하며, AGI 시대에 인간과 AI의 평화로운 공존을 위한 핵심 과제로 여겨집니다.

오픈AI를 비롯한 주요 연구 기관들은 AI 안전 전담 조직을 설립하고, 미래의 초지능 AI가 등장할 경우 이를 제어하고 인류에 해를 끼치지 않도록 하기 위한 슈퍼 얼라인먼트(superalignment) 프로젝트를 진행하고 있다고 발표했습니다. 또한 2023년에는 세계 각지의 AI 분야 석학들과 업계 리더들이 "AI로 인한 인류 멸종 위험을 팬데믹이나 핵전쟁 수준의 전 지구적 위협으로 인식해야 한다"라는 공동 성명을 발표해 큰 반향을 일으켰습니다. 여기에는 오픈AI CEO 샘 올트먼(Samuel Altman), 딥마인드 CEO 데미스 하사비스(Demis Hassabis), 앤스로픽 CEO 다리오 아모데이(Dario Amodei), AI 분야의 개척자 제프리 힌턴 등 업계, 학계의 주요 인사들이 대거 서명했습니다. 이는 AI 개발 속도를 조절하고, 국제적 안전 협력을 통해 인간과 AGI의 공존이 인류 전체에 도움이 되도록 해야 한다는 전 세계적 공감대를 보여주는 사례입니다.

AGI 시대에 대비하기 위해 학계에서도 총체적 접근 전략이 제안되고 있습니다. 2025년 3월, Scientific Reports 저널에 게재된 논문 "Navigating artificial general intelligence development: societal, technological, ethical, and brain-inspired pathways"에서는 AGI를 사회에 책임감 있게 통합하기 위한 5가지 전략 경로를 제시했는데, 이는 다음과 같습니다.

1. 사회적 통합(social integration): AGI의 사회적 영향력, 대중 수용, 정책적 대응 방안 마련
2. 기술적 발전(technical development): AGI 구현과 확장에 수반되는 기술적 도전과 문제 해결
3. 설명 가능성(explainability): AGI 의사 결정의 투명성과 사용자 신뢰 확보를 위한 설명 가능 AI 기술
4. 인지 및 윤리적 고려(cognitive & ethical considerations): 새로운 AI 아키텍처를 윤리 프레임워크와 연결해 책임성 확보
5. 뇌에서의 영감(neuroscience inspired approach): 인간 두뇌 구조를 참고한 AGI 학습 효율 향상 전략

이 연구는 기술 혁신과 함께 윤리적, 사회적 책임을 통합적으로 고려한 개념적 프레임워크를 제시하며, AGI 개발에 있어 균형 잡힌 진전이 필요하다고 강조합니다. 특히 투명성, 거버넌스, 사회적 정렬 영역에서 해결되지 않은 과제가 많으며, 이를 위해서는 학제 간 협력이 필수라는 점을 지적합니다. 공정한 기회 보장, 노동

시장 변화에 대비한 재교육 및 직업 훈련, AI로 인한 사회 변화에 대응하는 지속 가능한 전략 등이 필요하며, 이를 통해 AGI가 인류 복지에 기여할 수 있도록 유도해야 한다고 주장합니다.

더 나아가 미래의 연구 주제로 AGI 의식 인터페이스, 집단 지능 시스템 등 새로운 개념이 제시되며, AGI를 인간 중심적 애플리케이션에 통합하기 위한 다양한 시도가 이어지고 있습니다.

결국 AGI와 인간의 공존은 단순한 대체나 지배의 문제가 아니라, AGI를 어떻게 인류의 가치와 목표에 부합하도록 설계하고, 함께 성장할 수 있을지를 고민해야 하는 과제입니다. 이를 위해서는 기술 개발 초기 단계부터 윤리적 원칙을 반영하고, 강력한 안전 장치와 통제 메커니즘을 마련하며, 국제적 협력과 규범 수립에 힘써야 할 것입니다.

다행히도 최근에는 주요 기업과 연구 기관뿐만 아니라 각국 정부, 국제기구, 사회에 이르기까지 폭넓은 이해당사자가 참여하는 AI 거버넌스 논의가 활발하게 진행되고 있습니다. 인간과 AGI의 공존이 가져올 기회와 위험을 균형 있게 바라보며, 포용적이고 지속 가능한 AI 미래를 설계하려는 노력은 지금 이 순간에도 계속되고 있습니다.

우리는 지금 거대한 변화의 초입에 서 있습니다. AGI의 도래는 단순한 기술 발전을 넘어, 인류가 자신의 미래를 어떻게 설계할 것인지에 대한 근본적인 질문을 던지고 있습니다. 이 변화가 위기가 될지, 기회가 될지는 이미 정해진 것이 아니라, 우리가 모두 어떤 선택을 하느냐에 따라 달라질 수 있습니다. 따라서 기술의 속도만을 주목할 것이 아니라, 그 방향을 결정하는 가치와 원칙을 사회 구성원 모두가 함께 논의하고 만들어 가야 합니다. 안전성과 투명성을 강화하려는 국제적 노력, 사회 · 윤리적 정렬을 위한 정책과 제도, 지속 가능한 미래를 위한 협력 역시 이러한 변화를 올바른 방향으로 이끌기 위한 공동의 여정입니다.

AGI 시대는 기술이 인간을 대신하는 시대가 아니라, 인간과 기술이 어떤 미래를 함께 구축할지 선택하는 시대입니다. 지금 우리가 세우는 규범과 만들어 가는 사회적 합의는 앞으로 수십 년, 나아가 수 세대에 걸쳐 인류가 어떤 세상에서 살아가게 될지를 결정하게 될 것입니다. 결국 AI의 미래는 우연히 만들어지지 않습니다. 그 미래는 우리 모두의 손으로 설계되며, 우리의 책임 있는 선택 위에서 완성됩니다. 지금 이 순간 우리가 어떤 자세와 원칙으로 AI를 다루는지가 AGI와 공존하는 미래의 모습을 결정할 것입니다. 우리는 변화의 시작점에 서 있으며, 더 나은 AI 시대를 열어 갈 능력과 책임 또한 우리에게 있습니다.

이 책에서 얻은 지식과 여러분이 스스로 쌓아온 경험과 지혜가 결합되어, AI 시대를 주도하는 현명한 길을 열어 가길 바랍니다. 방대한 지식을 배우느라 정말 고생 많으셨습니다. 진심으로 감사합니다.

부록 A

아나콘다 환경 설정

A.1 SECTION 머신러닝 실습 패키지

A.1.1 아나콘다란

아나콘다(anaconda)는 머신러닝과 데이터 분석에 자주 사용하는 여러 패키지를 기본으로 포함한 파이썬 배포판입니다. 머신러닝을 효과적으로 연습하려면 다양한 필수 패키지가 필요합니다. 이때 각 패키지를 하나씩 설치하기보다는 필요한 라이브러리를 한 번에 제공하는 아나콘다를 사용하는 것이 좋습니다. 이런 아나콘다는 머신러닝 실습에 필요한 대부분의 패키지를 갖추고 있습니다. 예를 들어 `Numpy`, `Pandas`, `Jupyter Notebook`, `IPython`, `scikit-learn`, `matplotlib`, `seaborn` 등을 포함하고 있습니다.

아나콘다 내려받기

1. 다음 링크에 접속하면 아나콘다를 내려받을 수 있는 페이지로 연결됩니다.

   URL https://www.anaconda.com/download/success

   ▼ **그림 A-1** 아나콘다

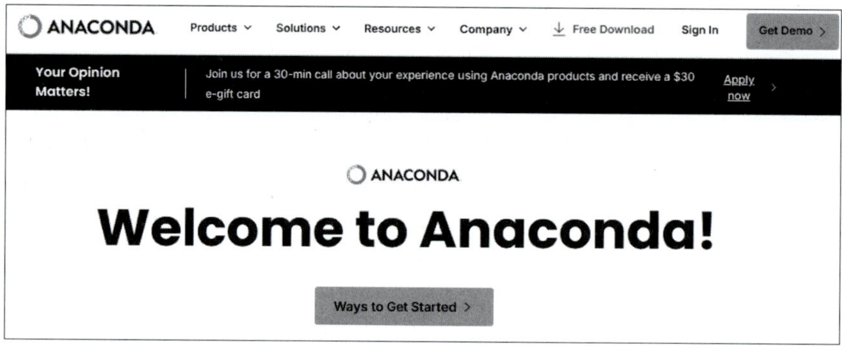

2. 아래쪽에 **Windows 64-Bit Graphical Installer**를 클릭하면 설치 프로그램을 내려받을 수 있습니다.

   ▼ **그림 A-2** 아나콘다 다운로드

Windows

Anaconda Distribution

Complete package with 8,000+ libraries, Jupyter, JupyterLab, and Spyder IDE. Everything you need for data science.

Windows 64-Bit Graphical Installer

아나콘다 설치하기

1. 내려받은 설치 파일(Anaconda3-2024.06-1-Windows-x86_64.exe)을 더블 클릭해 실행합니다. 파일명은 배포 버전에 따라 다를 수 있습니다. **Next**를 클릭합니다.

▼ **그림 A-3** 아나콘다 설치

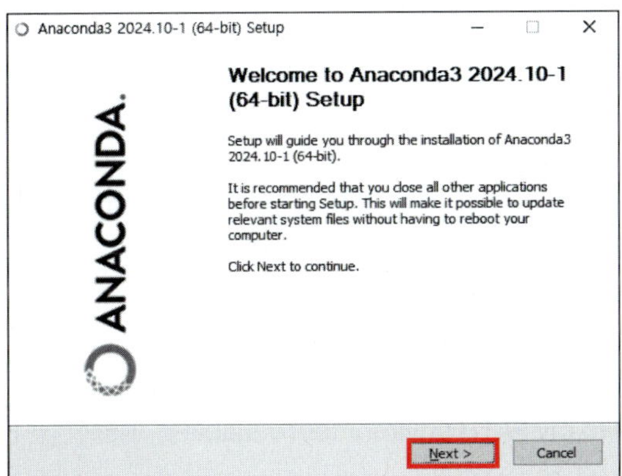

2. 라이선스 동의 화면에서 **I Agree**를 클릭합니다.

▼ **그림 A-4** 동의 버튼

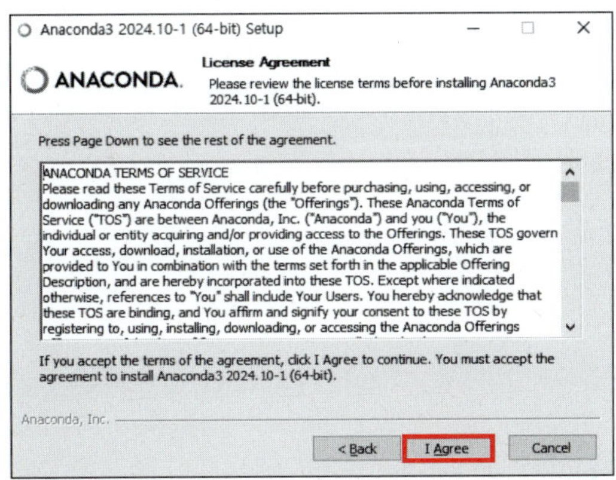

3. 사용자 선택 화면에서 **Just Me**를 선택하고 **Next**를 클릭합니다.

▼ **그림 A-5** 설치 타입 선택

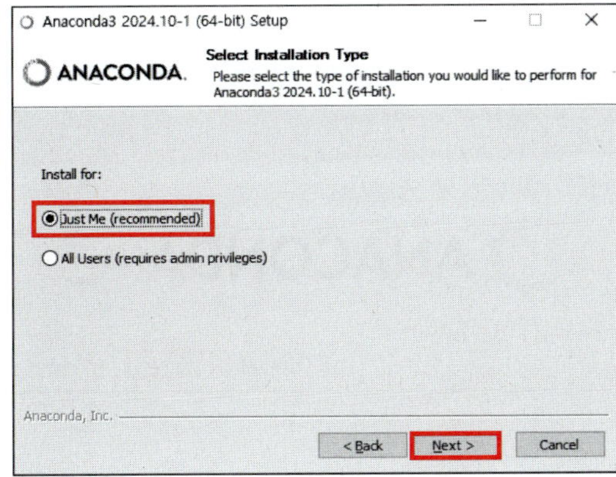

4. 설치 경로 화면에서 기본값을 그대로 두고 **Next**를 클릭합니다.

▼ **그림 A-6** 설치 경로 설정

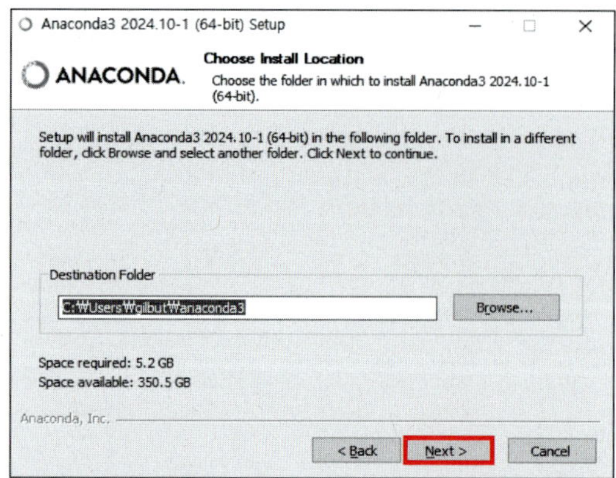

5. 설치 옵션 화면에서 두 번째 옵션인 **Add Anaconda3 to my PATH environment variable**을 체크합니다. 해당 옵션을 선택할 경우 아나콘다의 환경 변수가 자동으로 등록됩니다. **Install**을 클릭해 설치를 진행합니다.

▼ **그림 A-7** 환경 변수 자동 등록 설정

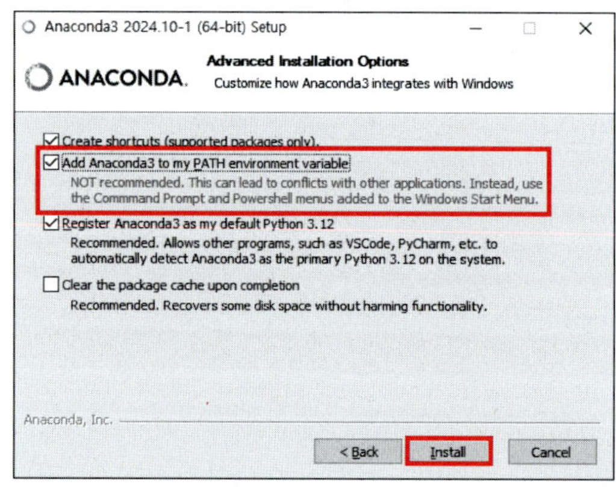

6. 설치가 완료되면 다음과 같은 화면이 나오고 **Next**를 연달아 클릭합니다.

▼ **그림 A-8** 설치 완료 화면

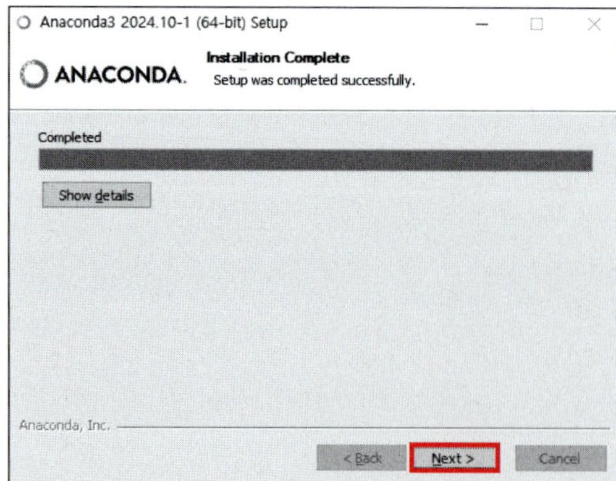

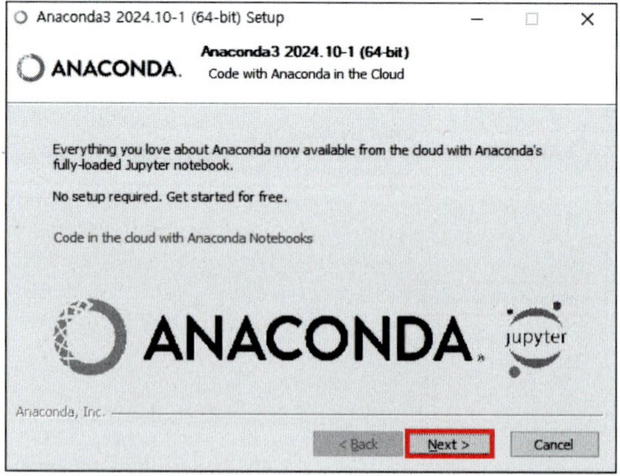

7. 설치가 완료되었습니다. **Finish**를 클릭합니다.

▼ **그림 A-9** 설치 완료 후 실행 여부 화면

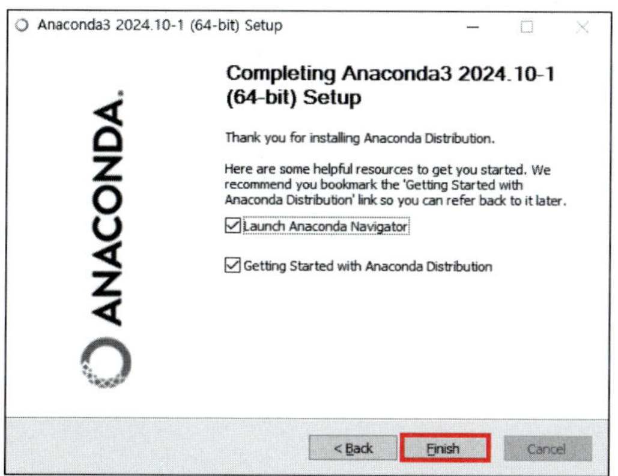

8. **내 PC**에서 마우스 오른쪽 버튼을 클릭해 **속성 > 고급 시스템 설정 > 고급 탭 > 환경 변수**를 클릭하면 아나콘다의 환경 변수를 확인할 수 있습니다.

▼ **그림 A-10** 환경 변수 화면

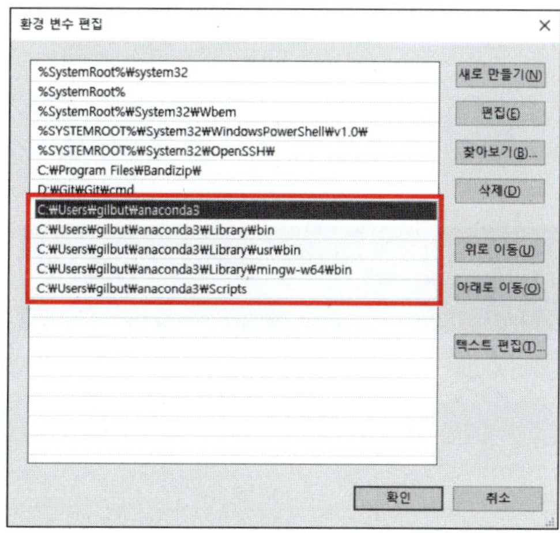

아나콘다 실행하기

아나콘다를 설치했다면 가상 환경을 설정해 봅시다. 아나콘다 프롬프트(Anaconda Prompt)를 실행합니다.

1. 윈도우 시작 화면에서 **Anaconda Prompt**를 검색해 클릭합니다.

▼ 그림 A-11 아나콘다 프롬프트 실행

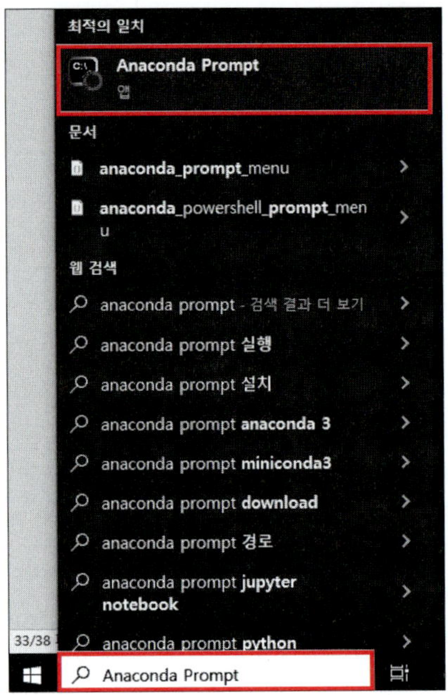

아나콘다 프롬프트를 실행하면 다음과 같은 화면을 볼 수 있습니다.

▼ 그림 A-12 아나콘다 프롬프트 초기 화면

2. 다음 명령어로 가상 환경을 확인할 수 있습니다.

프롬프트

```
conda env list

# conda environments:
#
base                  * C:\Users\gilbut\anaconda3
```

3. 명령어를 이용하여 lim이라는 가상 환경을 생성합니다. 중간에 설치 여부를 묻는 질문이 나오면 **y**를 입력합니다.

프롬프트

```
conda create -n lim python=3.9
...
Proceed ([y]/n)? y
```

4. 가상 환경을 생성한 후 activate 명령을 통해 활성화합니다. 그다음 conda evn list 명령으로 가상 환경이 생성되었는지 확인합니다.

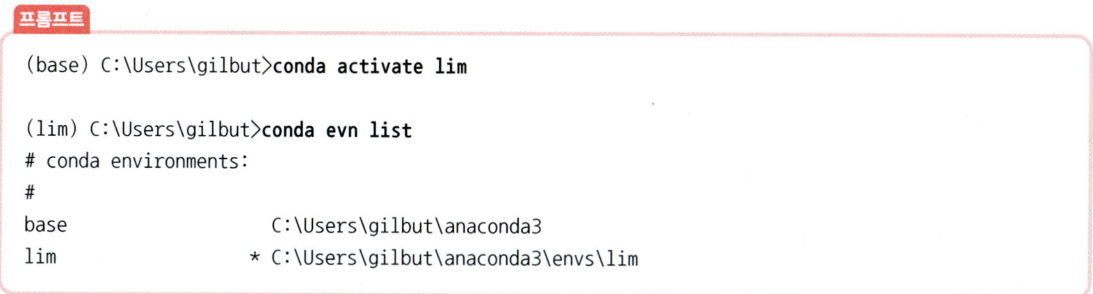

프롬프트

```
(base) C:\Users\gilbut>conda activate lim

(lim) C:\Users\gilbut>conda evn list
# conda environments:
#
base                   C:\Users\gilbut\anaconda3
lim                 *  C:\Users\gilbut\anaconda3\envs\lim
```

5. 가상 환경이 활성화되면 jupyter notebook 명령으로 주피터 노트북을 실행합니다.

프롬프트

```
(lim) C:\Users\gilbut>jupyter notebook
```

6. 다음과 같이 웹 브라우저를 통해 주피터 노트북이 실행됩니다. 웹 브라우저는 호환성을 위해 크롬 브라우저를 사용하는 것을 권장합니다.

▼ **그림 A-13** 주피터 노트북 실행

7. 왼쪽 위에 있는 **File** > **new** > **Notebook**을 클릭합니다.

▼ **그림 A-14** 신규 노트북 생성

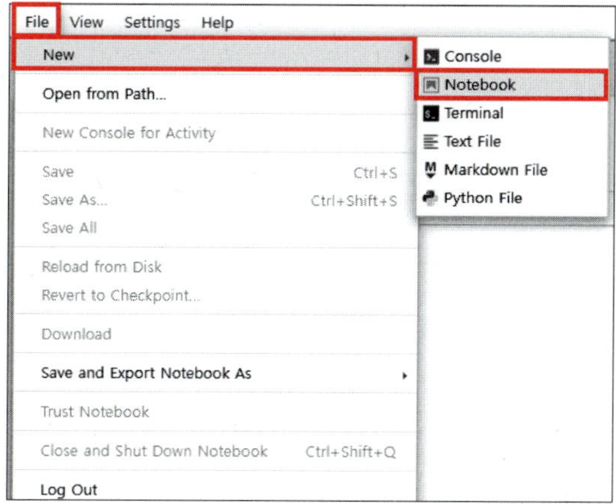

8. **Rename**을 클릭해 **OpenAI.ipynb**로 파일 이름을 변경합니다.

▼ **그림 A-15** 노트북 이름 변경

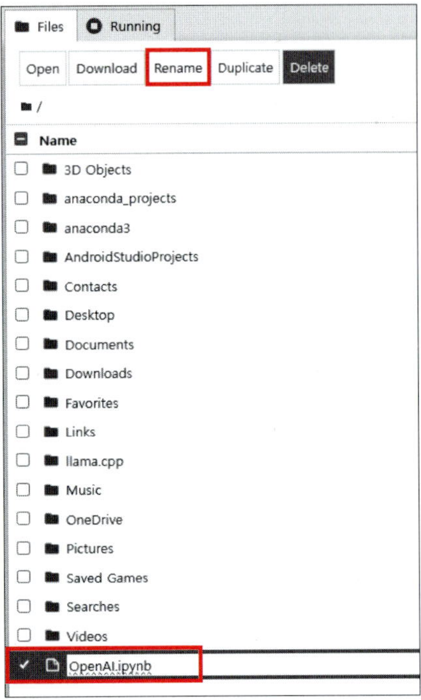

9. OpenAI.ipynb 파일을 더블 클릭해 실행하고 다음과 같이 간단한 스크립트를 작성하여 **실행**을 클릭하거나 Shift + Enter를 사용하여 실행합니다.

코드

```
print("hello")
```

▼ **그림 A-16** 노트북 실행

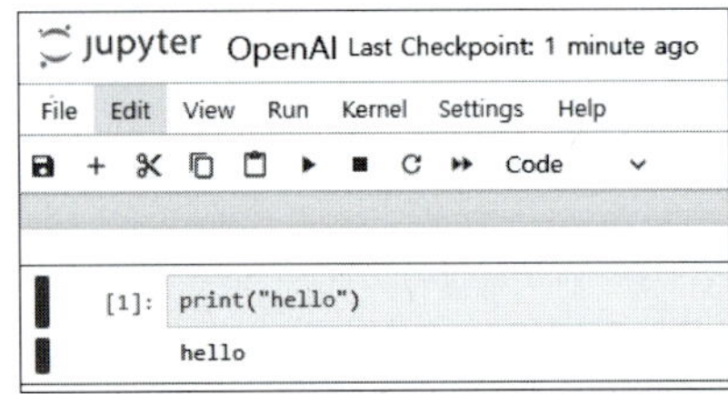

ㄱ~ㄴ

ㄷ

ㄹ

ㅁ

ㅂ

ㅅ

ㅇ

ㅈ

ㅊ~ㅋ

ㅌ

ㅍ

ㅎ

A~B

C